启真·大学馆

当代政治经济学

MODERN POLITICAL ECONOMICS

黄春兴 著

ZHEJIANG UNIVERSITY PRESS
浙江大学出版社

目　录

前 言

一

本书的内容来自我在台湾"清华大学"经济学系教授政治经济学的讲稿。我教这门课十五年了，讲稿内容也跟着改了十几次。几乎每次改稿的动机都是一样的：这些内容适不适合称为当代政治经济学？的确，这动机说来话长。

在我开授这门课之前，（经济学系）系上没有政治经济学这门课，倒是通识教育中心和人文社会学院开授不少名称上有"政治经济学"的课，如：信息政治经济学、国际政治经济学、传播政治经济学、劳动政治经济学、能源政治经济学等。这些课的另一特色是，授课老师的专业若不是政治学，就是社会学，甚至是工程科学。我们知道，产业经济学、货币经济学、劳动经济学等都是经济学系的专业课程，为何把这些课程名称的"经济学"改成"政治经济学"之后，就从经济学系出走了呢？惯例上，"社会经济学"是经济学系的课，"经济社会学"才是社会学系的课。为什么"经济政治学"不是经济学系的课，"政治经济学"依然不是经济学系的课？经济学在18世纪兴起之时的名称是"政治经济学"，从亚当·斯密到约翰·穆勒都是这样用的。虽然到了马歇尔时改称"经济学"，但也不应该让"政治经济学"从经济学系出走的。我隐约理解，经济学在发展过程中出了差错。

当我开始教授政治经济学时，在课堂上跟学生说，我要把政治经济学拉回经济学系来教。当然，我必须处理以下两个问题。第一个问题是，到底经济学在发展过程中流失了哪些原本应该关怀的议题？要找回流失的内容并不难，要累积出足够开课的内容也只需要时间，主要的难题在于这些流失的内容是否能以一个共通的架构贯穿。这难题也牵涉出第二个问题：贯穿内容的架构是否在方法论上与经济学理一致？那许多非经济学系所开授的各种政治经济学，非但见不到经济学理的术语与概念分析，更要命的，都是带着反经济学的情绪而来，嘲讽经济效率、否定市场机制、大谈政府管制等。

如果我的质疑没错，如果我能以经济学的架构贯穿那些流失的内容，那么，就能找回一个完整的经济学。只要能完成这工作，就能矫正经济学在发展过程中发生的偏误，而矫正后的结果就是还原一个完整的经济学体系——包括微观经济学、宏观经济学、政治经济学等三部分的体系。

政治经济学应该是"经济学原理三"。当前的经济学教育只包括"经济学原理一"的微观经济学和"经济学原理二"的宏观经济学，以致毕业的学生和大部分的政策决策者都以偏差的角度处理经济问题，不仅无力处理他们在不自觉中制造的经济危机，甚至以经济危机为例否定经济学理和市场机制。欠缺了政治经济学的经济学不仅不完整而且有害于社会。这发现早已遍存于斯密、门格尔、米塞斯、哈耶克、布坎南的著作中，也零星地散布在维克塞尔、奈特、弗里德曼、科斯和当代许多自由经济学家的著作里，本书只是有系统地加以重写，并加上作者的新诠释。

本书在架构上将分五篇，共十六章。第一篇为导论，共两章。第一章回顾政治经济学的发展，而第二章介绍本书的教学架构。本书将采取主观论的视野来论述政治经济学。主观论经济学的通俗名称是"奥地利经济学派"，因其发源于19世纪奥匈帝国的维也纳大学。由于该学派在第二次世界大战后的研究重镇先后迁移到英国和美国，再加上"奥地利经济学"一词常被误以为是在研究奥地利国的经济形势，因此，本书以当今大多数奥地利学派学者偏爱的"主观论经济学"或"主观经济学派"改称之。

第二篇为主观论经济学的核心概念，共三章。第三章讨论主观论的内容，包括主观的行动与主观的知识。第四章探讨主观的个人如何经由市场与他人展开交易和合作，也探讨创业家精神和其角色。第五章将从知识与资本累积的角度，探讨经济社会的发展与增长的动力。

第三篇论述自由经济体制下的议题，共分五章。第六章先讨论当前社会对市场机制的误解，也就是市场失灵理论的谬误。接着，第七章讨论自由经济体制下的政府角色，包括政府支出与税收。第八章以自由市场的角度去论述政治市场的运作。第九章将从文化演化角度论述规则与秩序之自发性，而第十章探讨遵循规则与经济理性的相关问题。

第四篇将讨论不同的政治经济体制，共四章。第十一章将回顾计划经济的发展，介绍20世纪苏联和中国的计划经济，以及其后的市场社会主义。第十二章讨论第二次世界大战期间发展出来的强权国家与福利国家的体制，前者以德国纳粹为主，而后者以英国的福利政策之发展为主。第十三章讨论社会民主体制的经济主张，包括德国的社会民主主义和瑞典的福利国家，同时也在此章讨论经济自由的相关问题。本书不完全反对民主政治所发展出来的一些福利政策。第十四章讨论当代的第三条路的发展，包括社群主义与企业社会责任。同时，本章也将论述正义和个人的不参与权利。

第五篇为当代政经议题，共两章。第十五章讨论凯恩斯的经济管理政策和其后连续发生的各国的经济危机与金融危机，同时也论述米塞斯与哈耶克的景气循环理论。第十六章探讨两岸的政治经济发展，因为台湾和大陆分别从威权体制和计划经济下转型到市场经济，各有耀眼的成绩，也各有尚未解决的问题。

为了教学便利，本书尽可能将各章都分成三节，以配合每周三小时的课程。不同于一般的教科书，本书并未于各章之末加入讨论题等练习，因为作者相信，最好的练习是从发现问题开始，然后才是广泛地寻找可能的和满意的答案。这些努力时常要超越现有章节篇幅提供的知识，因此，在某些章节之后附录了相关的议题与内容供读者参考。当然，读者若能相互讨论，那就更好。

二

18世纪时还没有"经济学"的名称，当时对经济活动与经济事务的研究都称为"政治经济学"。在经济活动中，个人关心自身的就业和消费，以及生活上的物价和经济增长，因为这四项经济变量决定了个人的经济福祉。当时苏格兰启蒙学者斯密便主张这四项经济变量应由个人和市场去决定。他提倡自由市场的政治经济体制，视市场为个人交换商品、生产要素、技术与知识的平台，让个人在市场中自由选择就业与消费，并通过市场的供需机制去决定商品的价格与薪酬，也让企业家经由创新去推动经济增长。

在自由经济下，个人凭其天赋、机会、运气与努力从市场中获取应得的报酬。经由市场的交易机制，个人天生和后天的种种差异表现成货币形式的收入差异。在私有财产权制度下，收入差异经由长时间和几代人的累积而扩大成财富的贫富差距。不可讳言，自由经济有利于天资聪颖者和后天接受良好教育者的竞争优势。贫富差距也意味着穷人享有的经济福利低于富人。自由经济视富人救济穷人为美德，但慷慨与利他却不是市场规则。经济福利不是个人生命的全部，此外还有个人在社会生活中的各种满足。古典政治经济学者理解市场机制无法改善贫富差距，但坚信蓬勃发展的利他性民间社群会提供足够的社会救助。这是第一阶段的政治经济学。

到了 19 世纪后期，政治经济学开始仿效自然科学，以严谨逻辑去探讨经济变量间的因果关系，并精确分析从经济手段到经济目的之关系。政治经济学探索各项经济变量的因果关系，然后用这套逻辑体系去分析经济手段的适用范围。他们发现就业、消费、物价与经济增长的逻辑关系，但这些新知识依旧无法缓和贫富差距。在这阶段，自由经济学者区分了经济活动与非经济活动，不让政治手段介入经济活动。这理念继承"让上帝的归上帝、让凯撒的归凯撒"的基督教教义，并延伸到宪政发展，如强调行政、立法与司法必须独立与相互制衡的三权分立和"风可进，雨可进，国王不能进"的私有财产权制度。

社会若无法有效缓和贫富差距，久之一定会陷入动乱。自由经济既已严拒以政治手段介入经济活动，若社会的慷慨又不如预期时，那么，贫富差距的死结该如何解开？一个曾被相信的答案是：废除私有财产权，然后以政治权力复制计算机虚拟市场机制而计算的结果去分配资源。这就是第一次世界大战后，在苏联兴起的计划经济体系。

计划经济主张收归私有财产，以中央集权的计划替代自由市场的运作，设置国有生产机构，按生产计划配置生产资源和人力，再均等分配产出给个人。负责计划经济的中央计划局认为，他们理解市场的运作逻辑，有能力利用计算机去模拟市场并估算每个人和每种商品所需要的生产与消费数量。他们认为，新体制不仅尊重市场的运作逻辑，也能让人们的经济福利趋于均等。在第二次世界大战后，许多学者期盼计划经济能带来"美丽新世界"。计划经济对私有财产权的公开否定，掀开政治经济学对体制的争议。这是第二阶段的政治经济学。

然而，模拟的市场只能将个人视为因应任务的被动者，无法期待个人主动发挥个人知识、创业家精神、魄力、信仰等潜能，其施展结果终必导致整个社会在各方面的迟缓发展。在政治上，限制私有财产权的结果发展成专制主义。第一次世界大战后兴起的法西斯主义，虽然反对共产主义的计划经济，却也拥有庞大的垄断性国有企业并限制个人的私有财产权。

在中国古代，市场经济曾开创了西汉文景之治，也衍生"富者田连阡陌，贫者无立锥之地"的贫富不均社会。当时大臣给皇帝的建议就多是废除土地的自由买卖。不同于西方有着王权不得侵犯私有财产权的限制，中国专制皇权早就崇高到"普天之下，莫非王土，率土之滨，莫非王臣"。围绕在专制皇权下，中国逐渐发展出独特的民本思想和仁治理论，称之为中国的民本政经体制。个人在民本体制下享有的自由与民主都极为有限，无法追求自己主观期待的幸福。在今日中国大陆，由于土地的财产权依旧公有而国有企业也垄断主要产业，不少学者以"中国模式"称之。由于崛起的中国蓄意要走一条和西方不同的政经体制，民本体制与民主体制的差异也就成为政治经济学的新争议。

苏联计划经济的初期亮丽成就，吸引法国和一些西方国家的仿效。由于西方国家有不侵犯私有财产权的传统，计划经济便被修正为指导性计划经济。在计划经济下，负责的经济设计委员会无权支配或控制个人的资源与行为，只能规划选定的产业或特定部门的发展方案。他们利用政府拥有的国有资源和预算，设计一些诱因相容机制，引导个人自愿选择委员会所规划的产业与行动。英国并没采用以产业发展为目标的法国式经济计划，而是采用凯恩斯理论的需求理论管理。在经济管理下，政府只利用政治权力操控宏观经济变量。

这两种体制都不强迫个人的选择，而是利用它所控制的资源或权力去改变个人选择时面对的相对价格，故称之为政治干预体制。法国式的经济干预改变的是不同产业或不同部门的相对价格，而英国式的经济干预改变的是整个经济之各部门在规划今天和明天之经济行动的相对价格。由于这两种干预类型相互独立，许多新兴国家的政府都乐得同时接纳。这是第三阶段的政治经济学。

经济干预和计划经济存在两点差异。第一是否定市场效率的方式。在苏联的计划经济，中央计划局基本上还尊重市场机制和其效率，只是更信任自己的计划；但英法的经济干预，经济设计委员会接受市场失灵的说法，赋予政府权力以政策去干预市场机制。第二是侵犯私有权的方式。由于马克思公开否定私有财产权制度，因此计划经济可随意废除或删减个人拥有的私有财产权。相对地，英法的经济干预受到传统约束，不敢公然侵犯个人所拥有的私有财产权，却利用政治手段和政治安排侵蚀私有财产权的价值。

英国和法国在走向经济干预时，都已推行不同程度的社会福利政策。因此，他们不把经济干预作为改善贫富差距的手段：法国以经济计划推动经济发展，英国以经济管理维持就业和物价的稳定。随着计划经济的失败，私有财产权逐渐成为政治经济学的共识，但经济干预却依旧存在，也引起新的政治经济学的争议。在这争议中，干预主义者要以政治权力去促进经济增长和物价稳定，而自由经济学者则捍卫市场机制，避免遭受政治手段的任意干涉。

马克思曾宣称共产主义是"科学的社会主义"，其意思是社会主义必须尊重市场机制的科学逻辑。科学是因果关系连结成的知识体系，其中包含许多手段与目的之间的推演逻辑。如果手段在逻辑上无法推演出目的，该手段就不科学。逻辑上能够实现目的之手段才算科学。计划经济强调它是以确定的科学知识为基础，因此是科学的社会主义。反对计划经济的社会主义，因为反科学，也就是反对共产主义。他认为19世纪的欧洲存在不科学的社会主义，其企图直接提供人们经济福利，而不以计划经济去实现社会主义的理想。这些反科学的社会主义包括德国和北欧国家采用的福利国家体制。严格地说，福利国家纯粹以社会目的和政治权力直接提供个人所需要的消费，并不过问市场运作逻辑，也不采取如最低薪酬率或限制日常消费商品的价格等经济干预手段。他们认为，个人需要的不仅是就业、消费、物价、经济增长等经济福利，也需要群体生活的道德、正义与秩序等社会福祉。

由于只关心需要而不过问福祉的生产过程，福利国家的人们胃口会愈养愈大，直到超过社会的生产能力。德国与北欧国家都有着不侵犯私有财产权的传统，国家对社会福利的提供能力也就受限于个人的经济生产力和愿意接受的最高税率。这并不是纯粹理念的福利国家，也不是计算机里模拟的市场机制。他们坚持自由和有效率的市场，以及清廉政府。从尊重市场的科学态度而言，北欧的福利国家远胜过计划经济的国家。

北欧福利国家的成功带来第四阶段的政治经济学，也就是社会如何善用个人在可接受的范围内缴纳的税收，去提供人们最多的经济福利。

在讨论了几种政经体制和政治经济学在四个阶段的发展后，最后的问题是"谁"来为一个国家决定政经体制？是理想主义者，还是经济学家？是拥有政治权力者，还是一般百姓？当然，形式上是拥有政治权力者决定一个国家的政经体制，但实质上他仍然受制于许多的约束或潜在威胁。即使中国模式，仍需要获得百姓的基本支持。在民主国家，政经体制的选择需要更多人们的支持。换言之，政治经济学探讨这些政经体制的竞争及人民的选择。

一旦需要人们的支持，政治权力者就需要一些说辞。在一些地区，政治权力者还继续以欺骗、掩饰、诱惑、威胁等方式获取人们的支持，但随着信息的开放，有说服力的说辞最终是要建立在严谨的理论上。严谨的理论就是关于手段和目标的因果关系。

任何的政经体制都必须明确它想实现的目标（或政治理想）以及实施的手段。政治经济学（者）的任务就是分析各种政经体系所提出的手段与目标的因果关系。理想主义者常吹嘘目标的伟大，怂恿人们选择他偏爱的政体。政客经常避谈目标，以方便在手段上表现出他的爱民与慷慨。学者必须放下个人对目的与手段的主观偏爱，然后展开严谨的逻辑推演，为一般百姓筛选因果关系的成立配对。学者没有责任与义务去推荐特定的政经体制，因为理想主义者会吹嘘那些目标，而政客也会渲染政治手段的好处。真正的学者有义务无偏私地告诉人们哪些手段和目的只是美丽的谎言。

手段除了能实现因果关系确认的目标外，也可能带来许多被掩饰的后果。学者对这些后果带来的伤害和避免它们所需投入的成本，都必须清楚地让人们知道。学者必须提醒人们，他们的选择不会只有琼浆玉液，也同时存在着必须牺牲的代价。

一个政经体制的成功取决于它所采用的手段和目标是否满足可接受性、具因果关系、低交易成本等三项条件。可接受性的权利和表达是个人的责任，而探索因果关系和低交易成本则是政治经济学（者）的职责。

三

1995 年，当台湾"清华大学"的同事干学平和我合著的《经济学原理》出版后，我们清楚了之后的研究方向。《经济学原理》是从追问一个经济学教学问题开始，那就是：如果（传统）中国经济思想只是西方经济思想的部分集合，那就把这门课程废了吧！如果不是，属于中国经济思想所独具的内容是什么？就这样，我们花了 8 年的时间，追到了答案。但很不幸地，那竟是源自于井田制思想的集体主义。书成之后，我们接下去要研究的方向，不是探讨社会福利最大化的政策分析，也不是以模型去分析宏观调控的结果，而是深入理解经济学与法律和政治的关系。于是，我们选择了研究分工，干学平专注于法与经济学，我则专注于政治经济学。因此，这本书的出版，第一个要感谢的便是干学平。

为求全盘理解政治经济学，我借着授课的机会来架构本书内容。我先在研究所讲授"政治经济理论"课程，后来随着自己对主观经济学（奥地利学派）的认识加深，将课程易名为"奥地利学派经济理论"。同时，我也给本科生讲授"政治经济学"课程。对于研究生，我要求他们阅读原文和期刊论文。但对本科生，除了指定几篇阅读教材外，我开始逐章写稿给他们参考，并借着授课经验多次修正教材。因此，这本书的出版，我也要谢谢选修过这门课程的学生。

政治经济学牵涉的议题甚广，我多次邀请同事庄慧玲共同开授"家庭经济学"和"社会经济学"，与刘瑞华一起讨论制度与组织的问题，力求能理解个人与国家间之中间层结合的制度问题。这本书中，我也引用了自己曾分别和方壮志、莫志宏合写过的文章，也摘录自己指导过的研究生毕业论文的部分内容。这本书的出版，要感谢与他们的合作。

　　本书不少的章节曾以独立论文形式，在两岸的一些学术研讨会和大学发表，也获得不少学者与专家的批评和建议。对这些分居于台湾和大陆的好友，我难以个体列举，一并致谢。最后，我衷心感谢莫莉花对本书的中文书写提供很多的建议，也感谢出版社耐心的编辑和校对。

黄春兴

2013 年 6 月 1 日

第一篇 导论

第一章　政治经济学的发展

教科书的第一章都负有两项任务：先要能简单而系统地介绍学科的发展，然后是让读者清楚地理解全书的基本理念。

先说第二项任务。本书的理念就是寻找更好的政治经济体制（以下简称政经体制），以提升一般百姓的生活水平。因此，我必须讨论不同政经体制下的社会可能发展的生活水平、个人权利和秩序。至于第一项任务，那决定了本章的结构。前两节将探讨政治经济学的历史发展。第一节先讨论古典政治经济学（Classical Political Economy）[1] 到新古典经济学（Neoclassical Economics）的发展，第二节再回顾经济学的大量数理化到新政治经济学（New Political Economy）之复苏过程。第三节探讨新政治经济学的再出发。

第一节　古典政治经济学之探索

"政治经济学"一词最早出现在 1615 年法国出版的《论政治经济学》[2]。法国重商主义（Mercantilism）经济学家蒙克莱斯钦（Antoine de Montchrestien, 1575—1621）在该书中探讨手工业、商业、海运等方面的经济政策。[3]

西欧的民族国家兴起于 16 世纪，带动了重商主义的流行。当时国王虽自称"朕即国家"，但也只拥有绝对的政治权力、皇家财产和征税权力，并没有达到传统中国所谓的"普天之下，莫非王土；率土之滨，莫非王臣"的极权。西方百姓在那个时期已经

---

[1]　"Political Economy" 的正确翻译是"政治经济"或"政治经济之研究"，因其中经济（Economy）含有群体或社会的意义。我们遵循习惯，仍添加"学"字，译成"政治经济学"。

[2]　原文为：*Traité de l'économie politique*。

[3]　更广泛地说，"政治经济学"的起源可上溯到希腊时代城邦政体的王室（家政）管理。这部分内容就留给对经济思想史有兴趣的读者自行探索。

拥有私有财产权，国王不能随意侵犯私人产权，其经费只能靠皇家庄园的生产、对国内产出征税及海外掠夺等方式来筹集。[1] 那时工业革命尚未出现，人民的生活主要依靠生产力不高的农业和手工业，还有小规模的国内贸易。一般而言，国王无法从这些产业征收到足够的税收。由于皇家庄园的生产力不高，海外掠夺和建立殖民地就成了国王累积财富的最后和最有效的手段。[2]

当时是金属货币时代，各国的金银铸币可以相互流通，也能购买各国的商品。因此，一国若能从他国获取金银铸币，就等于增加了国家的财富。[3] 海外掠夺是获取他国金银铸币的一种方式，但成本远高过海外贸易。于是，重商主义的国家都发展海外贸易，其真正目的不在于商品的互通有无，而是借以累积金银铸币。

政府一旦以海外贸易为政策，其国内政策也会偏向贸易物品的生产，而忽视非生产贸易物品的农业。[4] 当时的法国重农学派（Physiocrates）经济学家弗朗斯瓦·魁奈（Francois Quesnay, 1697—1774），在他的《经济表》[5] 中严厉批评重商主义，认为它造成农业生产的落后和农村经济的严重衰退。亚当·斯密（Adam Smith，1723—1790）在出版《国富论》[6] 之前去过法国，除了访问魁奈，也拜访了另一位重农学派学者安·罗伯特·雅克·杜尔哥（Anne-Robert Jacques Turgot, 1727—1781）。杜尔哥主张严格限制政府的权力，不要让它以牺牲农业为代价去发展海外贸易。[7] 重农学派的学者看到重商主义以累积国家财富为名，却无法改善人民的生活条件。他们认为重商主义的目标是累积国王的财富，而不在于造福人民。

重农学派探讨的不是政策层面的议题，而是更高一级的政治经济体制。本书将称政治经济体制为国家政体或政经体制，而称政策为政府政策，用以明白表示"国家政体—政府政策"是两级层次的结构。[8] 在政府政策方面，国王有国内加税、海外掠夺、海外贸易或海外殖民的选择；但不论政策为何，都改变不了当时以累积金银为方向的国家发展。在重商主义下，累积国家财富和改善人民生活是两个独立的目标。重农学派并不想改变累积国家财富的目标，只想重新定义国家财富的内容，以便能将人民的生活条件和国家财富连在一起。当时法国的"一般百姓"是农民，而在私有财产权下，

---

[1] 西方那时对私有财产权的尊重，可由英国的一句古谚看出："我家是破茅屋，风可进，雨可进，王权不可进。"

[2] 在重商主义看来，国内贸易无助于累积国家财富，因为国内贸易只是财富在国内移转，不能算是新财富的创造。

[3] 虽然重商主义是三四百年前的经济思想，但今日还有许多国家以之为基本国策，大力奖励出口产业、追求外贸盈余、累积巨额外汇。

[4] 就当时的运输技术来说，易腐败的农产品绝非好的贸易物品。

[5] 原文为：*The Tableau économique*。

[6] 原文为：*An Inquiry into the wealth of Nations*。

[7] 杜尔哥认为限制政府权力的最有效方式就是"让它处于半饥饿状态"。

[8] 以现在社会来说，国家成立之初得创制宪法，一旦宪法立立，历任的政府都必须遵循该宪法。

农业产值归属农民或农场主。因此，重农学派就把农业产值视为真正的国家财富。[1] 这新的定义扭转了政经体制，也势必改变政府政策，比如提升国内农业生产力。另外，新定义虽然无法改变君主的绝对权力，却能规范君王权力的行使范围。

斯密

重农主义对政经体制的变革主张是否影响了斯密？英国的工业革命早法国约50年。当法国的一般百姓还是农民时，英国已是劳工。农民生活在农村，其生活条件取决于农业收入；劳工则是城里的无产阶层，其生活条件取决于劳动薪酬。如同法国重农主义者将国家财富定义为农业产值，斯密将国家财富定义为工业产值。他从劳动力市场的供需去联结劳工的薪酬率和工业产值的关系。

他在《国富论》中认为，决定薪酬率高低的因素不是国家拥有的财富数量，而是财富累积的速度。一旦国家财富定义在工业产值，财富的累积速度就来自工业产值的增长率。工业产值的增长率反映的是商品市场的繁荣。当市场繁荣时，厂商会增加劳动需要，劳工的薪酬率也就跟着上升。《国富论》虽以"国家财富"为名，其探讨的主题则是如何去提高劳工的劳动薪酬和产业的生产力。在新的定义下，国家的发展就不再仰赖船坚炮利，而取决于工业的生产能力和市场的灵活程度。但若市场体制要能成为新的政经体制，斯密必须证明两点：第一，市场体制有不断提高劳动薪酬的能力；第二，市场体制有能力保证各行各业分享财富。斯密分别以两则故事来说明这两点。

第一个故事是他在家乡的制针工厂的观察。根据他的叙述：一位未受训练也无机器辅助的工人，一天生产不了几根针。但经由分工和机械的辅助，一家雇用10个工人的小工厂，平均一天能生产48000根针。[2] 这是一个很震惊人的故事，罗纳德·科斯（Ronald H. Coase）认为这故事容易引导读者只注意生产力的提升，而模糊掉分工的意义。斯密探讨的是分工，而不是生产方式的产出率。分工提高产出，但分工的背后是劳工间的合作。若将工厂合作推广至全球合作，斯密之分工的意义在于"如何让分散在世界各国的人们合作，因为即使是一般的生活水平也需要这些合作才可能实现。"[3]

第二个故事是关于自私心如何驱使商人去实现利己利人的社会。斯密说道："我们不能借着向肉贩、啤酒商，或面包师傅诉诸兄弟之情而获得免费的晚餐，相反的，我

---

[1] 魁内说道："非贸易的农产品才是构成国家财富的主要部分。"

[2] 斯密说道："如果他们各自独立工作，不专习一种特殊业务，那么他们不论是谁，绝对不能一日制造20枚针，说不定一天连一枚也制造不出来。他们不但不能制出今日由适当分工合作而制成的数量的1/240，就连这数量的1/4800恐怕也制造不出来。"译文引用：http://www.hudong.com/wiki/ 亚当·斯密。2011/1/30 浏览。

[3] Coase（1977），第313页。

们必须诉诸他们自身的利益。……在这些常见的情况下，经过一双看不见的手的引导，……借由追求个人的利益，往往也使他更为有效地促进了这个社会的利益，而超出他原先的料想。"[1] 这就是有名的看不见的手原理（The Theorem of Invisible Hand）。不少学者也注意到斯密关怀一般人民的生活水平，[2] 却很少有人真正理解他对政经体制之变革的呼吁。这点，詹姆斯·布坎南（James M. Buchanan）有较直接的说明："市场自生长成的协调（Spontaneous Coordination）是我们这门学问的唯一原则，虽然《国富论》广为大家引述的是，我们更好的晚餐不是来自肉商的善意而是来自他的利己心。"[3]

斯密是苏格兰启蒙时期的学者，当时学术界的共同议题是："如何在给定个人利己心的前提下，去提升社会整体的利益？"他们强调人类文明来自于社会公共利益的累积，但也坚信个人的利己心是人性的事实。由于他提出的看不见的手原理解答了这问题，斯密也就成为苏格兰启蒙时期的代表性学者。

看不见的手原理可写成这样："在市场制度下，个人追逐利己的结果也可以造福整个社会。"这清楚指出该原理要求政府"不能干涉个人追逐私利"的限制原则，以及"只有在市场之内才能保证私利和公共利益之调和"的原理适用范围。若不在市场范围之内，个人的利己行为常导致利己害人，甚至害人害己。许多学者忽略市场之内的适用范围，而对看不见的手原理产生许多误解和错误的批评。

古典政治经济学

直到 19 世纪中叶，经济学者循着斯密开创之路继续探讨，也大都以政治经济学为其书命名。[4] 比如：詹姆斯·斯图亚特（James Steuart，1712—1780）于 1767 年出版的《政治经济学原理》[5]、让·巴蒂斯特·萨伊（Jean–Batiste Say, 1767—1832）于 1803 年出版的《政治经济学概论》[6]、大卫·李嘉图（David Ricardo, 1772—1823）于 1817 年出版的《政治经济学及赋税原理》[7]、托马斯·罗伯特·马尔萨斯（Thomas Robert Malthus, 1766—1834）于 1820 年出版的《政治经济学原理》[8]、弗里德里希·恩格斯

---

[1] 译文引用：http://zh.wikipedia.org/zh–tw/ 亚当·斯密，2011/1/30 浏览。

[2] Reisman（1998）。

[3] Buchanan（1991），第 22 页。

[4] 经济学最早是以"政治经济学"的名称出现在人类知识的舞台上。

[5] 原文为：*An Inquiry into the Principle of Political Economy*。

[6] 原文为：*A Treatise on Political Economy*。

[7] 原文为：*On the Principles of Political Economy and Taxation*。

[8] 原文为：*Principles of Political Economy: Considered with a View to their Practical Application*。

(Friedrich Engels, 1820—1895) 于 1844 年出版的《政治经济学批判纲领》[1]、约翰·穆勒 (John Stuart Mill, 1806—1873) 于 1848 年出版的《政治经济学原理》[2] 等。这一段时期称为古典政治经济学时期。

斯密有不少的信仰者，如受尊称为"法国斯密"的萨伊及马尔萨斯的父亲。但也有不少学者不接受看不见的手原理，比如马尔萨斯。马尔萨斯自小接受父亲的经济学教育，听烦了斯密的论点，就下决心要寻找该原理的错误。当时英国的金融体系和社会安全体系还未形成，人老之后只能仰赖儿女的赡养。然而，子女不愿回报父母的新闻时有所闻，父母必须多生育子女以降低老年饥饿受冻的风险。"多生育子女"是父母的利己计划。若每个人都有这样的想法，其结果将导致人口数不断增加和人均耕作面积的降低，或耕种的土地越来越贫瘠。马尔萨斯在他有名的《人口论》中便婉转地反对看不见的手原理，认为：如果每个人都追逐利己，每个人的生活水平都会不断下降，直落到维持生活所需的水准。

马尔萨斯的论述并没有成功地否定看不见的手原理，因为人口与生育并不在市场范围之内，故无法保证利己的结果也会造福大家。如果这个保证能成立，那么看不见的手原理所允许的范围就可以从市场范围延伸到人口与生育的范围。我们接着会继续追问：是否看不见的手原理还可以延伸应用到其他的制度、组织、社群等？如果我们无法保证看不见的手原理能顺利延伸其应用范围，那么，在这新范围里是否存在其他的政经体制也具有类似看不见的手原理的效果？计划经济如何？福利国家如何？根据社群主义所构建的政经体制又如何？这是古典政治经济学者在斯密之后继续探索的问题，但他们找到的答案并不一致。

劳动力与生产资料

人类若单靠着双手和其劳动，要不断提高生产力并不是一件容易的事。马尔萨斯和李嘉图不约而同地指出：劳动力的不断投入只会导致生产力递减，却无法提升劳动薪酬。在经济史上，工具的使用、火的发现或农耕技术的发明，都明白地说明了一个事实：人类必须依赖生产工具的创新才能提升生产力。这些生产工具就是各种的机器设备，或称生产资料 (Capital Goods)。斯密没有明确地提到过生产资料。但，他指出：分工与专业化提高了薪酬率，而劳动力的分工与专业化的程度跟市场规模息息相关。市场规模越大，劳动力越有空间分工和专业化。然而，更专精的分工需要更精密

---

[1] 原文为：*Outlines of a Critique of Political Economy*。

[2] 原文为：*Principles of Political economy*。

的资本设备的配合，否则一个工人是无法凭靠熟练就能增加 400 倍的生产力。

马克思（Karl Marx, 1818—1883）把生产资料这要素带入政治经济学领域。当生产资料成为土地和劳动力之外的第三项生产要素后，总产出的分配问题也跟着出现了争议。若提高生产资料的报酬，就得减少分配给劳动力的报酬；反之亦然。根据市场法则，在生产资料开始累积而劳动力尚属充沛的时代，生产资料在报酬分配上具有较劳动力更大的优势。马克思了解生产资料的生产优势，又见到生产资料集中在少数的资本家手中，也就敌视斯密传统下的市场体制。他不仅拒绝以市场体制的法则去分配报酬，更想彻底地改变以私有财产权为核心的政经政体。

马克思的理想是"财产共有、各尽所能、各取所需"的共产政体，却未在有生之年仔细地构思它的运作方式。

在斯密之后，市场体制取代了专制体制。虽然那时市场体制能运作的范围还很有限，但天空是开放的，允许各式的尝试。工业革命带来贫富不均，激发不少善心人士的抱负和改善计划。英国的空想社会主义者理查德·欧文（Richard Owen, 1804—1892），就将自己的工厂改造成合作工厂，视工人如家人。他也推动以投入之劳动量作为衡量商品价值的单位，并作为商品之间的交换比例。他的合作市场便使用"劳动币"作为交换媒介。

欧文推动的合作工厂和合作市场都允许市民自愿参与，并和传统的工厂与传统的市场竞争。若工人感受到资本家的剥削，可以选择到合作工厂去工作；若他认为传统市场低估了他的产品，也可以将其产品拿到合作市场去贩卖。这是另一种政经体制的变革。欧文企图建立一个能和市场体制竞争的政经体制。

随着工业革命快速而全面地发展，大部分的农村人口集中到城市的贫穷区域。那里的工作场所环境不良、生活空间拥挤，处处显现出市场体制在反映社会变化时所做的调整过于缓慢。在法国，贫富差距的恶化引爆了民主风潮和巴黎大革命，进而威胁到海峡对岸的英国皇室和贵族。为了避免惨遭时代巨浪吞噬，由传统贵族组成的英国国会开始推动一连串的政治改革。[1] 不断扩大的民主制度有效地阻挡了革命浪潮，却也改变了英国国会的生态。受多数党控制的民主议会有能力通过一些干预个人自由的法案。法案是要强制执行的，个人连说"不"的权力都没有。费边社（Fabian Society）带领英国的社会主义运动走"议会民主路线"，强调以国会立法去改造社会。民主制度下的强势团体是人数占多数的劳工。劳工只要团结，便有能力推举国会议员，控制国会，然后再通过新的报酬分配法则和工作环境的法案。立法取代了制度的演化，权

---

[1]　比如在扩大民主参与方面，英国在 1832 年便将人民拥有投票权的资格限制，从年收入 40 先令调降为 10 先令。

力重新定义私有财产权。民主制度可以经由合法性程序去破坏市场体制和扩张政府权力。这是新一种政经体制的大变革。

第二节　科学经济学的发展

1871 年前后，古典政治经济学发生经济思想史上有名的边际主义革命 (Marginalist's Revolution)。在发动革命的三位经济学者中，英国的威廉姆·斯坦利·杰文斯（William Stanley Jevons, 1835—1882）早在 1862 年出版的《政治经济学的一般数学原理》[1] 中就提出边际效用（Marginal Utility）的概念，并于 1871 年将这个概念发展成书。他曾考虑将书取名为《经济学原理》，但最后还是继续采用传统的《政治经济学原理》[2] 为书名。居住在瑞士法语区的里昂·瓦尔拉斯（Leon Walras, 1834—1910）并没打算在书名方面创新，其于 1874 年后出版的书沿用传统命名为《纯粹政治经济学要义》[3]。较不同的是奥地利的卡尔·门格尔（Carl Menger, 1840—1921），他将著作命名为《经济学原理》[4]。

新古典经济学

经济思想史学者称边际学派革命之后的经济学为"新古典经济学"。新古典经济学继承古典学派的思想，只是以效用学说取代劳动价值学说，以边际分析替代历史陈述作为方法论。1879 年，英国经济学家阿尔弗雷德·马歇尔（Alfred Marshall, 1842—1924）出版了《工业经济学》[5]，并于 1890 年将其扩充版易名为《经济学原理》[6]。在书中，他将数理推演的结果以文字重新陈述于上册，而将数学推演过程编排于下册。马歇尔之后，这尾巴带有 ics 的经济学（Econom–ics）逐渐取代了古典政治经济学。为了避免混淆，本书将以经济分析（Economic Analysis）称呼数理化的经济学，继续以政治经济学称呼古典政治经济学传统下的经济学，并合称两者为经济学。经济分析兴起后，政治经济学也仍旧在继续发展。[7]

---

[1] 原文为：*General Mathematical Theory of Political Economy*。

[2] 原文为：*Theory of Political Economy*。

[3] 原文为：*Éléments d'économie politique pure*。

[4] 原文为：*Grundsätze der Volkswirtschaftslehre*。

[5] 原文为：*The Economics of Industry*。

[6] 原文为：*Principles of Economics*。

[7] 比如不接受边际主义革命的马克思经济学派和经济社会学学者，依旧继续视政治经济学为他们愿意接受的经济学。

当杰文斯和瓦尔拉斯以数理逻辑重述古典政治经济学时，他们各自选择了容易下手的领域。杰文斯构建了消费者的效用函数，并推导出个人对商品的个人需要函数。瓦尔拉斯则构建一套包括各种商品之市场需要与市场供给的联立方程式模型。在瓦尔拉斯的联立模型中，市场需要和市场供给都是价格的函数，联立之后就可计算出所有商品在供需均衡下的市场价格，而这组市场价格会在杰文斯模型中成为影响个人需要的变量。从个人需要到市场需要只是简单的算术加总。经过加总，新古典经济学的一般均衡模型（General Equilibrium Model）就有了雏形。

只要每种商品都有市场，瓦尔拉斯的直线性联立方程式就可以计算出各商品在一般均衡下的均衡价格。但在真实市场中，这些均衡价格是如何形成的？瓦尔拉斯假设市场体制中存在一位仲裁者（Arbitrator），当他看到某一商品的市场需要大过供给时，就提高该商品的价格以压抑需要和鼓励供给；反之亦然。仲裁者拥有所有商品的供需信息，也有权力调整各种商品的交易价格，而他的任务就是实现各种商品的供需均衡。

值得注意的，瓦尔拉斯模型基本上假设了商品市场可以分割成许多不同需要、彼此替代关系不大的各大类商品，而各大类商品内的供给也接近同质。在这条件下，各大类商品的市场供给或市场需要就很容易加总。一旦能加总，仲裁者就容易发现市场的超额供给或超额需要。如果各大类商品的替代关系强，或者各大类商品内的供给异质性高，则个人需要或个体供给就无法加总出市场需要与市场供给。在此情况下，不仅市场均衡是镜花水月，仲裁者也不知如何去调整价格。

尽管存在这缺陷，一般均衡模型还是受到经济学者的青睐。半世纪之后，英国经济学家约翰·理查德·希克斯（John Richard Hicks, 1904—1989）于一模型中加入生产资料，将之扩充增长期一般均衡模型[1]；又过不久，肯尼斯·约瑟夫·阿罗（Kenneth J. Arrow）和吉拉德·德布鲁（Gerard Debreu）[2] 推出了完全竞争假设下的一般均衡模型，并根据它构建出福利经济学（Welfare Economics）。

一般均衡模型的学者是从古典经济学的思维去看市场机制。在数理化过程中，一般均衡模型曲解了市场机能，其中最严重的是以仲裁者取代企业家（Entrepreneur）。不过，该模型倒很清楚地定义了参与市场活动的各经济单位以及他们的行动诱因，如追逐最大效用的家计单位和追逐最高利润的厂商等。因此，它能清楚地分析出政经体制之外生因素变动对各经济单位之决策和其福利的影响。外生因素包括各经济单位在期初拥有的资源、生产技术、人的偏好和交易制度。

---

[1] Hicks（1939）。

[2] Arrow and Debreu（1954）。

一般均衡模型清楚区分内生变量与外生变量，让经济学家有能力研究经济体系中特定经济单位或经济变量受到外生变量干扰的影响。这些研究都是在其他条件不变（Ceteris Paribus）的分析前提下进行，也就是暂时不纳入非分析对象的经济变量和经济单位的行为反馈。由于存在给定的外生经济变量，这类一般均衡模型也只是考虑多个部门的较广泛的部分均衡模型。部分均衡分析受到保罗·安·萨穆尔森（Paul Anthony Samuelson, 1915—2009）出版的《经济分析基础》[1]的鼓舞，逐渐成为当代经济学的主要方法。

毫不惊讶地，经济学的研究问题也就被切割得越来越细，也愈朝向经济分析发展。当经济分析学者习惯在其他条件不变的分析前提下探讨问题后，逐渐以它为借口，不再去考量全面效果。如果"其他条件"是指其他经济单位或其他经济变量的行为反应，其对经济学的伤害只是分析的完整性。如果"其他条件"是指经济单位必须遵守的制度或个人行为必须遵守的规则，那么其分析结果就会错得很离谱。比如，芝加哥大学的加里·贝克尔（Gary Becker）曾发表过这样的论点：一位要每天赶班车上班的上班族，"每天都赶上班车"只会是次佳的选择，因为他每天为了赶上班车而多花在时间提前等待上，其总价值必然高过偶尔没搭上车的损失。这分析用在搭车问题上是没问题的，但同样的逻辑若应用到法律经济学，比如"要不要暂时把汽车停在红线[2]上"，如果获得的最优答案是"把车子停在红线上"，其对社会秩序的伤害就大不相同了。另一个例子是"要不要在夜市购买盗版 DVD"的决定。若不考虑惩罚，个人以部分均衡分析得到的最优答案会是"能省则省、不买白不买"。但如果采用一般均衡分析，长远考量盗版对生产与创造的伤害以及未来产出的减少，那么，个人的最恰当行为就会是"拒绝盗版 DVD"。现行的法律与社会规范都告诫我们拒绝盗版 DVD，但到了夜市，只要察觉被逮捕到的概率太低，人们很容易就沦为"机会主义"的奴隶。

要避免这类错误，我们要回到政治经济学和经济分析的差异来谈。政治经济学探讨经济体制的秩序（Order）或结构（Structure）的问题，也就是如何限制人们的随意行为以形成一些能结合成秩序（或结构）的规则与组织。[3]这些规则与组织是对宏观经济普遍性的限制。我们进行个案分析时，必须在给定普遍性规则的限制下去选择效益最高的行动策略。普遍原则不属于分析个案的计算范围。就大多数的个案而言，遵守普遍规则往往不是最恰当的选择，因为普遍规则并不是针对个案设计的。普遍规则是

---

[1] 原文为：*Foundations of Economic Analysis*。

[2] 在台湾有红线的路边禁止停车。

[3] 哈耶克认为"秩序"一词较贴切，而布坎南认为"结构"一词较为正确。

经历长期发展出来的限制条件，只有在思考整体秩序或结构时，我们才能理解遵守普遍规则的最优性。

狭义的经济学

由于朝向数理化与部分均衡分析发展，经济分析普遍走向个案分析，专业于有限选择的效益计算，并严重地脱离政治经济学。如今，政治经济学探讨经济体制的规则与组织，而经济分析是在既定的规则与组织的限制下探讨行动的选择。[1] 相对于古典政治经济学，经济分析关心的问题窄化了许多。探讨其原因，有如下四点。

第一，经济学数理化的发展。数理化强调论述的严谨，在严谨的要求下，经济分析学者面临"论题选择"和"条件严谨陈述"两种挑战。对于前者，他们选择放弃许多难以衡量或难用数理符号去概念化的问题，比如生产资料结构、创业家精神、意识形态等。对于后者，他们必须清楚地叙述模型中函数与参数的各种性质，比如生产函数的形式和其参数的弹性值。于是，就越陷越深。[2]

第二，研究者看不到数理符号之外的经济问题。每个人都会从日常生活中观察到一些现象，但观察者必须先拥有足够的知识，才有能力发现诸多现象的关联。过于专研数理化的学者，在其养成教育时期就专门于数理工具的训练与应用，一般说来，也就缺欠数理之外的知识。过度的专业化局限了他们发现一般问题的能力，也难以理解数学逻辑之外的经济过程。[3]

第三，政府提供大量工作与经费补助的强烈诱惑。政府的经费补助会干扰学者的研究选择，也影响补助对象的发展。经济学者面临的第一次诱惑，是各国政府仿效苏联推动计划经济或指导性经济计划而需要大量的计量经济学家。第二次诱惑是两次世界大战的全面经济动员，这需要大量经济学家参与动员计划。第三次诱惑是随着约翰·梅纳德·凯恩斯（John Maynard Keynes, 1883—1946）理论的流行，政府雇用经济学家从事政策的经济分析。每次，政府都提供经济学者更多的就业机会、优渥的待遇和更高的权力发展机会。政府的礼遇的确让经济学者感到自负。于是，"经济学家大军"的人数增大数倍，把经济分析推向显学。

---

[1] 借用政治经济学与经济学在分析层次上的差异，机会主义可以定义为：蔑视普遍规则与组织而以个案之效益去计算的心境。如贪污、贿赂、买票等都是机会主义的表现。

[2] 数学界有句传言："若想拿诺贝尔奖，就去研究经济学。"这不是因为诺贝尔奖没有数学类，而是经济学发展到20世纪中叶已经彻底数理化。当今大部分的知名大学会要求经济系在入学考试中加重数学的成绩，也在研究所入学甄试时热情欢迎数学系的毕业生。只要数学好，懂不懂经济学原理已经不那么重要了。

[3] 这些学者逐渐离开18世纪经济学者对于人类生活与文明的关怀，专注于寻找"一千个为什么"的"苹果橘子经济学"，或称之为"怪胎经济学"（Freak economics / Freakonomics）的问题。

第四，封闭型学术社群的自我复制。由于学术的专业化和独立性，学术界的发展是不允许其他学术界的干预。这优良的传统却也潜藏着近亲繁殖的危机。就以经济学的某分支学科为例，他们可以组织自己的学会，出版独立的学术期刊，并根据会员在这些期刊的发表成果评定其学术水准，并作为升迁与奖励的标准。他们也公开招考新人，资深学者继续以同样的发展路程去教导新人。在学术独立与公平的要求下，该学科便可获得和其他学科相同的研究资源和聘雇机会。于是，一个可能与真实世界的发展毫不相干的经济学分支学科也就形成，并发展成生生不息的封闭型学术社群。

第三节　新政治经济学

不同于杰文斯与瓦尔拉斯强调数理化，门格尔也鼓吹经济学必须科学化，但他的科学化不是数理化。他认为经济学要成为正确科学（Exact Science），就必须在论述上满足以下两点：第一，经济分析必须达到自然科学的严谨性；第二，"人具有行为调整能力"是经济分析的前提。

正确科学

就第一点言，门格尔认为经济研究必须抛弃历史经验的论述方法，因为这种论述方法容易流为学者个人意见的自由表达，无法跟上自然科学的严谨性。相对地，边际分析方法让经济学研究得以摆脱历史方法。就第二点言，门格尔指出了经济研究的核心是个人。传统方法将历史经验视为历史教训的来源，而历史教训的对象是整个社会。门格尔认为个人才能接受历史经验和反省历史教训。个人在行动之前，会参考历史事件，清楚地了解自己能选择的范围以及行动的预期结果，但历史经验与历史教训却不能主宰他的选择与行动。除了历史，个人的选择与行动还会顾虑到自己的增长经验、偏好、可支配的资源、周围条件等。选择的实践是行动，这需要决心、意志力、毅力等个人因素的参与。门格尔希望经济研究的严谨性能赶上自然科学，却不认为经济问题能像自然科学问题那般地简化成逻辑符号。他担心符号化之后，个人将丧失理解现实经济问题的能力。

到了 19 世纪末，除了少数的历史学派、马克思主义者和经济社会学学者仍旧采用历史方法外，这个拥有前提假设和严谨推演的逻辑分析的新兴经济学取代了古典政治经济学。进入 20 世纪，经济学者在追随自然科学的发展过程中，更是战战兢兢地检讨经济学是否已满足自然科学的必备条件。这些条件包括推理的前提假设、模型设立、逻辑推演、推估与预测、结果鉴定等步骤。经过一百多年的努力，经济学成功地转型为科学的一支，而其数理模型的复杂度甚至超越自然科学。观察当前的经济学教材，除了入门的经济学原理仍以文字叙述为主外，中级以上的经济学教材大都以数理分析为内容。

科学化的成就带来荣耀，也带来危机。自然科学在 19 世纪的强势发展，几乎使经济学丧失独立。在符号化和数理化的趋势下，新兴的经济学研究忽略门格尔所提的第二项基本要求——人具有行为调整能力。不考虑这项前提假设，转型成功的经济学本质上和 19 世纪的理论力学已无甚大差异。经济学顺利地转型成为科学的一支，却也误入自然科学的领域。

边际学派追求逻辑严谨，期待提升当时的研究方法，以使经济研究成果更具有实用价值。若就逻辑严谨性而论，不少学者都有能力对社会现象提出自圆其说的解释体系，因为他们在构建的过程中就不断地参照历史数据。但就实用价值而言，良好的预测能力胜过体系的完整性。科学的最终目的在于实用，逻辑严谨只是实现实用性的必要条件。达到逻辑严谨的要求之后，经济学要继续发展成一门具有实用价值的科学。门格尔同意历史学派具备预测能力，但质疑其预测能力的准确性。他认为：如果个人具有反省历史经验的能力，历史就不会重演。另外，我们也无法得知历史的走向，因为不知道个人反省后的行动会是什么。那么政治经济学的数理模型是否也具有正确预测能力？符号与数理逻辑具有和历史数据一样的客观性，也容易吸引较多的对话者和参与者，但其预测的准确性如何？

在门格尔思路的影响下，布坎南对政治经济学数理模型的预测能力提出质疑。[1] 他将科学的实用性解释成对研究对象的控制能力，也就是改变研究对象去实现个人目的的能力。比如电子学的实用性，表现在我们控制电子和电子流，并利用它制成家电产品以提升生活水平的能力。再如医学的实用性，也是表现在控制细菌或身体的生长机能，并利用它发展出医药和医疗程序以降低生病的概率及生病时的痛苦和严重程度。控制能力是预测能力的延伸，因其高低取决于预测能力的准确度。

个人只要拥有相关的科学知识，就可以借控制研究对象去实现个人目的。经济学者一般假设个人了解自己的欲望或目的，而欲望的实现能带给他更高的福祉。科学实用性既然在实现个人的欲望，对他的价值就等于福祉提升的程度。于是，在一个荒岛或深山，拥有更多科学知识的个人就等于拥有更高福祉的生活。将科学实用性的价值

---

[1] Buchanan（1986）。

等同于个人福祉提升的说法有其成立条件，这个条件就是个人必须生活在遗世孤立的世界，比如汤姆·汉克斯所主演的《荒岛余生》中的荒岛。在荒岛中，他从先前的知识知道椰子果内有干净水，也利用钻木取火的科学知识取得火苗，最后还编绳绑木制作木筏出海求救。他借着每一项科学知识来提升福祉；只要他的知识无误，这些科学知识也的确提升了他的福祉。在群居社会，科学的实用性就未必等同于个人福祉的提升，因为个人在利用科学知识以控制研究对象时，虽能提升自己的福祉，却也可能减损他人的福祉。自然科学所控制的对象是自然环境。当科学的实用性指向人的控制后，受控制的一方迟早会寻找出反控制的行动。双方一旦进行控制战，科学的利用就只有带给人类伤害。不愿成为对方所控制的对象以及寻找反控制的行为，都是人类自我解救的行为，这行为也就是门格尔所提的"人都具有行为调整能力"的第二项基本要求。[1]

宪法经济学

最先从新古典学派立场质疑经济分析的是布坎南，他从瑞典经济学家克努特·维克赛尔（Knut Wicksell, 1851—1926）的小册子发现政府政策的原则在于选民的一致同意。[2] 这原则让他开始反省经济分析逐渐走向福利经济学的发展和危机。他说："我简单地建议，在不同方式下经济学家应集中于关注制度，也就是人们在广义的贸易与交易下参与自愿组织的活动时所形成的关系。"[3]

福利经济学是阿罗推演一般均衡模型的成果。在这新的领域里，经济学家把政府比拟为仁慈的君王，并为他们设想一个社会福利函数（Social Welfare Function）作为政策的决策基础。仁慈的君主拥有配置社会资源的权力，以社会福利函数之最大化为配置目标。当然，新古典经济学不主张君王专制，而且20世纪的西方世界已是民主社会，于是他们只保留给政府对总体变量的控制权，其他就分权给百姓。也就是说，代表民主政府的官员（仁慈君王）透过总体变量的控制去实现社会福利函数的最大化。所有政治人物都是人，都有私欲。君王是这样，政府官员亦然。那么，如何保证政府会追求社会福利的最大化？在人与人不同的民主社会，是否存在一个已经调和了私欲冲突

---

[1] 布坎南说了一个有意思的寓言，内容如下。流落荒岛的"鲁滨逊"，某日发现岛上存在另一人"星期五"。经过几日的跟踪和试探，他发现星期五只要看到蟒蛇或蟒蛇的图像就立即卧地求饶。于是，他把麻草结成蟒蛇状，只要遇到星期五就拿出编结的"蟒蛇"进行恐吓和控制，如命令星期五爬上椰子树摘椰果等。经过一些时日，星期五也发现了鲁滨逊一听到打雷声就躲到角落发抖，就制作能发出打雷声的器材。之后，星期五也是一遇到鲁滨逊，就拿出制作的"打雷声"进行恐吓和控制，如命令他到海岸抓几条鱼来。在叙述过这故事后，布坎南问道：当两人都知道利用科学以控制对方后，下一次两人相遇的场所将会是何种景况？星期五卧地不起？还是鲁滨逊缩在角落抖个不停？还是两者都发生了？布坎南利用这个故事指出：利用科学来控制人类的结果，非但无法提高个人福祉，反将两人陷入无法自拔的困境。

[2] Buchanan（1987）。

[3] Buchanan（1979），第36页。

的社会福利函数？如果存在，政府的政策就能符合全体一致同意。但，这也只是结果相同，而不是符合原则。若要符合原则，就要让百姓有表决的机会。

阿罗问的是：让百姓表决可行吗？他认为在人与人差异的社会，唯一令人满意的集体决策是君主专制。[1] 这个被称为阿罗不可能原理（Arrow Possibility Theorem）重重地打击了政策民主化的思维。这原理吸引许多精于数学思考的经济学家的关注，尽力于寻找一套理想又民主的集体决策方式。但他们还是失望了。在数理经济学家心中，民主政体不可能有理想的集体决策方式。这就是社会选择理论（Social Choice Theory）。

既然市场失灵，而民主体制又失灵，君主专制的政权之所以在人类历史上能有历经两百多年之稳定纪录，其理由不就在此？但布坎南和其同事们并不如此想。他们认为集体决策只是民主体制的一小部分。民主体制也包括市场体制，和个人需要的表达和协商、寻找合适的生产者、贪污腐化的监督、权力的制衡等。这些机制最终还需要自由媒体作为联系中介才能实现。这相关的理论称为公共选择（Public Choice Theory）。

市场并不完善，但政府也会失灵。公共选择学派认为：即使市场失灵，也没理由必须求助于政府。当然，更不能信赖政府的规划或计划了。但是，只是畏惧是没意义的。如果我们希望继续进步，不是去改善市场，就是去改善政府。对布坎南而言，市场发展出来的原则固然需要遵守，但若求其及时改进，则是可遇不可求。他也不放弃以改善政府的方式去提升百姓的生活。

不同于行政管理学的监督理论，布坎南认为政府失灵的原因在于政府拥有裁夺权力，成为权力的垄断者。对于权力的垄断者，人们必须让他们饥饿，并要求他们遵守明确而公开的规则，才能保护自己的权利。这就是他在发展公共选择理论之后，进一步开创的宪政经济学（Constitutional Economics）。

芝加哥政治经济学

同时，芝加哥学派也在拓展经济学的领域，朝向较全面的人文社会领域发展。这些新的议题包括家庭、宗教、社会、文化、政治等问题，被称为芝加哥政治经济学（Chicago Political Economy）。踏出第一步的是贝克尔对生男育女的经济分析，这议题可以上溯到马尔萨斯的人口理论。不过，初期的理论还都是个人经济行为的均衡分析，直到贝克尔讨论到婚姻制度与家庭制度之后，芝加哥政治经济学才算开拓出新领域。

---

[1] Arrow（1951）。

芝加哥学派也有很深厚的政治经济学传统，其创始者富兰克·奈特（Frank H. Knight, 1885–1972）便翻译了马克斯·韦伯（Max Weber, 1864—1920）的巨著《社会经济史》。在经济学史的社会主义者之计算大辩论（Socialist Calculation Debate）中跟路德维希·冯·米塞斯（Ludwig von Mises, 1881—1973）与弗里德里希·哈耶克（Friedrich A. Hayek, 1899—1992）笔战的斯卡·理沙德·兰格（Oskar R. Lange, 1904—1965），也曾联手凯恩斯学派的阿巴·勒纳（Abba P. Lerner, 1903—1982）为社会主义计划经济辩护。当然，贝克尔、乔治·斯蒂格勒（George J. Stigler, 1911—1991）和米尔顿·弗里德曼（Milton Friedman, 1912—2006）都反计划经济，但他们在方法论上却和兰格同属新古典经济学派。计划经济主张将权力集中到中央计划局，然后由中央计划局来计划、生产、控制和分配。相对地，市场机制则主张分权到每个经济单位，然后在市场规则和价格机制下达成协调。规则和价格是与计划经济对立的机制。芝加哥学派如果反计划经济，就必须论述规则和价格优于计划与控制。弗里德曼便是这样，他认为美国联邦储备局（简称，美联储）对于利率与货币供给量的任意裁量和计划经济同出一辙，并建议美联储以固定法则去替代任意裁量。

贝克尔和其他同事也探讨管制、反托拉斯法、利益团体、政党政治等政治议题。他们和公共选择学派都相信"政治人"也是"经济人"，同样有私欲。比如在公共物品提供的争论中，公共选择学派主张以议会决议替代行政规划，却遭到"议会难以摆脱利益团体纠葛"的批评。贝克尔以其著名的利益团体理论支持公共选择学派，认为利益团体只要遵守政治市场的规则，就会相互抵消彼此带给议会的压力。[1]

交易成本经济学

然而，新古典学派在分析上所寻找的最优点是来自于两道相反力量的平衡，只要那一边的利益多些，最优点就会倾向那边。利益的反面是成本。交易成本经济学（Transaction Cost Economics）是从成本的考量去比较不同组织或制度被个人接受的相对优势。该学派的创始人科斯在他的成名作《企业的性质》中，就以此论述企业的存在理性：当足够多的消费者认为，从因素市场中购入原材料去自行生产的成本高过直接向某企业购买其成品，该企业便能够存在。[2] 这里的成本牵涉到个人寻找交易对象、议价、签约、契约执行、毁约等司法成本，统称为"交易成本"。每一笔交易都牵涉到这些交易成本。如果消费者能找到一家可信赖的厂商，其交易成本将低于其在原材料

[1] Becker（1983）。

[2] Coase（1937）。

市场中的多次交易。在这里，企业是以能降低消费者之交易成本的组织形态出现。

科斯扩大此概念去解释政府的存在。个人接受政府的交易成本，就是他利用政府机能去取得所需（公共物品）商品的交易成本，包括寻找与聘任官员、监督与考核官僚行为、避免政府滥权等。科斯自称对市场或政府的相对优势并无成见，完全取决于政府的组织和其运作的交易成本。早期，科斯以列宁的观点把政府看成是"超级企业"，然后将企业本质的论述应用到政府，却忽略了政府拥有强制个人接受其产出（和服务）的权力。只有在一种情况下可以忽略政府的强制权力，那就是政府完全知道个人的需要，因此时其产出必能为个人自愿接受。明显地，科斯抱持着和福利经济学家相同的思维。[1]换言之，科斯的政府论缺少了"个人自愿接受"的前提，这前提必须由真实的个人去判断，而不是经济学家或君王说了算。

如何避开个人自愿接受的前提，另以交易成本将企业理论联结到政府论？科斯在民主体制中找到一个切入点，也就是由法官判案发展到不成文法的过程。这过程包括历任法官的独立审判和对案例的独立引用，而其构成的每一个结点都不存在"个人自愿接受的难题"。只要提供这些法官的一套共同论述，经由他们的独立审判，交易成本就可以发展出政府论。科斯以财产权能带给社会利润作为论述起点。私有财产权是自发的，而自发起于某种创意或突破，而这刚好对称到判案案例发展的过程。但如何提供法官一个可独立的论述理论？他在《社会成本问题》提出这样的观点：如果利润有办法衡量的话，财产权应该界定给利润较大的一方；因此，若现有的财产权界定无法生产最大利润，便应该重新界定。[2]

重新界定财产权就等于体制变革。这鼓舞了20世纪90年代的中国经济学家，因为他们正想丢弃计划经济，却不敢立即赞同市场体制。科斯的论述在这时点上让他们有了理论依据，可以重新界定财产权，并借以比较市场机制与计划体制。当然，还有其他混合体制可供选择，如乡镇企业或具有中国特色社会主义等。那时，"交易成本经济学"在中国受到了在其他国家没有过的尊崇。这现象持续到私营企业的生产力超越乡镇企业才缓和下来。科斯并没有主张将重新界定财产权的权力交给中央计划局，而是交给了不成文法下的法官，但这种做法依旧带有计划经济的思维。从哈耶克的观点看，只要是由一位有权力者在特定目的下去变更成文规则，就是计划经济。科斯带给法官的使命，从这点而论，的确是计划经济的工作，虽然这法官的新判例还未知是否能长大成法条。

---

[1] 莫志宏、黄春兴（2009）。

[2] Coase（1960）。

奥地利经济学派

除了前述几个新学派的兴起外，新政治经济学的另一支主力是继承门格尔之正确科学方法论的奥地利经济学派（Austrian School of Economics）。在边际学派革命之后，杰文斯与瓦尔拉斯的理论在数理化下结合成一般均衡理论。相对地，门格尔谨守正确科学，坚持边际学派背后难以数理化的主观论（Subjectivism）。主观论主张任何的交易都必须经由当事人的同意，因为当事人的意愿不是经济学者或君王所能理解或代为行动的。在门格尔时代，他以此思维对抗以国家发展为目的之德国历史学派（The German Historical School）。20 世纪中叶，米塞斯和哈耶克也以相同的思维对抗以社会计划为目标之法西斯主义和共产主义。

二战期间，由于纳粹进逼，奥地利学派学者纷纷逃离维也纳。哈耶克流亡到英国伦敦政经学院后，开始以奥地利经济理论批判凯恩斯的总体政策。米塞斯流亡美国后，专心著作和讲学。他的《人的行动》一书让奥地利学派在美国生根发芽，并传承到穆瑞·罗斯巴德（Murray N. Rothbard, 1926—1995）、伊斯雷尔·柯兹纳（Israel M. Kirzner）等美国奥派经济学家。[1] 对奥地利学派来说，学派的重镇能随米塞斯移转到美国是意外的惊喜。那是一段奥地利学派的灰暗时期，凯恩斯理论笼罩整个经济学界，连芝加哥学派都处于半沦陷状态。直到 1974 年，全球经济出现停滞性通货膨胀，各国宣告凯恩斯理论失败，奥地利学派才出现复苏的转机。[2]

---

[1] 布坎南是深受奥地利学派影响的美国经济学家，除了主张社会契约论外，其他的论述几乎都和奥地利学派相通。也因此，他较其他的政治经济学家更坚守市场规则。

[2] 1974 年经济学诺贝尔奖颁给了哈耶克，是阵及时雨，不仅大大地鼓舞了奥地利学派，也加速了上述其他政治经济学的增长。

第二章　政治经济学的教学架构

在简单回顾政治经济学的发展后，本章将从教学角度来简介政治经济学的结构。教学角度也就是作者希望读者在读完本书之后，能清楚地说出政治经济学探讨的议题和方法，另一方面，也希望读者在阅读以后的章节时，心中能够有个清楚的蓝图，知道章节之间的联系和每一章节的分析角度。除这期待外，我还希望修过经济学原理的读者，能经由本章内容而清楚认识到当前经济分析所陷入的相对狭窄的研究困境。

当前一些在经济学原理中出现的概念，如市场失灵、政府政策、社会福利、公平正义等，在政治经济学有着截然不同的意义。比如市场失灵，经济学原理关心它的存在原因，而政治经济学则质疑这个概念的虚构性。再如社会福利，经济学原理探讨提供规模之最优量，而政治经济学则质疑社会福利的不可衡量性。读者从经济学原理转进到政治经济学时，首先遇到的就是这类观念的调整。因此，本章将先说明政治经济学的架构，若读者能理解它不同于经济学原理之架构，就较容易调整已接受的概念。

本章将从两个角度来讨论政治经济学的结构。首先是关于政治经济学的主体问题，也就是"谁的政治经济学"的问题。简单地说，政治经济学的主体是参与政治经济活动的个人，而不是拥有权力的政府，也不是拥有分析能力的学者。因此，本节将从真实的个人出发，看他如何在给定的制度和规则下行动，看他如何跨出家门去与他人交易和合作，也看他如何与众人互动去影响制度和规则的变动。这一节探讨的内容，也就是分析上的三个范畴，亦即一人世界、二人世界和多人世界。这三个范畴并非代表经济社会的不同发展阶段，而是经济社会随人际关系之复杂化而出现的不同议题。既然这些议题存在于不同的范畴，也就各有其适合的分析方法。[1] 其次是第一章提到的

---

[1] 这是多年来作者在教授经济学原理时所采取的教学架构，从自己熟悉的切身经济问题出发，逐渐扩及较陌生的社会经济议题。在该架构下，一人社会又称一人世界，讨论个人的边际效用和行动的边际成本，以及相关的时间偏好和决策均衡点等概念；二人社会又称二人世界，讨论两人之间的商品交换、生产合作、分工合作，以及可能发生的合作障碍、紧张关系等问题；多人社会又称多人世界，探讨制度在社会中的形成、运作与演进，包括市场、交易、货币、财产权、刑罚、契约、公共建设、政府、宪法、金融和保险体系等。完整的教材请参阅：干学平、黄春兴、易宪荣（1998）或干学平、黄春兴（2007）。

"政经体制——政策分析"的两个层次问题。这一节将利用几个例子来说明，政治经济如何以两个层次分析先将问题解构后，再正确地逐步解决。

第一节 政治经济学的三个范畴

生活是个人的起点。为了改善生活，个人会试图与他人往来，包括交换、合作、结合等等。个人在往来中常遭遇一些限制，也相应地采取某些行动。个人不断扩大他的往来人群，从一人世界到二人世界，再到多人世界。在不同范畴下，他将遭遇不同的议题。

一人世界

字面上，一人世界指仅一人存在的世界，比如独居山林的隐士或流落荒岛的鲁滨逊。在这世界里，只有"我"是唯一的行动主体——存在个人目的和能以行动去实现目的之独立意志。在实现目的之过程，"我"会寻找周遭的资源并善加利用。因为只有"我"是行动主体，"我"之外的各种存在都是"我"可以利用的资源（或工具）。当然，经济学的起点是假设资源有限，所以，"我"必须善加利用这些资源。在一人世界里，"我"采用最优分析（Optimum Analysis），也就是如何利用有限资源以获得最大效用之分析。这时的问题称为效用最大化问题（Utility Maximization Problem）。

图 2.1.1 为效用最大化问题的范例。图中的 BL 线是个人持有之苹果总量的预算限制线，I 和 II 曲线表示他在两期消费的偏好曲线。图中的 E 点，是他能获取最大效用的选择点。

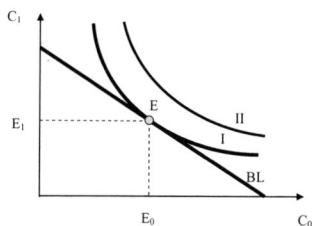

图2.1.1 效用最大化问题

注：BL 线是个人持有之苹果总量的预算限制线，I 和 II 曲线是两期消费的偏好曲线。E 点是最大效用的选择点。

除"我"之外，本书将一人世界的定义延伸到一个有权力支配全体资源的统治群，或称为"我群"。我群会要求群内成员拥有相同之目的和意志，又不允许群外之人为行动主体。古代集权帝国的君王、父权家庭里的父亲、法西斯主义的独裁者、计划经济国家的"中央计划局"（Bureau of Central Planning，以下简称 CPB）等，都是我群的范例。底下，我以 CPB 作为我群的代名词。

CPB 拥有绝对的权力，以自己的偏好安排所有人的生活方式、决定社会该生产的商品和投入的生产资源、也分配所有人的工作与工作时间。不过，CPB 常宣称自己"以百姓之心为心"、"处处为百姓着想"。为要以百姓之心为心，他们必须理解百姓的偏好，甚至比百姓还理解他们自己；为要处处为百姓着想，他们诱使百姓的偏好趋向于 CPB 的偏好。于是，百姓的偏好就转化成 CPB 的偏好。所以，图 2.1.1 也可以视为 CPB 配置社会资源的问题。此时，BL 线成为社会之苹果总量的预算约束线，而 I 和 II 曲线成为社会在两期消费的偏好曲线（又称社会偏好曲线或 SIC 曲线）。图中的 E 点，是他们相信能带给社会最高偏好的资源配置点。

在生产方面，一人世界的个人或我群都要面对给定的生产要素和生产技术。CPB 可以直接征召生产要素和生产技术，也可以去市场购买它们。图 2.1.2 是直接征召的图示。假设社会拥有给定的劳动（L）与资本（K）以及生产可能性边界曲线（PPF 曲线）。SIC 曲线为社会偏好曲线。同样，E 点是最优配置点，此时 CPB 提供人民给定之资源所能允许的最高偏好。图 2.1.3 是从市场购买的图示。图中 M 点为对应到图 2.1.2 之 E 点的生产要素组合。IP 曲线是生产 E 点之消费品的等产量曲线，而 KL 线为劳动与资本的预算线。

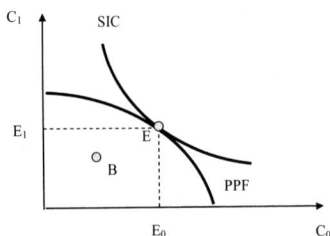

图2.1.2　直接征召的生产方式

图2.1.3　市场购买的生产方式

注：PPF 曲线为生产可能性边界曲线，SIC 曲线为社会偏好曲线。E 点是最优配置点。

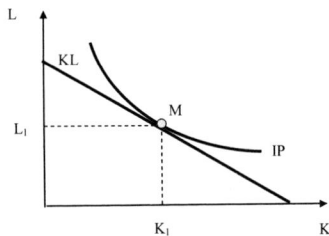

注：IP 曲线是等产量曲线，KL 线为劳动与资本的预算线。M 点为对应到图 2.1.2 之 E 点的生产要素组合。

CPB 会宣称他们较所有人掌握更多的生产要素和生产技术的信息，也会控制劳动与资本的市场价格。言行一致的 CPB 会努力去搜集百姓之消费习惯和生活作息的相关信息，探索各处可开发的自然资源，并利用已知的知识和技能。如果控制过程顺畅，产出点就能落在生产可能性边界曲线上，如 E 点。此状态称为生产效率（Production Efficiency）。如果控制过程不顺利，产出点会落在生产可能性边界曲线之内，如 B 点，是未达生产效率的状态。

在生产效率下，生产者在给定的生产技术下，已将生产要素的使用量降至最低。换个角度说，也就是在给定生产技术下，生产者能利用给定的生产要素生产最大的产出量。生产效率的实现来自两方面：其一是 CPB 拥有完全的决策能力，能对给定的生产要素组合找到最优的生产技术；其二是 CPB 拥有完美的控制能力，能鼓励现场生产者的工作诱因。

CPB 若从市场购买生产要素与生产技术，借用当代厂商活动的术语，生产效率问题就是生产成本的降低问题（Cost–Down Problem）。由于生产要素和生产技术都给定，只要能将两者数量化，就能以数学规划或作业研究方法去计算。如果商品不是免费分配，而是以一定的价格买卖，生产费用的压低问题也就是利润最大化问题（Profit Maximization Problem）。[1]

在一人世界里，人是同质的，拥有相同生产能力和消费偏好。此时，独裁者自称为百姓的代言人并不为过，他有能力从集体角度去规划百姓的生产与消费。因此，一人世界的效用最大化问题，也就常被转化成社会福利最大化问题（Social Welfare Maximization Problem）——以社会福利函数替代个人效用函数，以社会总资源与生产技术限制替代个人的资源限制。

在图 2.1.2 里，E 点为社会福利最大化下的产出点，此产出提供平均每人最大可能的消费，或称为代表性个人的最高效用。当关注点为代表性个人时，该状态又称为一人世界下的经济效率（Economic Efficiency）。

在经济效率下，平均个人消费的确是最高了。但只要社会出现不愿意"被平均化"之人，他就会设法提高自己的消费量、不配合 CPB 指定的生产技术，甚至不服从 CPB 的控制。一人世界只允许一个决策行动主体，其分析便建立在只有一套目的之假设下。如果百姓中有人的偏好或生产技术非 CPB 所能预知或控制，整个分析就偏离了现实，其最优解也只是 CPB 幻想下的解。

---

[1] 这类似于新古典经济学的产业结构从完全竞争走入垄断。

二人世界

当个人的行动影响到非他所能控制的第二人，就可能招致对方的阻碍或反击，导致计划无法实现。CPB 的行动如此，一般人也是如此。在现实世界里，个人的行动很少不影响到其他行动主体。因此，经济分析必须考量两个行动主体之间的互动和后果，分析范畴必须从一人世界进入到二人世界。

二人世界的"二人"不必是字面上所称的两个人，可以泛指每个人都清楚其行动将影响到哪些特定之人的一群人。对方也是行动主体，可能在遭受影响之后反击，也清楚知道反击的对象。这里，我以"部落"和"部落成员"作为二人世界和二人的代名词。这群人中的每个人都是独立的主体，因此，需要共同解决的方式也就必须先获得他们的同意。为能合作解决，他们会达成某些限制个人行动的协议，或称协商秩序（Negotiated Order）。由于这群人有某种程度的相识，他们会从人际关系（Personal Relationship）去考量协商秩序的内容。

博弈论（Game Theory，又称博弈理论）是当前分析二人世界之经济行为的主要工具。该理论区分为合作博弈与非合作博弈。在合作博弈下，部落成员有机会聚在一起，提出个人的期待和要求，讨论大家可以接受的决策。这分析的主要议题在合作成立的条件，以及合作下的产出和分配。每届奥林匹克运动会在筹备之初，委员会都会邀请会员国讨论新列入该届竞赛的项目，比如羽毛球或武术等。但有机会共同商讨未必就会有结果，如 2009 年在哥本哈根市召开的《联合国气候变化纲要公约》第十五次缔约国大会暨《京都议定书》第五次缔约国会议，参与各国就无法达成碳减排之原约定目标的协议。因为每个人都是行动主体，合作博弈的解决方案必须获得部落成员的同意。若能合作，某种彼此都可接受的秩序也会形成。

某些较小的二人世界，如家庭、小社团、里邻小区、家族式工厂或新设公司等，部落成员的关系较亲密、彼此容易关心。此时，部落成员会愿意多退让几步，合作相对容易些。不过，这种现象会随着二人世界之规模的扩大而逐渐减少。当人际关系不再存在时，部落成员相互的表现是"相识不相认"，各自行动而不照会对方。每个人以利己行动，无形地影响对方；当然，也默默地承受来自他方的影响。此即非合作博弈。非合作博弈是指行动相互影响之部落成员不存在协商的机会，而非字面上的"非合作"，也未必就是对立。比如台湾"清华大学"的学术声誉是校内教授长期研究成果的社会评价，虽然学校与各院系都有鼓励计划，但在专业领域内，教授大都独立研究。

让我们想象一种情境：部落成员齐聚在大礼堂，各自将偏好、技能、知识等告诉聘请来的经济学者。在获得这些信息后，该学者根据博弈理论，计算出成员都愿意接受的资源配置方式。如果他根据每个人的偏好和生产能力，寻找到可能最好的资源配置方式，则此配置状态即达到二人世界的经济效率。

一人世界可从代表性个人的效用去衡量经济效率，但在二人世界，由于人际之间的效用无法比较和加总，经济效率要如何去衡量？经济学有帕累托效率（Pareto Efficiency）之概念，也就是该部落的资源配置已经达到无法不以伤害一人的方式去改善任何一人的状态。图 2.1.4 为帕累托效率的图示。图中两轴代表两人的效用水平，UPF1 曲线为双方在较差的博弈环境下所面对的效用分配可能曲线，UPF2 曲线为双方在较好的博弈环境下所面对的效用分配可能曲线。不同的博弈反映不同的制度，如没有私有产权下的 UPF1 曲线和有私有产权下的 UPF2 曲线。不同的制度会有不同的产出，也对映到不同的效用分配可能曲线。图中的 A 点是在 UPF1 曲线上，如果该部落继续维持原有的生产方式，其效用分配可能曲线就不会移动。此时，A 点已达到帕累托效率。

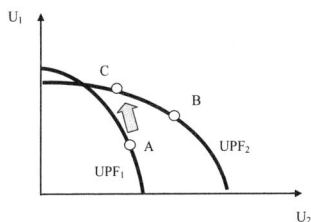

图2.1.4　帕累托效率与帕累托增益

注：UPF$_1$ 和 UPF$_2$ 都是效用分配可能曲线，A 点在 UPF$_1$ 上已达帕累托效率，B 点和 C 点在 UPF$_2$ 上也是。A 点到 B 点是帕累托改进，到 C 点则否。

如果该部落因发现新的生产诱因，使 UPF$_1$ 曲线往外延伸到 UPF$_2$ 曲线，但新的落点是 UPF$_2$ 曲线上的 B 点。B 点是新的帕累托效率点，但也是帕累托改进（Pareto Improvement）点，因为它同时提升部落成员之效用。相对地，UPF$_2$ 曲线上的 C 点，虽也是新的帕累托效率，却不是帕累托改进，因为不是两人的效用都较原来的 A 点高。图 2.1.4 让我们思考一项争议。如果仅考量 UPF$_2$ 曲线，B 点和 C 点是无从比较优劣的两个帕累托效率点。若我们回顾原来的 UPF$_1$ 曲线，并假设新的生产诱因只会从 A 点提到 C 点，而不是到 B 点。同时我们也知道，部落若试图将效用分配从 C 点移到 B 点，其结果只会让 UPF$_2$ 曲线缩回到 UPF$_1$ 曲线的 A 点。那么，我们要如何思考二人世界的经济效率问题？

经济效率必须考量制度的改变。但帕累托效率只是静态观点，它关注的只是分配上的优劣。在一人世界，经济学家不难鼓励被视为生产要素的人们提高工作诱因，也不难借着设计去发挥规模报酬递增。这都可提高生产效率和一人世界下的经济效率。二人世界的经济学家知道，双方的自愿协议可以降低合作的交易成本，而对抗也能让CPB发现自己计划的缺失。这都是提升生产效率的来源。

在一人世界，因为每个人都可以是代表性个人，从产出到消费只是经由效用函数的转变，经济效率也就只是以效用表达的生产效率。二人世界就不同了，因为两人都有独立的效用系统，不能比较，也不能相加，因此，经济效率也就脱离了生产效率。帕累托效率就是用以表达经济效率的一种方式，它告诉我们两人效用的独立性，却不想去触碰增进生产方面的问题。

当然，很少有部落会真正聘请经济学家，去为自己规划资源的配置。部落成员通常是透过沟通、交换、契约等机制去完成。在教科书或研究室里，经济学家常利用数学模型推算配置结果，但必须注意，这时的经济学家是在扮演CPB的角色，因为他们并未接受部落成员的委托，而是自以为理解成员之偏好、技能、知识，并任意地去设立模型、去分析他们。因此，他们分析得到的结论很难获得部落成员的认同。

这并不是说经济学家的研究与二人世界的经济议题无关，而是说他们必须先获得委托，然后再与人们一起去理解部落成员的偏好、技能与知识，方能提出契合部落成员实际生活的配置建议。即使如此，受委托的经济学家仍必须铭记于心：二人世界的互动关系会激活部落成员的偏好、技能与知识，这将使得他们提出的配置建议很快就失去实际运作的意义。因此，经济学家参与二人世界时，只能将自己的贡献制约在逻辑层次，教导部落成员们共同处理问题的程序，比如坦诚交换、静心商议、信守约定等。否则，经济学家很容易误认自己是配置部落资源的CPB。

多人世界

跨出了家庭、社团与公司，我们常无法确认自己的行动是如何影响到别人。当行动者难以确认其影响之对方时，就无法与对方进行交换、商议、约定等。当然，他也会想象存在某人受其影响，但毕竟没有真实的影像，也只好采取如同在一人世界里的态度，设想："不必去计算对他人的影响，反正找不到他们，而他们也无法把账算到我头上。"这就是多人世界中普遍存在的现象。这里，"多人"的意义是个人无法认识其行动所影响的人，甚至不知道他们的存在。

商业社会是多人世界的一种典范。厂商的产品随着贸易商、网络商店的国际营销漂洋到陌生的国度，再随着中间商、经销商的销售进入生产者从未想过的家庭。同样，消费者若检视家中商品，能否想象是什么人在什么环境下生产它们？这就是多人世界。"商业社会"可作为多人世界的代名词。

虽然个人在商业社会里找不到受其影响者，但行动带来的影响却是事实。你影响到他人，也同样受到预期外的影响。为了降低这些不确定性，商业社会将生成某些约束个人行动的规则。只要个人遵守这些规则，就能减少带给他人非预期的影响；同样，他受到的非预期影响也会降低。非预期影响减少后，个人更能掌握行动，精确估算计划的预期报酬，从而扩大个人的计划。

不同于二人世界普遍存在的人际关系，多人世界普遍存在的是非人际关系（Impersonal Relationship）。只要社会普遍遵守这些规则，个人就能顺利与他不认识或不知道其存在的对象完成合作（或交易）。当然，这里合作并不是面对面那类，而是经由层层的中间商。从制造商、中间商、到零售商，即使每个人都计算着自己的利润，依旧要遵循共同约定的规则，才能将商品从制造商递送到消费者手中。这种由一群互不相识的人，经由遵守共同约定的规则所形成的秩序，哈耶克称为扩展秩序（Extended Order）。[1] 扩展秩序扩大了我们之前仅与熟识之人交易与合作的范围。只有当交易与合作的范围扩大到一定规模，分工才会出现，专业化程度才能深化。

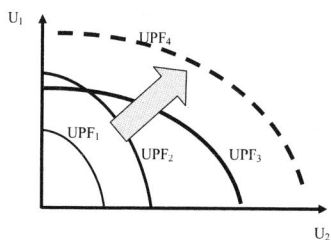

图2.1.5　效用分配可能范围的扩大

注：因新知识的发现和利用，效用分配可能范围由 UPF_1 曲线逐渐往外扩充。

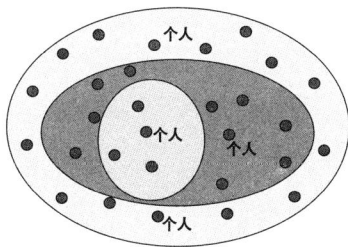

图2.1.6　并入经济效率之人数的增长

注：最内圈仅四个人达到经济效率，随着合作人群的扩大，最外圈已有近三十人都达到经济效率。

一人世界是数学分析的世界，经济学家专研最大化分析，相信只要详细记录和储存足够的个人信息，就可计算出能带给所有人最大消费的最优解。然而，经济学家过度热衷于数学分析，将是个社会大悲剧，因为他们忽略了每个人都拥有独立目的与意志的事实。二人世界是博弈分析的世界，经济学家专研博弈理论，尊重每个主体，正

---

[1]　Hayek（1988）。

视人们的合纵连横与钩心斗角，努力寻找能让双方接受的最佳资源配置方式。然而，他们过于自负所构建之公设世界，则会将社会带入大绝境，因为他们没意识到自己未曾拥有未来的知识，也对他们不认识之人的知识无知。

经济效率既然脱离不了新生产技术的应用，那么新知识的探索与合作人群的扩大，不仅提高生产效率，也扩大经济效率所涵盖的人群。由于这些发展都是朝向经济学家在探索问题时还未具备的知识，因此，经济效率在本质上就是可选择范围的不断扩大，故又称为动态效率（Dynamic Efficiency）。图 2.1.5 表示不断扩大的二人世界的效用分配可能范围。图中，因新知识的不断被发现和利用，效用分配可能范围由 UPF$_1$ 曲线逐渐往外扩充，如经 UPF$_2$ 曲线到 UPF$_3$ 曲线、UPF$_4$ 曲线等。图 2.1.6 表示多人世界中可并入经济效率的人数的不断增长。图中最内圈为仅四个人达到经济效率的合作群体，随着合作人群的扩大，最外圈的群体已有近三十人都达到经济效率。

既然市场的动态效率着重于未知知识的发现与未知人群的合作，因此，既有的知识与人群只是经济学家分析的起点。经济学家的工作不是去计算最优量和其分配，而是提供他们去探索知识的发现和扩大合作范围的过程与规则。这些规则形成了社会制度（Social Institution）。因此，多人世界的经济分析并不是个人效用或利润的最大化分析，也不在于谈判与协商的分析，更不能是社会福利的最大化分析。多人世界的经济分析是关于制度的创新以及风尚演化过程的分析。我们称此为制度分析（Institution Analysis）。

制度分析的重心在规则的演化过程、演化规则和社会提供的演化环境。以市场活动为例，制度分析强调的不是厂商的利润最大化或商品在市场的占有率，而是企业家如何开创更有利基的新商品。这类分析在企业界被称为蓝海策略（Blue Ocean Strategy）。[1] 几乎所有成功的企业都曾经历因蓝海策略而胜出的关键时刻。对整个社会而言，这些创新给一般百姓带来前所未有的新欲望和新满足。因此，动态效率又可称为制度效率（Institutional Efficiency）。

在现实世界，企业家除了开发与生产新商品之外，也常得负起宣传或教育消费者的工作，因为他们知道：百姓对创新商品常是懵懂无知，只有经过宣传和教育才能让他们产生需要，才能赚取利润。企业家不仅需要承担风险，更需要具有远见、精于调控生产资源、具有说服消费者和改变消费习惯的能力。他们带来了新的商品、新的制度、新的社会。因此，创业家精神之分析（Entrepreneurship Analysis）或创新分析（Innovation Analysis）也就成为制度分析的核心内容。

---

[1] Kim and Mauborgne（2005）。

第二节　政治经济学的两个分析层次

一人世界里，CPB 制订计划，个人必须遵循计划指令。多人世界里，社会存在长年运作的制度与规则，个人依照自己的理解行动。在介于其间的二人世界，双方经由协议，约束对方的行动，或经由多次往来经验去探究对方的可能反弹。这三类范畴都存在着两层次问题，第一层次是计划、政策、制度、规则、协议条件等限制个人行动之约束条件，第二层次是个人受限于约束条件下的选择与行动。

不论第一层次的约束条件如何产生，经济分析处理个人在第二层次的选择与行动问题是相同的，也就是个人先判断违背约束条件可能遭受的惩罚条件，并将这些预期惩罚并入计算，以评估不同选择的预期效益。当然，预期惩罚不一定要以金钱计算。[1] 同样，个人考量的预期效用也不一定只来自物质消费，也包括他想开创事业的雄心或改变世界的热情。

至于在第一层次，三个世界之约束条件的产生程序差异甚大。在一人世界，CPB 以自己设定的社会福利函数为目标，寻找能实现最高社会福利的计划。在二人世界，部落成员尝试着以相互理解或直接协议的方式，寻找对方尚能接受的最有利行动。在多人世界，制度与规则并非来自权力当局的要求，也不是针对某人或特定目的而设计，而是为民众普遍接受与耳传的社会传统与备受欢迎之个人创新。

两层次的议题

接着，本节将以四个例子说明不同范畴下的两层次问题。

（一）图书馆打工

第一个例子讨论学生的打工行为。假设学生张生在图书分馆打工，而分馆的主要业务是借书与还书。由于学生借书还书的次数不多，张生询问馆长：能不能利用没人借书与还书的空闲时间看点自己的书？如果馆长说"不可以"，即使在空闲时间，他也只好把书架的书摆整齐、把桌面擦干净。如果馆长说"可以"，张生除了会利用空闲时间看书外，也可能会为了增加看书时间而缩短还书与借书的手续时间。馆长的回答是第一层次的决策，决定打工学生的行动规则。

---

[1]　下一章将讨论到主观成本。

馆长会如何回答？如果分馆经费只够他雇用几位兼职的学生，而申请兼职的学生也就是那几位，就形成双边垄断。这时，不论馆长的目的与计划为何，都必须和这些兼职的学生协调，才有实现的机会。如果馆长不受上级的监督，而申请兼职的学生又很多，那么，他就有较强的议价权力要求兼职的学生依照他的计划工作。假设他非常重视工作态度，他的回答就会是"不可以"。假若他很体贴学生，他的回答可能就是"可以"。第三种情况是学校有很多的兼职机会，如系办公室等长期以来都允许学生利用空闲时间看书，那么，馆长也只能遵循惯例。

（二）择偶与婚姻

第二个例子讨论择偶与婚姻。新古典经济学强调选择，而选择的对象是选择之前已给定的可能集合。以择偶问题为例，个人在爱情与面包为两轴的平面坐标上，标示出不同选择对象的坐标落点，然后就自己的偏好挑出最适合的伴侣。这里，第一层次是个人决定以"选择"作为分析原则，第二层次才是决定两坐标轴的内容（爱情与面包）和进行最优量分析。

"行动"是另一种不同于"选择"的分析原则。若个人在第一层次决定以行动为分析原则，他关心的不再是摆在面前的各可能对象的现状（给定的可能集合），而是他与对方共组家庭的过程与未来的行为调适。此时，他对平面坐标之两轴的标示会是对方的"相处态度"和"对未来的企图心"。这看来也类似于选择，但差别有二，其一是行动原则不强调对方现有的成果，其二是行动原则允许个人调整偏好。

（三）生育计划

在自由社会，夫妻以自己对小孩的喜爱程度和负担能力，决定想生育的子女数。在人类史上，生育问题一直都是（夫妻两人之）核心家庭最单纯的私人问题。然而，中国政府在1979年将生育问题提升为国家基本国策，使它变成两层次的决策。第一层次是国家的计划，当前的计划目标为"控制人口数量、提高人口素质"，计划的基本内容是：城市地区的夫妻只能生育一个子女；农村地区若第一胎为女婴，则可多生一胎；少数民族可生育两位子女。第二层次是个人决策，比如农村夫妇在知道第一胎为女婴后，决定是否再怀第二胎。

一胎化政策推行一个世代后，中国的人口性别严重失衡，也面临人口老龄化问题。试想，如果人口政策之目标也必须兼顾性别平衡和人口老化，国家的第一层次决策将会如何调整？相应于此，个人的第二层次决策又将会如何改变？

（四）宪政原则

第四个例子讨论政府政策与宪政原则的区别。人们大都明白法令位阶的基本概念——宪法高于法律而法律高于行政命令。然而，国人并不是从两层次的角度去理解它们，而是以类似官阶大小的角度在比较法规的位阶。也就是说，任何掌权者都认为自己可以随意制订法令，只要不抵触上一级的法令即可。相对地，两层次的精神则在于，任一级政府必须在给定的上一级的法令下制订法令。虽然这两种差别看似太大，但其导致国人遵守法律之态度却很大。

想象某国想借修宪调整产业政策。关于政府介入产业的宪政原则有二：其一是国营原则，允许政府垄断和经营重要物资及基础设备等产业；其二是私营原则，禁止政府经营任何产业。修宪大会决定第一层次的规则。给定这个规则后，政府政策才能展开。若修宪大会通过国营原则，政府就得设立"审查委员会"，决定其将经营的产业。之后，政府的工作就是筹设国营企业、经营这些国营企业、设立"督导委员会"、监督这些国营企业的营运。修宪大会的决议区分了政府与百姓的经营范围，政府与百姓都必须接受宪政的限制，比如民间只能朝向不属于国营企业范围的产业发展。若修宪大会通过私营原则，政府就不能涉足任何产业，仅保留在物价波动剧烈时去关注商品流通的些许权力。

修宪大会决定第一层次的规则。给定这规则之后，政府和百姓才能展开他们的行动计划。比如修宪大会决定国营原则，政府就得开始计划去设立和发展国营企业，而民间则朝向不属于国营企业范围的产业发展。修宪大会的审查委员会划开了政府与百姓的经营范围，政府与百姓都必须接受这限制，然后才去进行第二层次的计划。

在布坎南的宪法经济学里，他分别称这两层次的研究为制宪前的经济学（Pre-Constitutional Economics）和制宪后的经济学（Post-Constitutional Economics）。[1] 他认为这种理解可以澄清政治经济学与经济分析之间的重叠和混淆。在他的定义下，制宪前的经济学就是宪法经济学，也就是政治经济学。相对地，制宪后的经济学就是当前的经济分析和其在各领域的应用。

---

[1]　Buchanan（1975）。

经济学原理三

经济学的入门课程是经济学原理（Principle of Economics），分成经济学原理一的微观经济部分（Microeconomics）与经济学原理二的宏观经济部分（Macroeconomics）。

在微观经济部分，决策单位是追求效用最大的消费者与追求利润最大的厂商。他们寻找对自己最有利的（策略与）行动，不考量对其他经济单位的影响。这样，就像原子一般，彼此的聚合仅依赖价格和其传递的信息。但在现实世界，经济单位的决策总会相互影响。原子式的决策单位没意愿去处理这些外部性。于是，微观经济部分便把外部性和类似的问题交给政府去解决，并赋予政府高于市场的位阶。

当政府拥有各经济单位的决策信息及相互关联，势必将所有决策单位的资源和目标纳入全盘计划，计算出能使社会福利达到最大的配置方式。微观经济部分让政府去负责资源配置的经济效率，仅让民间经济单位在政府的约束下负责生产效率。

由于这类体制剥夺了人民生产与消费的自由，民主国家并不热衷于此，而代之以经济管制和凯恩斯式的经济管理政策。前者属于微观经济部分的政策分析，而后者就是宏观经济部分的经济政策。不论政府是以规则管制个体经济单位的决策，或是以控制宏观经济变量去限制个体经济单位的选择，政府的计划与政策俨然成为两层次分析的第一层次。第二层次才是个体经济单位的选择与行动。

第一层次的成败，取决于个体经济单位是否自愿接受政府的计划与政策，或说是，决定于政府如何强迫或诱导个体经济单位接受其指令。关键就在政治权力。然而，以政治权力强制资源的重分配，必然伤害到某些人。经济学家一旦遗忘了古典经济学的使命，很容易就会将自己的任务定义为：有效率地将政治权力的配置转换成财富的分配。经济学不自觉就沦为一门遭受其他社会学科讥讽的"没有公义的社会科学"，或被批评为不愿探究真实社会的"伪科学"。

经济学原理之所以出现上述缺失，主要是政府的计划与政策被当作第一层次。个体经济单位一旦出现困难，就把责任推向政府，指责政府的无能与不愿伸援手。事实上也的确如此。当政府约束了个体经济单位的选择与行动后，解铃唯有系铃人，自然要负担无法实现经济效率的责任。

政府并非万能，即使拥有个体经济单位的信息，也无法有效利用它们。个体经济单位并非原子式存在，他们透过规则与约定去处理外部性和公共事务。只有在规则与约定无法有效运作时，他们才会成立组织，赋予它部分且有限的强制力，让它去实现他们的目的。

这些组织和个体经济单位平行地存在，都是社会分工下的经济单位。当组织被赋予强制性的政治权力时，就称为政府。个体经济单位与个体经济单位之间依规则与约定往来，个体经济单位与政府之间也同样得依规则与约定往来。当个体经济单位遵从政府的权力时，是希望借着政府去实现他们的目的。这如同他们进电影院必须遵守关掉手机、不吸烟、不喧哗等规则。

政府和个体经济单位的决策都属于第二层次，而第一层次是约束他们的规则与约定。我们称制约个体经济单位与个体经济单位之往来的规则与约定为社会规范，并称制约经济单位与政府之往来的规则与约定为宪法。宪法与社会规范才是两个层次下的第一层次。

当经济学者长期将自己局限在数理研究后，很容易走上伪科学的困境。古典经济学的使命是体制变革，要求经济学者随时回顾社会状态，寻找一般百姓能生活更好的政经体制。当前的主流或非主流的经济学教科书也认识到这问题，但大都仅零星地在书中添加几个补救的章节。究其原因，是现今的经济学家在养成教育中甚少接触到政治经济学。因此，经济学原理有必要在现行的微观经济部分和宏观经济部分之外，加上经济学原理之政治经济部分，或称之"经济学原理三"。

经济学原理三的内容，将包括第一章讨论之政治经济学所关怀的议题。这些议题将分成两类。第一类分析个人在给定之政经体制下的选择与行动。这类研究又称为政治的经济分析（Economic Analysis of Politics），以芝加哥政治经济学和公共选择为代表，也包括新制度经济学和一些对经济大议题的计量研究。第二类探讨不同政经体制的秩序与规则的形成，和其对百姓生活福祉和自由的影响。布坎南称这类研究为"宪法经济学"，包括奥地利学派的政治经济学、布坎南的宪法经济学，也包括马克思学派的经济理论。

综言之，经济学原理三不仅包括第一层次的宪法经济学，也包括第二层次的政治的经济分析。政治经济学者大都没超越政治的经济分析，习惯不去反省体制所加诸的限制。当然，如果当前的秩序是美好的，经济分析的确可以提供我们对行动的认识。但如果当前的秩序令人不安，而经济学者却视而不见，则其研究成果只会加剧政经体制对个人行动的限制，并扼杀个人改变政经体制的企图。

第二篇　核心概念

第三章　主观论

第一章提到，苏格兰启蒙学者探讨个人私利与社会公共利益和谐的可能，这问题被斯密诠释为"一般百姓生活水平的提升"。当我们把问题专注到一般百姓后，就会发现他们在提升生活水平之目的是相同的，但他们的手段却是差异极大。在不受任何外力的干预与压制下，任由一般百姓以各种不同的方式自由地去追寻生活水平，最后造就的社会将是什么样子？这是政治经济学的探索起点。

这问题并不容易回答，因为自由的内容是非常的广泛，举凡言论自由、出版自由、选择自由、政治自由等都是。作为思考的起点，我们可以先思索它的反面，也就是"失去自由的人所构成的社会是什么样子？"失去一切自由，就是个人所有的行动都必须遵照中央计划局（CPB）的布局和指挥。换言之，失去自由的人只是 CPB 构建其理想社会的砖材。他们被摆放在一个已被设定的位置上，让草拟的蓝图具体化。他们所成就的是一个事先详细规划也完全预知的社会。在构造理想社会的过程中，每个人都必须放弃自己的不同想法，必须遵循 CPB 的命令去行动。

接着，我们让这些被摆置的"砖材"产生自己的主张和自主的行动。首先，被压在最底层的"砖材"想翻身，他们想站到屋顶上享受阳光。他们想走出棋盘式枯燥的城市，想走向道路蜿蜒又鸟语花香的山村。当然，他们更喜欢披上高贵舒适又具个性的外衣。每一块砖材都想为自己找出路；每一个人都不愿意被摆放到她不愿意接受的角落。于是，内容描述愈是详尽的蓝图，愈是令人讨厌和反叛。自由人不会想要一个预先设计好的"理想社会"。

于是，我们无法预先描绘出由自由人所发展出来的社会，因为任何一个自由人都不会满足于他被安排的角落。他们想要改变，也真的会付诸实践。因此，对上述问题的答案是，我们仅能探讨那个允许每个人有权去发展自己的理想的社会架构。

论述这个开放之政治经济架构的理论称为主观论（Subjectivism），而由其展开的经济理论称为主观论经济学（Subjective Economics）。本章第一节将讨论一些经济概念，如效用、机会成本、利润等的主观性。接着，第二节和第三节将分别讨论主观论经济学里最重要的两个切入视角：行动与知识。

第一节　主观论的基本概念

主观论这个词，简单地述说了经济学的研究对象由单一目的到多元目的之转移。多元目的是指社会中存在不同的个人目的，而非指政府关心的多重社会目标。每个人都有私自目的，这只能由行动者自己去描述。谁能潜入他人的心底去描述其行动企图？这是不可能的。我们不能假设有人彻底懂得他人的心。[1]

经济概念的主观性

经济学的主观论是伴随边际革命出现的，这发展并不难理解。当门格尔想以正确科学的视野为斯密对一般百姓之生活水平的研究建立理论时，他必须将一般百姓的决策交还给他们自己。我们无法代替个人设定他自己的生活目标，因此只好让他以当下为出发点，一步一步地以行动去提升自己的幸福。门格尔的效用理论就以这样边际方式展开。

效用（Utility）是主观的经济概念，这毫无疑问。边际学派把（边际）效用和价值看成同一件事，那么，以边际效用定义的价值（Value）也必须是主观的经济概念。事实上，边际革命就是将价值解释成边际效用，才解决了困扰古典经济学的"水与钻石的矛盾问题"。

既然效用是主观的，消费品（Consumption Goods）也就是主观的。门格尔直接定义消费品为能满足欲望的财货。欲望满足，就能带来效用。既然消费品具有主观性，需求（Demand）也就成为主观行为。至此，主观论建立了从效用到需求的消费品需求理论。

需求受限于环境（或称限制条件），选择是根据主观效用进行，因此，不仅选择（Choice）是主观的，连同"被放弃"也是主观的。机会成本（Opportunity Cost）是指

---

[1]　当然，同是人类，我们总能理解一点对方的意图。凭这一点理解的确能提供对方一些他的期待和需要，就如慈善团体在街头提供免费晚餐给街友享用。善心人士以自己的金钱来做这些善事，我们当然赞美。但如果这是政府政策，因其费用来自民间的税赋，那么，就不能只靠部分的理解去行事了。即使征税权力已获得人民的授权，但由于人们纳税时牺牲的是他们原本可以满足的真正需要，政府就无法假设他懂人民的心却仅有能力提供他们需要的一部分。

被放弃的机会所能实现的（最高）效用，故也是主观的。[1] 我们知道，经济学的成本概念只有一个，就是机会成本。因此，成本（Cost）也是主观的经济概念。

不仅消费者的机会成本是主观的，生产者的成本也是。[2] 在会计上，利润（Profit）是厂商在年末结算时呈现的数字。但在经济学上，它则是厂商在计划投资之前预估的数字。企业家对于市场需求的预估和其经营能力决定了利润，因此，利润也是主观的经济概念。既然利润是主观的，企业家根据利润决定的供给（Supply）和其生产成本（Production Cost）也就都是主观的经济概念。近年来，新制度经济学兴起，其交易成本（Transaction Cost）一词也跟着流行起来。根据科斯自己的解释，交易成本除了包括商品的运输成本、生产的监督成本和议价的成本外，更重要的是企业家寻找交易对象和交易商品的成本，而这些都是主观意义下的经济概念。

成本衍生自限制条件下的选择。选择是主观，那么"限制条件"如何？经济学教科书对此描述有些混乱。看最平常的例子：一个学生每天有 200 元的预算，如果他只吃午餐和晚餐，他会如何支配这 200 元？通常，我们会画一条负斜率的 45 度线，称它是"预算线"。预算线和两坐标轴形成的"可选择集合区域"是预算线这概念所要传达的经济意义，而这"可选择集合区域"并不是那三角形区域，而是个人有能力在现实世界中取得以作为选择对象的点集合。这些点可以被画在三角形区域内，但未必就是那三角形区域，也未必遍满整个区域。这"可选择集合区域"因人的见识而不同；对某些宅男而言，这集合区域可能只是两三个点的集合而已。

由此可见，大部分微观经济分析的概念都是主观意义，而主观意义就只有行为人才有能力彻底地掌握内容。当经济学狭义后，这些概念都被视为客观的数学符号，任凭经济学者的假设、掌握与操控。在主观的经济概念遭到客观化之后，个人就成为可被编码的机器人，让政府以为他们有能力轻易地操控这些程序。这全是错误的模拟。个人毕竟是主观的，而用以描述其行动的种种经济概念也是主观的。

均衡分析

经济学教科书因采用新古典经济学的角度，大多从客观而非主观的角度去理解市场的运作。在市场均衡架构下，正斜率的市场供给曲线和负斜率的市场需求曲线相交于市场均衡点，并对应出市场均衡价格与市场均衡交易量。主观论的经济理论则不认为这样的客观均衡有任何经济意义，因为供需曲线只有在事前认定才有意义，而事前也只有提

---

[1]　Buchanan（1969）。

[2]　教科书时常将以效用衡量的成本与金钱计算的费用混淆。

供该商品的决策者才拥有相关的主观信息。底下，我们将以一个简化的个案为例。

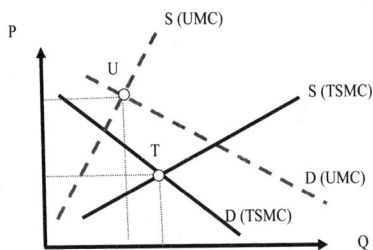

图3.1.1　主观的市场均衡

注：S（TSMC）和 D（TSMC）为 TSMC 对市场供给曲线和需求曲线的预估，其交点为 T 点。S（UMC）和 D（UMC）为 UMC 对市场供给曲线和市场需求曲线的预估，其交点为 U 点。

假设台湾积体电子公司（TSMC）和联华电子公司（UMC）的晶圆代工产量分别占世界 IC 代工产量的 30%，并假设其他公司的代工产量总和占 40%。近十年来这两家公司的大老板对未来 IC 代工市场的预测一直是南辕北辙。图 3.1.1 的 S（TSMC）和 D（TSMC）分别表示 TSMC 的大老板对明年 IC 代工市场的市场供给曲线和市场需求曲线的预估，T 点为其预估之交点，也就是他预估的市场均衡点。同一图中，S（UMC）和 D（UMC）分别表示 UMC 大老板对明年 IC 市场的市场供给曲线和市场需求曲线的预估，U 点为其预估之交点，也就是他预估的市场均衡点。如图，他们两人预估的市场均衡价格（P）和市场均衡交易量（Q）相差甚多。

这两家公司对于明年 IC 市场的预期谁较准确？这样的问题没有意义，因为预期是主观的。就以 TSMC 为例，TSMC 的大老板预估的市场供给曲线，包括了他对于 UMC 和其他公司之供给的推估，以及他的公司明年的产销计划。由于该公司所占的份额不低，可以说他的计划决定了大部分的市场供给曲线，而不是市场供给曲线决定他的计划。再者，他的计划的实现不只决定于他的规划能力和执行力，也包括该公司员工的生产能力和配合度。同样，他预估的市场需要线也不是一条客观的曲线，而是深受该公司明年营销计划的影响。比如他计划用于广告活动的预算也将影响到未来的市场需要线。很明显地，T 点或 U 点都不是客观的市场均衡点，更精确地说，而是这两家公司之大老板主观上对明年市场的期许，也包括他们的企图心。

新古典经济学假设经济学家若能事先知道市场供给曲线和市场需求曲线，也就知道事后的均衡点。因此，新古典经济学不存在 T 点与 U 点的主观均衡的问题。由于经济分析依赖完全的预期能力，于是，所有的创新就只是事先安排好的戏码，依照剧本在不同的时间出现。另外，新古典经济学也假设竞争仅发生在同类的商品间，因此，竞争的商品基本上是同质的。他们允许商品间存在质量或服务的差异，但这些差异都可以折算成价格来计算。新古典不讨论广义的替代关系所带来的竞争。于是，商品之间仅存在价格竞争。

在同质竞争下，只要具备足够的信息，各家的价格一定会走向相等，形成市场的均衡价格。在均衡价格下，市场供给等于市场需求。当然，每一家厂商的生产成本不同，边际成本较低的厂商有能力以较低的商品价格抢走别的厂商的客人，只要边际生产成本不会很快就提升。不过，别的厂商也会马上跟随他降低价格，跟不下去的厂商只好退出市场。如果该厂家规模不大，也就是说他的边际生产成本很快就会上升，他只会增加生产而不会想去降低商品价格。因为这样，他可以享受在边际生产成本低于均衡价格时的超额利润。这超额利润会随着生产力的提升而增大。极端的例子是具有垄断生产能力的厂商，便可能以不断降低商品价格的方式逼退所有厂商。

厂商如果规模小，就会生产到边际成本等于均衡价格，此时的边际利润为零。如果这是一个长期的均衡，所有的超额利润都将消失，都只赚得正常利润。所谓正常利润（Normal Profit），或称经济利润（Economic Profit），就是该厂商的经营者若受雇于他人也能得到的报酬（薪酬）。这是极具误导性的经济词汇，因为超过报酬的部分，也就是超额报酬的存在，都是对小规模厂商的生存威胁。这导致大众对超额利润的厌恶，并发展出合理利润的论述，要求政府征收厂商的超额利润。当然，他们更反对厂商将这些超额利润分配给经营者。事实上，只要厂商的边际成本不同，边际成本较高的厂商很快就会落到超额利润为零的境地，然后接着遭到淘汰。也就是说，边际成本较高的厂商之所以还能生存，乃是边际成本较低的厂商并未将超额利润用于再投资，而是分配给了经营者和股东。

再者，如果经营者只能得到经济利润，他就不会出来创业、承担失败风险、为社会创新求变了。商品之创新必须要有足够让创新者不愿意继续受雇于人的诱因，而这就是超额利润。没有超额利润，市场的经营者就只出不进，马上就会陷入消沉死寂。客观的均衡分析导致新古典学派将市场竞争窄化了。如果竞争能回到奥派经济理论，竞争就变得很宽广。超额利润都只是一时的现象，很快就会被创新的商品或产业所夺走。在这种新的竞争商品不断出现的市场，市场均衡只是一个想象。

新古典经济理论将单一商品的均衡理论推广到整个经济，也就是一般均衡理论（Theory of General Equilibrium）。在一般均衡理论里，追逐利润极大的厂商雇用劳动力与资本等投入因素生产商品。他们以商品市场的收益支付劳动力与资本的雇用费用，而供给劳动力与资本的消费者用这些收入去购买需要的商品。追逐效用最大的消费者谨慎地选购他需要的商品。如果厂商规模不大，每一市场都会达成市场均衡。劳动力与资本在因素市场自由移动后，也会形成市场均衡和均衡价格（包括均衡工资率与利率）。

在市场均衡下，消费者买到他最想要的商品，生产者也利用最好的技术去生产他最擅长生产的商品。这时，资源在生产和消费两方面都达到最大化，处于经济效率的境地。如果不存在大规模的厂商，每一厂商都只能赚到经济利润，也不会有被迫关厂的恐惧。如果没有天灾，各种商品与因素的价格也不会有太大波动。对许多新古典经济学者而言，一般均衡理论所描绘的均衡社会是他们的理想国。他们相信自己有能力让它在地球上实现，而且也一直都在进行着。

由于新古典经济学者假设自己能预知新商品和新技术的出现，或将新商品和新技术的出现视为可以控制的特殊生产，因此他们自满于"消费者已买到最想要的商品"和"生产者已利用到最好技术去生产"的理想境界。然而，消费者真能买到最想要的商品吗？在静态世界里，消费者知道所有可选择的商品都已经摆在架上，他当然会觉得能够买到最想要的商品。但是，如果他知道明天会有更好的舶来品进港，他会认为今天买到的已经是最好的商品吗？如果明天、后天、明年都会有源源不绝的创新商品出现，他会如何看待今天摆在架上的商品？

动态主观论[1]

环境限制了个人的选择。如果经济学家认为自己有能力理解他人的目的，他的工作就只剩下去认识他人的决策环境。只要掌握住环境数据，经济学家就能计算出他人的最优选择。接着，他还可以提出许多改善环境的建议。环境改善后，他所研究之人的最优决策结果就能改善。

这样的经济分析像不像在街角摆摊的算命师的工作？算命师会先猜出你来找他算命的目的，然后告诉你一些限制你最近行动的前世纠缠，接着再怂恿你花钱去化解这些纠缠。这些算命师能知道你的目的、你的前世纠缠、化解纠缠的法术。在定义上，行为人以外之人也能掌握的数据都称为客观数据（Data）。相对地，主观数据只有行为人自己才知道，甚至他自己也仅能有限地认知。

在新古典经济分析下，经济学家被假设知道他人的目的和环境，故能帮助他人计

---

[1]　静态与动态主观论的主要依据为 O'Driscoll and Rizzo〔1985〕第二章。

算其最优选择。不仅如此，经济学家还知道人们之间的相互影响，并把这些相互影响纳入考量后，再重新计算每个人的最优选择。毫无疑问地，新的选择会比之前的选择还好。也因这种改善，经济学家会进一步建议政府强迫人们接受他们新计算的选择。

主观论则认为个人的目的和其环境只有行为人才知道，无法与他人共享。经济学家无法知道他人的目的和其环境，所以无法帮他人选择，更无法建议政府去指导他人要如何去改善选择。这里说的"改善选择"是指政府无法指导被指导之人如何利用他的钱去改善其选择，而不是无法用一般的税收去改善被指导之人的选择。主观论不同于新古典经济学的研究态度，其经济学家理解他无从帮助他人做选择，因而坚决主张个人自己去选择。经济学家的工作只在设法提供个人更宽广的选择空间，例如更多的信息、更稳定的预期、更少的政府干预、更多的合作机会等。

虽然经济学家无法知道个人的目的和环境，却知道一些普遍的知识：每个人都有自己的目的、实现目的必须投入资源、可以利用之资源的一些外在限制等。另外，个人在利用资源时也需要一些关于生产与消费方面的知识，以及对资源利用方式的预期。主观论只以这些普遍的知识去分析人的行为模式，而不是在假设个人的目的、特定的环境限制与知识的特定内容下去预测个人的最优行为。

个人的目标、环境、知识与预期都是主观数据，只有从自己的认知才能做出最优选择。如果他人有能力取得我的这些主观数据，就能替代我做选择。当然，如前所述，他人是不可能取得我的这些主观数据。假设科学真的有能力让某人获得我的主观数据，他是否就有能力根据这些主观数据做出和我相同的选择？从数据到选择称为决策过程。在决策过程中，决策者在利用数据时，会加以取舍、修饰、组合运用，而这些程序又涉及他所认知的决策目的，以及将决策目的微调到自己的目的中。决策过程存在着比目标、环境、知识、预期更深一层的主观意义。

如果决策过程只是一个程序，也就是可以让另一个人客观地来操控目标、环境、知识、预期等主观数据时，我们称此主观论为静态主观论（Static Subjectivism）。这"静态"指的是：行动者承袭着他所学到的决策方式做选择。换言之，行动者只要将个人在特定情境下的主观数据值输入一个既定的决策程序，结果就会自动计算出来。在静态主观论下，主观数据决定了行动者的选择。行动者的主观意义止于取得主观数据，并不在决策过程。这时的决策过程是事先已经程序化好的。

目标、环境、知识、预期不可能是客观数据，个人的决策过程也不可能是静态主观论所描述的既定的决策程序。这是因为在既定的决策过程中，当事者必须要能清楚而精确地描述各数据之间的关系和数值，然后才能输入既定的程序。然而数据间的关系无法穷尽，不只是这些无法穷尽的关系和数值无法取得和精确衡量，甚至连其程序也无法详尽去捕捉。诚如卡尔·波普尔（Karl Popper, 1902–1994）的论述，只要经济体系是开放的，决策的相关数据和期间的关系就不存在任何的界限。他认为：人们无法预知自己明天将拥有的知识；既然现在还不具备未来的知识，就无法预测未来的决策。[1] 因此，静态主观论只能视为一个比较分析上的视野，而不是一个探讨真实行为的视野。

在探讨经济问题时，我们面对的是一个行动人。行动人有他的目标，但不是十分明确；他的环境虽已给定，但他想调整；他具备一些知识，但他仍觉得不够用。他调整、重组各种数据，更想扩充、寻找、发现新的数据，并用之去实现其目标，甚至超越目标。在这种情境下，原来的数据（包括目标）都只是一个行动起点。站在起点上，我们无法预知其选择，即使他自己也无法在事前预知。这样的主观论称为动态主观论（Dynamic Subjectivism）。

忽略主观论的危机

主观的经济概念被客观化后，人被模型化成机器人，并出现以下危机。

第一、经济学的世界与真实世界越来越远。理解研究对象是所有科学的起点。只有在充分理解后，科学家才能决定是否要参与研究对象的发展。[2] 如果研究对象的行为简单，科学家可以直接观察。如果研究对象的行为无法直接观察，他们会发展仪器去观察。但如果研究对象的行为极为复杂，比如地震或人的社会，科学家只能借用模型、利用逻辑去推演。在第一章里，我们提到门格尔，他认为经济学异于自然科学之处在于人具有调整能力。因此，个人会从其目的和认知去决定他的行动。以具体的例子来说，企业家会反省市场的反应，也会计算他自己的经营能力，然后再发展他人未能预期到的新商品或企业。如果经济模型无法掌握这些主观事物，就无法通过其模型去理解真实社会建立在个人会调整之基础上展开的运作。

第二、经济学研究逐渐朝向计划经济发展。当个人偏好、生产能力、潜力都被转化成客观数据和方程式后，经济学者的思维很快地就被计算机程序和数学规划所控制，也会产生以模型模拟方式去作业社会行为的研究对象，并不自觉地开始漠视模型与真实个人间的行为差异。当这些差异被视为技术性的枝节问题后，个人的真实性也跟着被消灭。当一般均衡理论刚出现时，经济学者还能理解其局限性，还担心的部分均衡

---

[1] Popper（1950）。

[2] 至于科学是否要控制或改变研究对象的发展轨迹，那是科学伦理的问题。

分析学者可能会误解"其他条件不变"的意义。很吊诡地，部分均衡分析学者从专业领域的研究中逐渐理解计量模型的局限，反而是一般均衡理论学者随着数理化的加深而遗忘了模型的局限性。他们企图借着更大的模型、更多的调查数据、更强的计算机运算与储存能力去控制社会的发展。当前受政府支持的"动态可计算一般均衡模型"、"诱因相容机制设计模型"等，都是朝这些方向发展的新计划经济理论。

第三、集体化客观指标扭曲了社会与人性的发展。主观论经济学努力于扩大人们的选择范围，客观化的经济学则朝向于发展一些可规划的客观指标，并以之驱使人们以这些指标为标的发展。例如 GDP、人均收入、绿化指数、大学排名、SSCI 论文发表指数等都较其他指标更具有普遍性，但当这些指标被选为规划指标后，也就开始吸引政策的关注和大量的预算投入。这不仅诱导人们的未来选择与行动，也决定社会朝向同质方向发展。

第二节　行动人 [1]

在主观论下，经济学家所描述的经济主体是行动人（Action Man），而不是一般教科书所用的经济人（Economic Man）。行动人相较于经济人更突出他的主动性与主体性。行动人的目标、环境、知识等都只能经由他个人的认知去理解。在静态主观论下，只要有人能参透他人认知的主观数据，就能掌握和理解他人的选择。若是在动态主观论下，由于行动人有其主观的决策逻辑，即使我们能参透他认知的主观数据，也无法掌握和理解他的选择与决策。这两种主观论刻画了两种不同的行为模式：静态主观论的行动决定于目标、环境、知识等主观数据的内容，而动态主观论仅将这些主观数据作为行动的起点。

行动

从本节开始，我们将以行为（Behavior）统称个人的所有活动，而以行动（Action）称有目的之行为。因此，个人存在无意识之行为与无目的之行为，但不存在无目的之行动。行动一定有目的，但活动就未必有目的。猫追逐老鼠之目的很清楚，所以是行动。没有目的之行为不是经济学的研究对象。

---

[1] 本节内容主要依据 Mises（1966）［1949］，第一篇各章。

经济学仅关心人，其探讨的对象也仅限于人的行动。但不是所有的人都是经济学探讨的对象，经济学仅探讨有意志的人。意志（Will）是以一套计划去实现目标的企图心。人的行动必先存在目的，但其完成需要意志。如果我们假设意志是人的属性，那么，人的行动就是个人在意志推动下朝向目的之活动。这时，行动人就是有意志的人，而经济学探讨的对象就只限于行动人。当然，把意志视为人的属性，等于不把缺乏意志的人当行动人看。为避免争议，我们可以更明确地定义行动人为拥有最基本之谋生能力且其行动都出于意志之人。这样，就可把经济学界定为研究行动人之行动的学问。

在这界定下，婴儿（Baby）并不属于经济学的研究范围。同样，意志力和谋生能力均未成熟的孩童（Children）也应该排除。我们无法确知特定的孩子要长到多大其意志力和谋生能力才成熟，但除非是明显的智障者，任何人在"某个年龄"之后的意志力都会成熟。如果不存在公共事务或侵权行为，个人何时成熟仅是他的私事。由于公共事务或可能侵权行为的存在，每个社会都会规定成熟的"某个年龄"。在主观论下，规定成熟的"某个年龄"会引起逻辑争议，但只要将实际争议交由司法判断就可以将争议降至最低，毕竟人类还没有能力建立一个毫无争议的逻辑社会。

另一项争议是谋生能力。的确，长出肌肉就可以算具有谋生能力；但这不应该当作文明社会的标准。谋生能力不应仅是劳动力贡献的能力，也应该包括社会生活的能力。社会生活的能力需要基本教育的训练，或称义务教育（Compulsory Education）。但由谁来提供孩童的义务教育？这是个争议。从行动人的定义看，主观论经济学并未排斥政府提供义务教育的可能。但由于孩童是父母所生所养，政府不能剥夺父母愿意主动提供义务教育的机会。在政府监督下的家庭自主教育是可以兼顾这两方面的发展。

谋生能力和谋生机会的意义不同。政府没有义务提供就业机会给任何的行动人，因为这违背了设立政府的原则。政府的职能来自人们的委托，它只能为受委托的职位聘雇最优的人选，而不能自创工作。行动人已具成熟的工作能力和意志力，就必须要对其一生负责，这包括最基本的自食其力（Independence）和信守承诺（Commitment）。这两项义务是个人分享社会合作所得又不失去个人自由的交换条件。

由于目的和意志力都只有个人自己才知道，我们只能根据定义认为行为人的活动都是行动——不论他的表现是无动于衷、沉睡整天或不痛不痒。既然我们无法彻底理解个人的行动，只能假设这些行动都出于他的选择和坚持。又由于个人意志指引这些行动朝向个人目的，故可用"快乐"或"效用"来定义目的实现之预想状态。在这定义下，快乐或效用都是目的实现的同义词，而不是心理状态。行动既然在实现目的，也就是在实现快乐或效用。同样，"寻找一个更满意的状态"、"去除不安"、"追寻快乐"等也都成了行动的同义词。

理性

快乐既为目的实现之同义词，我们就无法从"快乐的获得"去论断行动是否理性。但若把理性与快乐脱钩，如定义理性为个人实现目的之能力，也会陷入无法论断理性的困境，因我们无法知道个人意志力的强弱。

行动是为了实现目的，因此行动也就必须借着一些手段。意志力有强弱之别，但手段谈的是实现目的之有效性。逻辑是指事件发生的一连串因果关系。从手段开始，顺着因果关系推演新事件，然后再推演下一个新事件，如此推演下去。如果依序出现的事件会出现期待之目的，则此手段便能实现预期目的，这便称逻辑有效性。因此，逻辑有效性取决于两项内容，其一是手段，其二是逻辑。

试想一位老祖母希望妈祖能够听到她的祈祷，于是买了供礼到妈祖庙烧香、祈祷、执筊。这位老祖母拜神多年，每次都虔诚地上香，然后带着笑容回来告诉她的孙子说：妈祖听到了她的祈祷。从其行动，我们必须承认她的行动是理性的。从这意义上，我们定义理性行动（Rational Action）为：个人依其逻辑所要求的手段去行动。这是一般对理性的用法。因此，老祖母也是觉得自己是理性的。她认为该有的仪式都齐备了，妈祖没有理由听不到。换言之，理性并不是从事后去检验手段和逻辑的逻辑有效性，而是行动人事前的判断。因此，所有的行动都是理性的，否则行动人就不会行动。

同样的妈祖信仰，在不同地方的拜神方式就不相同。不同地方的老祖母虽以不同的方式拜神，但都是理性的。个人目的是主观的，但有些主观目的也可以客观地说出来。从客观的手段到客观的目的，可以铺陈出许多的逻辑。这些逻辑可以是主观的，也可能是客观的。如果是客观目的，不论其逻辑是主观还是客观，其逻辑有效性都能客观地加以检验。如果是主观目的，只要是客观逻辑，行动的逻辑有效性也可以在一连串的因果关系中加以检验。当然，一经检验，就能分辨出行动的成功与失败（不是对或错）。但是，对于主观目的加上主观逻辑，其逻辑有效性就无法检验。所以，并不是所有的行动都能检验，尤其是以效用为目的之行动。[1]

即使是主观目的，在大多数情况下，行动者在事后也都能主观地检验其行动之成

---

[1] 比如，若有一男想取悦女友，并送了一束花给她，此时目的是主观而手段为客观。若他改以甜言蜜语为手段，则目的与手段均为主观。

功与失败。当然，我们无法知道行动者主观的检验结果。不过，即使他在事后发现行动失败，他的行动依旧是理性的。理性是事前的判断，不是事后的检验。换言之，理性的行动也可能会失败。理性只是主观下的认知，不等于认知的内容一定正确。只要逻辑错误，手段也不会正确。不论是手段错误或逻辑错误，行动都会失败。

虽然行动人是理性的，但人也时常犯错。这是主观论经济学在对人的假设上不同于新古典经济学之处。行动人会犯错，因此，知识和经验是重要的。个人必须从错误中不断去累积知识和经验，才能构建出正确的因果关系，才能在正确的因果关系下调整其行动。

前面曾提及，"不行动"亦是行动，那是个人认为事件会自然地、一件件地朝他期待的目的发展，因而不需要有任何的行动。因此，个人的行动也可以看成是个人对外在世界的干预，企图去改变其发展，以朝向自己的目的。从个人到独裁者，只要追求幸福，大都会如此行动。行动是人的属性，行动就是想实现自己的目的。

既然行动人也会犯错，就要不时调整自己的行动，尽可能构建出正确的因果关系。在一人社会，正确的因果关系是自然界的物理法则，比如避免把房子建在顺向坡上。在两人社会，就要理解对方的可能反应，比如和对方协议工厂废水的排放。至于在多人社会，正确的因果关系则是其所发展出来的社会规范与宪政规则，比如开车靠右行。个人行动逻辑的内容必须遵循这三个社会的先后原则：先遵守多人社会的规则，然后与两人社会的对方协商，最后才规划自己的最优策略。

逻辑不是只有一条路径，其他的路径可能会更有效率、获利更大。建立正确的逻辑只是必要的条件，个人还需要有更充分的知识。知识累积问题在未来章节会有进一步的讨论。下面，我说明几点个人在建立逻辑时容易疏忽之处。第一、社会环境是变动的，人际关系和社会规则也都会跟着改变。于是，既有的逻辑就必须与时俱进，不能只固守过去。第二、行动展现在流逝的时间中。未来状态在现在还未形成，故没有既定或预设的内容，而是由现在各个人的行动交互影响而形成。因此，我们只能预测未来，而无法预知未来。第三、逻辑中的一连串因果关系都是完成一项之后才出现下一项。每完成一项步骤，都会改变社会环境。因此，我们无法在初始时就有能力规划全部的逻辑过程，而只能一步一步、按部就班地去完成每一阶段。第四、每一阶段都会与他人互动。全盘规划最多只能视为未来蓝图，而不是对未来的设计，必须避免强迫他人的参与或无法参与。

第三节　知识

上节提到，行动必是理性而理性又是依其逻辑要求之行动，理性与行动是对同一意义的不同角度之陈述。因此，当主观论预设人是行动者时，就已经预设了人是理性的。不过，要注意的是，主观论所预设的理性并非如新古典学派的经济人那般地全能。相对地，如上节所说，由于个人建立逻辑时所受到时间与空间的限制以及人际互动的影响，这理性似乎不是那么的完美。这不完美的逻辑决定了个人理性的表现方式，也就是我们能观察到的个人行动。因此，逻辑的内容又成为理性与行动之外的第三个角度的观察。这个人所建立的逻辑内容，也就是本节要讨论的主题——知识。

个人知识

每一行动的陈述都对应到一个动词。文句中仅含一个动词的叙述称为事件（Event），如：美国推出第二次货币宽松政策、世界油价上涨。两个事件经由"若……则……"或"因为……所以……"连接起来，就成为若则叙述（If-Then Statement，以下简称叙述），如"（因为）美国推出第二次货币宽松政策，所以世界油价上涨"或"天若有情，（则）天亦老"。若则叙述是逻辑推演的基本文句格式。

若则叙述依其内容分成前提叙述和推演叙述。前提叙述作为逻辑推演之前提，依其来源可分成观察叙述和公设叙述（简称公设）。观察叙述是个人从观察中建立起来的若则叙述，比如：若把车停在树下，明早车顶就会堆满枯叶。观察因人而异，不同人对同一事件所记录的观察亦不相同。公设是知识体系先验地作为逻辑推演之前提叙述。不同的知识体系，其选定的公设也不同。比如，斯密的经济学体系以"若是人，就具有交换／交易的倾向"为公设、米塞斯经济学的公设是"若是人，就会有行动"、哈耶克经济学的公设则是"相对于社会的整体知识，个人知识是接近于无知"。

有了前提叙述，就可以展开逻辑推演。在推演过程，我们假设递移律（Transitivity）成立，也就是说：假设 A、B、C 为三个事件，而"若 A 则 B"和"若 B 则 C"是两个叙述，则可推导出新的叙述"若 A 则 C"。推导出的新若则叙述称为推演叙述。"若 A 则 C"是逻辑结果，虽然 A 事件是可观察的，但整个若则叙述与是否能观察无关。我们根据这逻辑推演，可得到三种能力：（一）如果观察到 A 事件发生，则拥有预期 C 事件会发生的预期能力；（二）如果 C 事件发生了，则拥有以 A 事件之发生作为解释 C 事件的解释能力；（三）如果想要 C 事件发生，则拥有要求 A 事件发生的计划能力。推演叙述将两事件连成可预期的关系，称之因果关系（Causality）。由于观察因人而异，因果关系也就因人而异。比如某甲观察到"若 A 则 B"和"若 B 则 C"而得出"若 A 则 C"，但某乙却因观察到"若 C 则 D"、"若 D 则 E"、"若 E 则 A"三叙述而得出相反的"若 C 则 A"。

行动人根据因果关系而拥有对事件的预测、解释、计划等三能力，这三能力统称为知识力（Knowledge Power）。个人所拥有之各项因果关系之集合称之个人知识（Personal Knowledge，以下简称知识）。[1]知识既然是一个集合体，其内容会因新增的因果关系而增多。知识增多后，个人的知识力就增强。知识所包含的因果关系，不仅在数量上会有增减，个人对于个体因果关系之信任程度也会增减。当推演叙述不断为经验证实后，个人对其信心会增强；相反，如果推演叙述不断与经验相反，个人对其信心就会减弱。信心过低，会让个人不再相信该因果关系。换言之，知识具有作为存量（Stock）的三项特征：知识具有生产力——知识力随着知识量之增大而增强、知识可投资——新的因果关系和更加肯定的经验能提升知识量和其信心程度、知识会折旧——否定的经验降低个人对因果关系的信心度并缩小其知识。因此，知识亦可称为知识存量（Knowledge Stock）。

既然因果关系是个人行动的最后根源，在逻辑上，当个人对于某因果关系的信心程度够高时，该项因果关系就会内化成行动推力。此若则关系也就成为个人理性的表现内容，也就是行动的内容。比如，某甲确信苹果可充饥，又正感觉饥饿，此时身旁若正好有一个苹果和一个橘子，他就会去吃这苹果而不是橘子。

知识的种类

至此，我们理解了个人行动的几点内容：个人以行动去实现目的；个人依据个人知识中的因果关系去行动；个人知识是许多因果关系的集合；不同的因果关系就是不同的若则叙述。于是，个人要在不同环境下实现目的，就必须拥有适合于其环境的知识。

下面，我们分别就一人社会、二人社会与多人社会的环境，来讨论个人知识的分类。

（一）一人社会的知识

在一人社会，个人拥有知悉知识（Know What）和技术知识（Know How）。知悉知识是关于自然界之规则以及自然界能够满足个人需要之资源的知识。比如，鲨鱼每

---

[1] Polanyi（1958）。

天清晨何时会游到海岸边？山坡在何种情况下会发生土石流？何种菇类不可食用？技术知识是关于个人如何利用自然资源和自然规则，以满足个人需要或实现个人目的之知识。比如，如何钻木取火？如何搭盖一间树屋？如何捉到野兔？

（二）二人社会的知识

二人社会自然包括个人的一人社会，因此，二人社会的知识除了个人拥有的一人社会之知识外，还多了专属二人社会的知识。这新增的知识是，关于一人与他人如何合作的知识。[1]这类知识也分成知悉知识和技术知识两种。知悉知识指的是个人对他人之专长、兴趣、个性、习惯之认识，而技术知识是指个人如何与他人达成交易、合作、分摊劳动力、分配产出等知识。

（三）多人社会的知识

同样，多人社会也包括一人社会，因此，多人社会里除了拥有一人社会的知识外，也有专属多人社会的知识。但是，多人社会是否也包括二人社会的知识？这答案未必是肯定的，除非多人社会内已经存在各种的二人社会。若如此，多人社会也有二人社会之外的专属知识，也就是如何和不属于同一个二人社会的他人合作的知识。这时的知悉知识不再是知悉特定之人，因为我要合作的人并不是我认识的人，甚至是不具名或我不认识的人。这时的知悉知识是，个人对于多人社会之特征、规则、习惯等之知识。

由于多人社会包括许多的人和其他的二人社会，因此，知人知识（Know Whom）和知地知识（Know Where）也就成了多人社会的专属知识。知地知识就是，知悉各个不同二人社会的特征、规则、习惯等知识。比如在交易时，这类知识包括知道要在何地设厂？要将商品卖到何地？至于知人知识则是，知悉在特定的二人社会里要与何人进行合作的知识。

隐性知识

除了上述从主体人数的分类外，卡尔·波兰尼（Michael Polanyi, 1891—1976）从个人认知的角度将知识作不同的分类。第一类是能意识到的知识（Conscious Knowledge），指个人凭其意识能察觉到自己拥有的知识。虽然自己能意识拥有这类

---

[1]　如果无法合作，两人之间也就和人兽之间的差异不大。

知识,却未必都有能力将其内容记录下来。其中能被记录下来的知识,称之已编码知识(Decodable Knowledge),否则称之未编码知识(Undecoded Knowledge)。编码(Coding)是以客观的符号将个人的主观知识记录到客观载体(Carrier)的过程。语法(Grammar)是编码时的规则。知识编码之后,就会脱离主体,随着载体传递给他人。收到载体的人只要懂得编码人的编码语法,就能够获取载体所承载的知识。这过程称为解码(Decoding)。因此,愈多人通用的编码语法,愈是有利于知识的传递。至于个人,他对语法的理解决定了他的编码和解码的能力。编码的能力决定了他正确传递知识的能力,而解码的能力决定了他能从载体中获取多少知识的数量和精确度。编码者对语法的理解和遵守决定了编码的正确性。如果他无法正确掌握语法,或他认为其知识无法利用现有语法编码,就会编出他人难以解码的"天书"。

客观的载体让已编码知识很容易传布和散播,但也容易拷贝。知识传播越广,就有越多的人有机会获得该知识力。当已编码知识被广为利用后,根据该知识生产的产出品会泛滥,而使其商品市场濒近于完全竞争。于是,以该知识为投入之商品的边际报酬会接近于零。相对地,未编码知识因只存在于个人身上,比如中医之把脉技巧或棒球投手之投球技巧,他人只能就近观察与模仿而无法完全拷贝。虽然未编码知识无法客观传递,但其产出品只要有市场需要,就能卖出垄断性的价格,比如专家市场或职业篮球的选秀市场。

波兰尼认为个人知识中能被意识到自己拥有的比例并不高,就如冰山浮出水面那一角。其余没在水下的部分,都是个人意识不到的知识。在这些个人意识不到的知识中,有一部分是个人凭其警觉能感觉到自己拥有的知识,称为能警觉到的知识(Aware Knowledge)。个人虽警觉到他拥有这些知识,但依旧无法明确地表达,更无法编码。因此,这类知识不容易出现相应的市场。比如曾选读纳米课程而成绩不好的工程师,其拥有的纳米知识就属于能警觉到却无法编码的知识。同样,没读好会计学的商学院毕业生,亦属于此类。

个人知识中还有连警觉都警觉不到的知识,波兰尼称其为隐性知识(Tacit Knowledge)。这类知识是个人平日在无意间获得,长期累积在身上,却浑然不知自己拥有的知识。直到某日,在一个需要该知识力的环境和时刻,个人却突然发现自己拥有这知识。比如有位爱逛百货公司的女同学,经常穿梭于各专柜,无意识地吸收到许多专柜的商品信息。有一天,她和朋友在讨论某款式女鞋,竟发现自己能讲出许多款式来。再如 2011 年日本福岛发生的核电危机,在危机现场许多料想不到的紧急状况都得仰赖救难人员的隐性知识去克服。

知识的生产

　　波兰尼的知识分类有利于我们理解个人知识的获得，或称知识的生产。我们可将个人获得知识的过程以图 3.3.1 示之。图 3.3.1 标出个人获取知识的四种方式：生活、观察、学习、思考。思考能连结片段的信息使成为若则叙述，也能推演已有的若则叙述以产生新的若则叙述。思考是不必与外在世界接触，而其他三者则是个人从外在世界获取信息、观察叙述、隐性知识和已编码之知识的方式。学习包括了练习。个人从学习中产生光谱序列的知识——从隐性知识到能意识知识。

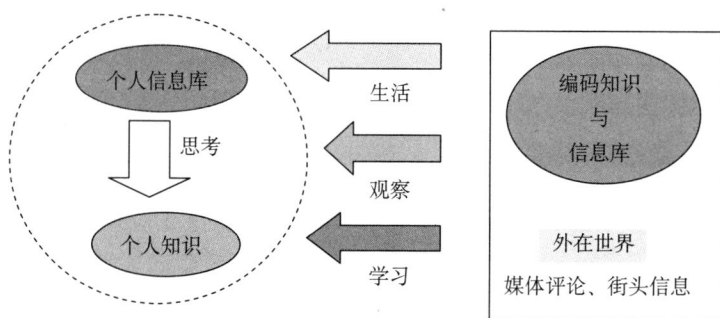

图3.3.1　知识的生产

　　帮助个人获取知识的整套系统方式，称之教育。由此可知，教育的内容应该包括整个光谱序列之知识的生产，而不应仅局限于已编码知识之传递。相应于此，教育方式就不能仅局限于与学习相关的传授和练习，也同样需要采取生活、观察、思考等方式。

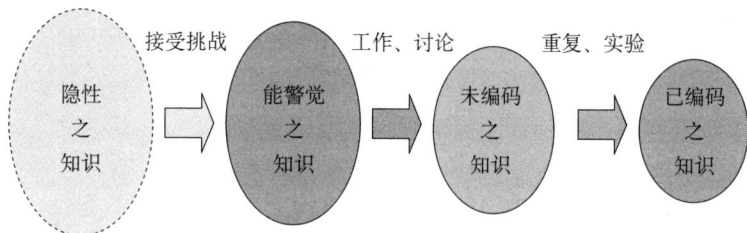

图3.3.2　知识的萃取

　　如前述，对个人而言，已编码知识的价值远低于未编码知识，因后者具有垄断的市场价值。但对于整个社会而言，已解码知识能让许多人同时使用，其生产力远大于

61

未编码知识。那么，我们如何能将未编码知识编码出来？图3.3.2表示知识的萃取过程，共分三个阶段。第一阶段是提供一个开放的社会，让个人有机会接受各种挑战，然后在接受挑战中发现自己拥有的隐性知识。这让"自己不知道自己拥有的知识"转变成"自己知道自己拥有之知识"。不过，这时的知识仍停留在可警觉的层次。接着的第二阶段就是经由工作和讨论，让个人将其所能警觉到的知识逐渐具体化，成为他能意识之未编码知识。[1]到此，知识便到了准备编码的阶段。第三阶段是科学研究的任务，是从未编码知识到编码知识的过程，而这需要先发展出一套"编码——解码"的通用规则才有办法编码。

---

[1] 比如在公司的茶水间或研究机构的午茶时间。

第四章　市场过程

第一章指出：在市场机制下，即使个人追逐私利，社会公共利益依然可能实现。斯密举的例子是市场里的理发师，就称"小李"。小李帮老张理发，不仅赚到老张付的钱，也帮老张整理了仪容。有一天，小李的隔壁开了家新发廊。新发廊带来竞争，迫使小李必须提升服务。不论是改善态度，或提升技术或降低价格，他至少要有一项目胜过新发廊才行。为了生存，小李现在要更辛苦地工作。他是更辛苦了，但带给社会的利益也增大了——他提供的服务更专业、态度更亲切、价格更便宜。

循着斯密的论述，我们看到市场美好的一面。但是，如果故事继续说下去，市场机制带来的影响是否依然如此美好？如果小李不幸败给新发廊而失业，他将何去何从？如果新发廊的胜利是仰赖背后的外来巨额资本，人们将如何看待这场竞争？故事继续说下去，我们就会碰触到政治经济学的问题核心：我们能允许市场机制无限制地发展吗？政府的权力可以干预市场机制吗？政府是否拥有完善市场机制的能力？

经济学入门课程都曾讨论过市场机制，但仅论及市场价格的决定及价格体系下的资源配置。回想当时，授课教授在黑板上画出交叉的供给予需要的两条曲线，然后称这两条曲线的交叉点为市场均衡点，并讨论影响市场均衡价格和市场均衡交易量的各种外生变量。教授很理性地分析着，却感慨道："要是政府早点控制那些外生变量，房屋市场的均衡价格就不会那么高了。"学生学会了这种强调均衡分析的新古典经济学，也学会在不满意商品的市场价格时，就马上想以政治权力去控制影响价格的种种外生因素。

第一节讨论市场的自由进出和衍生的竞争现象。这是市场的基本特性，因为它决定了市场交易的商品种类和个人在供需中所选择参与的角色。第二节将探讨创业家精神，它呼应着竞争，从而使市场发生变化。若说创业精神是行动的驱力，利润则是行动的目标。竞争、创业精神和利润是市场过程里的三位一体：竞争是现象，创业精神是驱动力，利润是驱力的目标。因此，第三节将深入讨论利润在主观经济理论里的角色和会对政治经济的影响。

第一节 自由市场与竞争

如果市场的供给和需求曲线能够清楚而客观地画出来，我们就能够控制两线交叉的均衡点。然而，这只是黑板上的分析，它遗漏了让这两条线交叉的驱动力。第三章提到，市场的供给予需求曲线并不是客观地存在的，而是受到市场参与人员的自由进出和参与者决策的影响而不断移动。参与者怀抱着理想，适时地改变自己成为新的供给者或需求者，也不时地在改变他们计划供给或消费的商品种类和数量。我们称这过程为市场过程（Market Process）。

市场的意义

市场是平台（Platform）的概念。平台是允许各方人员自由进出和共同参与的空间（场所），只要求参与者遵守某些公认的规则。平台的意义可以从公交站的"站台"去理解，虽然公交站台的意义较市场平台狭隘许多。任何样式的公交，只要取得进站同意，就可以开进站台去搭载客人。乘客根据自己计划的目的地、服务要求和费用，去选择他喜爱的公交。

市场提供空间让供给者与需求者交易。这空间可以是实体的传统果菜市场或新型购物中心，也可以是自由度更大的虚拟网络。交易（Trade）指双方自愿在同意的条件下交换商品，如小莫拿 MM 巧克力以 3:1 的比例和小方交换番茄。小莫是巧克力的供给者，也是番茄的需求者；小方是番茄的供给者，也是巧克力的需求者。每一位参与者都同时具有供给者与需求者的双重身份，否则交易就无法进行。

交易之一的商品可以是货币。这时，双方同意的交易条件（Term of Trade），就是以货币表示的非货币之商品价格。[1] 双方在交易中必须遵循彼此都理解和认同的交易规则（Exchange Rules），或称市场规则（Market Rules）。他们不必知道对方的交易动机，只要接受交易条件，交易就能顺利完成。交易是以有易无，但未必是为了立即或直接的消费。交易者有时为了未来的消费，或想利用取得的商品去制造新的商品。价格引导他们考量是否要自己生产或购买他人的产出。个人对不同商品的消费与厂商对不同商品的生产计划，都要利用价格去盘算。

市场也是一种制度（Institution）。制度是一套规则，可以让参与者在互不熟悉之三人社会下合作，并借着合作实现个人目的。个人目的是主观的，若要经由理解对方目

---

[1] 在交易完成之前，价格对双方是公开的。因此，交易也就必须是双方自愿接受。至于自愿接受的意义，和俗称的"虽不满意、仍可接受"最接近。

的或认同对方目的才合作，合作的机会将会甚少。在当代市场活动中，有三条重要的规则。第一条是"认钱不认人"。唯有遵守这规则，交易才可以摆脱人际关系的限制，扩大合作范围。既然只认钱，币值就要稳定。第二条是"以市场手段竞争"。市场手段包括调整交易价格和契约内容、改变交易和服务方式。相对地，非市场手段则包括强迫推销、黑道恐吓、政策补助、金融干预等。这条规则保障市场的公正性和人们进出市场的自由。第三条是"交易之后不反悔"。由于市场随时变动，不同时点有不同的交易条件，市场参与者不能因为交易条件发生改变而单方毁约。如果说前一条规则类似于下象棋的"观棋不语真君子"，则这条规则便是"起手无回大丈夫"。这道理简单：没人愿意和说话不算话、反反复复的人继续交易。因此，这条规则也要求消费者必须"想清楚后再买"。

规则的存在，实证意义上可降低双方的交易成本，规范意义上会要求双方尽力去实践。当规则的规范意义大过实证意义时，这些规则又被称为规范（Norm）。市场内存在许多通俗却源远流长的规范，如"童叟无欺"、"质量保证"、"货比三家不吃亏"等。但也有些规则会随时代改变，如过去的"货物出门、概不退换"，现在已发展成"七天内不破坏包装就能退货"。另外，当代市场也发展出一些新的规则，如"买贵退差价"、"顾客至上"等。

市场也被视为是一种政经体制。政经体制是决定社会成员参与商品之生产、分配与消费的制度。以市场为主体的政经体制称为自由经济体制（Free-Market System），或简称市场机制。[1] 市场机制允许个人在市场平台上自主提供或购买资源、劳动力与商品，让供需决定各种商品的市场价格，并让这些商品的价格结构决定个人的收入和消费内容。要言之，它具有下列三点特征：参与市场的人员与商品可以自由进出、买卖双方对于商品的交易价格与契约可自由商议、双方买卖的商业模式可以自由选择。

体制是涵盖面较广的制度，故也是由规则组成。市场机制有两条重要规则。第一条规则是"尊重私有产权"。任何人或政府只能在对方的同意下取得对方的部分财产。对方同意的方式可以是赠与、交易、愿意接受的纳税。如果对方以偷或抢替代交易，交易就无法再进行。第二条规则是"尊重自己"。这规则的含义类似于前项的"交易之后不反悔"，只是个人在市场体制中进行的交易不只是一项。经由长年的交易，个人从许多交易的盈亏中累积出私人财富或破产。这条规则要求参与者必须要"输得起"，不

---

[1] 较自由经济体制更好的用词是自由企业体制（Free-Enterprise System）。

能在事后的不幸、失败或破产时要求政府以权力去改变交易结果。

竞争的意义

人员与商品在市场的自由进出发展出竞争（Competition）现象。经济学的竞争，其意义不同于一般日常生活的用法。日常生活所称的"竞争"是竞技场里的竞赛（Contest），如运动会中各项比赛的竞赛。武侠小说中有名的"华山论剑"也属于竞赛，因为竞赛双方争夺的封号是只有一个的"天下第一"。在经济学的竞争下，不同的商家将其商品并列于超市的货物架上，各以不同的价格、风味、外观去打动消费者。这样的竞争主要在争取消费者的兴趣，营销用语称之"吸睛"。吸睛要赢的不必是在这一次，可以发生在更多的"下一次"。只要能打动消费者，生产者不担心消费者明天不回来购买。换言之，竞赛着眼于当下的优胜奖励，而竞争思考着更长远的利润。

我们以几种情境来说明竞争的意义。当消费者走进便利商店时，她面对以下几种可能。第一，她明确地想买一瓶脱脂高钙鲜奶。此时，味全、统一、光泉等公司出品的脱脂高钙鲜奶正处于竞技场里的竞赛状态，因为只有一种品牌会被挑选出来。第二，她想买一瓶冰饮料。她看到冷藏柜里至少有十五种的品牌，从蓝山咖啡到曼特宁咖啡，从绿茶到新鲜柳橙汁，还有不同口味的牛奶。比较之后，她选择一种，同时也想着：下次我要试试另一种。第三，她只是想止渴。老天，整个冷藏柜都是，要如何选择？调味奶、冰咖啡、矿泉水、冰淇淋、可口可乐，还有啤酒。她挑了一种喜欢的。但如果都喜欢呢？第四，她只是想买点东西。买条巧克力给自己，还是买包花生回家？她可能选择买其中一项，也可能两者都买。她也可能先买一种商品，再安排不同的时间买另一商品。

从消费者的角度看，竞争的源头是商品的替代关系。替代关系是主观的，因为商品的替代性决定于它们是否能实现该消费者的目的。商品的替代关系可分成三大类：狭义的替代关系，也就是竞争的商品都能带给消费者很接近的满足程度，如蓝山咖啡对曼特宁咖啡，或如矿泉水对运动饮料；广义的替代关系，也就是竞争的商品能让消费者调整其目的，如自己的凉鞋对儿子的玩具，或如留在会场参加讨论对溜出会场去欣赏淡水夕照；跨时的替代关系，也就是竞争的商品能让消费者调整其目的之实现时间，如今年暑假去意大利旅游对明年才去。

竞争也可以从生产者的角度去讨论，因为生产者的行动也有目的。我们称消费者实现的目的为效用，生产者的目的也可能是效用，比如生产与众不同的商品或设计，但大部分还是为了利润。由于生产者最终还是期待消费者能购买其商品，因此，生产者的竞争都必须转化成交易上的竞争，比如广告、促销、服务方式、交易方式等。这些竞争行动便被规划为价格竞争、功能竞争与服务竞争。当商品接近同质时，必然出现价格竞争。交易价格基本上包括三项：以货币计算的标签价格、保证的风险贴水、售后维修的折现值等。市场上较容易观察到的价格竞争是标签价格的竞争，不过，即使是同质商品也存在售后维修的竞争。服务竞争包括商品的现场展示和解说、运送、安装等，这也可能出现在接近同质的商品。异质竞争主要在功能竞争，例如各品牌数字相机强调不同的特色功能，如水下摄影、类单眼镜头、夜摄功能或长距离摄影，也可能是附加上名牌标签或金边镶钻等。异质竞争会随收入增长逐渐成为竞争的主要形态，因为个人的需要则会随着收入增加而趋于个性化。

金与莫伯尼的《蓝海策略》[1]不同意哈佛商学院的迈克尔·波特（Michael Porter）所提出的全球竞争策略，因为它太注重组织再造与生产效率的低价竞争。该书称那类血淋淋的割喉战为"红海策略"；相对地，企业应该以创新为中心去开创新的市场、商品、客户，避开血腥的竞争，就可以悠游于丰厚利润的"蓝海"中。

竞争自然有对手，但在经济学中，对手未必就是敌人。再说，市场竞争不是要将对手打倒在地上，而在造就全体的利润和繁荣。以黄昏市场为例，第一个菜摊卖着叶菜，孤零零地。不久，来了第二菜摊卖瓜果（异质商品），也兼卖不同的叶菜。等到鱼贩、肉贩都来摆摊后，消费者就固定地来此地买菜。摊贩间存在各种的竞争，但随着市场规模的扩大，他们反而赚到更多的利润。试想，如果市场里头有一家很受欢迎的牛肉面店，门前人龙排得很长，你想不想也在附近开一家牛肉面店？或许吧，反正市场大，容得下两三家。不过，如果开一家水饺店或日本拉面店，避开直接抢生意，不是更好吗？

假设你已决定要开设一家日本拉面店。第一步工作就是设定交易商品的范围和质量，也就是决定菜单表列的拉面种类。接着，就是寻找具有优势的师傅或自己去学一些具有优势的技术。最后，就是估算利润和设定商品的价格。这样周详的计划能成功吗？有人说技术重要，但服务水准在餐饮业更是重要。于是，你又提升了服务质量，也开始吸引新顾客上门。但不久，牛肉面店的服务也跟着提升。那价格呢，也会调整接近。因此，你的开店计划若要能成功，就必须考量到市场上他人的反应，包括消费者的反应和对手的反应。换言之，你的计划与行动必须建立在对他人的计划与行动的预期上，或更正确的说法是：我的行动与计划的实现，必须仰赖他人的计划与行动的实现。

---

[1]　Kim and Mauborgne（2005）。

每到月底，面店都得结算与检讨盈亏。只要长期的超额利润不为负数，也就是赚到的钱不比去工厂上班的薪酬少，店就可以继续经营。如果发现利润开始下降，就得重新调整店内的商品、价格、质量、服务。市场是竞争的，每月底都得重新评估。若出现长期亏损，就只好结束营业。

对手也一样不断在评估。市场竞争的结果是牛肉面会好吃大碗又便宜。同时，牛肉面店也会赚钱。这是看不见的手原理。斯密没说的是：如果亏了，就只好歇业，改卖韩国流行服饰吧！想想，毕竟自己不是烹调好手，也不懂得服务食客之道。如果转行成功，那就证明自己也有长处，只是不在卖日本拉面，而是在卖韩国流行服饰。起初你还以为自己比较在行的是卖日本拉面呢？但是，错了。市场让你发现自己的错误。你改行后，消费者认同你。她们喜欢跟你讨论如何穿着。你应该感谢那家牛肉面店，是他让你知道自己的能力不在卖日本拉面。还要感谢消费者，因为他们认同你经营韩国流行服饰的潜能。若不是那家牛肉面店打败你，你也不会转行去经营韩国流行服饰。市场帮助我们发现自己选择的错误，也帮助我们找到发挥潜能的机会。因为它是一个自由进出的平台，我们才有办法找到较适合自己的工作。

那家牛肉面店现在如何呢？也收摊了，但不是因亏损而关门了。那地点现在换成了一家超市。据说"统一超市"付给牛肉面店老板的地租是卖牛肉面每月盈余的两倍，所以他不想再卖了。这地点以前不可能有这么高的地租，因为附近繁荣了起来。也因地租高了，这地点若再继续卖牛肉面就太可惜。在街的对角，也新开了"全家超市"。以前是日本拉面和牛肉面的竞争，但随着竞争带来的市场发展，景象已经变了。现在是全家超市和统一超市的竞争。故事还会发展下去的。

市场竞争会带来改变，也会带来繁荣。当人们累积财富后，他们的生活和消费方式也跟着改变，而这改变又带动新的市场竞争。借用哈耶克的论述做个小结，市场竞争具有如下特征：我们无法在事前预知市场竞争的结果，因为现在看到的都只是暂时的，还会继续演变；每阶段的竞争结果，不仅受消费者的偏好和供给者的投资的影响，也深受双方的创新的影响；任何人从市场竞争中获致的好处都只是暂时的，因为每一阶段都是重新开始的竞争；市场竞争之所以有价值，因为竞争的结果不可预测，而且从竞争获得的好处也是暂时的，社会因而得以流动。[1]

---

[1]　Hayek（1968）。

发现程序

哈耶克认为市场竞争是社会里的一种发现程序（Discovery Process）。他以录取学生或选拔运动代表队为例，认为：当我们无法辨识"谁最有能力"时，竞赛是一项相当明智的办法，因为候选人会尽全力争夺出线，甚至爆发潜力。竞赛愈激烈，爆发的力量愈大。竞争比竞赛更开放。在经济事务上，竞争的爆发力表现在商品与科技的创新上。[1] 类似的科学实验和寻找癌症疫苗，都是接近竞争的例子。因为我们不知道哪种实验方法有效，唯一的准则就是尽可能让社会中潜在而有用的知识发挥出来。这便是竞争的发现程序。

竞争程序帮社会发现了什么？第一，在生产者不断推出新的商品或样式后，消费者才会发现到更能实现自己目的之商品。第二，只有在消费者不断尝试和比较后，生产者才会找到消费者所喜爱的商品去生产。第三，经由竞争和淘汰，消费者方能找到能以最低成本提供商品的生产者。

布坎南和凡伯格认为竞争不只是发现程序，更是一种社会的创造程序（Creative Process），因为消费者的偏好和生产者的生产能力并不是天生的，而是随市场的展开而被开发出来。[2] 就如我们说某学生在哪方面具有潜力一样，他的"潜力"只会是个谜，除非我们提供它开发与增长的机会。当一位学生逼真地模仿梵高名画时，可以说他具有模仿的潜力，但未必具有成为大画家的潜力，因为成为大画家需要创造力。类似地，市场是不断在展现，现在的商品不同于过去的商品，而明天的消费形态也不同于今天。明天是沿着今天而创造出来的，就如同今天的商品都是承袭昨天的商品的进一步改良。既然今天不是在重复昨天，竞争带来的就应该是创造，而不只是发现。

除了创造性外，布坎南和凡伯格还强调竞争带来的三个现象：惊奇性、开放性、扰乱性。惊奇性（Novelty）是说竞争的结果，必须要亲自于当天到现场才能知道。就如我们看一本精彩的小说，竞争的结局常出乎我们预料之外。开放性（Open-Endedness）是说竞争过程不断在进行，呈现的结果只会短暂地出现，然后又继续改变。扰乱性（Disequilibrium），也被称作失衡性，因为新商品或新技术的推出就是对现有市场均衡的破坏。

不论是发现或是创造，我们都可能不满意当前市场的商品或价格，但我们必须记得：不满意不是我们对这些结果的否定，而是期许，因为我们在事前并不知道会得出

---

[1] Hayek（1960）。

[2] Buchanan and Vanberg（1991）。

什么样的结果。如果我们能事先知道竞争的结果，就不需要以竞争方式去实现，而会设法以直接生产的方式去制造，这至少可以节省竞争所耗费的庞大资源。[1] 对于竞争所出现的新产品，之前没人知道生产它的最低成本，连当事人也不知道。但是，只要市场存在，产品能成功上市便表示当前的生产成本还可以接受。当然，生产成本仍有机会继续压低，新生产方式也会不断创新。这些都是竞争催生出来的结果。

哈耶克认为，竞争也会塑造我们的社会文化。[2] 凡有人存在而资源有限之处，竞争便存在。然而，不同制度下的竞争形态亦不同。在市场体制下，历史发展出来的竞争形态是商业理性和创业家精神；相对地，在政治权力支配的体制，历史展现的竞争形态是巴结、贪污、斗争等。因此，当社会缺乏创业家精神时，我们应改善的是市场竞争的强化，让竞争去孵育创业家精神，而不是以此为借口去禁止市场竞争。另外，竞争的功能就在于不断创造新的交易。在科斯的观点里，完成交易需要克服许多的交易成本。但在布凯南和凡伯格看来，这些交易成本都已经很清楚：今天的工作是创造，而创造在事前是无法预估成本的——去做就是了。

第二节　创业家 [3] 精神

采用蓝海策略的商人都可以称为创业家（Entrepreneur）。在电影《星际迷航》（Star Trek）里，那艘穿梭于外层空间的宇宙战舰就称"创业号"（*Enterprise* 译为"企业号"），和美国的一艘太空梭同名。该舰的远景是："探索陌生的新世界、寻找新的生命和文明、并大胆地航向未曾有人去过的宇宙。"[4] 可知，创业的含意远较开公司或经营厂商更广。同样，企业家也不只是进行血拼的商人。

经济学教科书的第一章都会提到生产的四项投入因素：土地、劳动、资本、创业家精神，但其后章节就再也不提创业家精神了。然而，创业家却是利用其他三项投入因素的主体。没有他，其他资源只能任其荒废。主观论经济理论视创业家精神为市场过程的精髓，因此，本节将探讨这个概念的意义和其演变。

---

[1] Hayek（1960）。

[2] Hayek（1960）。

[3] Entrepreneur 这个词在经济学界被翻译成企业家，但商业界用创业家。直觉经济学界少了创新的能力，所以我喜欢商业界的用法。——作者注

[4] 以下的原文摘自 wiki 网站的 "Star Trek" 网页：Space... the Final Frontier. These are the voyages of the starship *Enterprise*. Its continuing mission: to explore strange new worlds, to seek out new life and new civilizations, to boldly go where no one has gone before.

古典的创业家精神

最早有系统地讨论企业家的是法国重农主义者理查德·坎蒂隆（Richard Cantillon，1680–1734）。在他的时代，企业家是指在平日以固定价格购入商品，等日后再以不同价格卖出，而从中赚取价差（也可能亏损）的商人。我们知道，生产是资源或物品经过物理性、化学性、生物性、空间、时间等的转变过程，而其中专精于时间转变的商人主要是零售业者。坎蒂隆直接把零售业者视为企业家。

重农主义视农业为生产重心，因此坎蒂隆便根据农业活动将国人分成三类。第一类是拥有土地的独立主，也就是君王与地主。独立主是被供养的一群人。第二类称为劳动者，是直接隶属于独立主并领取固定薪酬的家臣、仆役、园丁、农役。他们进行农作与非农作的生产。第三类则是佃农、零售商、律师、鞋匠、乞丐、强盗等，统称为企业家。企业家和劳动者在工作性质上并没差异，不同之处在于：劳动者以固定薪酬方式分享土地的收获，而企业家的收入并非来自于土地收获。企业家必须靠着他们的抱负、机灵和眼光，充分利用他们的劳动力、技巧和人际关系，才能赚得他们的生活费用。[1] 他们没有固定的薪酬收入。

斯密在访问法国期间见过坎蒂隆，不过当时并没有理解到法国重农学派的企业家概念。他在书中使用的"企业家"是英国新兴的资本家，也就是提供资本、赚取利润的人。由于斯密没区分企业家与资本家，因此也就没有区分利息和利润。在这传统下，英国的古典政治经济学也就相对地缺欠对企业家的探索，这也导致后来以批判英国古典政治经济学起家的马克思政治经济学，也缺少了对企业家和创业家精神的认识。

在坎蒂隆之后，萨伊也是法国经济学者。他和马尔萨斯同个时代，是斯密在法国的粉丝，继续坎蒂隆的路线，发展企业家的概念。他进一步将非领固定薪酬的企业家区分成三种：（1）农业企业家，也就是自耕农，必须自行购买土地、种子、农具来经营农业；（2）工业企业家，也就是手工业者，必须购入原材料和自行生产；（3）商业企业家，也就是买卖商店，同样在购入商品与卖出商品中赚取非固定的收入。

萨伊将生产的投入因素区分成土地、劳动、资本、知识等四项，其中土地来自于地主，资本来自于资本家，劳动力来自从事劳动的工人，而知识又区分成科学家发现的知识和企业家应用的知识。土地的报酬称为租金，资本的报酬称为利息，工人的报

---

[1]　由于现在社会的土地产权私有化且生产工业化，大部分的人都拥有坎蒂隆所定义的三类人的身份：享有资产报酬的独立主、领取固定薪酬的劳动者与赚取非固定报酬的企业家。

酬称为薪酬，而资本家与企业家的报酬分别称为收益和利润。明确地，他清楚区别了资本家与企业家，也区别了两者的报酬。资本家对生产过程的贡献是资本投入。企业家既然不同于资本家，其对生产有何贡献？萨伊认为企业家的贡献有三：（1）募集创业所需资金、（2）经营企业、（3）承担资金与经营风险。就这三点而言，萨伊所谈的企业家，其实只比当前的经理人多了募集资金的贡献。

这里讨论的萨伊，就是在宏观经济学中备受凯恩斯批评的萨伊法则（Say's Law）的萨伊。萨伊法则通常被教科书写成"供给创造需要"，其意涵常遭误解。萨伊认为企业家在生产之前必然会估算市场的需要。投资必须筹集资金，这不允许他们随意生产。他们不是领取固定薪酬的人，估算错了就没饭吃。如果是新产品上市，他们还得策划营销，才能投资生产。企业家若没法掌握市场需要，就不会生产供给。当他们推出供给时，主观上对于市场需要与创造市场需要都有了一定的把握。当然，企业家也时常估算错误，但那是在事后才能知道。一旦发现商品滞销，企业家常以促销和降价等手段，直到把最后一批库存卖光。

当代的创业家精神

推出新商品需要冒风险，也需要营销计划。仅就这两点还很难区分出经理人和企业家的角色。米塞斯认为企业家的主要特质，在于能审慎盘算经营的利润。[1] 这里，利润是指超额利润，也就是足以让受雇者改变职业成为企业家的利润诱因。审慎盘算的意义是，企业家能在理解当前市场之后，于内心形成另一个他认为可能发展或他有能力去创造的新市场，而且，只要他计算出利润，就会设法让新市场出现。在微观经济学讨论中，经理人的工作也包括利润计算，就是一般的收益扣除成本的计算。企业家的工作多出经理人的部分就是，其内心形成的新市场蓝图和实现该蓝图的企图心。

在现行市场结构下，利润诱导经理人调整商品的供给，也驱动企业家去改变市场。如果企业家能成功，他心中的蓝图就落实成新的市场。在任何时点，如果企业家实现的利润多过亏损，经济结构就会改变；否则，就停滞。利润是市场机制的元神；不谈利润，就无法谈论市场机制。在任何时点，如果整个社会的利润多过亏损，经济就增长；否则，经济就衰退。

利润是事前的概念，是企业家将心中的蓝图对比于现实市场之后，审慎盘算下的

---

[1] Mises（（1966）［1949］），第 254 页。

主观认定。为了获取利润，他必须避开超额供给的市场，或开发新的市场。他对新市场也怀有开发的蓝图，否则供给多过需要就要亏损。市场随时会出现竞争的替代品，消费者的偏好也不时在改变。利润的实现只是暂时，我们无法预期它在下个月或下一季是否还能继续存在。

企业家必须精确地预测市场的未来供需、理解消费者在生活上的不适感、提供消费者最好的服务。他必须拥有强过他人利用劳动、资本、土地、技术的能力。当然，他也要审慎盘算政治风险。米塞斯不认为这些能力能够靠着书本或学校教育去培养，因为学校教育很难教会学员审慎盘算和培养企图心。

当代另一位强调创业家精神的学者是约瑟夫·熊彼特（Joseph A. Schumpeter, 1883–1950）。他认为经济社会的改变有两种类型。[1] 第一种是调适型，指社会在遭受外力冲击时，被动地调整自己去缓和冲击或适应冲击。他认为在历史上大部分的经济社会的改变都属于这一种，原因是大部分的人依恋长久习惯的环境，希望在不必改变习惯下增进幸福。只有当外力冲击太大时，他们才会不自愿地调整自己的习惯和行动。第二种是发展型，指经济社会自发地去改变长久习惯的生活方式。由于大部分人依恋习惯的环境，只有少数不愿意接受现实的人会发动第二类的改变。他和米塞斯类似，也称这些人为行动人（Men of Action）。行动人会编织梦想，也会克服困难去实现梦想，因为他们相信自己一定有能力实现梦想。开始改变时，规模未必很大，但内容却是激烈的。居于领导的行动人，会勇敢地和坚毅地对抗旧世界，也会展现过人的精力去改变他人。

熊彼特认为重新组合现有资源，就能改变现行社会的经济活动，而企业家就是主动重组现有资源的行动人。他列举五种现有资源再组合的效果：现有的商品有了新质量、现有商品有了新用途、出现了新的生产制程、新市场被开发出来、经济组织发生了变动。现有资源的类别已经不少，它们重新组合的方式也就数不尽。因此，企业家能带给经济社会的改变方式是无穷尽的。

熊彼特称重新组合现有资源引发经济社会的改变为创新（Innovation），而不是发明（Invention）。发明强调的是新的资源或新的生产技术，属于自然科学的研究成果；而创新强调的是现有资源和现有生产技术的重新组合，非科学研究人员也能参与。他认为，科学研究成果必须经由和现行资源和生产技术的重新组合，才能去满足人们的需要。因此，创新才是经济社会改变的来源。

---

[1]　Schumpeter（1934）。

企业家在实现心中蓝图时，马上就面临真实世界变化无常的风险与不确定性。熊彼特认为这时驱动他们勇往直前的力量有二：野心和利润。他认为他们是靠着这样的信念："建立一个自己的王国吧！这是我的梦想和力量。"[1] 英特尔（Intel）公司前总裁格罗夫在《只有偏执狂才能生存》一书中以"强烈的意志和热情"来描绘企业家的行动自发力。他认为："意志坚定，方能依凭一己信念展开行动；唯有热情，才能鼓舞工作伙伴支持这些信念。"[2] 企业家若要能成功，除了意志坚定，更需要能成功地和他人合作，尤其是芸芸众生。这不是容易的事，因为他们偏向安稳和守旧。熊彼特认为克服这困难最好的方式就是去"购买他们的合作"，如此，才有办法去要求和指挥他们朝向新的世界。利润不只是企业家之野心的重要内容，也是实现其野心的不二法门。

第三节 利润

米塞斯和熊彼特都紧紧地把社会经济的发展和企业家拴在一起，又把企业家和利润也紧拴在一起，于是，社会经济发展也就离不开利润的推动和引导。如果说经济学研究经济社会的发展，那么利润就应该是经济学的研究重心。科兹纳给经济学这样的定义：经济学解释资源的错误配置和其衍生的利润机会，以及企业家透过追寻利润去矫正这些错误配置和资源浪费的过程。米塞斯更直言说道："不敢捍卫利润，就不是真正的经济学家。"经济学家对利润绝对不能有着"犹抱琵琶半遮面"的态度。

利润竞争是市场法则

个体经营者的相对经营能力就表现在他的经营利润上。利润是收益扣除成本。在收益方面，利润代表企业家在理解消费者之需要、提供他们期待的商品、了解市场现况等的相对能力。在成本方面，它代表着企业家对生产技术、生产要素市场及生产组织的掌握、对投资的精准判断等的相对能力。如果甲企业家的经营利润高过于乙企业家，正代表着，甲企业家在理解消费者之需要或控制生产成本的能力高过于乙企业家。这也代表着，让甲企业家来利用资源，相较于让乙企业家去利用这些资源，可以带给社会更大的福祉。

---

[1] "First of all, there is the dream and the will to found a private kingdom, usually, though not necessary, also a dynasty."

[2] Grove（1996），中译本，第五章，第104页。

经济学原理教科书常提到：市场价格决定资源的配置方向。这还是不完整的陈述，因为这里隐指的对象是同质的商品。同质商品的竞争只是成本的竞争，也就是生产成本较低者能以较低的售价胜出。但商品间复杂的替代关系，使得低价格与竞争未必能直接联结。比如平板电脑和智能型手机之间的竞争，就不容易从它们的相对价格去理解。生产要素的竞争也要从商品的需要面去理解。生产要素的需要是衍生于该生产要素所生产之商品的需要。没有商品的需要，就没有生产要素的需要。如果丙企业家的经营利润为负值，就表示他使用这些生产要素未必能较他人能带给社会更大的福利。零利润是企业能否生存的门槛，不论其经营宗旨是赚钱或服务社会。打着"爱社会"的旗帜却只能经营出负利润的企业，代表着维持它的存在所需要的成本大过它能带给社会的利益。该企业对社会的净贡献还不如一个号称利己却有着高利润的企业。

因此，对个体厂商言，正利润不仅是企业短期生存的理性条件，也是其继续存在的道德条件。当然，市场机制是不会直接去论断道德条件的，但市场竞争却会引导厂商去配合这道德条件，也就是负利润的厂商把资源让出来给正利润的厂商去利用。如果甲企业和乙企业都有着正利润，而甲企业的利润高过乙企业，短期内这两者都能生存。但由于甲企业利润高，便可以利用较多的利润进一步投资于生产和研发，并于下一期在经营成果上超过乙企业，甚至导致乙企业出现亏损。因此，利润竞争是市场法则，这与企业家的心态或动机无关——不论他是出于爱心、慈悲心或是利己心。利润竞争强迫负利润的厂商让出资源，而鼓励正利润的厂商扩大资源的利用，不论他们是否自愿，都必须遵守善用资源的道德法则。

利润竞争不仅决定社会资源该由哪家厂商来利用和其使用分量，也决定了不同产业的相对规模，也就是决定了经济社会结构的发展。由于正利润的厂商有能力扩大资源的利用，同样在一个产业里，若正利润厂商的数目多过负利润厂商的数目，该产业也就有能力扩大资源的利用。于是，该产业在经济结构的规模就扩大，相对地，负利润厂商居多的产业规模会下降。利润竞争也就决定了经济的消费和生产结构。

再者，不仅具有消费替代性的商品存在竞争，毫无替代关系的不同产业亦经由对生产要素的需求竞争而呈现规模的消长。比如台湾医界的外科和皮肤科，这两个看似毫无竞争关系的医科，由于近年来医学院学生倾向选择工作轻松和逐渐与美容结合的皮肤科，导致外科医生的市场规模相对于皮肤科逐渐缩小。超额利润存在的产业，其规模将会继续扩大。利润的竞争不断在调整产业的相对规模，改变着经济社会的结构。

利润引导商品供给的调整，也诱使经济社会结构的改变。熊彼特称这改变为经济发展（Economic Development）。经济发展来自于创新的不断累积，而每一项创新都像爬升一级阶梯，即使爬升的高度很小。累积这些微细而不断出现的创新，经过一段时间再回顾，赫然发现经济社会的结构全变了。新的结构引导新的市场，如果没有特殊事件发生，用数字衡量的 GDP 会逐渐增加。特殊出现的事件可能使得 GDP 看不出变化，但经济社会的结构却已悄然改变。

新古典学派忽略经济结构的变化，只以 GDP 数字衡量经济的增长。由于长期衡量到的 GDP 数列呈现波浪式，便将它析解成两部分：有着稳定增长路径的潜在经济增长（Potential Economic Growth）和围绕着增长路径上下跳动的经济波动（Economic Fluctuation）。主观经理理论主张，经济发展的推动力量是企业家，而驱动企业家的诱因来自于利润。只要正利润存在，就代表着市场存在着超额需要。只要企业家存在，即使市场供需已达均衡，他们也会以创新方式冲击当前市场的交易方式，使之出现超额需要和利润机会。企业家是当前市场的破坏者，因为他们认为消费者可以生活得更好，不必局限于现状。

新古典经济学认为推动经济增长的力量，包括人口、人力素质、资本量、新技术、新市场等，唯独没提到企业家。那么，他们要如何解释析解出来的潜在经济增长？由于他们以数理分析方式探讨市场的供需均衡，因而认为稳定增长路径中的每一个时点也都处于供需均衡。他们以古希腊数学家埃利亚的芝诺（Zeno of Elea）提出的"飞矢不动论"来析解经济增长过程，将飞矢前进析解成飞矢在每时点都处于静止状态，而每时点一过，它就会循着运动惯性往前推进一点。上述的人口、人力素质、资本量、新技术、新市场等提供了"飞矢"前进的驱动力。这理论的最大缺失在于以经济计划的视野研究经济增长。如果增长轨迹上的每一时点都处于均衡，也就没有超额利润存在的可能。于是，推动增长的企业家也就不会出现。为了解决问题，该理论必须仰赖一个能完全预知未来的模型，并在期初就让模型的操控者拥有完全规划未来的经济发展路径的能力。然而，真实的每一个"明天"都存在着不确定性，在经济发展的路径上，我们每天都面对着不确定性的"明天"。在每一个时间点上，我们都必须仰赖创业家精神，面对着不确定，以其创新手段开创新的生活轨迹。

企业家的警觉

接续在米塞斯与熊彼特之后，科兹纳以两种警觉进一步去阐述企业家的能力。第一种是回顾型警觉（Backward Alertness），是企业家在判断当前经济社会的发展方向后，提早布局，以抢得利基的能力。比如企业家看到两岸经济活动日益密切、人民收入迅速增加，感受到横越海峡的邮轮商机的存在，开始打造同时可以运送旅客和用汽车跨海的邮轮，并说服两岸各港市政府改善入境设施。[1] 又如十多年前，台湾几家航空公司也曾预估两岸即将三通，便大量采购远程民航飞机、布局两岸航线，但不幸因政策变更而遭巨额亏损。企业家在行动之前都会先观察环境和评估利润，但风险依旧存在。回顾型警觉是个人主观知识的外插式预期，其预期基础都是技术上或制度上已经发生的初期突破，因此，不同的企业家会有差异甚大的解读。格罗夫便曾以微软的窗口系统为例，提醒企业家要注意新创产业之先期商品的"第一版陷阱"。第一版商品未经过市场洗礼，其设计往往无法让人能清楚地读出它的未来远景，以致让许多企业家误失商机。[2]

第二种称为前瞻型警觉（Forward Alertness）。拥有回顾型警觉的企业家虽朝向利基方向行动，但也存在不少潜在的竞争对手。相对地，拥有前瞻型警觉的企业家则是市场发展方向的开创者。他们计划打造一个比蓝海市场更宽广的新市场，因此，利基并不是客观地存在于市场里，因为它原本就不存在，而是随着企业家的开发才一点一滴地呈现出来。2005 年日本爱知县举行以机器人为主题的万国博览会就是一个例子，参展的日本厂商抱持着从科幻小说与科幻电影获得的前瞻型警觉：想象一个机器人满街走的未来人类世界。他们发展新型机器人，企图将人类的未来社会引导到目前还是想象的世界。如果这蓝图能塑造成功，他们在这过程中逐步掌握和控制的技术、声望、市场等都会让他们发展成该未来产业的垄断者，自然可以获取相应而来的超额利润。从货柜轮革命、国际网络革命到未来的外太空产业，类似的前瞻性警觉都会引发熊彼特所称的创造性解构，带来产业和人类生活方式的跳跃式演化。[3]

台北市内湖科技园区是前瞻型警觉的一个具体例子。台北市台湾当局于 20 世纪末开始，将南港区一块尚未变更用途的农业用地规划为轻工业区，并打算将市区各地的违规和轻工业工厂都迁徙过来。这规划的考量是，一方面协助轻工业工厂的生存，另一方面则可美化市容。然而，这两点并不是从资源的利用或市民的真实需要着眼，而是带着超现实的美学和怜悯。由于该地区土地为私人产权，市台湾当局只能规划道路和批准建筑，并无法约束私人土地的开发。这时，一家建设公司看到这是台北市最后一块未开发的大型土地，其价值远高过作为轻工业区，就抱持与市台湾当局不同的

---

[1]　2009 年 9 月 6 日，"中远之星"客货轮载着 176 名大陆游客，从厦门直航台中港。这艘万吨客货轮不仅可以乘坐七百名乘客，还可以搭载 150 辆小轿车，遗憾地，两岸车牌互认谈判尚未展开。

[2]　Grove（1996），中译本，第六章。类似地，黎智英在自传中说道："创办新事业的难度其实并不特别大或风险特别大，只是出现的问题怪异。……很多都不是顺理成章、有脉可循的。它们往往是反直觉的。"见：黎智英（2007），175 页。

[3]　最新的前瞻性警觉，如外太空产业和 3D 打印机产业，都值得读者关注。相对地，苹果公司带动的平板电脑产业发的 ipad，属于回顾型警觉。

观点，抢先向私人购地并开发成可供企业总部和研发中心进驻的高科技园区，并修建一批可作为企业总部的办公大楼。为了应付市台湾当局的管制和检查，他们先在大楼底层摆设过时的轻工业机械，而于高楼层进驻企业总部。这新的开发区逐渐吸引大型企业总部的进驻，现已发展成台湾企业总部的最主要集中区。台北市台湾当局只好于2004年变更其名为"内湖科技园区"，而当时担任市长的马英九也不禁感慨说："内湖科技园区是一个美丽意外。"

第五章　资本与增长

　　我们从古典政治经济体系理解到，一套完整的经济学体系必须具备四大领域：价值论、交换论、经济增长论和文明论。价值论（Theory of Value）讨论个人行为的动机与目的，属于一人世界的问题。在经济思想史上，价值论曾从劳动价值论（Labor Theory of Value）演化到边际效用理论。交换论（Theory of Exchange）探讨个人与他人交换资源的协议，属于二人世界与多人世界的问题。交换论将社会科学分割成三块，政治学视政治权力为主要的交换机制，社会学则关注于人际关系下的交换，经济学探讨以货币为主体的间接交换行为。因此，经济学的交换论包括了探讨交换媒介的货币理论，和研究交换机构的金融机构理论。成长论（Theory of Growth）涉入多人世界的问题，探究人们改善经济生活的手段和成果。在古典经济学时期，土地与人口被视为经济增长的主要驱动力。后来，资本和技术成为主角，然后，组织与制度跟着也成为影响经济增长的重要因素。直到 20 世纪末，经济学界才正式看待创业家精神、知识与创新的角色。此外，也有一些经济学家强调政府在经济增长中的角色。文明论（Theory of Civilization）探索人类社会持续发展的方式，这个领域是经济学的起源，也是终极的问题。它包括了人类社会的和谐与正义，以及人类生活上的自由、自尊与优雅的提升。经济学在数理化过程中曾忽略了这里提到的部分理论，幸而新政治经济学正朝向恢复完整的四大领域发展。

　　本书的第三章以主观论的角度讨论经济学体系的价值论，而第四章以市场过程与创业家精神的角度去论述交换论，也部分涉及经济增长论。本章将继续探讨经济增长论里的资本与增长的问题。至于政府论与文明论，将在本书最后几章讨论。本章将分三节。第一节将延续第三章对知识的讨论，并以知识的累积去定义资本。第二节将讨论奥地利学派的生产结构理论，并配合上一节的资本概念，展开一个异于新古典理论的经济增长理论。利用这经济增长理论，我们将在第三节讨论经济的可持续成长问题及所仰赖的需求创新问题。

第一节　资本

第三章提到，知识具有存量的特征。通常，我们都认为大部分的知识都存放在书本里，而这书本从早期的泥土书、竹简、木刻、绢书到纸质书，近代又进化到电子书。知识靠着这些不同材料制造成的"书本"，由某甲传递给某乙、由甲城传递到乙城，从过去传递到未来。

载体

能承载某种无形事物或其编码，并将所承载之内容从一个主体传递给另一主体之客体，称之载体（Carrier）。比如，书本便是一种客体。又如，希腊神话中爱神的箭便承载着可使人陷入情网的咒语。另，生日收到的花朵承载着送花者的情意，而社会上的规范、礼节、法律也都承载着众人对于秩序的期待。

下面，我们以三个著名的例子来说明，客观的载体如何将主观的个人目的、偏好与评价等传递给另一个人。

（一）往来敌对双方的子弹。[1] 经济学家艾克瑟罗德（Robert Axelrod）曾讲述一个令人动容的真实故事：二战期间，德法两军战士隔着战壕对抗，指挥官要求他们必须对准对方射击。经过多月的对立和多次的枪战，双方并没有太多的伤亡，倒是两方战壕上方的树木都被子弹打得稀烂。战后，艾克瑟罗德访问从当时战场退役的战士，发现他们都不愿意伤害对方，并利用子弹传递了这怜悯的善意，而对方也完全能理解。比如，当他们看到对方从战壕探出头来时，就应执行指挥官的命令，很精准地开枪射击。但是，他们精准射击的对象是对方战壕上方的树木，而不是人员。开始时，对方会误以为是敌人射击不准，但几次以后，他们就不这样想了。同时，也在对方从战壕探出头来时，也很精准地射击对方战壕上方的树木作为回报。这样，客观的子弹传递敌对双方战士的主观善意，成功地抗拒来自指挥官要求射杀对方的命令。这过程，子弹是载体，精准射击是编码。

（二）土著的礼物。[2] 人类学家马瑟·牟斯（Marcel Mauss）发现：太平洋岛屿土著认为礼物都附着恶灵，因此人们在收到礼物时不能拒绝，但必须早点再送走。同样，中国古人也说："礼尚往来。往而不来，非礼也；来而不往，亦非礼也。"[3] 现在的理解

是：在未有社会救济与金融制度之前，个人的救急只能仰赖远亲近邻，礼物制度因而产生。在此制度下，主观的个人慎选礼物以表达心意，而收礼人也谨慎回礼。借着礼物的传递，个人方能理解亲朋好友的慷慨程度，以及在需要援助时可以投靠的人。礼物作为载体，承载个人的心意，并透过慎选礼物的编码过程将它传递出去，收到礼物者必须进行解码，也就是猜测送礼者之情意，并将自己的回礼以编码形式送出。

（三）价格标签。人类社会最重要的载体就是价格标签，因它承载着商品供需变化的信息。诚如许多经济学原理教科书都会写的：当供货商看到商品价格上涨，知道市场需要上升了，就准备扩大生产和新投资。当他们看到投入因素价格上涨，知道原材料供应开始紧张了，就准备寻找新的原材料。消费者也会从价格标签中读出商品供需变化的信息。消费者的需求与生产者的计划都是主观的，他们在解读客观的价格标签和其标示的价格后，理解了市场的变化，也知道自己接着应该怎么行动。

再以渡船（Ferry）为例，来说明载体承载知识的过程。渡船被拆成碎片后，只是一堆木板和金属。一堆的木板和金属不是渡船。渡船有着船体（结构）、维修手册和作业手册，并能载客渡河。从木板与金属到船体，它为何会被建造成这样子？它为何配置了一些古怪的设备？谁建造和配置了这些设备？

我们知道，渡船一定历经不断的修改。过去的船员和造船师傅，将他们的知识和经验内嵌（Embodied）在这艘船体上。所谓内嵌，就是将船体打造成他们期待的样子。他们的知识包含了已编码知识，也包含隐性知识。他们在编码过程中也写下一些文件，如制造手册、维修手册和作业手册。有了这些手册，接受船体的作业者就不必要完全去了解内嵌的知识。他只要知道如何作业，就能再利用它的知识力。

再利用的过程是这样的：当他利用这艘船时，他已经坐进到那些内嵌的知识里，而这些知识把他和船体变成一个结合体。接着，他参照手册作业，重复利用内嵌的知识，顺利完成航渡。顺利航渡后，他若有新的知识或经验，就会加注到航海手册或技术手册的备注栏，等下一次的船体修正时再内嵌到船体。

生产资料

渡船是生产资料。[1] 渡船内嵌了过去航海员和造船师的知识，其他的生产资料也都内嵌了过去科学家、技师、机器作业员等的知识。就像渡船拆成碎片后只是一堆木板

---

[1] 由于生产资料（capital goods）具有存量性质，又称资本存量（capital stock）。比如机器、厂房等可长期提供服务之实体，都称为生产资料，又称为资本存量。为了避免和混淆，我们称准备用以购置生产资料的金钱或经费为资本（capital），而生产资料所提供之服务为资本服务（capital service）。

和金属，各种的生产资料拆成碎片后也只是一堆原材料。让一堆原材料成为特定生产资料的是它所内嵌的知识。这些内嵌的知识使生产资料拥有知识力。[1]

生产资料虽内嵌着知识，但不是意志主体。意志主体是作业它的劳动者。劳动者以他的劳动力结合生产资料的知识力，去生产他想实现的商品。单凭劳动力的生产力是很低的。比如，早期深山溪川的裸体纤夫，只利用一条绳子去补助他们的劳动力。当代已经不容易找到单凭劳动力去生产的劳动者。当代的劳动者都结合着大量的生产资料去进行生产，比如新竹科学科技园区的员工，其配合的生产资料的价值平均高达五百万元新台币。

当一堆木材与金属承载着知识之后，就成为渡船，也就成为生产资料。木材与金属只是载体，承载的知识才是它们成为生产资料的原因。只要承载知识——也就是内嵌知识，不论载体的材料为何都能发展成生产资料。于是，生产资料可依其载体之材料分类成：（一）以金属、木材、石料、石化等自然资源为载体的实体生产资料（Physical Capital，简称实体资本，下同）；（二）以身体之肌肉、大脑、感觉等为载体的人力资本（Human Capital）；（三）以文字、语言、图像、音乐等为载体的信息资本（Information Capital）；（四）以家庭、学校、厂商、军队、政府等组织形态为载体的组织资本（Organization Capital）；（五）以习俗、规范、租税、市场、法律等制度为载体的制度资本（Institution Capital）。[2]

这些不同类别的生产资料，除了都承载知识外，也都拥有和实体资本一样的存量性质，也就是：生产资料累积的数量会改变其边际生产力、生产资料能投资（累积）、生产资料也会折旧。

先说边际生产力的改变。亚当·斯密发现劳动力在专业化后，发明了机器，并将枯燥又单调的例行工作交由机器执行。由于一人可同时看管多台机器，如果将这多台机器看成是一台大型机器，斯密其实是发现了增加内嵌知识的数量可以提升（资本与劳动力之）边际生产力。之后，尤尔根·旁巴维克（Eugen Bohm–Bawerk，1851–1914）发现改良过的机器能有更快的动作。他认为这生产力的提升是来自于内嵌知识的质的

---

[1] 在奥派理论里，生产资料内嵌的是生产力来自于内嵌知识之知识力。相对地，传统马克思理论的生产资料内嵌的是过去的劳动力。该理论认为：劳动力在生产后并没消失，只是从劳动者身上转移并累积到生产资料。同时，从个人身上转移出来的劳动力，也如同知识一样可以拷贝到每个它所生产出来的生产资料上。换言之，劳动力就如同未编码的知识，经由劳动后，会自动地被编码并以生产资料为其载体。复杂的生产资料——重复以生产资料为投入因素所生产出来的生产资料，就累积了好几代人的劳动力，因而展现较高的生产力。由于生产资料的生产力来自于内嵌劳动力，因此马克思也就主张生产资料的产出贡献应归属于劳动阶级。这不是本章讨论的内容，留到财产权一章讨论。

[2] 社会学界也常使用社会资本（Social Capital）一词，其用以泛指组织资本与制度资本。由于这定义和公共物品一样模糊不清又容易让人产生错误联想，本书将不使用这名词。

提升，并将这提升分析为两方面：其一是过去的劳动者不断地将他们的工作经验累积成机械的精巧；其二是科学家的研究与发展的成果也不断累积成机械的精巧。这些新的知识和经验先编码成新的机器，然后再用这新的机器去生产更精致的机器。旁巴维克称此为递回生产（Recursive Production）过程。

晚近，路德维希·拉赫曼（Ludwig M. Lachmann, 1906—1990）认为生产力的提升不能只就生产过程而论，应该从满足消费者需求去讨论。因此，即使没有新的生产资料出现或质的提升，只要异质的生产资料可以合作生产出新的商品，那就是生产力的提升。换言之，异质生产资料在生产过程中的互补效果也可以创新商品。[1]

资本的互补效果为一种网络效应，也就是 N 种生产资料可以产生超过 N×N 种的搭配方式。如果每一种搭配方式代表着一种新的商品，则当生产资料的种类从 N 种增加到 N+1 种时，会增加 N 种新的商品。这是一个稳定的增长率，并不是递减的增长率。比如，当竹炭被作为日常用品的原材料时，市场上出现数不清的竹炭商品，甚至还有可食用的竹炭黑面包。类似地，纳米（纳米）技术、LED 的出现也全面地丰富了现有商品的种类。

在我们的定义下，生产资料的累积不只是量的增加，也可以是其承载之知识的增加，也就是生产资料的质的提升。资本内嵌的知识量越多，生产资料的质就越高。如果生产资料只出现在量的增加与质的提升上，就只会制造更多相同的消费品，其结果会降低产出品的市场价格。另外，消费者消费太多的相同财货，其边际效用也会降得很低，进一步压低商品价格。因此，生产资料的"累积"应该表现在生产资料的互补，才有利于消费者之效用的提升。

再就生产资料的折旧言。生产资料的生产力来自于其内嵌知识的知识力。当生产资料的材质老化或破损，但架构不变形时，其内嵌知识并不会遗失；如果架构变形，内嵌知识就会减少一些，使其生产能力不如前。老化往往会伴随着耗损，直到其丧失大部分的生产力。然而，经济学讨论的折旧，主要是产出品价值的降低。即使材质没任何耗损，但当内嵌知识可以生产的商品的市场需要开始下降时，该生产资料已开始折旧。[2]

---

[1] Lachmann（1978 [1956]）。

[2] 比如 LED 电视取代映像管的电视和数字相机取代传统的负片相机，当消费品的市场发生改变时，生产遭淘汰之消费品的生产资料也就跟着出现折旧，虽然其机件本身完好无瑕。

83

第二节　生产与消费结构

经济增长是指产出价值的不断提升，因此，经济增长受供给面与需要面两方的影响。在供给面，新古典经济理论以生产函数来表现土地、劳动与资本等投入因素与产出的关系，而其净产出就被视为投入因素的附加价值。利用生产函数去探讨生产，存在以下两项缺陷：（一）它仅能强调投入因素与附加价值之间的统计相关性，而无法表现其因果关系；（二）它无法呈现自然资源和中间材料（以下简称"原材料"）的变动可能产生的影响。

生产结构

为了矫正上述生产函数的两项缺陷，奥地利学派以生产结构（Production Structure）替代生产函数，作为生产分析的基础。

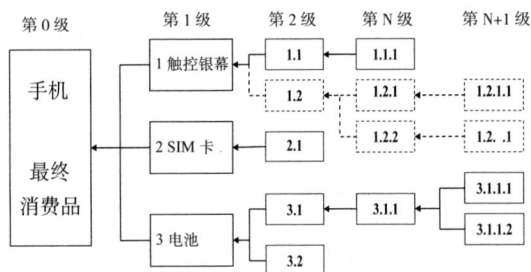

图5.2.1　手机的生产结构

图 5.2.1 是以手机为最终消费品的生产结构。最终消费品称为第 0 级商品，表示它位于生产结构的最上端，亦即最接近直接消费的一端。图中，第 0 级商品的手机由触控银幕、SIM 卡和电池三部分的半制成品组成，这三部分都称为第 1 级商品。第 1 级商品的触控银幕由"1.1"和"2.1"两部分的中间产品（或原材料制成），都称为第 2 级商品。同样的，第 1 级商品的 SIM 卡由第 2 级商品的中间产品"3.1"和"3.2"合制而成，但其中的第 2 级商品"3.1"则由第 3 级（以下一般化为第 n 级）商品的中间产品"3.1.1"制成，而第 n 级的中间产品"3.1.1"又由第 n+1 级的中间产品"3.1.1.1"和"3.1.1.2"合制而成。这是一个类似家族族谱的反向延伸图，表现的是旁巴维克所称的递回生产过程。图中的第 0 级商品为生产结构的顶端，也就是最终消费品。途中，每一项中间产品都是其更高阶之中间产品（或原材料制成）所制成。"更高阶"意指生产制程的更上游，也就是更接近于每条反向延伸线之末端。最末端为自然资源。

生产结构图清楚地表现原材料的流程。当市场出现性能或价格优于中间产品"1.1"的新中间产品"1.2"时，整条从"1.1.1"到"1.1"的生产链将被以虚线表示之生产链，即从"1.2.1.1"和"1.2.2.1"到"1.2"的"1.2"的生产链取代。于是，原先生产中间产品"1.1"的整条生产链被淘汰，而代之以生产新中间产品"1.2"的整条生产链。这个被取代的过程就是熊彼特所称的创造性解构（Creative Destruction）中的新原材料的出现。类似的情况也可能发生在第 1 级商品的电池或 SIM 卡。

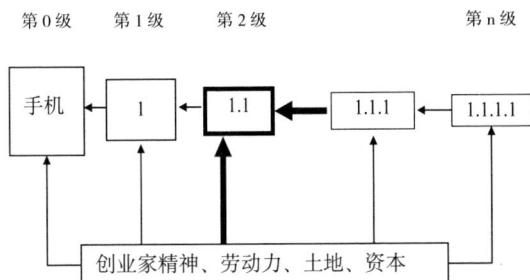

图5.2.2 生产投入的利用

为简化讨论，生产结构可以单一延伸线为例，如图 5.2.2：从"1.1.1.1"，经"1.1.1"、"1.1"和"1"，到手机。图下方的方块表示投入因素的分配。不同于生产函数，在生产结构下，最终消费品的每一生产阶段都必须投入原材料和生产要素。如中间产品"1.1"的生产需要原材料"1.1.1.1"的投入，也需要创业家精神、劳动力、土地、资本等生产要素的投入。换言之，每一生产阶段都有企业家在决定生产要素和原材料的投入组合。尤其注意的，不同的企业家会使用不同的生产要素及原材料的组合。由于每一个层级的生产都有企业家的投入，因此，当他发现原材料或自然资源的供给不足时，就会设法寻找可以替代的原材料或自然资源，或设法发展新的中间产品。他只照顾这一层级的生产，因此找到可替代的原材料或自然资源并不会太困难。就最终消费品的整个生产链来说，由于原材料的短缺问题被分派到生产结构的各个层级，并交由各层级的企业家去调整，因此，短缺的严重性将大幅降低。

马尔萨斯除了提出资源有限的悲观论外，也呼应吕嘉图的边际生产力递减法则。只要边际生产力递减，经济增长终会达到边际生产力等于零的境地，也就是宣告经济增长停滞时代的来临。毫无疑问，劳动力的边际生产力是会递减的，但其实质意义不大，因为劳动生产力的提升主要来自劳动力与生产资料的互补效果。生产资料是知识的载体，知识可以再利用，只要当前的劳动力能够利用生产资料承载的知识，就可以不断地提升其边际生产力。[1]

能承载知识的并不局限是实体生产资料。知识可以内嵌在个人身上而成为人力资本，因此，个人的劳动力也就可以利用其自身拥有的人力资本，以互补效果之方式不断地提升劳动力的边际生产力。[2] 从斯密提倡分工与专业化以来，经济学家就开始以累积的知识去解释经济的长期增长，而不是一再地受困于边际生产力递减法则。知识朝向不同方式累积，也就形成各种不同的生产资料，如组织生产资料的工厂、制度生产资料的市场与财产权等。劳动力和这些生产资料的互补效果带来了报酬递增的经济增长。

消费结构

主观论经济学的个人有多样的需求，又会以行动去实现他的需求。行动之前，个人与其行动对象的物品之间必先存在或建立以下五项关联：（一）个人先有某种需求、（二）该物品具备满足该需求的客观性质、（三）个人认定该物品能满足其需求、（四）个人拥有取得与支配该物品的知识与权力、（五）个人拥有利用该物品的知识。[3] 就以个人和蒟蒻为例。首先，个人克服饥饿，又不想吃下太多热量。刚好，蒟蒻具有满足上述需要的客观性质。问题是，该人是否知道有蒟蒻这种物品的存在？因为它并非台湾本土食物，仅生产在印度、中南半岛和中国西南省份。假设该人从电视节目知道这财货，但电视节目因不可植入式营销的法令规定而不公开销售地点，该人是否知道要去何处购买？最后，当他买到之后，是否知道如何去烹调？

这五项关联可以重新分成两大项：个人理解其需求的*消费知识*（Consumption Knowledge）和个人满足其需求的*生产知识*（Production Knowledge）。消费知识包括（一）、（二）、（三）、（五）等四项，而生产知识包括第（四）项及生产该商品之生产结构。在需求和消费知识给定下，以想吃面包为例，从面包的制造和交易，到将面包塞进消费者嘴巴里，每一动作都是生产结构中的生产层级。至于最后一个动作，也就是"嚼食面包"才称为消费，并称嘴巴前的面包为消费品。

消费知识是主观的。同样是想吃面包，有些人连接的消费品是法国蒜香面包，有

---

[1] 土地的边际生产力也会递减，但也同样仰赖其与生产资料的互补效果。

[2] 贝克尔的人力资本理论和阿罗——卢卡斯（Arrow–Lucas）的做中学理论（Learning by Doing）并未强调劳动力之人力资本与实体资本的互补效果。

[3] 门格尔指出前四项，旁巴维克加入最后一项。请参阅 Houmanidis and Leen（2001）。

些人则是日本红豆面包。[1] 饥饿时，我们的需求只是想吃点东西，但有时也会有更细腻的需求，如想吃妈妈料理的古早味或米其林星级名厨的料理大餐。因此，消费品可以是已拿到嘴巴前的面包，[2] 也可以是摆在面前的一桌盛宴——这盛宴有不少道菜，其中每道菜都是由几部分烹调好的食物组合在同一瓷盘上。从想吃点东西到想吃料理大餐的转变是需求的精致化，其意义是：需求的内容也开始结构化。我们称之为消费结构（Structure of Consumption），如图 5.2.3。[3]

于是，以消费品为中心，向前或向后都存在着结构：朝原材料方面延伸就是生产结构，朝需求方面延伸就是消费结构。个人的需求从消费品向消费结构方向的发展，可称为消费的精致化。假设原来的生产结构是图中的实线，以烤鸡为第 0 级财货，其有四个生产层级。另外，市场中还有另一种消费品，就是第 0 级财货的甜点，而其有三个生产阶段。假设烤鸡店应客人要求而推出"烤鸡套餐"，那只是将烤鸡和甜点结合的组合商品。由于烤鸡和甜点都是第 0 级，根据生产结构的逻辑，烤鸡套餐就必须是第 −1 级。但烤鸡套餐既是新商品，若我们视为第 0 级，依此，整个生产结构就必须调整，并将烤鸡和甜点改为第 1 级。

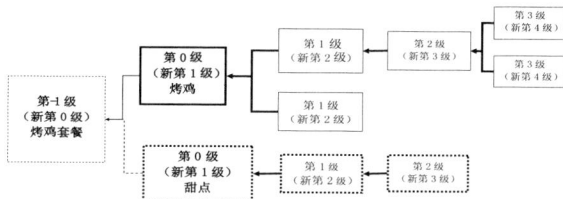

图5.2.3　烤鸡套餐之服务——生产结构

假设米其林名厨推出的料理大餐是烤鸡套餐佐红酒的"法国烤鸡全餐"，如图5.2.4。那么，我们可把原生产结构再延伸，将烤鸡套餐和甜酒都改称为第 1 级，而称新的法国烤鸡全餐为第 0 级。当然，我们还可以将旅行社推出的"法国美食之旅"视为新商品的第 0 级，而将法国烤鸡套餐改为第 1 级，并结合另一条以法国古堡旅游为第 1 级的"中间产品"。

---

[1]　再如"打发无聊时间"的需求，个人连结的消费品可能是打一场篮球、看本小说、逛百货公司或去色情场所。个人的需求和消费知识决定了消费品的选择范围，比如有些人对打发无聊时间的需求只会连结到"看本小说"或"逛百货公司"两项。如果我们将偏好选择并入需求内，个人就会在消费品的选择范围中挑出（特定的）消费品。也就是说，不同的消费知识决定了不同的消费品。

[2]　在前述例子里，我们以"放进嘴巴里的食物"为第 0 级消费品，而将"放在桌上一盘食物"视为第 1 级的中间产品。除了在复健中心外，这生产都是消费者自行完成的。因此，在一般情况下，我们会直接就把"放在桌上一盘食物"视为第 0 级的消费品。

[3]　Garrison（2001），第 48 页。已经将生产结构延长到消费结构。不过，书中讨论的是耐久性消费品及其耐久性的折损，和本文讨论的精致化不同。

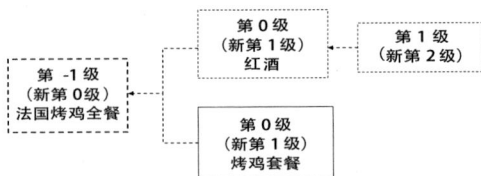

图5.2.4　法国烤鸡全餐

第三节　经济增长

自马尔萨斯以来，人们就一直担心地球的有限资源终将限制经济增长。经济学家常以人类科技会不断进步来回应马尔萨斯的悲观论。近年来，人口众多的金砖四国迈向经济增长，加快了地球有限资源的开采和消耗，使得20世纪70年代兴起的"罗马俱乐部"之论点再度兴起。[1] 他们认为人类的经济增长无法超越自然资源所设定之极限，更进一步结合了环保主义与反全球化运动，发展成新的反市场运动。这股风潮带来新的不安：发展中国家担心经济发展机会将被扼杀，而发达国家也担心经济增长停滞。然而，在主观论经济学，节约资源的诉求并不意味着反市场或反消费的合理性。持续增长的基础在于生产知识与利用，而不在于自然资源的投入增加或限制使用。

资源限制

的确，对个人或就任一个时点而言，自然资源当然是有限的。但从长期看，资源有限并不是必然的悲观。新古典经济经济学提出的解答是，不仅科技会不断进步，也不仅市场价格机制会调整技术、原材料、投入因素的替代关系，利润也会促成新的技术、原材料、投入因素的上市。但由于从新古典经济理论的劳动力与资本的替代关系默认自然资源与总生产要素投入的固定比例关系，故对作为终极来源的原材料的有限问题保持沉默，以致成为罗马俱乐部的攻击焦点。另外，我们也无法太乐观地相信科技的发展能来得及从月球或火星上运回地球上稀缺的自然资源。

如果从主观经济学角度去看资源的限制，我们对资源限制的理解就会不一样。回到生产结构，其最高一级是自然资源，而其短缺的确会影响整条生产链。由于生产结构已分割成许多生产层级，而各生产层级的企业家都会根据个人知识与利润计算寻找替代的生产方式、原材料、生产要素，这可以大大地降低消费品生产所受到的影响。

---

[1]　关于罗马俱乐部的报告，请参阅：Meadows, Dennis, Randers and Behrens（1972）和 Pauli（2009）。

创新的原材料可以替代自然资源，而生产知识的增长是创造新原材料的力量。只要生产知识能够持续增长，就不会出现原材料危机。这说明最后限制经济增长是生产知识而不是自然资源，也同时说明人类过去的经济增长未遭遇自然资源短缺所限制的理由。

除了生产知识，需求知识的增长也能摆脱自然资源和环境污染对经济增长的限制。需求知识对经济增长的最大贡献是，它将消费品的生产以精致人力作为主要投入。这类消费品的生产过程是以专业师傅的技艺为主，也就是凭靠专业师傅拥有的未编码的知识，或说是精致技艺下的默会知识。当然，他们的精致技艺需要高精密机械的相辅相成。虽然编码的知识比较容易扩散和再利用[1]，但未编码知识和隐性知识也依旧能够扩散和再利用的。[2]

在这些专业师傅手中，一块鸡胸肉可以煮成一道名菜，一块大理石可以雕成艺术品。他们慎选原材料，却不受限于原材料。他们不随便耗用原材料，却会花上几个月的时间去完成一件作品。这些消费品使用的原材料不多，较多的是包含在专业师傅之技艺下的默会知识。

需求创新

在生产结构下，消费品的精致化就是将原消费品变成了新消费品的原材料。

精致化是消费品的消灭和创新过程，也就是在生产结构中删去生产原消费品的整条生产链，代之以新消费品的整条生产——消费链。

消费需要先有需求，因此，连结精致化消费品的需求必然也经过了精致化。需求的精致化可称为个人需求的纵向创新。精致化消费品（第0级）的实现效用，会高过直接消费其个体原材料（第1级）之效用的总和。虽然第0级消费品的价格也会高过个体第1级原材料之总价格，但若计算成单位预算所能购买到的边际效用，前者还是较高的。既然边际效用较高，精致化消费品便是正常商品，其需要量会随着收入增加而增加。相对地，原消费品之需要量则会随着收入增加而减少。换言之，当实质收入相当幅度地增加后，精致化消费品的市场就会出现。

当然，需求的变化也可能来自非经济因素。只要精致化需求能成为普遍现象，精致化消费品的市场也会出现。我们常有这样的经验：看惯了好电影，就看不下肥皂剧；听惯了好音响，就听不下MP3。这类似于俗语说的"由俭入奢易，由奢入俭难"。个人的需求一旦精致化，就不容易再连结回原先的消费品。消费知识和消费都具有向下的僵固性。

---

[1] Langlois（1999）。

[2] Langlois（2001）。

需求创新不一定要来自需求精致化。不少的需求创新是随着科技发明而创造出来的新需求，如手机或到外太空旅行等。这些创新称为需求的横向创新。需求的横向创新是伴随新商品而来，因而这些商品又被称为杀手级创新商品。就以当前最流行的触控式平板计算机为例，它带来的需求的横向创新是轻薄短小的移动式通讯站。轻薄短小的移动式通讯站的新需求是以一些科技的新发展为基础，包括：触控屏幕的发展、高效节能的中央处理器、高容量的记忆体、云端计算、网络通讯等。它带给人类的是另一维度的消费需要的满足，而不是以替代现有的需要为目标，但有时也是会产生消灭某些旧有传统之需要的效果。比如，出差开会的人士之前只带着笔记型计算机上飞机，现在则多是带了一台平板计算机；但是出国旅行者，则完全以平板计算机取代了笔记型计算机。

哈耶克曾定义进步（Progress）为，个人需求的增加以及实现需求成本的降低。[1]这个定义可重新写成以下四项进步：实现需求之成本的下降、连结需求之消费品的扩大、需求的纵向创新、需求的横向创新。前两项进步分别来自于生产知识和消费知识的提升，后两项进步则是需求的两条创新方向。与需求创新相关的知识，可称为需求知识。在进步的四项因素中，第一项提到的成本原本就定义在效用上，而之后的三项更是直接反映在效用的变化上。既然进步都会表现在效用上，我们可以从效用的提升来检验进步。

不同于凯恩斯学派与新古典学派仅讨论收入增加对消费总量的影响，主观论经济学进一步讨论到消费结构的变化，并认为：当收入快速增加后，个人会减少原消费品的需要而增加精致化消费。然而，结构性的转变只有在个人的需求知识随收入增加的前提下才会出现，否则更多的收入只会拿去消费原知识所连结的消费品，只会带来边际效用的递减，而对个人的效用不会有突破性的提高。当需求精致化之后，精致化消费品就能帮助个人脱离边际效用递减的困境。经由消费结构的调整，收入增加能带来的效用提升，会远高于消费量的增加。

除了效用提升，需求创新也能促进经济增长。比如横向需求创新会连结到新的消费品，给现有的产业结构平行增加几条新的生产链。纵向需求创新的作用略有不同，因在需求精致化下延展出去的新的生产阶段都是一般定义下的服务业。服务业的并入，重新改组了以原消费品为源头的生产链，并朝两头发展为"服务—消费品—生产"的

---

[1]　哈耶克（Hayek, 1960）在第三章"进步通义"中说道："The important point is not merely that we gradually learn to make cheaply on a large scale what we already know how to make expensively in small quantities but that only from an advanced position does the next range of desires and possibilities become visible, so that the selection of new goals and the effort toward their achievement will begin long before the majority can strive for them."（p.44）

纵深。若将精致化消费品重新定义为第 0 级，这条纵深可明确地称为"服务与生产的产业链"。

这两类需求创新都必须要有足够的有效需要来配合，经济才可能增长。凯恩斯提出的有效需要的确是这个论述的核心：如果民间的需要不足，政府可以利用政策去扩大民间的需要。相对地，新古典学派则保守得多，仍坚守市场营销去提升市场需要的信念。对创业家精神的错误陈述，会不自觉地伤害它被接受的程度。

需求创新大都得归功于企业家。然而，市场机制下的连续创新，会诱使人们主动去获取新创的需求知识。而企业家在传播方面的贡献，在大多数情况下只是临门一脚。假设市场已存在 n 种需求独立的消费品，其中有 2 种是新创的，这 2 种消费品使需求空间从 $n-2$ 维度提升到 n 维度，同时形成新的服务与生产的产业链，带来就业和利润，增加整个社会的产出并提升了人们的收入。

个人的收入增加后，需求维度也会增加。新增的收入可以实现更多的需求，这的确可提升个人效用；但效用提升只表示个人更加幸福，并不表示他更加满足。如果只有收入增加而没有新需求的出现，效用提升也就等于更大的满足。不幸地，他发现新需求增加的速度比收入增加还快，也发现自己将新收入分摊到每一种消费品的预算反而较之前少了。如果他对各种需求都存在一个期待满足的数量，那就是在 n 维度坐标上梦寐以求的满足点（Bliss Point）。收入不断增加，消费品空间之维度愈来愈多，满足点离他的预算能力却是愈来愈远。不断出现的新需求和精致化消费品诱发个人新的不满足。新的不满足形成个人的行动驱动力。这些驱动力提升个人对新满足的警觉，也就降低了企业家在推销他们的新商品或传播新的需求知识时的交易成本。

需求知识的创新也是在供给予需要的交汇下实现。在供给方面，它依赖于企业家为追求利润而展开的策略。科兹纳认为企业家们都会设法让消费者知道他们的产品的相关信息，包括销售地点和促销机会。[1] 余赴礼和罗伯森进一步指出：企业家们会主动以广告等营销策略去改变消费者对商品的知识和信任。[2] 在需要方面，人人都具有接收这些广告的创业家精神。这是一种预期能巨幅提升效用而勇于去尝试的行动，也就是个人愿意为了尝试新需求而抛弃旧需求。[3] 然而，我们还是不能忘记个人收入的增加是需求创新的必要条件。收入若是过低，分摊到各需求的预算会太小，就无法支付尝试新需求的成本。新的需求知识所连结的消费品通常会伴随一些专利权，因此其价格相

---

[1] Kirzner（1973）。

[2] Yu and Robertson（1999）。

[3] Gualerzi（1998）也指出：当市场生产了大量的同质商品后，人们会转而去寻找一些不一样的消费品与消费方式。

对较高，这也是它需要高收入支撑的另一理由。一般而言，需求知识的创新速度不会太快，而人类的长期经济增长也不会太快，这时间上的缓慢配合使得需求知识的供给和需要得以协调增长。

需求知识和消费知识引导着个人的消费，生产知识则引导自然资源与生产要素的利用，这导致生产要素与自然资源存在着替代关系。忽视这些替代关系是传统经济学家对经济增长产生悲观论调的根源。市场的价格机制不仅会调整商品的相对供需，会经由需求创新而改变人们的需求。当人类需求改变后，不仅原材料的利用范围跟着改变，生产要素也会成为原材料的替代投入。因此，就长期而言，资源有限最多只是一个假设性的问题。

第三篇　自由经济体制

第六章　市场失灵论

斯密以价格机制隐喻看不见之手，而价格只存在于市场机制下，因此，第一章在不会误导读者下，简单地将看不见的手原理叙述为："在市场机制下，即使每个人都追逐私利，依然会带来社会公共利益"。[1] 对于斯密的粉丝，这叙述很清楚地指出市场机制调和私利与公共利益的能力。也因此，斯密相信：只有在市场机制下，人类才能实现和谐社会。然而，对于他的批评者言，这段叙述却是语意不清而论述也不严谨。[2] 他们的批判聚焦于：（一）社会公共利益的内容和人们受益的程度，（二）社会公共利益的实现过程及困难。这方面的批评统称为市场失灵论（Market Failure），这是本章探讨的内容。

第一节将先陈述市场失灵论之论述内容及其演变，接着，第二节将回顾几位自由经济学者对该理论的批判。[3] 第三节将以平价精品公司 ZARA 为例，说明市场如何解决被误读的市场失灵现象。

第一节　市场失灵的论述

对于看不见的手原理之叙述的"语意不清与论述不严谨"，两位诺贝尔奖经济学家阿罗和德布鲁便以数学词汇和数学逻辑加以重述。他们将斯密文中的竞争

---

[1]　抄录斯密的原文如下：As every individual, therefore, endeavours as much as he can both to employ his capital in the support of domestic industry, and so to direct that industry that its produce may be of the greatest value; every individual necessarily labours to render the annual revenue of the society as great as he can. He generally, indeed, neither intends to promote the public interest, nor knows how much he is promoting it. By preferring the support of domestic to that of foreign industry, he intends only his own security; and by directing that industry in such a manner as its produce may be of the greatest value, he intends only his own gain, and he is in this, as in many other cases, led by an invisible hand to promote an end which was no part of his intention. Nor is it always the worse for the society that it was no part of it. By pursuing his own interest he frequently promotes that of the society more effectually than when he really intends to promote it. I have never known much good done by those who affected to trade for the public good. (Glasgow: 456)

[2]　这批评不是针对本文对看不见的手原理的简单陈述，而是指向斯密的原文（上一注释）。

[3]　自由主义、古典自由主义、当代自由主义等都是不容易定义且容易引起争议的词汇。由于本书不是政治思想史，因此不拟在这方面过度讨论。这两节所称的古典自由主义或当代自由主义，仅指该节所引用到的学者的自由主义观点。

(Competition）改为价格接受者（Price Taker），将公共利益（Public Interest/Public Good）改为帕累托效率（Pareto Efficiency），然后证明了下列有名的阿罗——德布鲁原理，亦即：在个人追逐利己、不需要公共物品、不存在外部性、而在个人仅是价格接受者的社会里，当价格机制达到均衡时，资源配置能实现帕累托效率。[1] 这原理又称为福利经济学之第一基本原理（First Fundamental Theorem of Welfare Economics，以下简称第一原理）。

该原理以新古典学者对价格机制的窄化理解去标明看不见的手原理的适用条件，要求市场环境必须同时满足以下三项：（1）不存在公共物品、（2）不存在外部性、（3）个人仅是价格接受者。只要上述条件有一项不成立，价格机制就无法保证资源配置能达到帕累托效率。新古典学者将这原理视为市场失灵论的基础，因为无论如何去观察现实市场，都会发现现实市场与这其中的任何一项条件都有段甚大的差距。

此外，市场失灵论者将财富的均等分配视为社会公共利益的一项内容，并批评市场机制无法实现这目标。若以任一时点为初始点，则社会资源在初始点都已有一组初分配，在市场机制下，个人持其初分配进行合作、生产、交易，并于消费之前形成后分配。若初分配不公平，后分配也很难公平。

如果不公平的后分配是无法接受的，市场失灵论者建议我们可以如此逆向思考：先从众多的帕累托最优境界中挑选理想的后分配，然后追问它和哪一点初分配对应？这个初分配称为"理想的初分配"，因为经过市场运作之后，它将对应到理想的后分配。因此，政府只要采取重分配政策，把初始的初分配调整到理想的初分配，然后放手让市场运作，社会也会在个人消费之前形成理想的后分配。这就是福利经济学之第二基本原理（Second Fundamental Theorem of Welfare Economics，简称第二原理）亦即：政府可以设计一套重分配政策，先将给定的初分配调整到理想的初分配，然后再让市场运作，其结果不仅会出现第一原理所指出的最优境界，而且是政府政策设计之初所期待形成的理想的后分配。

第一原理将市场看成资源的配置机制，第二原理则将市场视为政治权力下的一项运作机制。若要追求后分配的公平，为何不直接重分配后分配就好了，何必多此一举？初分配是生产要素的分配，而后分配是产出的分配，其间的连结是从生产要素到产出的交易与生产过程。第二原理的支持者相信：政府干预交易与生产过程会打击生产诱因和扭曲资源配置，但是在交易与生产之前进行初分配的重分配则不会。这种约

---

[1] Arrow and Debreu（1954）。

翰·密尔式的生产与分配之二分法的逻辑谬误一直藏在市场失灵论的逻辑深处。

市场失灵论1.0

传统的市场失灵论出自于对价格机能的误解，我称为市场失灵论1.0。

在市场下，只有商品能够实现"一手交钱、一手交货"，价格才会是交易条件的唯一内容。否则，价格就得伴随其他的约定条件，如交货日期、交货地点、维修服务等。若把价格也视为双方交易的一项约定，则交易的完整约定，称之契约（Contract），包括了价格和上述的各种约定。比如到卖场购买一台新型冷气，买卖契约就包括了送货到家、安装、处理旧冷气、售后服务等。由于交易包括了其他条件，有时从形式上看就类似许多小项交易的聚合。市场失灵论者的第一个盲点，就是把契约交易简化成价格交易。他们的第二盲点，是把均衡价格的决定看成市场机制的核心，并借以进行福利分析。在创业家精神的理论下，市场虽有朝向均衡的静态力量，但更重要的是跳脱市场均衡的创新过程。市场机制的核心在于发现与创新，而不在均衡价格的决定。了解市场失灵论者的盲点之后，本节接着检讨其对市场机制的三项批评。

第一项是公共物品（Public Goods）问题。失灵论者认为公共物品是不可或缺的商品，但市场无法有效提供。公共物品在字义上有误导性，经济学者尝试以中性字眼去重新定义，如"增加一人使用的边际成本为零的商品或服务"或"不具有排他性又不具有敌对性的商品或服务"等，并尝试以灯塔、国防、警政、司法等为例。然而，科斯就曾以灯塔为例，说明只要政府授权厂商向进出港口的船只征税，灯塔依旧可以由市场有效率地运作。[1]同样，国防与警察的争议也不在市场能否提供最优数量，而在于更广泛的司法正义问题。同样的争议也发生在司法。司法更适切的说法是一套规范行为的规则，而不是交易或虚拟交易下的商品或服务。除了少数无政府论者外，自由主义强调的政府职能是专职于国防、警政与司法，以维护私有产权制度为目标。在这意义下，国防、警政与司法应该视为市场体制之规则，是以保障市场运作为前提的规则，而不是交易或虚拟交易下的商品或服务。相对地，经济分析关心的国防、警政与司法的问题，则是其作为公共物品的最优提供量。

第二项是外部性（Externality）问题。外部性是指独立决策之经济单位的产出，影响到其他独立决策之经济单位的生产成本或消费效用，并导致该单位无法实现其最优计划。失灵论者认为：由于外部性的存在下，经济单位无法将真正的成本与效益

[1]　Coase（1974）。

纳入计算，故其决策必然有问题。因此，他们建议政府介入，以征税方式去改变生产外部性厂商的生产决策。他们很得意地称此为矫正税（Corrective Tax）。然而，科斯认为外部性问题是契约问题。[1] 如果这两个相互影响的单位能够整合成一个，将原来个体单位的决策置于同一总管理处，外部性问题也就消失了。不然，受外部性影响的双方也可以经由协商去解决。如果直接谈判难以进行，政府可以辅助市场将外部性转换成排放权利，然后交由市场去交易。

第三项就是垄断（Monopoly）问题。失灵论者认为，当代各产业都受控于少数大型企业。这些企业利用垄断性经济权力控制产量和价格，导致市场均衡数量低于完全竞争下的数量。他们为了赚取超额利润，不惜降低社会福利。然而，这是静态下的分析，因为这个论述假设了这些垄断性商品和其市场都已出现。垄断性商品的问题不在于其价格与数量，而在于如何能使市场源源不绝地出现新商品和新市场。今天市场的商品之所以较昨天丰富，就是因为企业家追求超额利润而产生不断的创新。厂商推出新商品时，总是居于垄断的地位。这时推出的商品数量可能不多，但相对于本来还没有该商品的昨日，却已是相对的最大量。

市场失灵论2.0

史蒂格里兹认为传统的批评力道不够，因为市场论者只要稍加扩充政府职能就能满足失灵论者的要求，而那些政府职能仅会轻微地伤害市场机能。[2] 理论是从现实抽象出的简洁模型，本质上就不能要求其百分百地实现。若出现1/10的修正，那算不上否定原理论。以政府支出为例（虽然不是很好的指标），在扣除警政、司法、国防等支出外，若不超过全国总产出的1/10时，规模上还不算市场失灵。[3] 因此，他认为若要论述市场失灵，就必须强调更严重的失灵，才能让市场论者走投无路。另一方面，他也明白斯密并没有完全竞争的概念，因此传统市场失灵论对看不见的手原理的批评是认错了方向，必须另辟战场，也就是市场失灵论 2.0。

史蒂格里兹认为信息在市场里普遍是不完全的，尤其是金融市场与风险市场。不完全的信息导致许多该出现的市场没出现，而存在的市场又无法接近完全竞争。只要市场信息不完全，第一原理就不适用，即使原理要求的条件都满足。然而，批评第一原理不适用也只是把问题还原成：静态的价格机能未必具有效率。这并未否定动态的

---

[1] Coase（1960）认为个体的经济单位可以透过契约，有效率地处理外部性问题。

[2] Stiglitz（1991）。

[3] 若考量花钱不多而效果大的政府管制措施时，其数字估算较为困难，但仍可在考量容忍度范围之后，以理论估算去判断政府是否尊重市场。

价格机能仍可能具有效率，也不等于政府的介入就具有效率。事实上，市场除了价格外，时常需要仰赖契约和厂商的信誉来运作。企业家不仅以价格进行交易，也创造各种的交易手段。[1]

史蒂格里兹提出的市场形成不完全竞争的第二原因是，个体厂商的技术研发成果会在产业间扩散，形成正的外部性。这显示个体厂商出于利己动机的技术研发支出会低于社会福利最大化所需的最优量。[2] 这里，他完全采用新古典理论的市场观点，误以为厂商只要投入技术研发就可以创造新市场，而不知道技术研发也只是厂商市场营销的一部分。新市场的开发来自于企业家的警觉，和其在警觉下指导技术研发的方向。其次，研发技术在厂商间扩散并不像感冒病毒的散播，而是来自于企业家的选择模仿。模仿的前提是新技术能带来利润，而高利润会吸引其他厂商去模仿。这个现象导致现实世界的创新厂商纷纷申请知识产权去防止技术的扩散。最后一点，不论是先行厂商或后来的模仿者，在投资前都会估算投入成本与预期效果。如果先行厂商预期模仿者的降价竞争，就会选择投资额大而回收期长的技术研发，以较低的生产成本区分模仿者的商品。

史蒂格里兹的第三项批评仿效了凯恩斯，认为市场失灵的主要对象不在资源市场或商品市场，而在普遍而持续存在失业问题的劳动力市场。[3] 新古典学派允许 3%~5% 的结构性与季节性失业，但当代欧洲的失业率普遍高达 10%。另外，他认为人的行为特征不是不变的效用函数。人容易犯错，且随着年纪的增加愈清楚自己的决策可能会犯错。人还具有社会性，会珍惜与他人的关系，进而影响他的经济行为。当然，这都是针对福利经济学原理之假设的批评，因为效用函数中加入对其他人的关怀就会破坏第一原理。他似乎站在主观学派的立场，批评新古典理论的不真实假设和不真实的推演结论，批评他们幻想着自己是奥林匹斯山上的众神。然而，即使不想挤入众神之列，他依旧想借着政府政策去操控社会的经济活动。

市场失灵论3.0

在接续前两版的市场失灵论后，罗斯提出市场失灵论 3.0，认为稠密性（Thickness）、拥挤性（Congestion）和透露个人信息的安全性（Safe to Reveal Information）也是市场失灵的主因。[4] 他认为这些现象可以利用市场设计（Market

---

[1]　MacKenzie（2002）。
[2]　Stiglitz（1998）。
[3]　Stiglitz（1993）。
[4]　Roth（2008）。

Design）去矫正。接下来，我利用一个例子来说明这些概念和内容。

假设小罗今年可以从信息系毕业，就在毕业前一个月开始寻找工作，也就是打算进入劳动力市场。他计划进入的是 IC 设计业的劳动力市场。在经济分析课堂上，这个市场就只是 IC 设计人员的供给线和需要线，而其相较就决定了均衡薪酬和均衡就业量。小罗是许多求职者之一，而他与他们在毕业学校、选修课程与成绩、事业企图心、IQ 和 EQ、期待薪酬、工作地点等都存在不少的差异。这是一个相当异质的市场。异质性也表现在需要面，大型 IC 制造公司的 IC 设计部门与独立接案的小型 IC 设计公司都在招聘，而它们的公司文化、领导能力、发展前景、营利能力、坐落地点等都不相同。如果笼统地称这是一个 IC 设计人员市场，然后施以相同的薪酬，就绝不具有经济效率。类似地，经济分析若仅关注平均薪酬和就业量，也不会受到求职者的欢迎。求职者希望找到最能配合其能力、预期薪酬、未来发展等要求的公司，而公司也希望找到最能配合其商品与发展远景的新员工。关注平均薪酬的市场，个人与公司的匹配就像入伍前的军种抽签，由随机过程决定。我们知道，随机过程追求的是公平，其代价是无效率。

台湾地区在师范教育体系垄断教育人员市场的时代，师范大学与师范专科学校的毕业生，除了少数成绩优秀者外，基本上也以抽签的随机过程分配就业机会。但现在，信息系的毕业同学希望学校能举办一个招聘博览会，邀请招聘厂商来摆摊位并和他们面谈。招聘博览会是一种市场平台，而面谈就是该市场的交易方式。另外，报纸上的招聘广告和网络的人才市场也都是平面和网络的招聘博览会。不过，经济设计者认为这类的市场运作方式没有效率，因为有太多的求职者虽然也面试了好多公司，但事后仍不满意他们的工作。同样，公司也常对新进员工有些微词。新进员工在前几年的离职率就是该劳动力市场的失灵程度。离职率高，表示市场匹配机制的稳定性低。

招聘博览会式的市场平台是否具效率？在一般的工厂工人或卖场收银台人员的就业市场，因与工作相关的特质种类简单，就任一种特质再分类成同质的次级市场都具有稠密性，也就是供给予需要的参与者数量都很多。由于在稠密的同质市场下，只要信息足够，供需双方的预期大都接近且容易实现，故呈现稳定的就业状态。但在 IC 设计人员市场，与工作相关的特质属于多维度，不论就哪一特质再分类之次级市场都缺乏稠密性。由于市场不具有稠密性，为了降低交易成本，双方都会扩大自己的选择范围，同时参与许多次级市场的匹配。各次级市场虽然不稠密，但因参与者过多，以致出现招聘过程的拥挤现象。由于该次级市场所强调的特质只是许多特质之一，参与者多视其为一项机会。他们不愿意放手一搏，会小心地保护自己的信息，担心个人信息的暴露会影响到其他次级市场的机会。当供需双方愿意暴露的信息越少，其交易就越不具效率。

在毕业季，各种招聘和求职的登录资料涌进人才市场。此时，人才市场可以在获得登录者同意后，利用计算机程序和登录数据，先行为招聘和求职双方配对，然后再分配给招聘者和求职者几个面试机会，这样可以提升市场的匹配效率。不难理解地，计算机程序设计得越精巧、个人登录数据越完整和登录人数越多，这时的市场匹配效率越高。台湾地区的大学甄试就是一种市场设计机制，其网罗了全部的高中毕业生，但因个人和学校的登录资料不多以致效果不甚理想。罗斯认为市场设计不仅可以用以提升市场效率，更可以用于无法以市场价格运作的场合，如器官移植等。

回到 IC 设计人员市场。罗斯的市场设计的确提升了市场的匹配效率，而此时的市场设计并不违反市场机制的规则。换言之，它仍是市场运作的一环，可称之市场机制的管理工程，就如同亚马逊书店设计的 one touch 一样，或向商家委托管理公司改善其营运效率一般。然而，遗憾地，罗斯想颠倒市场规则与管理工程的相对位阶，主张把管理工程提升到市场规则之上，"要从工程的角度去替代（市场）制度"。[1] 如前面所说，个人登录数据越完整或登录人数越多都可以提升市场设计的匹配效率。当市场规则与管理工程的相对位阶颠倒后，匹配效率的位阶也就高于个人在市场上的进出自由。可预期地，其目标势必走向涵盖全部的招聘与求职者，并要求其登录全面性的数据，并以中央统一管理数据作为数据安全的保证。如是，市场设计也就接续了计划经济的思维传统，也势必延续其内含的缺陷和危机。这点，我们将在计划经济一章中再进一步讨论。

第二节　对市场失灵论的批评

市场失灵论者对于市场机制的批评是以福利经济学原理为基础，那也是新古典经济理论的代表论述。也因此，本节在回顾市场失灵论时，有时会同意市场失灵论者的批评，有时又发现其批评本身也是错误。

先谈哈耶克的批评，因他对市场失灵论者的直接批评不多。他认为他们误解了市

---

[1]　Roth〔2008〕。

场机制并掉入完全竞争假设的陷阱，尤其是对垄断问题的错误认识。他指出，市场的本质就是不完全的，而市场的特质就是总有企业家会预见某些未上市而有赚头的产品并抢先推出。此刻，他的定价可以超过边际成本，并赚取暴利（即超额利润）。有了他创造的这个暴利商品，消费者才有消费这个新商品的机会。暴利是双赢的一面，另一面是消费者获得更高效用。因此，创造新产品而获得暴利并不是剥削，因为对方也分享到更高效用。在自由市场下，当其他人看到这新商品的暴利，也会想进入该市场，分享暴利。但除非仿冒，他必须推出不同花样、较低成本或更佳质量等的改良商品。改良商品带来了竞争，也增加了类似商品的供给量。于是，价格下跌，暴利也随之减少或消失。

接着，我们讨论科斯和米塞斯对市场失灵论的批评。

科斯的批评

科斯认为失灵论者把消费者看成一组偏好，故其模型虽有厂商却没有组织，有交易而没有市场。他称这样的理论为"黑板经济学"，因其只描绘了一个完美的经济模型，而不是真实的政治经济社会。[1] 福利经济学用完美的经济模型去对比真实的经济社会，然后建议政府采取某些政策，好让实际经济社会接近于完美模型。他认为这样的分析即使具有创意，却是悬浮在半空中，因而无从去实现其幻境。他提的悬浮与幻境，是因为新古典经济学的政策分析忽略了交易成本。主观经济学的解释是，政策是多人世界的问题，但政策分析却是采用一人世界下的最大化分析。

他认为第一原理仅仅证明市场未必能达到理想状况，但这也无法保证政府政策就能加以改善。比如，当政策分析家设想提高全民福利时，就依据其设定的价格上限或下限、租税的新税率、补贴金额等去相对地移动供给和需求曲线，然后比较移动前后的均衡现象并计算福利的变化。他认为政策分析家必然认为自己正扮演现实世界中的政府应有的正当角色；然而，在多人世界的现实社会里并不存以在追求最大化为目的之正当角色。[2]

至于第二原理，市场失灵论者关心的是财富的重分配。当任何的帕累托最优都可以经由对初分配的重分配去实现，这等于是假设了重分配政策可以在零交易成本下实施。科斯认为这是严重错误的假设，因为重分配政策的交易成本远远大于政府的支出政策或管制政策。比如重分配政策以消费品为对象时，一旦其内容公开且明确，潜在

---

[1] Coase（1990），中译本，第37页。

[2] Coase（1990），中译本，第83页。

的受害者将会在政策实施前就毁坏或消耗尽预期会被充公的消费品。如果政策秘而不宣，则大多数人将陷入不确定的未来，其生活、工作和投资都不再安稳。若重新分配政策以劳动产出为对象时，个人会以重分配后的预期边际收益替代分配前的边际收益去决定生产行为。于是，在边际条件相等的考量下，他愿意支付的边际成本亦跟着下降，也就减少劳动力供给。若个人的收益来自资本利得，他会降低计划投资量。这两者都会降低社会总产出，使原来计划重新分配的数量无法实现。

利用重新分配去改变帕累托最优的政策，其效果不是从原来的帕累托最优移到另一个更理想的帕累托最优，而是移到生产可能性边界曲线内部区域的不效率点。如图6.2.1 所示，政策分析者本来预期能由 R 点移到 E 点，实际上却移到 P 点。

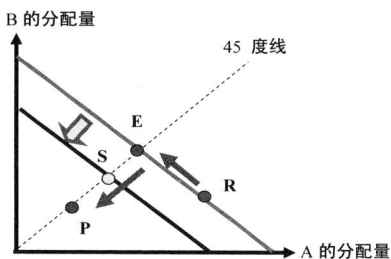

图6.2.1　福利经济学第二原理

注：科斯认为重新分配政策预期能由 R 点移到 E 点，实际上却移到 P 点。米塞斯认为生产可能性边界曲线会往内移到经过 S 点的新线。

米塞斯的批评

米塞斯也认为重新分配政策会使图 6.2.1 的生产可能性边界曲线往内移，如移到经过 S 点的新的生产可能性边界曲线，导致整体社会财富的减少。[1] 由于交易也会耗费一些社会资源而能增加两人福利，生产可能性边界曲线的内移未必就无法同时提升两人福利。效用无法跨人际比较，我们更无从判定重新分配的福利效果。既然如法判断重分配的福利效果，那么，政府是否有多此一举的必要？

米塞斯认为重分配政策的提倡者是在宣扬以下三点：资本主义制造出贫穷、财富分配不均和社会不安定，并然后借着分配政策去否定资本主义。他明确地反驳这些理由。

先说资本主义制造出贫穷。贫穷指的是没办法照顾自己，而贫穷的确是自由放任主义和工业化的产物。但这并不是人类之耻，反而是人类文明的一项特征。米塞斯希

---

[1]　Mises〔1966〕〔1949〕，中译本，第三十五章。

望重新分配论者能想想，这些贫穷者是否就是自然界的弱者？在自然界下，他们是否有机会生存？的确，在动物界或在落后社会，这些弱者（除了婴儿）几乎都无法生存。只有在现代文明社会，他们还能以"贫穷者"的身份存活。当然，生存只是美好社会的最低条件。然而，毕竟他们是因自由放任而存活下来，若抛弃了自由放任，他们是否还能生存？他认为，要减少贫穷不能从抛弃自由放任下手，只能在接有自由放任下去改善。慈善工作是一个答案。他相信："如果资本主义国家的政府不干扰妨碍市场经济的运作，慈善所需的资金很可能是足够的。"[1]

第二点是社会财富分配不均现象。社会契约论者常说"人生而平等"，米塞斯认为那只是他们一厢情愿的主张，并不是事实，更不是真理。既然是主张，经济学者便应该追问：他们是否还有实现他们理想的计划？如果能够，其代价又是什么？市场经济的本质就是追逐利润，也就是金钱竞争，自然会形成收入与财富的不均。回顾历史，"中国曾经力图实现收入平等原则……经过一个很长的时期，对于农业以外的职业所加的种种限制，延缓了现代企业精神的出现。"[2]经济增长必须仰赖资本累积，而资本累积只有来自于富裕者的储蓄。储蓄就是放弃当前的消费，为的是要改善自己或家人的未来消费。重新分配政策将改变他们的储蓄。[3]

第三项理由是社会不安定。竞争总带来浮沉。只要存在竞争，社会就不可能得到安定。任何制度都存在竞争，并非资本主义才有；期间的差别在于竞争的对象是金钱还是地位。米塞斯认为："不受束缚的市场，其特征是不尊重既得利益。过去的成就，如果对将来的改善是障碍的话，那就不值得什么……（在资本主义社会）使生产者不安全的，不是少数人的贪婪，而是每个人都具有的倾向——倾向于利用一切可能的机会，以增进自己的福利……在一个未受束缚的市场经济里，没有安全，对既得利益没有保障，这是促成物质福利不断增进的重大因素。"[4]

---

[1] Mises（1966）［1949］，中译本，第1016页。

[2] 同上书，中译本，第1019页。

[3] 米塞斯说："福利经济学派的人很乐观地认为：今日储蓄的成果将要平均分配给后代的每一个人，就会促使每个人的自私心倾向于多多储蓄。这种想法，无意于柏拉图的'不让人们知道他们自己是哪些孩子的父母，将会使他们对所有的年轻人都有父母爱'这个幻想。亚里士多德的看法不同，他认为这样的结果，是所有的父母对于所有的小孩一律不关心。如果福利学派的人注意到亚里士多德的说法，那就聪明了。"（同上书，中译本，第1028—29页。）

[4] 同上书，中译本，第1032页。

第三节 ZARA 的市场[1]

在第一原理出现后，不少数理经济学家尝试去调整原理内容，试图放松三项条件的限制以扩大价格机制的适用范围。这种出于数学思维的努力是可以理解的，却不是探讨市场机制的正确道路。这个原理是以构建主义的角度去审查市场机能。构建主义总会在模型里严格限制市场，如每新增的一项工具，如契约或声望，都要先获得模型设计者的允许。模型设计者拥有的权力，就如同中央计划局在计划经济下完全一样。在希腊神话里，天帝宙斯设计好了世界的架构和运行法则后，就放手让人类行动。然而，批评该原理的失灵论者就像天后赫拉，不时把手伸入人间，随时都想干预人类的行动。失灵论者不信任市场机能，并要求政府去干预。

市场的本质是在创新下发展。就任何一个时点去回顾，我们都会发现过去的市场是怎样简陋、混乱、又没有效率。就如同我们坐在高速铁路车厢里，回忆早期的铁路运输多么浪费燃煤、颠簸、龟速。200 年前的工程师无法设计出今日的高速铁路，就如同当时的政府无法想象今日的商业如何兴盛一样。我们知道，每个时点都有一些不满意市场运作的企业家，想以较满意的内容去替代。如果他成功了，市场在商品、交易方式、原材料、制作等方面就发生了变化。然而，他的成功只是将市场的某方面塑造成他满意的方式，但此新的方式却仍然让其他企业家不满意。个人都拥有创业家精神，都想以其主观满意的想象去塑造市场。任何一位企业家都是认为市场总是"失灵的"。但这是主观意义下的失灵，并不是客观意义下的失灵，因为市场并不存在一个可以让所有人满意的理想状态。

市场失灵是一个假议题。这个假议题是在市场机能被错误理解下形成的。如果我们还给市场一个开放的空间，就会发现市场不时地在调整和改善人们不满意的地方，而这个过程又因为人们在生产和消费知识的不断累积下而向前推进。当市场供需出现差距时，企业家会进出市场，并调整价格或交易方式。如果交易存在着不确定性，企业家会以契约方式去解决。价格调整不会改变个体经济单位维持其独立决策的立场，但契约关系则将几个独立的经济单位连结在一起。厂商或组织都是契约的连结形式。市场机制不仅如此改善不完美的方式，企业家还可能创造出新的概念、文化、制度去克服。[2] 当然，这些企业家未必就一定是商业企业家，也可以是文化企业家、制度企业家等。当这些企业家以创造新概念、文化、制度去改进市场的不完美时，其机能已远

---

[1] 本节摘自林沁蓉（2011）的硕士毕业论文《大众精品与奢华困境》。

[2] 这观点来自于和朱海就的讨论。

非市场失灵论者所能想象。本节将举一个实际的例子说明。

消费奢华困境

国民收入是影响个人生活和社会的重要因素。在市场体制下，社会随着收入增加发展出许多的新现象：（一）不断有人经商致富而从低收入阶层进入高收入阶层，（二）高收入阶层与低收入阶层的收入差距不断在拉大，（三）市场出现以金字塔顶端之高收入阶层为销售对象的奢侈品（Luxury），（四）一般消费质量的不断提升，发展出人们对于高质量的爱好，（五）奢侈品也发展成人们对奢华的消费欲望，（六）一般收入的人们宁愿平日节俭也要购买几项奢侈品。出现这些现象的社会被称为"LV 社会"，因为 LV 品牌的各种皮包和皮箱是奢侈品的经典代表。[1]

个人在市场经济下的最优消费选择是，在其预算限制下挑选效用最大的消费组合。当品质成为效用的一项元素后，个人的消费选择会朝向宁缺毋滥的方向，也就是愿意以减少数量为代价换取高品质。同样，当奢华发展成为效用的一项元素后，个人的最优选择便可能是减少多项消费为代价换取消费奢华带来的效用。选择高品质的商品或选择奢华的商品，都可以是个人主观效用下的最优选择。但是，奢华和高品质并非只是程度上的差异，而存在着本质上的差异。高品质是个人对消费品的感受，这感受可能学自他人，但并非来自于与他人的互动。相对地，奢华的感受则含有与他人互动的成分，其起源于托斯丹·邦德·凡勃伦（Thorstein B. Veblen）论述的炫耀性消费（Conspicuous Consumption）。

炫耀性消费的通俗意义是：这是你可望不可即的消费，却是我正常的生活方式。他们消费这些商品，就如同一般收入的个人在消费一般商品。但是，当一般收入之个人为了奢华欲望而消费奢侈品时，是要牺牲许多的日常消费的效用。虽然这是个人情愿的选择，但由于这感受起因于与他人的互动，他在选择之际，也会无奈地抱怨："要是社会不存在这类互动，那有多好！"但是，这些互动是事实，不是他能漠视或改变的。这种境地，就如同囚犯困境里的囚犯所身陷的困境：一方面困于他曾与其同伴共同宣誓的诺言，另一方面又困于可以做出有利于自己当前处境的选择。他抱怨检察官将他们分离审问，就如同社会中已经形成的奢华风气。他期待这外力最好不存在，但这是不可能的，所以才称之为困境。对一般收入之人，选择消费奢华便等于选择陷入这困境。

---

[1] 周行一，"'LV 社会'的反转力"，《联合报》，2011 年 4 月 22 日。

从市场失灵论的角度，消费奢华的困境是一项新型的市场失灵，因为市场造就了一个奢华的社会环境，就像自由排放黑烟所造就的污染环境。但是，奢华虽然含有与他人互动的成分，但也含有其他类似"让自己看了也高兴"的成分。也就是说，奢华是市场随着收入增加而发展的新现象，而在这之前，人们没有享受奢华的机会。而它之所以伴随着困境，是因为收入增加也拉大收入差距。明显地，市场发展出了奢华，但也留下许多等待进一步完善的地方。不过只要市场的自由平台不受干预，企业家会不断寻找人们在市场中还不满足或不愉悦的地方，会设法以新的交易去解决这些不完美。

ZARA

奢华消费的困境来自于它的昂贵价格。奢侈品之所以昂贵，除了品牌价值外，还有相当高的比例来自于它的外观装饰了贵重的金属、科技材料、珠宝。这类内容的成本是无法降低的，但这类内容却不是奢侈品的主要要素。奢侈品具有如下三个特征：（一）因装饰外观和其独特性而变得昂贵的价格，（二）不强调实用价值而在于深具历史情境的故事，（三）和"名女人"（It-girl）联系在一起的"明星款"（It-bag）情结。[1]

当然，不是每一个企业家都有能力解决这困境，但社会上迟早会出现兼具后顾型警觉与前瞻型警觉的企业家。当他们警觉到这个困境时，就会开创新的市场来解决。既然奢华消费的困境在于昂贵的价格，因此，若要降低昂贵价格却仍继续持有奢华的特质，就必须稍微修正上述的三项特征。ZARA 品牌就展现类似的做法：（一）以朴素的美感替代昂贵的装饰外观并持有较弱程度的独特性，（二）发展自己的新品牌故事，（三）以时尚替代明星款情结。这三点的转化带出了一种称为"大众精品"（Masstige）的商品概念。[2] 它转化了奢华的内涵，同时也降低了商品的价格。据估算，奢华的感受度降低了一半，但价格则降至五分之一。

ZARA 品牌部分解决了人们奢华消费下的困境。大众精品不是一种营销策略，而是一种全新的市场概念。许多奢侈品的品牌都会推出副牌，但那属于公司的营销策略，因为它不涉及奢华的三个特征的调整，更不是朝向解决奢华消费的困境。ZARA 品牌几乎和大众精品的概念同时出现，而此时，社会也出现一些明星以精品上衣混搭平价牛仔裤的穿着方式。商业企业家与文化企业家合作解决了部分的奢华困境，市场依旧存在可以继续发展的不完美。

---

[1] LOUIS VUITTON（LV）与法国 Gallimard 出版社于 2013 年出版《The Trunk》小说集，由 11 位法国当代小说家以一个个古董行李箱的故事的短篇小说集结成书。参见：http://wowlavie.com/ agenda_in.php？ article_id=AE1300255&c= 读好书。

[2] Masstige 是由 Mass 和 Prestige 两字合成。

第七章　政府论

上一章讨论了当今人人朗朗上口的市场失灵论。主观经济学从创新与演进的视野看市场机制，不仅关注市场如何协调人际的合作，更重视它如何创造新的个人需要和新的合作方式。在这个过程中，个人是以其个人企业精神去改变市场，或参与市场与其新规则或新交易模式的发展。好比一个吃腻了滑口甜蜜的传统凤梨酥的消费者，就决定自己制作土凤梨酥来卖。她若成功，不仅满足了自己更丰富的需要，也改变了市场的商品结构和其他人的需要结构。然而，市场失灵论者在抱怨市场机能无法满足其预期时，就企图借各种政治权力去强迫供货商改变，而不是以自身投入的方式去改变市场。

市场是一个演变的概念，不仅个人需要的内容在其中发展，社会公共利益的内容也在其中逐渐形成。对于个人警觉到的新的个人需要，以及他相信这新的个人需要终将发展出来的新的社会公共利益，市场机制是否能很快地提供出来？这虽然不是市场失灵，但也的确是一个值得讨论的问题。对于市场机制的支持者而言，只要个人需要或个人对社会公共利益的需要够大，相关的市场便会出现，因为利润会驱使企业家去提供，而往往企业家提供的商品种类是过多而非过少。

但是，市场机制的质疑者并不领情，他们争论的是企业家不容易获取利润的一些个人需要与社会公共利益，如上一章提到的公共物品等。他们认为，社会公共利益若无法在市场机制下实现，就无法仰赖企业家的自主决策和行动去实现。于是，实现社会公共利益的可能选择，便是经由规模和强制权力（Coercive Power）大小不一的各种组织去实现。于是，当代的政治经济学便陷入探索和争论中，从不存在强制权力的市场到强制权力极大的政府，何者能最有效地实现社会公共利益？

捍卫市场机制仅是抗拒非经个人同意的公权力的强制介入，并非对于所有组织和公权力的彻底排斥，因此经济自由主义对不同组织形态参与市场机制的方式与限制也都有一套论述。这一章将仅讨论政府，而将其他的组织形态保留到后几章。第一节和

第二节分别陈述古典自由主义和当代自由主义的政府论。[1] 本章最后附录传统中国的政府论。

第一节　古典自由主义的政府理论

本节将先讨论洛克对于私有产权与有限政府的论述，因他的论述被视为（西方）古典自由主义的基本理念。接着，我们讨论当代学者罗伯特·诺齐克（Robert Nozick, 1938–2002）对洛克理论的修正。

洛克的政府起源论

洛克生在苏格兰启蒙时代之前，在那时创建的理论虽相对地简单，却也概括了古典自由主义的基本概念。[2]1688 年，英国发生"光荣革命"（The Glorious Revolution），才继任王位不久的詹姆斯二世逃往法国。1689 年，洛克发表《政府论二讲》（*Two Treatises on Government*），给光荣革命加上理论性的批注。他在书中所传达的有限政府和宪法思想，都是可以上溯到 1215 年《大宪章》（Magna Carta）的英国政治传统。长期以来，辉格党便持此政治传统对抗王权的不断扩张。在辉格党的论述里，国家和宪法都属于随历史演变的普通法范畴，故常以历史发展论述其理论；但洛克看到科学时代的来临，改以科学式的逻辑推演去诠释国家和宪法的理论。在他之前，霍布斯（Thomas Hobbes，1588–1679）。就曾以个人理性去构建政治理论，并以契约论推演出政府集权的必要性。洛克小心地区分原始约定（Original Compact）与契约（Contract）。他认为：原始约定是双方在相互信任的默契下交换彼此的期待，故双方只有义务而无

---

[1]　自由主义、古典自由主义、当代自由主义等都是不容易定义且容易引起争议的词汇。由于本书不是政治思想史，因此不拟在这方面过度讨论。这两节所称的古典自由主义或当代自由主义，仅指该节所引用到的学者的自由主义观点。

[2]　1632 年，洛克出生在英国西南部的萨默塞特郡（Somerset）。在他 34 岁之前，欧洲正告别中世纪，科学理论和实验逐渐取代神学。洛克在牛津大学度过这段时间，他参加波义耳（Robert Boyle）和胡克（Robert Hooke）的科学研究、结识牛顿（Isaac Newton）、研读伽桑狄（Pierre Gassendi）和笛卡儿（René Descartes）的哲学著作。1660–1662 年间，他写了《关于政府的两篇论文》，试图解决当时基督教各派系在宗教实践上的仪式分歧。他在书中指出：宗教仪式只是一些人类自行决定的"无关紧要的事务"，它们无法否认个人的信仰。既然是无关紧要的事务，宗教仪式就可以交由政府来管理，因为政府之设立目的是为了避免个人片面性的判断所引起的社会纷乱。Dunn（2003）认为洛克的论点不能解释成政府可以以适当角色介入个人的信仰，而是政府对宗教事务可以拥有独立的职能，且教廷不必然是个人信仰事务上的垄断者。1667 年，他遇见沙夫茨伯里伯爵一世（The first Earl of Shaftsbury），就一直跟随他。沙夫茨伯里伯爵是英国国王查理二世的重臣，于 1672 年担任国会议长并领导辉格党（Whigs）议会反对信仰天主教的约克公爵继承王位（后为詹姆斯二世）。辉格党是一个成员信念接近但组织松散的政治团体，主张有限政府和国会权力的优越性，并对宗教信仰抱持着宽容的态度。1667 年，洛克写了《论宽容》（Essay Concerning Toleration），认为信仰自由可以缓和基督教各派之间的紧张关系。此时，洛克已接受了辉格党理念。1675 年，沙夫茨伯里伯爵失去权力，洛克避往法国。1679 年，伯爵重获权力，洛克再回英国。在跟随伯爵期间，洛克在实际的政治运作中理解到政府管理能力的有限性，也认识到政府作为未必能符合百姓的期待。1683 年，伯爵去世，洛克避往荷兰。

权利；而契约在签署时则必须明确所承诺的交换条件，因此双方都有明确的权利和义务。[1] 在原始约定的论述下，若一方无法再信任对方，约定便随风而逝。他视原始约定与原始社会是同时形成的，这是辉格党关于普通法的传统观点。

不同于近代的实证主义，洛克并不想把理论前提建立在待检证的假设上。他寻找一组可以为每个人都接受的基本假设为前提，也就是公设（Axioms），然后再根据公设推演整个体系。[2] 在他的年代，《圣经》所叙述的上帝创造世界的过程就是人人都可以接受的公设。

底下是根据《政府论第二讲》整理出来的四条公设：

公设一（产权来源公设）上帝创造了人类、世界和自然法，并拥有他们。

公设二（产权移转公设）上帝将世界交给了人类，并要求人类遵循自然法去管理，以实现生养众多的目标。

公设三（人性公设）上帝赋予人类感情与理性，好让他们生活富裕与美好。

公设四（认知公设）上帝将自然法清楚地写在所有人的心坎。

根据这些公设，上帝因为创造了人类、世界和自然法，所以才有权拥有他们。所有权来自于创造者，人类不是自己创造的，故无权拥有自己。世界也不是人类创造的，人类也无权拥有。

当上帝将世界交与人类时，是否转移了他的所有权？我们可以假设他并没有转移，也可以假设他有，但为了简化分析，我们假设他转移了所有权给人类。这假设如果要合理，则人类在接受移转时，就得承诺去实现上帝的创世目标——生养众多、富裕美好，因为上帝是为了这目标而创造人类。上帝将世界的所有权移转给人类，同时要求人类依照自然法去管理。洛克认为这是人类与上帝的契约，而不是原始约定。

公设四虽然承认自然法存在于人类的内心，并没说明个人怀有的是完全的复制版，或仅是自然法的片段。再者，上帝转移的对象是人类，而人类只是一个通称。如洛克的论述，只要是人来管理这个世界，不论是由一个人、一群人或全体人类来管理，都不算违背上帝的旨意。上帝并没有预设管理世界的产权制度，也没有设定评估产权制度的比较标准。

除了世界，上帝也将人类的所有权交给了人类，这也同样衍生出个人是否拥有自

---

[1] Miller（1983），第 25 页。

[2] 石元康（1995）曾以公设方式陈述洛克的理论。本章承其方法，但改变其公设内容。

己所有权的问题。上帝一个一个地创造人类，我们自然没有理由不从个人角度接受所有权的移转。既然上帝可以转移他对人类的所有权，即使上帝是把人类的所有权转移给人类，人类仍可以转移个人的所有权给个人自己。于是，我们就可以假设上帝是将个人的所有权交给了个人自己，而个人也可以再将自己的所有权转移给他人。但是，这转移是带有限制条件的：新的所有权者必须要有能力去实现生养众多、富裕美好的创世目标。因此，所有权者对于个人的伤害、奴隶、禁锢等都是不允许的，因为这些行为明显地违背上帝与人类的契约。据此，我们获得以下的推论：

推论一（人身自由原则）人类拥有处理自身的权利，但没有毁灭自身的权利；个人拥有处理自身的权利，但也没有毁灭自身的权利。[1]

在自然法下，管理的意义就是遵循自然法去作业。在《圣经》的系统里，人因没遵守上帝的规则而堕落，这无异是宣示人类未必会服从自然法。上帝对不服从者的惩罚是驱逐出伊甸园。同样，在管理时，人类对于不服从自然法的人也是要执行惩罚手段。个人在管理自己时，除需自我保护外，也得惩罚侵害其他的人，而这就是报复。报复属于惩罚的执行，是个人在管理世界和他自己时的权利。下面是根据上述公设推演出来的几条关于报复与惩罚的推论：

推论二（过度报复原则）人类在感情冲动下进行的报复不容易适可而止，以致违背自然法。

推论三（执法权的普遍性原则）在自然状态下，每个人都得遵循自然法管理世界，有权惩罚违背自然法的人，也有权惩罚侵犯他的人。

感情容易冲动，出于感情的报复更容易过度。遭到过度报复的人，会再报复，而再报复同样是容易冲动和过度。冤冤相报只会让人类社会远离上帝创世的目标。

除了情感，上帝也赋予人类理性。久而久之，人们将发现某个人处理报复的方式很令人满意。当再度发生遇到类似问题时，人们会先咨询他的意见，甚至邀请他来处理争执。我们不知道公正裁判者或仲裁人是如何出现的，但他出现后，过度报复的现象就减轻了。在他的判决下，惩罚不会高过受害者的损失，否则加害者就没必要接受仲裁人的判决。[2] 于是：

---

[1]　Locke（1988 [1690]），叶启芳、瞿菊农（1986）中译本，第四章。

[2]　Locke（1988）[1690]，叶启芳，瞿菊农（1986）中译本，第二章。

推论四（**不过量惩罚原则**）当仲裁人存在时，最高判决的惩罚将接近受害者的实际损失。

如同语言与货币，仲裁人也必须具有普遍之可接受性。普遍之可接受性是为了有效地解决下一次发生的类似事件。事实上，凡具有普遍之可接受性的事务、规则、组织等均可称为制度。仲裁人的出现是人们走向初期社会的发展，我们称此社会为公民社会（Civic Society）。

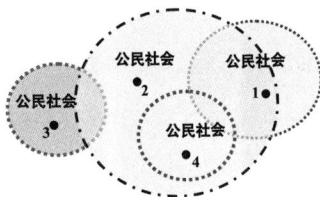

图7.1.1　公民社会的结构

注：四个虚线圆圈表示四个并存的公民社会，圈内黑点表示该社会的仲裁人。个人选择所信任的仲裁人，参与其社会，也可以同时参与几个社会。

公民社会的公正仲裁人未必只存在一位，可能是多位并存。如图 7.1.1 所示，图中的四个虚线圆圈表示四个并存的公民社会，每个社会以圈内黑点表示该社会的仲裁人。个人可以选择他所信任的仲裁人，参与以其为中心的社会，也可以同时参与几个不同的社会，如图中的重叠区。由于还没有出现强权政府，个人的选择自然包含退出的权利。因此，

推论五（**脱离社会的权利**）人们加入社会必须是自愿的，但只要不脱离便得顺从；加入社会后，就必须放弃个人报复的权利。[1]

隶属不同的社会的个人也会发生争执，此时，他们可以寻找一位双方都能接受的仲裁人，或者委托自己所属社会的仲裁人去和对方的仲裁人协议，而双方的仲裁人也可能会去寻找他们都可接受的第三方仲裁人。只要第三方仲裁人具有足够的声望与公信力，仲裁人之间也就逐渐形成阶层，各阶层之仲裁人各有辖区。洛克视这种由仲裁人形成的阶层组织为公民政府（Civic Government）。

洛克的原始政府不是以行政或立法为职责，而是以司法仲裁为职责。公民政府和

---

[1] 《政府论次讲》，中译本，第九章。

公民社会都是经由人们的自愿选择，因此，公民政府可能几个同时并存，而人们游走于其间。一位有能力处理大规模冲突的仲裁者会不断吸引其他的仲裁者来参与他的政府；相反，失去声望的仲裁者会逐渐失去他的支持者。换言之：

推论六（选择政府权利）公民政府不能是专制政府；当人们不愿继续服从该政府时，可选择别的地方的政府。[1]

至此，我们仅关注到人们对于政府的自由选择，并未触及洛克提出的推翻政府的问题。事实上，如果个人继续支持他选择的政府，他就不会推翻这个政府。如果个人还有其他政府可选择，他也不必推翻这个政府。推翻政府是个人的权利问题，而不是能力问题。

权利来自于上帝，而能力来自于人类的奋斗。当上帝赋予人类管理世界的权利时，并未清楚地赋予人类管理世界的能力。于是，人类的工作就是去发展一套有效率管理世界的制度。

洛克在提出政府起源论之后，接着就讨论产权制度。根据前述三项公设，我们可推导出：

推论七（资源不可损坏原则）人类不能任意损坏、糟蹋自然财物。

要增进人类福利，就要避免自然财物被糟蹋。但要如何管理资源，才不至于被糟蹋？公有产权制较好，还是私有产权制较好？洛克的说法是，如果要得到全人类的同意才能享用自然财物，那么，尽管上帝赋予人类很丰富的东西，人类还是早已饿死了。"[2]上帝要人类幸福，只要是不浪费资源的制度，就不算抵触上帝的旨意。如果私有产权制能较公有产权制带来更大的幸福，就更接近上帝的旨意。因此，即使人类以私有方式瓜分了世界，仍不算抵触上帝的意旨。因此：

推论八（私有产权制基本原则）界定私有产权不是盗窃行为。

---

[1] 《政府论次讲》，中译本，第八章。
[2] 同上书，第五章。

私有产权制度确立后，接着的是资源的分配问题，也就是产权的初始界定问题。洛克仿效上帝创造天地而拥有天地的公设，提出如下的建议：

公设五（产权初始界定原则）个人只要使任何东西脱离自然提供的状态，他就掺入他的劳动，从而排除他人的共同权利。但在界定私有产权过程中，个人至少得留有足够的、同样好的东西给其他人。[1]

公设的前半段称为洛克的产权之劳动理论（Labor Theory of Property Right），后半段称为洛克前提（Locke's Proviso）。在原始时代，土地的价值在其地上物，而这些东西都是会腐败的。人们积蓄任何会腐败的物品都有其自然界的上限。根据不可损坏原则，人们不能累积果实、肉并任其腐败。"如果他圈起来范围内的草在地上腐烂，或者其树上的果实因未被摘采和储存而败坏，这块土地尽管经他圈划，还是被看作是荒废的。任何人可以占用。"[2] 人们不是只把劳动力加诸地上物就能宣称拥有它们。[3] 最好的例子是新开垦的土地，这些土地不但掺入个人的劳动，也不影响他人现在拥有的土地。[4] 洛克说道："一个人基于他的劳动，把土地划归私用，并不减少而是增加人类的共同累积（的劳动力）。"[5] 除了土地的开垦，个人经由技术改善和发明也都可以获得新的产权：

推论九（产权据有原则）新开垦的土地可以据为己有；同样，发明者或改善者可以据有发明及技术改善部分。

但对于已经存在的共有资源，洛克则提出产权的同意原则作为资源分割的原则：

公设六（产权移转原则）当同一地方不够供他们一起放牧、饲养羊群时，他

---

[1] 这是洛克提出的建议，只是他个人提出的产权界定原则，并不是根据圣经得出的公设。但是，只要所有人都同意这样的原则，逻辑推演上也可视为公设。《政府论次讲》，中译本，第五章，第21页。

[2] 同上书，第五章，第24–25页。

[3] 在洛克前提下，个人是否能任意破坏或折损自然资源？这可从两情况来讨论。第一，就同一代人而言，只要符合洛克前提，则个人破坏或折损他所拥有的财物是与他人无关的，因为他已经留下足够好的财物给他人。第二，若对跨代的人而言，上帝的旨意虽是"生生不息、滋养众多"，但也不否定个人能破坏或折损自然资源的权利。当然，破坏自然资源会影响下一代的使用权利，但上帝并未亲自照顾下一代，而是让这一代人去生养他们。如果这一代人选择不要生育，也就不存在下一代的问题。破坏自然资源和生养下一代一样，都只是这一代的选择问题。上一代将他一生的经验和技术以知识方式保留给下一代，又将他的投资和积蓄以资本方式遗赠下一代，这些遗赠的价值决不低于他所破坏的自然资源。

[4] 同上书，第五章，第23页。

[5] 同上书，第五章，第23–24页。

114

们就基于同意，就像亚伯拉罕和罗德那样，分开他们的牧地。[1]

同意可以作为产权的界定原则，也可以作为产权的移转原则：基于同意，财产可以移转。于是，经由交易而取得财产和商品也就符合上帝的旨意。当社会发现金、银、宝石之后，因为这些宝石必须来自开发，以他们作为货币进行交易依然是上帝的祝福。[2] 因此，洛克发现：

洛克的市场经济原理：市场经济与货币交易乃是上帝祝福的实现。

再回到公民政府。公民政府既然不能是专制政府，百姓若不愿继续服从，就可选择别地方的政府。依此逻辑，百姓对政府的税赋要求也就拥有商议与拒绝的权利。政府的运作是需要经费，因此，百姓纳税是为了交换政府的服务。如果政府税赋超出此原则，百姓可以拒绝。换言之，

推论十（抗税权利）百姓没有纳税的义务，除非政府提供相当的服务。

个人是以他所拥有的财货与政府交换。若政府的交换对象是个人的身体，根据征税权利和人身自由的原则，洛克推导出政府权力加之于个人身体的终极限制：

推论十一（生命不可剥夺权利）政府不能以任何借口剥夺个人生命或身体的部分。

诺齐克的权利论

由于洛克将公设建立在宗教信仰上，到了 20 世纪，古典自由主义的说服力也就随着宗教式微而出现信仰危机。因此，自由主义者在 20 世纪的任务，便是以非宗教公设去重建理论论述，尤其是重述洛克的政治经济理念。其实，第一篇讨论过的门格尔、米塞斯和哈耶克都曾提出各自的非宗教性公设，并发展出各自的政治经济体系。

另外，古典自由主义在 20 世纪所面对的挑战，除了计划经济和凯恩斯政策外，就

---

[1]　同上书，第五章，第 25 页。

[2]　当人们发现货币可以长期持有后，就开始累积成财富。如果家庭制度已经出现，财富就会转移到下一代，造成下一代间的财富分配不均。财富分配不均并不是起因于市场交易或私有产权制度，而是起因于货币的长存性和代代继承的家庭制度。家庭是演化出来的制度，是养育下一代的最有效率的制度。由于上帝并未直接帮人们生养下一代，财富分配不均的问题与上帝无关。

是福利国家的兴起和其收入重新分配的政策主张。洛克虽然主张私有产权制，也抗拒非百姓同意下的税收，但其理论是否有足够的能力反驳基于正义诉求的收入重分配政策？下面，我们简介诺齐克对洛克理论在这方面的修正。

洛克的理论是从司法仲裁者作为政府起源开始的，因此，修正的理论同样从论述政府起源开始。从政府尚未出现的道德元政府（Anarchy）开始，仲裁者是可能出现的，小型的公民社会也可能出现。这些公民社会的内部秩序井然，市场也提供各种日常公共物品。市场里的厂商，不仅提供实体公共物品，也包括处理契约和外部性的司法纷争。同时，个人也参与各种市场交易。

当代经济学家对于公民社会在公共物品方面的自治已有清楚的论述，如蒂布特模型（Tiebout Model）和布坎南的俱乐部理论（Club Theory）。前者假设公民社会是由许多的自治小区组成，各小区自行征税并提供所有公共物品，百姓自由选择他偏爱的小区居住。后者假设公民社会是由许多提供不同公共物品的专业厂商组成，百姓就不同的公共物品自由选择不同的专业厂商。这两个理论都假设自治小区或厂商已处于完全竞争。一旦厂商间出现生存竞争，提供不同公共物品的专业厂商是否会合并成蒂布特模型下的自治小区？或者自治小区是否会合并成更大的公民社会？比如当前台湾地区各住宅小区为了保护小区居民的财产与人身安全，雇用专业保安公司提供保护服务。这些市场竞争的保安公司是否会逐渐合并，出现自然垄断现象，并形成垄断武力的保安集团？在政府还未形成之前，这保安集团是否会成为百姓财产与人身安全的新威胁？是否会发展成专制政权？

从历史上看，各独立的公民社会中并不乏怀有对外扩张土地、吞并其他社会的野心者。他们会组织有效率的武装部队，以武力合并邻近的社会。各国百姓为了保护其财产与人身安全，也会组织武装部队去抵抗。[1]修正的理论以人类的历史发展取代洛克的假设性推演，并没否定市场提供公共物品的机能，但认定政府起源于抵抗外侵。更重要的是，它否定政府起源过程与（收入）重分配的关联。

这时租税是存在的，但税收并不是用于收入重分配。在兼并过程，由于武力发展倾向于自然垄断，各小国迟早会遭吞并。因此，带枪投靠、请求保护等"以脚投票"过程都会发展出君主与百姓之间的权利义务关系。而这关系要求百姓纳税和服役以交换君王对其财产与人身安全之保护。[2]

---

[1]　比如古代中国，在周初还有一千八百多个小国，兼并到春秋之初，仅剩140国。到了战国时期，就只有楚国、齐国、晋国、吴国、越国、秦国等大国和一些在夹缝下生存的小国。但不久，秦灭六国，置郡县，也就建立了中央集权的君主统治制度。

[2]　《异义·第五田税》：今《春秋》公羊说，十一而税，过于十一，大桀小桀；减于十一，大貉小貉。十一税，天子之正。

116

接着，便是关于财产权的论述。私有产权是洛克理论的核心，但在脱离宗教后，要以什么公设去代替上帝因创造而拥有的前提？诺齐克提出的前提公设是自我拥有的权利（Right of Self—Ownership）的公设，也就是：人自身就是独立的个体，因此也就拥有一些免于外人干涉的基本权利。这些基本权利一旦受到干涉，个人就不再是独立的个体。他认为除了人身自由外，就是财产权，因为那是人身的延伸。最简单的范例是，人一旦无权自由选择食物，就不存在人身自由。

初始产权的界定是产权理论的起点。诺齐克在这里完全接受洛克的说法，并称之占有的公正原则（The Principle of Justice in Acquisition）：对于尚未界定的财产，个人只要不会让他人的处境变坏，就可以占有。这里，他接受了洛克前提，只不过将洛克的说法改以帕累托增益的说法。在这新的说法下，没主的财产就可转变成私人占有的财产，这个占有本身已经是一种使社会增益的行动。其次，诺齐克不提占有的合法方式。在洛克里，占有的方式是掺入个人的劳动力。换言之，他排除了劳动的产权理论，不再讨论财货是否内嵌现代的或古代的劳动力。

其次，他提出财产权转让的公正原则（The Principle of Justice in Transfer）：只要最初的占有符合公正原则，而且转让过程又为双方同意，个人便有权利将其私人持有的财产转让给对方。当然，这也是来自于洛克的产权移转原则，而这个原则的背后是视个人对财产的转让或接受的同意权利为个人的基本权利。在这个原则下，对于私人财产只能在个人同意下转让。这原则也就排除了政府以社会公义，或社会最大福利等任何借口要求各人转让私有产权的权利。

这个原则的前提是转让的财产必须是在符合公正原则下占有的无主财产。问题是，个人如何知道他从转让中获得的财产是否符合占有与转让的公正原则？比如，国民党在专制统治时期，其党营事业以不公正方式从社会赚取暴利，并不符合占有或转让的公正原则。如果不符合，那该如何？对此，诺提齐提出对不公正之占有与转让的修正原则（The Principle of Rectification of Injustice）。由于不公正的发生随个案而不同，可以理解为，这原则仅是赋予政府的司法部门对现行财产权的修正权力。需要注意的是，除了司法部门，行政和立法是无权去认定个案的公正性。另外，他也排除了洛克的资源不可损坏原则，这不仅开放了个人对资源的利用方式，也排除了政府以审查之名干预私有产权的利用。

第二节 当代自由主义的政府论

诺齐克要求自由社会只能是最小政府（Minimum Sate），仅提供国防与法律服务。哈耶克的观点不同，除了同意政府的强制权力必须加以限制外，他认为即使市场最有效率，但某些服务也有无法提供或提供不足的时候。这时，人们寻找其他提供方式也是合理的，包括政府。[1] 他说，当国家的财政能力低，政府要做好最小政府的基本职能已经很不容易了；但如果国家的财政能力高些，政府为何不能多提供些服务？

公共物品

哈耶克强调，政府超过最小政府以上的职能取决于政府在宪政制约下的财政能力，而此能力主要受制于百姓的纳税意愿。若百姓自愿多缴税，政府的财政能力就高些；如果百姓不自愿多缴税，政府的财政能力就会低些。百姓的缴税意愿决定于三项条件：百姓的财富或经济的繁荣情况、人们对于公共物品的相对需求、政府提供公共物品的效率。这里，公共物品的定义是百姓期待政府提供的财货与服务，而不是从其他属性去定义。

财政能力是政府实现百姓期待的能力。[2] 百姓富裕时，对租税的抗拒感会相对轻微些。因此，经济繁荣与社会富裕应是政府的主要目标，也是百姓对政府职能的期待。随着民主的发展，百姓期待政府的职能会较古典时期多。再者，随着科技的广泛应用、人际往来的密切、都市的扩大等也衍生许多百姓对于公共物品的更多期待。在我们对公共物品的定义下，政府如果不能有效率地提供，百姓自然不愿意将财货交由政府去提供，治安与司法亦然。

哈耶克区分政府职能为统治性职能和服务性职能。前者指政府配合其权威（特权）而提供的服务，如法律与国防；后者指政府在不具有特权下提供的服务，如交通、电信、金融、石化、电力、钢铁等。[3] 民主体制明文规定政府的统治权威，因此政府不能任意转移这两方面的职能，尤其是不能将服务性职能转变成统治性职能。服务性职能并不是政府专属的职能，也不是只有政府才能实现，而是人们是在没有更好的提供方式下才要求政府来提供。

在当代民主体制下，百姓是否能经由同意，而将服务性职能内的财货转移到统治

---

[1] Hayek（1982），第三卷，第四章。

[2] 2012年，台湾以租税公平和社会正义为口号，再度推动证券交易收入税。当时，欧债危机正伤及台湾的出口，而油价和电价剧烈上升也带动物价上涨，迫使证券交易收入税草案一改再改，税改目的丧失大半。

[3] Hayek（1982），同上。

性职能？教育与全民医保是两项争议较大的财货。自由主义阵营中的强硬派，如米塞斯及其跟随者，反对以任何理由将这两项财货转变成公共物品；相对地，自由主义阵营中的温和派，如哈耶克及其跟随者，则只强调"接受强制"需要百姓的同意。他们的争议并不在公共物品的白搭便车问题。他们都明白理性的人会拒绝出资参与公共物品的提供，但是，他们也相信：若个人知道所有人都愿意接受某一种政府强制时，理性上，他也会同意接受这种政府强制。

在多元民主社会里，全体一致同意只有在紧急危难的情境才会存在，而那时刻又往往是暂时停止民主运作的动员时期。在一般情况下，百姓的同意只是多数决而非全体一致同意。强硬派认为，只要公共物品不是所有人的需要，接受强制的公共物品违背私有产权。温和派则借用洛克的论述道，如果要求所有人都同意，就没有一项市场尚未提供之财货有机会可以成为公共物品。洛克当时说，如果想吃一颗苹果都要征得所有人的同意，苹果未吃前就腐烂了。他以此论述私有产权的主张。类似地，是否也一样可以借用洛克的论述将少数私有物品重新定义为公共物品？

此争议起源于政府的不可信任。许多今日的服务性公共部门，如学校（教育）、医院（医疗）、公园（休憩），甚至货币（交易媒介），本来都是个人或民间团体的创新提供。后来，政府以强制权力垄断了这些服务。这是自由主义者的忧虑，哈耶克并非不担忧。因此，他在允许政府扩充最小政府的职能时，同时提出两点扩充的前提。第一，提防政府对公共物品的恶性扩大。政府会诱导百姓陷入财政幻觉，误以为自己享受之公共物品的财源是由其他人在分摊，引导百姓陷入"不吃白不吃"的机会主义。第二、保留公共物品的其他竞争管道，其一是允许地方政府的竞争提供，其二是维持潜在的民间竞争机会。为了确保这两种竞争不受压制，在体制上必须严禁政府享有其他特权，除了明确规定的筹资原则外。

租税

自由社会的平等原则是"每个人都必须面对相同的规则"，比如在司法上的法律之前平等。因此，在税制上也只有等比例税制是唯一合乎平等原则的税制。就直接税而言，比如以收入为税基，其等比例税制的意义是：每人赚取每一块钱所支付的税率应相等。但就间接税而言，其税基为交易而收入，其等比例税制的意义是每人消费每一块钱所支付的税率相等。这样，在折算成收入税之后，等比例的交易税就成了累退的税制了。因此，在单一的收入税制国家，征税实务上采纳等比例税制并不困难。但在同时采用直接税和间接税的国家，存在一些计算上的复杂。然而，不论税制的复杂性，上面的平等原则要求的是：每人的总税赋应该和收入成等比例。[1] 假设某国同时采取收入税与等比例税率之交易税。因为等比例税率之交易税为累退税，为了符合平等原则，收入税之税率就必须带有累进性质，但每人的总税赋仍须与收入成相等的比例。

在总税赋必须是等比例税率之原则下，哈耶克提出"最高收入税率原则"，要求个人的最高收入税率不得高过政府税收总额占国内生产毛额（GDP）的比例。比如社会是由贫富两人组成，富者收入 1000 万元而交易支出 600 万元，贫者收入 500 万元而交易支出 400 万元。现假设交易税率为 10%，交易税总额为 100 万元，而 GDP 为 1 500 万。若政府预设的税收总额为 500 万，则收入税总额为 400 万元。400 万元可以累进税率来征收，但是富者的最高税率不得超过 0.33（即 500 万／1500 万）。假设收入税率为贫者 20% 而富者为 30%，收入税总额为 400 万元。此时，贫者的总税赋为 140 万，占其收入比例为 28%；而富者的总税赋为 360 万，占其收入的 36%。若收入税率为贫者 15% 而富者为 35%，收入税总额为 400 万元。此时，贫者总税赋占其收入比例为 11% 而富者为 45%。虽然这仍维持等比例税，但他反对贫富税率差距过大。

哈耶克认为，微幅的累进税率可以避免贫者利用租税去掠夺富者。当税率累进过大时，贫者会要求降低私有产权的适用范围，尽可能将所有的财货公共物品化，因为只要公共物品化，则负担大都会落到富者身上。如果这种情况发生，高度累进税率不仅是在榨取富者而已，而是将整个社会推向社会主义。如果税率累进不大，贫者若想推动公共物品化，从比例言，其负担并不比富人轻多少，也就会放弃。因此，避免过大的累进税率，可以有效地遏止自由社会走向社会主义。

相对地，累进税制指的是总税赋占收入的比例成累进，不是单一地对某租税而言。累进税制无法满足平等原则。因此，累进税制的提倡者就虚构了一个"均等牺牲原则"外，要求个人之总税赋之负担应该达到均等之牺牲。该原则假设每个人的效用都相同，而且收入的边际效用递减，故而主张富人和穷人所牺牲的效用要相等的话，富人的边际税率必须要远大于穷人。[2] 边际效用学派早已说明主观的效用是无法作人际比较的。再者，收入的效用也只是推衍的间接效用，而间接效用并不会递减。[3] 既然不会递减，个人不论收入多少，其每一元的边际牺牲都是相等的，与累进原则完全无关。明显的，这个均等牺牲原则不是根据经济理论的论述。人文社会科学领域只有经济理论会论及

---

[1] 此通则的另一种陈述是：相等能力的人应负担相等的税赋，而不同能力的人应该负担不同的税赋。

[2] Hayek（1960）在第二十章"租税和重分配"中简述累进税率的历史，指出累进税制在法国大革命时被鼓吹为再分配的手段，而遭 Turgot 反对。1848 年，马克思也建议无产级革命初期可用累进税，逐渐自资产阶级手中夺取生产工具。约翰·密尔称这种税制是温和的劫掠手段。

[3] 间接效用的意义是，收入增加时，人们不是继续消费原类商品，而是寻找更精致的新商品消费。

效用，因此，这是一个错误地利用经济理论去讨论政策的范例。累进税制除了潜藏社会主义化的危机外，哈耶克也指出：累进税的税率无法从任何经济理论去推演出来，只能依赖政治上的多数解决。不幸地，多数决经常不会考量长期的经济发展。[1]

管制

米塞斯定义管制为政府对市场结构的干预，其结果导致市场结构不同于自由市场所决定的状态。[2] 依此定义，价格管制便是政府将货品、劳务、资金的价格规定在一个不同于自由市场决定的水准。管制者企图向百姓提供其预设的市场结构。他们类似一群工程师，企图引导电流、洪水、化学反应等朝预设的方向前进。管制者和计划者出于相同的心态，差别在于：计划者强制百姓沿着规定的道路行走，管制者限制百姓不能进入他们禁止的道路。[3]

管制不会没有效果，只是政府预设的目标未必会成功，还会让百姓付出更大的成本。这不只因为管制者从不知道执行管制的成本，也因为他们很少会对消费者负任何责任。在第一次世界大战时期，英国政府就有过管制房屋租金的失败经验。当时，由于军事动员，工业区全天生产，大量的劳动力拥挤到工业区附近寻找住所，房屋租金节节上升。政府为了压制房屋租金，便采取价格管制。结果就如同经济学教科书的描述：出租的房屋减少了、变旧了、装潢简化了，也出现房客愿意承接租房之清洁和维护的现象。这就是经济学家常提出的疑问：政府强加管制，企业家难道不会寻找出管制政策无法施力的措施？同样，当房价太高时，政府常以各种手段去限制房价。限制房价等于强制取消房屋作为投资工具的功能。于是，该投资资金转到其他的金融工具。在金融发达的社会，投资房屋的预期利润率仅较利率多出风险贴水，因此，政府真能让房价下跌的比例并不大。

管制者也常因商品价格狂飙而出台价格管制。价格管制的结果，商品供给减少，人们必须排队或等待才能买到商品。虽然人们获取商品的货币价格降低了，但获取的时间成本却增加。若不排队，人们从黑市购得的价格会高过管制前的价格。政府对于劳动薪酬的管制则是限制最低薪酬率。米塞斯举例说，如果码头工人要求最低工资，经营码头的企业主将以资本替代劳动，以维持固定营运量和降低营运成本。由于资本

---

[1] 经济学家爱说累进税率具有经济自动调节机能：景气好时，收入高，累进税的降温效果大。但这效果在等比例税制有存在，只是效果没那么大。

[2] Mises 1966［1949］，第六篇。

[3] 当前博弈理论正红，在计划者与管制者之间出现强调诱因相容机制的博弈论者，他们虽然开放所有道路供百姓选择，却在计划的道路旁提供各种饮料和点心，而在其他道路放养恶犬和毒蛇。

必须来自其他产业部门，势必延缓该部门的投资和增长，社会的总产出也跟着减少。[1]

相对于促进其他可以促进经济活动的政策，价格管制是最便宜的政策。也因此，政府常以各种不同的借口去推行价格管制。2013 年，台北"故宫博物院"因观光人潮过于拥挤，拟大涨门票 40%，后因反对声浪过大而冻议。这波效应冲击到交通业运输费用的调整计划，有关交通部门公开保证交通票价将冻涨到同年 9 月。[2] 同一时间，文化部门为了拯救在市场竞争中节节败退的独立书店与小区书店，要求公平交易委员会"修法"统一书籍的售价。[3] 文化部门的说法是：这些小规模的书店不仅是在卖书，也在小区推广书香文化和阅读风气。不论为了什么目的，不同的部门都有一个共同的说法，那就是"政策不只是考量市场机制。"[4]

管制常是当代发展中国家从市场体制走到计划经济的第一步。委内瑞拉在本世纪初还是南美洲经济状况较佳的国家，也是世界第五大原油输出国。凭着石油资源，该国前总统查马戈·拉斐尔·查韦斯·弗里亚斯（Hugo Rafael Chávez Frías）推动各项社会计划。他一方面大量向外举债，另一方面发行大量钞票，结果令物价高涨。2009年的通胀率达 30%，2011 年也接近 28%。[5] 他却指责物价上升是贪得无厌的资本主义所造成，便下令管制价格。结果适得其反，许多商品出现短缺，如奶粉、咖啡、卫生纸。三年之前，委内瑞拉还是个咖啡出口国。由于政府控制的咖啡价格过低，种植的农民和烘焙工人停止生产，也不愿继续投资。根据泰晤士报的报道，"出现短缺的一些行业，如奶类和咖啡，政府已经控制其相关的私营企业，接管运营，并声称这是国家利益的需要。"[6]

附录：传统中国的政府论

当我们将人类初期的创新界定为模仿自然后，模仿能力便成为人类将自然界秩序转变为制度的必要条件。不论在中国或是在西方，"人类生来便具有模仿能力"是一项公认而不必验证的前提假说。

---

[1] Mises 1960［1949］，第六篇。

[2] 《联合报》，2013–03–22，"台、高铁……冻涨到 9 月"。

[3] 《联合报》，2013–03–22，"救独立书店……文化部倡统一售价"。

[4] 《联合报》，2013–03–22，"台、高铁……冻涨到 9 月"。

[5] http://www.globserver.com/ 委内瑞拉。

[6] Douglas French，"委内瑞拉何以资源如此丰富，供给却如此紧缺？"，《基督教科学箴言报》（*The Christian Science Monitor*），2012–04–24。

任何的人群都非同质。不论以何种特征为排序标准，人群都会分出强人与弱者来。如以模仿的能力来排序，人群中总存在模仿能力超强的少数人，是中国传统思想所称的圣人。圣人以下的众人，亦可依其自行模仿能力再排序。在丝毫不具模仿能力的智障者之上，是一些必须在他人逐步教导下学习的弱者。智障者与弱者都非人群的普遍现象，较普遍的是具有相当程度之自行模仿能力的常人。常人虽然还不具有从自然界秩序中开创新制度的能力，但在圣人们创新制度之后，他们具有模仿圣人作为的能力。概括地说，就模仿能力可将人群分成四种：能模仿自然界的圣人、能模仿圣人的常人、必须逐步教导的弱者、教也教不会的智障者。

圣人作制

圣人居于分类的顶层，扮演着将自然界秩序转变成人群秩序的角色。在历史起源时期，这些具有能力从上帝或自然界中获取新法则（亦即新知识）的圣人，多少与巫师或先知的角色有关。圣的初义就是听觉官能之特别敏锐，而圣人的主要特征便在拥有观天地的法象能力。[1]

让我们先看《易经·系辞下传》对圣人的定义："古者包羲氏之王天下也，仰则观象于天，俯则观法于地，观鸟兽之文，与地之宜，近取诸身，远取诸物，于是始作八卦，以通神明之德，以类万物之情。作结绳而为网罟，以佃以渔……神农氏作，斫木为耜，揉木为耒，耒耨之利，以教天下……日中为市，致天下之货，交易而退，各得其所……黄帝、尧、舜氏作，通其变，使民不倦，神而化之，使民宜之……刳木为舟，剡木为楫，舟楫之利，以济不通，致远以利天下……上古穴居而野处，后世圣人易之以宫室，上栋下宇，以待风雨……上古结绳而治，后世圣人易之以书契，百官以治，万民以察……是故，法象莫大乎天地；……备物致用，立成器以为天下利，莫大乎圣人。"在这段叙述中，圣人是以事功起家的。上古圣人的事功多属技术创新，而后世圣人的事功多是制度创新。

在西方和圣人接近的概念是强人（the strongest）。卢梭在《论人类不平等的起源和基础》一书中也讨论到人类从模仿自然到形成制度的过程。他称制度的创造者为强人。强人和圣人的相似性，可以从兴作宫室为例来比较。《韩非子》说："上古之世，人民少而禽兽众，人民不胜禽兽虫蛇。有圣人作，构木为巢以避群害，而民悦之，使王天

---

[1]　关于圣与圣人之意义及其发展，请参见方介（1993）、王文亮（1993）、杨如宾（1993）、萧璠（1993）、夏常朴（1994）。

下，号曰有巢氏。"[1] 很有意思地，卢梭对于宫室起源的论述，也是假设了一位具有创作能力的"有巢氏"。卢梭说道："不久，人们就不再睡在随便哪一棵树下，或躲在洞穴里了。他们发明了几种坚硬而锋利的石斧，用来截断树木，挖掘土地，用树枝架成小棚；随后又想把这小棚敷上一层泥土……可是，首先建造住所的，似乎都是一些最强悍的人，因为只有他们才觉得自己有能力保护它。我们可以断定，弱者必然会感到与其企图把强人从那些小屋里赶走，不如模仿他们来建造住所更为省事和可靠……这种新的情况把丈夫、妻子、父母、子女结合在一个共同住所里。"[2] 同是筑巢架屋，卢梭将制度发展归给弱者的"不如模仿"，而非韩非所说的"以教天下"。卢梭并没否定强人也有教导弱者的意愿，但他更强调弱者主动的自行模仿，而这个能力让弱者可以不求于强人。如果不谈强人的教导，弱者想拥有树上巢屋的方式只有两种：抢夺或自行模仿。但身为弱者，自然只剩下自行模仿一个途径。

两者同样强调圣人或强人才有能力发现新制度，但中国传统圣人思想强调以教天下的扩散过程，而卢梭强调常人自行模仿的扩散过程。常人自行模仿的结果，不仅能给自己搭盖一间树屋，也避开了与强人连结的人际关系。相对地，圣人思想强调圣人的以教天下，顺理成章地建立了他与常人之间的人际关系。[3]

打造帝王

当以教天下成为圣人的特质后，弱者的福祉也就具有外部效果，因为弱者的不幸能影响到圣人的效用。以教天下的情怀就是，圣人拥有极为强烈的博施济众的利他心（Altruism），使得他不得不奉献毕生去服务常人和拯救弱者。加上圣人睿智与先见的能力，其对常人（以下包括弱者）的贡献可简单地称之为"教导"。在上述的假设下，圣人对于教导的提供甚为强烈。

有了供给，但是否也存在需要？常人是否会选择接受圣人的教导？是否愿意长期接受？这里，我们加上另三条假设。其一是，常人在接受圣人的教导时会产生两种方向相反的感受：直接获得的（预期）消费效用和因而产生的（感激与）亏欠之情。消费效用是指人们在享用一般物品所获得的满足，带来正值效用。亏欠之情则是一种期待去补偿的感受，带来负值效用。其二是，常人接受一般物品的馈赠（以下称为礼物）

---

[1] 语出《韩非子·五蠹》。圣人作宫室的说法遍及儒家与法家，如《易经·系辞下传》亦曰："上古穴居而野处，后世圣人易之以宫室，上栋下宇，以待风雨。"

[2] 《论人类不平等起源和基础》，中译本，第102–103页。

[3] 《韩非子》对于有巢氏之得王位是采被动的"民悦之，使王天下"。反之，《易经》对于包羲氏之得王位，则采主动的"以王天下"、"以教天下"。

时，其边际消费效用随着礼物之价值与赠礼之次数而递减，但其边际亏欠之情则递增。常人除了接受教导外，还具有自行模仿的能力，因此，在决定接受教导与否时，会计算接受教导与自行模仿之间的效用差异。当自行模仿的成功率愈低、从筑巢架屋获得的消费效用愈大，或接受教导之后的亏欠之情愈低，常人愈会接受圣人的教导。第三条假设是：消费效用是流量，按次计算，并在消费之后随即消失。亏欠之情属于存量，与时累积，愈累积愈高。如果在圣人提出教导筑巢架屋之前，常人已经累积的亏欠之情超过能从筑巢架屋获得的消费效用，便会拒绝来自圣人的教导。他的拒绝不仅造成自己的福祉停滞不进，也带给圣人失意与难过（因为博施济众乃其德性）。更为重要的是，他的拒绝也不利于社会的进步，因为只有圣人才具有法象天地、创新制度的能力。如果圣人的创新成果无法顺利地传递给常人，社会进步的脚步多少会缓慢下来、甚至停滞不前。

逻辑上，要诱使常人接受圣人教导的办法是有的。第一种办法是，让圣人补偿常人因接受教导而受到亏欠之情的伤害。圣人可以从社会整体利益考量，将社会因他的教导而增益的福利分给常人。这种方式可以让圣人与常人都获益，但在执行上，需要某种社会主义式的协议，或让圣人去分配社会的增益。前者并不是中国传统陈述的选择，而后者的结果会和以下的第二种办法相似。

第二种办法是，常人在接受圣人教导时，借送礼回报以降低亏欠之情。只要常人认为送礼足以补偿亏欠之情，便愿意接受教导。这样，双方的效用水准便得以提升。逻辑上，这办法也可说成：将圣人的教导商品化，让常人购买，以减少亏欠之情的累积。

如果购买价格可以为常人接受，那么，常人便不会因接受教导而产生亏欠之情。至于圣人是否能接受此项买卖交易？也许接受来自常人的价格会令他心有不安，但只要他关心常人的程度高过自己的不安，便无拒绝接受的理由。由于常人人数多而圣人人数少，该办法并无实施上的困难。

问题是：常人将以何物作为支付价格？起初，这可能是几只刚捕获的野兔或是刚捞上岸的溪鱼。但如果圣人创新的功绩大到足以让人群脱离野蛮生活、避开猛兽蛇虫的侵袭、克服寒冻饥饿的压迫，那么，常人的亏欠之情又岂是这些价格能回报？[1] 除了野兔和溪鱼外，还有哪些资源可作为支付？传统思想提出的假设是：常人以服从为价格，推举圣人为王。因此，常人推举圣人为王的选择，并非让圣人把天下纳入私囊，

---

[1]《尚书·皋陶谟》称禹的功绩是这样："洪水滔天，浩浩怀山襄陵，下民昏垫。予乘四载，随山刊木。暨益奏庶鲜食。予决九川，距四海；浚畎浍，距川。暨稷播奏庶艰食、鲜食，懋迁有无化居。烝民乃粒，万邦作乂。"至于在禹之前的尧，也因长期造福族人而被拥戴为领袖。《尚书·尧典》称："曰若稽古帝尧，曰放勋，钦明文思安安，允恭克让，光被四表，格于上下。克明俊德，以亲九族；九族既睦，平章百姓；百姓昭明，协和万邦。黎民于变时雍。"

因为这与圣人拥有博施济众德行的假设矛盾。[1] 举圣为王是一种保证圣人不断创新，并顺利地将创新结果转移给常人的制度创新。

如果常人因不愿举圣为王而拒绝圣人的教导，圣人的创新便只能透过常人的自行模仿去推广。这时，圣人若要博施济众，便得埋头创造，而不要去管（也无从管起）常人是否具有自行模仿的能力。如果常人看到圣人的创新，如盖在树干上的巢屋、钻木生出的火苗、播种长出的五谷等便能自行模仿，圣人仍可宽心。因此，只要常人的自行模仿能力足够强，则圣人专责于创新的成果将更胜于花时间去教导常人；反之，如果常人没有能力自行模仿，圣人的创新能力也无法造福常人。这也就是说，自行模仿是常人在举圣为王之外的另一种选择。如果我们假设常人的自行模仿能力够大，则自行模仿会是对社会整体较有利的选择；反之，若假设常人缺乏自行模仿能力，举圣为王便是对社会整体较有利的选择。

严格地说，我们无法评估常人对钻木生火、在树干上建巢屋、播种五谷等技术，以及语言、家庭、社会、法律等制度的模仿能力。然而，当传统思想在假设圣人的博施济众之德和常人的亏欠之情外，又假设常人缺乏自行模仿能力，举圣为王便成了唯一的选择，也成为社会让圣人的创新能力转化成社会福祉的唯一制度。合理化举圣为王的关键，在于对常人自行模仿能力缺乏信心，而不在于假设圣人拥有创新与博施济众的双重德性。[2]

从上述分析，我们有了一个描述中国传统政治经济体系的基本模型。在这模型下，天以稳定的秩序运行。圣人从天道中悟出一些智慧，发明新的技术和制度，教导人群脱离野蛮生活。常人接受并学习圣人的教化，并拥戴他的领导。圣人为了继续推行教化，也就顺应民情为圣王。

即使我们不怀疑圣人法天作制、施教百姓的能力，但要这个基本模型保证常人能举圣为王和学习新制，不能说没有实际运作的困难。常人最大的问题是在于"如何寻找出一位圣人来"。现实政治所出现的帝王多不符合圣王的标准，这更迫使得历代儒家学者不得不修正基本模型。

历史的发展使政治事务趋向繁杂，知识由贵族向百姓扩散，导致圣人从自然界取得新法则的独占地位逐渐丧失。如果常人在获得知识后也能表现出令人尊重的创新能

---

[1] 除了这种看法不符合圣人视天下为公的假设外，常人在举圣为王之际便面临着圣人有翻脸成为暴君的风险。然而，对于拥有博施济众德性的圣王，这风险是不存在的。博施济众的假设排除了圣人会成为暴君的可能，更排除对圣王加上约束性限制的需要。

[2] 不同于圣人具有强烈利他心的假设，卢梭只假设人拥有的怜悯心有限度。他说："我相信这里可以看出两个先于理性而存在的原理：一个原理使我们热烈地关切我们的幸福和我们的生存；另一个原理使我们在看到任何有感觉的生物（主要是我们的同类）遭受灭亡或痛苦的时候，会感到一种天然的憎恶。我们的活动能够使这两个原理相互协调并且配合起来。在我看来，自然法的一切规则正是从这两个原理的协调和配合中产生出来的。"（《论人类不平等起源和基础》，中译本，第102-103页）

力，则法天作制所指的创新能力便无法再作为圣人取得王位的理由。也就是说，知识扩散的结果，将使圣人依赖法天作制以取得王位的合法性开始动摇。历史上，当皇室无法在知识上继续领先时，便转而接受以"齐桓公正而不谲"[1]的政治仲裁能力取代圣人作制的创新能力。

要排除常人自封为圣王的机会，圣人出现的频率就必须大幅降低，不能再有如文王—武王—周公这样高的连续出现频率。当百姓接受圣人不易出现的观点后，即使知识已经扩散出去，也能减少其他的圣人挑战现有王权的机会。因此，最好的宣传，应强调圣人数百年才会出现一次。那么，何时才能允许圣人出现？历史上，每在改朝换代之际，新朝代的新王往往披着一层神秘色彩，从怪异的身世到异常的身体特征，以显示他无可取代的神圣身份。神格化具有两层效果：其一是符合圣人难得一出的新假设，其二是以出身取代知识作为认定新圣王的标准。新王既是圣人，那么在举圣为王的传统下，他取得王位的方式便不能靠斗争得来的。因此，新王除了必须以受天命或奉天承运作为解释他争夺王位的理由，也在登基之际举行禅让仪式。

帝王师

当新王改以身世去垄断人与天的沟通关系后，血统也就成为其子孙继承王位之合法性条件的说辞。新王毕竟是经由斗争赢得王位，其胆识自然超出常人，但其继承者却未必具有此能力。为了提升继承地位的稳定性，制度必须再修正，让权力再度分工。其做法是，让继承者放弃圣人的头衔，允许民间大儒取得圣人的头衔。[2]于是，儒士出现了，不仅可以佩印封相，甚至可以成为素王。[3]这是王权在知识继续扩散之后，发展出来的权力分工，也是继续神权与王权分离之后的第二度分工。

权力分工后，王室不必再担心来自知识扩散与增长的威胁，而知识界也不必继续遭受王权的打压。为了取信于百姓，王位的继任者一方面提出血统证明以作为继承的

---

[1]　除此句外，《论语·宪问》又曰："桓公九合诸侯，不以兵车。"孟子虽然广泛地指责"五霸者，三王之罪人也"（《孟子·告子下》），但对于齐桓公的霸业亦相当称许。他说到："五霸桓公为盛。葵丘之会诸侯，束牲载书而不歃血。初命曰：'诛不孝、无易树子、无以妾为妻'。再命曰：'尊贤育才，以彰有德'。三命曰：'敬老慈幼、无忘宾旅'。四命曰：'士无世官、官事无摄、取士必得、无专杀大夫'。五命曰：'无曲防、无遏籴、无有封而不告'。曰：'凡我同盟之人，既盟之后，言归于好'。今之诸侯，接犯此五禁。"（《孟子·告子下》）

[2]　无可否认地，皇室都喜欢在与百姓往来时自称为圣，如圣上、圣旨、圣朝、圣诞等，但这只是表现出其拥有绝对权力而已。另外，也有不少学者承袭着韩愈所说的"帝之与王，其号殊，其所以为圣人同也"，以及《吕氏春秋》中的"圣人南面而立"等，在现实的权力下肯定王者为圣的必然关系。但这些称号乃是个人在威权下的选择，而故意将理想中举圣为王的充分条件改为必要条件。就政治思想史而言，"王者必圣"的观点并未发展成政治思想的法则，否则"帝王师"与皇太子教育都是多余。由于王者未必为圣，也就逐渐走向内圣外王的分离路线。到了宋明两代，甚至满街的路人都有机会被尊为圣人。

[3]　摘要地说，本节的论述以周公为历史上的转折点，向前承接有巢氏、伏羲式、神农氏、黄帝、尧、舜、禹的上古传说及文王与武王两位周朝的开国君主，往后则续接孔子和一些争议未定的历代大儒。孔子之后，历代曾被时人或其学生尊称为圣人的儒者，至少有：子思、孟子、董仲舒、杨雄、王莽、二程、朱熹等诸子。由于周公以前的圣人都是身兼政治上的领袖，因而流传着"百姓择圣为王"的政治观。但在周公以后，由于实际政治的领袖无法满足作为圣人的严格要求，而被尊为圣人的孔子也不再具有政治领导权。

资格，另一方面则展示他具有维持天命的能力。在缺欠第一代开国祖先的超人胆识下，教育与用人也就成了能力证明的凭据。于是，整个政治制度便由举圣为王调整到打造帝王的方向：一方面强调对皇太子的教育工作，另一方面尊奉大儒为帝王师来辅佐与规谏新王。[1]

当儒士进入朝廷与皇室结合成宫中府中一体的统治阶级后，制度出现第三度转变，也就是推行圣王合一的教化工作。这里所称的圣王合一是指新王与受尊为圣人的大儒共同推行统治与教化工作，而不是新王也被尊奉为圣人。当统治阶级推行教化而常人仍拥有亏欠之情时，常人依然愿意尊新王为王。当新王的王位来自血统继承又是既定事实，常人无法再以推举为王方式回报。常人在失去回报方式后，统治阶级若要教化工作顺利推行，则只有改用上一节提到的另一种办法，也就是由统治阶级送礼物给常人。于是，王者必须要拥有全国的财富，才可能在进行教化之际送礼物给全国的常人。

从历代儒家的著作中可以发现，不论他们认为可行或不可行，这项礼物即是国家应在每个男子成年时给予百亩农田。换言之，在圣王合一制度下，统治阶级必须同时推行强调教化的德治制度以及强调养育的井田制度。[2] 这两种必须相辅相成的制度，也就成了中国传统的民本制度，而其背后的基本假设建立在统治阶级对百姓创造能力与模仿能力的不信任。

这一节构建出一个简单的传统儒家政治经济学模型。这个模型包括了天、圣人、儒士、常人（百姓）四个行动主体，而他们的行动假设分别是：（一）天与天道有常——天稳定地提供一套能长久的生存与发展模式，提供人类参考；（二）圣人与法天作制——圣人有能力将天道转换成社会运作的新技术与新制度，也怀有教导一般百姓如何运作的情怀；（三）儒士与为帝王师——儒士的行为动机出于利己，但能了解圣人之创作并将它教给百姓；（四）常人与风行草偃——常人也是利己的人，同时缺乏创新和自行模仿的能力，但愿意跟随圣人或儒士的教导。社会在圣王的带领下，步向公正、和谐、富裕的有道社会。

将此模型比较于卢梭的"强人作制"的制度起源论后，我们可以理解传统政治思想之所以未导出民主制度，不是假设了圣人作制，而是对于常人模仿能力的否定。由

---

[1] 如果说上古的帝王必须与辅佐的大臣分摊政治权力，那么，我们便可以视非圣人的帝王在继承王位时所举行禅让继承仪式，乃是帝王与辅佐大臣所达成的一项政治契约：大臣允许帝王举行禅让继承仪式以取得新王位的合法性，并放弃以新的或真的圣人的身份挑战帝王权力的可能；而帝王答应大臣取得帝王师的辅佐地位。但在缺乏更高层级的监督下，帝王与大臣之间的契约只能靠双方的自我约束去履行，因此，篡位与戮杀大臣的毁约情况也就屡见不鲜。

[2] 关于中国传统的民本思想、德治制度、井田制度的相辅相成关系，请参考黄春兴、干学平（1995）。

于否定常人的能力，故在圣人作制之外，还需假设圣人具有博施济众之德。[1] 这看似无害的假设，却演变出不同于西方的政治制度，发展出视民如子的民本制度。相对地，强调常人模仿权利的强人思想，则发展出民主制度。

另类传统

在中国传统思想里，货币也如同树上的巢屋，被视为是圣人作制的结果。最具代表性的是《管子·国蓄》中的叙述："玉起于禺氏，金起于汝汉，珠起于赤野，东西南北距周七千八百里，水绝壤断，舟车不能通。先王为其途之远，其至之难，故拖用于其重，以珠玉为上币，以黄金为中币，以刀布为下币。三币，握之则非有补于暖也，食之则非有补于饱也，先王以守财物，以御民事，而平天下也。"历代对先王制币学说持有不相同的观点，如西汉的司马迁便认为："农工商交易之路通，而龟贝金钱刀布之币兴焉。所从来久远，自高辛氏之前尚矣，靡得而记云。"[2] 然而，就如柳宗元的自然起源论，主张自然发生的理论不多时便被改写成圣人作制理论。比如明代丘濬便是很好的例子，他说："泉，即钱也。钱，以权百物，而所以流通之者，商贾也。商贾阜盛，货贿而后泉布得行。……于是时，市无征税，所以来商贾；来商贾，所以阜食货。然又虑其无贸易之具也，故为之铸金作钱焉。……周官此法，其亦汤禹因水旱铸金币之遗意欤。"[3] 于是，与商贾交易同时出现的货币，又再度得以先王（汤禹）铸币为前提。[4]

如果早期的自然起源理论能独立于圣人作制理论，中国传统思想是否有机会导出民主思想？这是思想史的问题，就留给思想史学家去费心。这里，我们关心的只是制度起源的相关理论。

---

[1]《论语·雍也》载："子贡曰：'如有博施于民而能济众，何如？可为仁乎？'子曰：'何事于仁，必也圣乎！尧舜其犹病诸！夫仁者，己欲立而立人，己欲达而达人。能近取譬，可为仁之方也已。'"

[2]《史记·平准书》。

[3]《大学衍义补·铜楮之币》，第352页。

[4] 柳宗元在"真符"一文中认为："惟人之初，总总而生，林林而群。雪霜风雨雹暴其外，于是乃知架巢空穴，挽草木，取皮革。"但韩愈的"原道"将制度的起源由自然起源论转回道圣人作制理论："古之时，人之害多矣！有圣人者立，然后教之以相生养之道。为之君，为之师。驱其虫蛇禽兽，而处之中土。寒则为之衣，饥则为之食。木处而颠，土处而病，然后为之宫室。"

第八章　政治市场

上一章指出：当市场未能提供百姓期待的商品与服务（简称公共物品）时，人们要求政府提供是无可责难的另一种可能选择。但是，公共物品的特性不是同时能供多人使用，就是规模巨大而难以分割。当然，民间未必无能力提供公共物品，就是卡在各种难以言说的理由。当人们要求政府提供时，却常忘了他们之间对公共物品的需要并不相同，而且，对于大型公共物品也常仅使用其一小部分。因此，要如何汇聚他们的不同需要？

进一步说，如果提供公共物品成了政府的一部分职能，政府要如何去发现百姓的需要？再者，我们要如何能寻找到切实了解百姓需要并能有效率提供其期待之商品与服务的人，去组成政府？如此思考，我们便发现政府提供公共物品的过程，也和一般商品市场提供私有物品的过程类似，都是需要仰赖市场平台的发现与创造过程。这一章将称这一市场平台为政治市场（Political Market）。

在自由社会的政治市场里，个人兜售他的政见，宣扬他的理念，组织支持他的政治团体。不同的政治团体就如不同的厂商，在市场中竞争和发展。商品市场是以个人的钞票决定资源的配置，政治市场则以个人的选票最终地决定资源的配置。不同的体制都有其政治市场，但充分自由的政治市场是民主体制的特征，也是其定义。

本章将分三节。第一节探讨个人的需要如何利用选票汇总成集体决策的票决规则，第二节讨论政治市场的特征及其运作。第三节将探讨创业家精神在政治市场的延伸，并以台湾地区从威权体制走到民主的过程为例，讨论一个自由之政治市场的发展过程。在这个历史过程中，不少的政治人物发挥了他们的政治创业家精神，在不断提升社会利得下，使民主化成为政府对人民的可信赖承诺。最后，本章附录宪政民主在英国的起源历程。

第一节　集体决策的迷思

民主的最基本功能在于能以经济效率提供公共物品和处理公共事务（以下统一称之公共事务）。经济效率是指向公共事务之内容的决定，而不是给定内容之提供。上一章定义公共物品为政府提供之财货，公共事务也是指人民委托政府处理的事务。前者如修建一条联外道路或一座污水处理厂，而后者如提高财产税税率或改变选举办法等。公共事务会改变个人之福祉，而且个人的偏好与知识也不同，因此，当人们聚在一起决定公共事务时，若无一套共同接受的规则去约束彼此，公共事务将难以展开。

集体理性

既然公共事务需要集体决策，就表示个人已经形成组织。集体决策就是该组织的决策。若每个人都遵守集体决策的规则，这个组织便可以拟人化而称为集体人（Collective Man）。集体决策在定义上就是该集体人所做的决策。在这拟人化的思考下，人们常陷入集体决策的第一项迷思：集体人也和个人一样具有经济理性。[1] 若称集体人的经济理性为集体理性（Collective Rationality），本节的问题是：集体理性是否能具备类似个人理性的性质？

就以中央计划局（CPO）这个集体人为例。它是由多位个人（中央委员）组成。这集体人若要拥有等同于个人理性的集体理性，就必须满足以下三项条件。（一）完整性：集体人在面对几个议案时，不会陷入无法决策的困境。[2]（二）递移性：集体人在面对几个议案时，不会出现票决循环。[3]（三）行动性：集体人会以行动去实现理性选择的结果。[4] 以上三项都不是容易满足的条件，主要原因在于：集体理性是个人意见与行动的汇聚，而个人之间存在着策略性行为、换票动机及难以预期的个人特殊性格。个人理性是经济分析上的行为假设，而集体理性则是个人理性经过票决规则和人际互动的

---

[1]　经济分析假设选民对议案都具有判断能力，并假设他们的选择都具有以下两性质。第一是评价理性（Evaluation Rationality），也就是个人偏好结构的完整性和递移性。完整性是指，个人对于任何两项议案都有能力区分何者较佳或毫无差异。递移性是指，若个人在比较议案 A 与议案 B 之后认为议案 A 较佳，而在比较议案 B 与议案 C 后认为议案 B 较佳，则他在比较议案 A 与议案 C 时就会认为议案 A 较佳。第二是行动理性（Action Rationality）。行动理性有两层意义，其一是，个人愿意将依据评价理性之排序所挑选的议案付诸行动；其二是，个人若在实践议案过程中遭遇困难，会寻找克服的办法。换言之，个人如果知道某个议案能带给他最高的效用，便会选择它、实现它。如果他知道这最高效用是必须克服困难之后才能实现，也会付诸行动。个人具备这两项条件，就具备了经济理性（Economic Rationality）。

[2]　即使个人都具有经济理性，但经过人际关系及投票成本的计算后，仍可能不愿对议案表态。除弃权外，他也可能装病缺席。当出席人数不足时，集体理性也就无法比较这两个议案。

[3]　当集体理性不具有递移性时，就称为票决循环（Voting Cycling），或称票决矛盾（Voting Paradox）。

[4]　集体理性不容易满足效用最大化的条件。比如新竹市的东区、西区、香山区的代表都想利用市民的税捐为当地盖一座大型公园。由于税赋来自一般租税，而公园直接对各区有直接利益，议员们不仅会努力争取，更可能交换选票好让三案都通过。结果使整个社会的净效益为负数。

结果。在不改变个人理性下，若集体理性的表现不够理想，我们就只有两条路可走：改变票决规则或约束人际互动方式。

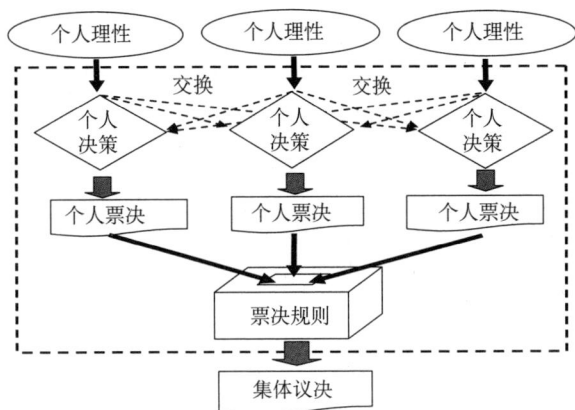

图8.1.1　个人理性与集体理性

注：每个人拥有经济理性和人际关系，先决定个人票决，再经由票决规则汇聚出集体议决。

　　先说票决规则，这是阿罗所开创的社会选择理论（Theory of Social Choice）的核心内容。图8.1.1为个人理性与集体理性间之关系。图中，每个人都拥有经济理性，也拥有人际关系，决定个人票决，然后经由票决规则汇聚出集体议决。票决规则是将个人票决汇总成集体议决的计算规则。社会选择理论学者问道：这些规则必须具备哪些良好的特质？半世纪前，梅伊分析最常采用的简单多数决（Simple Majority Voting）规则，发现它具备以下四种特性：（一）个人自主票决；（二）票票等值；（三）若每一个人改变其原来的票决，则集体议决结果亦会改变；（四）当两议案获得支持的票数相同时，若有人由"反对"改为"弃权"，或由"弃权"改为"赞同"，则集体议决结果将会是"赞同"。[1] 的确，这四项特性都很不错。梅伊证明这四项特质是简单多数决的充分且必要条件，也就是：如果我们要求一种票决规则必须具备上述四项良好性质，那么它就是简单多数决。

　　这四项特性虽然不错，但由于简单多数缺欠递移性，使得这个看似良好的票决规则有着票决循环的先天缺陷。如果递移性是重要的，我们是否可以找到其他良好的票决规则？阿罗给了否定的答案。[2] 类似于梅伊的论述逻辑，他也提出理想票决规

[1]　May（1952）。

[2]　Arrow（1951）。

则的五项特性，分别以公设称之。（一）集体理性公设（Collective Rationality）：票决规则必须具备完整性与递移性。（二）投票人无限制公设（Unrestricted Domain）：任何偏好的人都可以参与票决。（三）弱帕累托增益公设（Weak Pareto Criterion）：如果大家都认为议案甲优于议案乙，集体议决结果也应该如此。（四）议案独立公设（Independence of Irrelevant Alternatives）：两个议案的比较应该只决定于其成员对该两议案的直接偏好。（五）非独裁公设（Non Dictatorship）：任何两个议案的集体议决结果不能永远都与某固定成员的个人票决结果相同。根据这五项公设，阿罗证明出：当委员会的人数在二人（含）以上而议案在三项（含）以上时，独裁式的票决规则会是唯一能满足前面四项公设的票决规则。换句话说，任何的票决规则都无法同时满足上述五项公设。我们称之阿罗的不可能原理（Arrow's Impossibility Theorem）。

阿罗原理来自于他认定递移性的重要性，否则集体决策便接近于随机变量。但是，戈登·图洛克（Gordon Tullock）从政治经济的角度反驳，认为在真实世界，票决矛盾并不会带来困扰。比如在票决循环可能发生时，大家都知道可以利用策略性投票去获胜。社会为了避免策略性投票，早就出现"先提名、先表决"与"后提名、先表决"等对事与对人的不同规则。[1] 另外，在讨论修正案时，通常也视"不修正"为最后议案。这些例子表示人们愿意接受的是规则，而不是结果。

全体一致的共识

集体决策的第二迷思，就是认为 CPO 的委员们对主要问题都会有共识。一旦有了共识，集体人就如同个人，其集体理性自然等同个人理性。当共识决作为票决规则，就是要求议案必须以全体一致（Unanimity 或称无异议）的方式通过表决。无异议赋予各个委员无限的权力，因为每一位委员都可以他的不同意去否决其他人的共同决议。当每位委员都拥有否决权时，除非是利害相同或经过协商，否则议案很难进行下去。[2] 因此，无异议通过反映出来的是人际间的协商。1991 年美国企图入侵伊拉克，要求以联合国名义出兵。由于俄罗斯等国在军事上支持伊拉克，法国也在外交上杯葛美国，最后，这些国家放弃在联合国安理会的否决权，才出现《安理会第 678 号决议》，让代

---

[1] Tullock（1967）认为在罗马共和时期，重大决策取决于神的旨意，也就是从牛肝去断定吉凶。从科学角度言，这些决策接近于随机。他更指出，即使随机，却未给罗马带来长期的大灾难。

[2] 在理论上，无异议作为票决规则很容易使议决难以进行。然而，人们会想出一些制度性方式去避免这类困境，其中最广为人们熟知的就是梵蒂冈新教皇的选举。一百多位的红衣主教必须在最后对选出的新教皇无异议，不论中间过程为何。这时，梵蒂冈西斯廷教堂顶端的烟囱会冒出白烟。另，历史学家杜兰（Durant, 1975）夫妇指出，英国的陪审团制度承袭自法兰克人，是随着"诺曼征服者"威廉一世传至英格兰。在 1367 之前，陪审团的人数在 48 人到 72 人间，制度上要求全体一致的判决。根据杜兰夫妇的说法："在审判中，陪审团人员聆听供词、反方的辩护、推事的意见。之后，他们退入议事堂。在那里，为了避免无缘无故的拖延，他们不食、不饮、不供给火或蜡烛，直到他们一致同意为止。"

号为"沙漠风暴"的波斯湾战争以联合国名义执行。

往往议案通过会影响到个人生活的各层面，因此表决者很少会就事论事。虽然个人有时会不满集体议决的结果，但只要不是强行表决，不满的人也会接受其结果。即使议决规则不是采用无异议规则，但民主的运作依然要以不强制表决为前提。换言之，任何议案在表决之前必须先以无异议通过"是否付之表决"的前提议案。布坎南和图洛克认为前提议案是宪政民主的必要条件。[1] 古典自由主义并不否定政府的设立和授予权力，但要求这些议决都必须通过两段式决策：先是成立议案的表决，然后是通过议案的表决。在两段式决策原则下，民主制度的运作才可能嫁接到古典自由主义。

两段式票决的核心是，前提议案必须无异议票决通过。至于第二阶段的议案表决，则只要求其议决规则详列于前提议案，并未要求无异议通过。许多不同的票决规则都可采用，如简单多数决或加权式多数决。[2]

虽然第二段的票决规则没有无异议票决通过的要求，但布坎南和杜拉克仍提出不确定之幕原则（Principle of Veil of Uncertainty），认为在制订规则时，必须要让参与表决者无法计算规则对自己未来的利害。[3] 比如在重划立法委员的选区时，时间上至少得在两届之前进行议决。若能这样，潜在的候选人就无法明确计算对他最有利的选区范围。当然，实际要做到无法事前算计是很难的，但至少可以让个人的算计面临很大的不确定性。

在不确定之幕原则下，个人只能对不同的票决规则做普遍性的评估。由于对象是普遍性的票决规则，而且特定票决规则将被应用的个案也不确定，布坎南和图洛克认为我们能用以评估的标准便只有如下两项主观成本。第一项是参与者会考量通过一项不利己的议案对个人所造成的损失。他不知道议案的内容，故无法评估损失，但他知道：这预期损失随着票决规则所要求的通过门槛的提高而降低。门槛愈高，不利于他的议案获得通过的概率愈低。他们称此主观成本为票决规则的外部成本（External Cost）。外部成本如图 8.1.2 的 EC 曲线，是一条递减函数，而图之横轴表示所要求通过

---

[1] Buchanan and Tullock（1961）。

[2] 加权式多数决是根据选民的特征赋予不同的权数。以下是几种常见的加权规则。（一）以知识加权：英国早期普一度加重剑桥大学和牛津大学两校毕业生的选票权数，如一票等于两票。（二）以股权加权：在股东大会上，参与者不是以人头计算其投票效力，而是以其所持的股份数目计算。（三）以身份加权：英国工党在票选党魁时，将工党分成三部分，然后以不同权数加总，比如：国会工党占30%、地方工党占30%、工会占40%。另，中国台湾的民进党在选择地区领导候选人时也曾采类似的加权法，如中央委员会占50%、地方意见占50%。（四）以偏好加权：联合报的小说奖评审中曾采纳过。例如有五名候选人，则选民需将他们排出先后次序，依顺位给5、4、3、2、1的分数。然后，再加总所有选民对各候选人的得分数以选出最高分者。市场机制也可以看成是多数票决：消费者以一元一票方式对市场上的商品进行淘汰票决。如果以人头计，市场机制等于是消费者以他们持有的财富为权数的加权式多数决。

[3] Buchanan and Tullock（1961）。

的比例，其纵轴为个人的主观成本。第二项是参与者想通过一项对自己有利的议案所需的协商成本（Negotiation Cost）。若要求通过的比例愈高，他需要去协商的参与者和所耗费的精力就愈高，同时他需要准备的备案也就愈多。因此，协商成本如图 8.1.2 的 NC 曲线，是递增的曲线。[1]

　　加总这两曲线成 TC 曲线，是个人在考量票决规则时所面对的总成本曲线。在最低成本的假设下，他会选择曲线的 R 点，也就是对应于通过比例为 k% 的票决规则（如 67% 的多数决）。他们称这比例的票决规则为最优多数决（Optimal Majority Rules）。"最优"是对参与者言的，不是针对全体。就全体而言，每个人都有其主观的最优多数决，而其数值未必相同。经济学分析只能言尽于此，无法帮这群参与者确立集体的最优多数决的数值。不过，如果两议案的协商成本不同，则协商成本较高的议案所需的最优多数决应较低。相对地，外部成本较高的议案所需的最优多数决应较高。

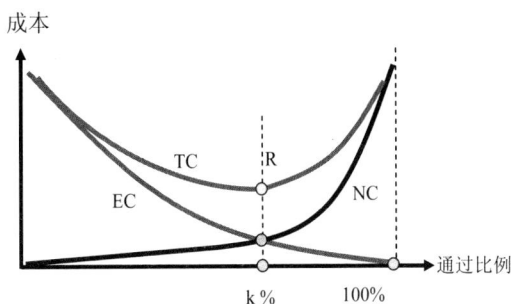

图8.1.2　最优多数决

注：EC 曲线是参与者考量通过一项不利于己之议案对个人所造成的损失，称外部成本。TC 曲线是参与者想通过一项对自己有利之议案所需的协商成本。两线交点决定最优多数决比例。

第二节　自由的政治市场

　　由于完美的票决规则并不存在，社会选择理论专注于寻找接近理想的票决规则，却忽略了真实世界的运作。在真实世界中，票决规则只是用以计算集体议决的机制，此外还

---

[1] 利用协商成本的概念，共识可以定义为，观念不同的个人经过相互的协商与调整之后，找到了大家都可接受的新议案。相对于此，心理学家詹尼斯（Irving Janis, 1982）了《群体迷思的受害者》（*Victims of Groupthink*）一书指出：一个小群体的成员，可能因维护群体内凝聚力，或失去自信，或为了追随领袖，而以追求群体共识为考量，不能务实地评估其他可行办法的思考模式。他称因此造成的全体一致为全体一致的错觉（Illusion of unanimity），因为这群体意见的一致是个人压抑不同的意见而造成的统一的错觉，已完全失去共识的本意。

有需要公共物品的选民、提供它们的议员与政务官、双方交易的选票和承诺、作为中介的政党与利益团体、规范运作的规则等共同呈现出几乎和商品市场一样的结构。以商品市场为比拟，政治市场的核心意义在于满足个人对公共物品的需要，其灵魂为创业家精神，而其运作原则为自由进出。表 8.2.1 是这两市场在要项上的对比，本节将逐一讨论。

政治市场也有两点不同于商品市场之处。第一，商品市场的交易单位可切割到最基本的货币单位，而且其交易利得大都直接归属到交易双方。于是，交易双方在利得与代价的计算，以及在商品交割上，都相对地明确。政治市场的交易是将个人需要绑在一起的公共物品，其原因可能是利得的分享者难以清楚分辨，也可能是巨额的成本需要大家分担，还可能是太大的交易成本必须以借用代议制度。于是，在集体决策下，个人表达出来的需要，未必就会是集体议决的结果。第二，政治市场的自愿交易是建立在两阶段决策的原则上，本质上就存在着远不如商品市场的灵敏和细致。比如，个人的主观效用和预算是随时在改变，而这改变若发生在两阶段的第一阶段之后，将会预料之外地提高个人对第一阶段之承诺的负担。又如在代议制下，当经济与政治形势发生改变，议员可能无法顾及需要差异的选民，导致个体选民对失落的容忍超过其期待。不同于社会选择理论从研究者的理想去设计票决规则，公共选择理论（Theory of Public Choice）从政治市场的运作去探讨集体决策，并试图以商品市场的运作方式去改善政治市场的效率。[1]

表8.2.1　商品市场与政治市场的比较

市场要项	商品市场	政治市场
需要面	消费者	选民
交易物	商品	政策、议案
供给面	厂商	议员、政务官
市场地	市场	议会、行政机关
中介人	中间商	政党、利益团体
交易媒介	货币	选票、承诺
清算系统	银行	资深议员、非政府组织
规范系统	大众传媒	党鞭、大众传媒、知识分子

政治市场的结构

接着，我们逐项讨论表 8.2.1 的各要项。经济学原理的教科书都会有一张经济流程

---

[1]　公共选择理论属于古典自由主义的发展，以政府失灵回应批判市场机制的市场失灵论。市场失灵论者提出以污染税去矫正负的外部性、以政府管制去矫正市场买卖双方的信息不对称、以政府提供公共物品去解决公共物品的不足。公共选择理论刚好相反，认为政府过度介入公共物品的提供将出现计划经济的种种弊病，也提出竞租理论强调政府管制只会带来更糟糕的贪污和腐败。对外部性问题，他们的回应不多，或许可补以科斯的回应，亦即：庇古式的矫正税并没有考量到资源利用的机会成本。

图，其上有代表厂商、家计部门、商品市场与生产要素市场的四个方块，并以代表货币、商品、生产要素之流动的箭头线将它们连成环状图。该流程图用以说明商品从生产要素到成本的生产与交易流程，以及货币扮演的媒介角色。有时，环状图中间还会加画一个政府方块，以解说政府介入市场的作用。政治市场之各要项的关系也可以类似地画成图 8.2.1，但这不是环状图。这里，较特殊的是对人（议员与政务官）的决定，以及集体决策所需要的票决规则。底下将逐一讨论。

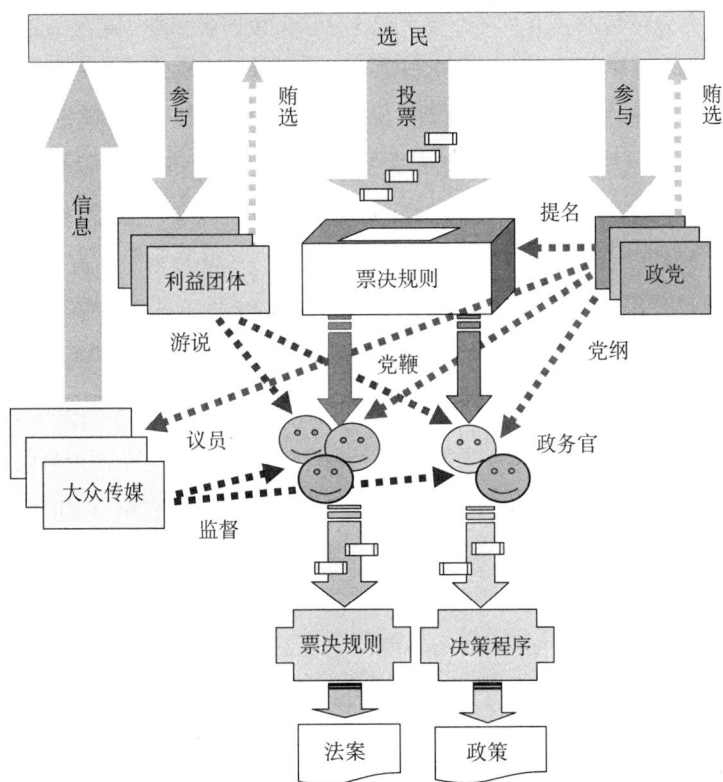

图8.2.1　政治市场的结构与运作

（一）需要面与交易物

政治市场的需要面就是选民，这是相对于商品市场的消费者。如前所述，选民在政治市场的需要是公共物品，而公共物品在定义上就是选民期待政府提供的商品与服务。在大多数民主国家，政府提供属于商品的公共物品的方式，并不是以设置国营企业方式去生产，而是以预算向民间购买，比如军事武器。换言之，提供和生产是分开的。某些政府提供的服务也可以将生产与提供分开，如航站管理。但有些则因争议太大而直接由政府生产与提供，如立法与司法审判等。因此，在政府仅提供而不生产的情况下，选民对公共物品的需要可视为对政府通过公共物品的提供的政策与议案的需要。选民在公民投票（或称公民票决）下直接选择政府要提供的政策与议案。但在间接选举下，则是先选择议员与政务官，然后再委托其行使政策与议案的议决与提供。

消费者对两种商品的选择是比较其预期效用，而选民对于两候选人的选择也同样是比较他们当选后能带来的预期效用，只不过候选人能带来的预期效用远较商品不明确。选民会先比较预期效用并挑选较大者，然后再以两者预期效用的差距去和投票成本比较，以决定是否值得去投票。当投票成本大过两预期效用之差距时，选民就会选择弃权。[1] 为了降低选民的投票成本，有些社会在选举当天放选举假。[2] 在某些居民收入和知识程度都偏高的小区，由于影响他们收入的因素主要是国家大政而非地方建设，因此他们在地方选举的投票率就远低于中央性选举。[3] 相对地，在收入和知识程度都偏低的小区，小区与乡土情结往往能左右选情。由于这里的候选人的供给有限，出来竞选者总是那几位不甚理想的政治热衷人士。这使得选民偏向于不去投票；但他们若前去，也是会投同意票。在此情况下，台湾地区的政治发展就出现了"走路工"（即投票的报酬工资），利诱他们出门去投给特定的候选人。

选民在票决场所就像是商品市场的价格接受者，只能圈选票上的少数候选者。但就整个政治市场而言，选民并不只是价格接受者而已，他们可以经由中介团体提出他们的理想，包括政策与议案以及理想的议员与政务官。自由市场的价值在于参选自由：当选民长期不满意供给面的选项时，可以自由地自己提供新的交易物或让自己成为候选人。自由参选就是自由市场的自由进出，是对一个社会的政治自由的基本评定标准。

（二）供给面与市场地

供给面是指政策与议案的直接与间接的供给者，也就是政务官和议员，前者提供政策而后者提供议案。

间接民主的运作过程是先让选民选出代理人（议员与政务官），再让他们去提供政策。[4] 间接民主的问题在于代理人问题：如何让代理人在握有权力和资源之后，还愿意

---

[1] 弃权也是一种政治自由，但有些民主国家对弃权者却课以罚款，如澳大利亚。

[2] 放选举假也有干预选举的嫌疑，因为有工作者的时间成本较没工作者高，放选举假会提高有工作者的投票率而不利于老人福利政策。

[3] 当两位候选人的政见和施政能力接近时，选民主观认定的当选概率决定了他的选择和是否要去投票。如果他对两位候选人的预期效用很接近时，他会弃权。如果选民对候选人提出的政见都不感兴趣时，他也会弃权。

[4] 本章不区分选举出来的政务官和聘任的常务官，统称为行政官员。

有效率地去实现委托人（选民）偏爱的政策与议案？英国历史学家阿克顿爵士（Lord Acton）就警告过："权力使人腐化，绝对的权力使人绝对地腐化"。这里，腐化指的是对权力和资源的滥用。在这样的传统下，民主政治的原则就是要始终对权力者抱持着警戒与不信任。在此原则下，西方的民主制度发展出分权与制衡的两机制。以美国为例，在分权方面，先是分割政府机能与市场机能，以限制政府职能的范围。然后，再将政府职能分割为各自独立自主的联邦政府与州政府。最后，不论在联邦政府或在州政府，政府职能又再度分割成行政、立法和司法的独立三权。这样的机制设计可以避免政府权力的集中。但即使在分权之后，人民仍不放心官员的滥权，除了继续让国会的参议院和众议院再度分权外，还让行政、立法和司法之间相互制衡。

政治市场提供的议案有两大类，其一是能为社会创造净利得的生产性议案，其二是把某甲财富强制转移给某乙的重分配议案。当某甲面对重分配议案，势必要为保护自己的财富而战，结果常造成社会财富的净损失。所以，当议案或政策无法为社会创造净利得时，便会带来净损失。政治领域并不存在零和博弈。[1] 如果没有高于立法权力的限制，一旦甲方是政治上的少数者，他们的财富永远面对着被重分配的威胁。在无知之幕的原则和逻辑下，人们不会同意他们设置的政府提供负和博弈（Negative–Sum Game）的重分配政策与议案。

（三）交易媒介与中介人

政治市场的交易物是政策与议案，而交易媒介对选民来说是选票，而对议员与政务官来说则是其承诺，因为这不是可以"银货两讫"的交易。当然，也有议员与政务官以货币去交易选票，但这是违法行动。由于这不是"银货两讫"的交易，新制度经济学就发展出来关于质押、监督、可信赖承诺等理论，以及降低双方交易成本的中介人理论。在政治市场上，这些中介人（团体）主要有政党与利益团体，也有学者把政党视为利益团体的一支。[2]

政党是一群对政经体制的态度大致相同的选民所组成的团体，他们不仅向其他选民宣传自己的理念，也推荐议员和政务官的候选人。由于选择候选人的风险远高于购买商品，选民也希望政党能以中介人的角色推荐候选人。一般而言，候选人除了得表明他的政治立场外，还需要赢取选民的信任。因此，除了个人与家族的信誉外，他也需要政党的支持。为了连续赢得胜利，政党必须对其候选人提出连带保证。政党保证

---

[1]　只有在不引发抗争和对立下，重分配政策才可以算是零和博弈。然而，这是不可能的。

[2]　有学者偏爱使用压力团体（Pressure Group），而非利益团体（Interest Group）。

的可信赖程度会高过独立候选人，因为政党提名的候选人都得依赖年轻党员的抬轿，而这群抬轿者正等着参与下一回选举。抬轿者会就近监督候选人是否能践行诺言。

政党在市场平台下自由进出，也就出现政策与议案的竞争。公共选择理论的中位数选民原理（Median Voter Theorem）指出：当选民的偏好呈现对称性的单峰分布时，在简单多数决下，接近选民偏好之中位数的政策与议案会获得通过。[1] 最明显的例子就是美国的两党政治。经过两百多年的发展，共和党和民主党在许多议题上的政见已经调至选民偏好之中位数附近，各自拥有近半数选民的支持。然而，近年来随着美联储一连串地推出宽松货币政策和白宫推行的福利改革，选民偏好的单峰分配正开始发生变化，有朝向双峰分配发展的趋势。一旦中位数原理失效，两党的政策主张的差距将拉开，竞争走向激化，社会和谐也将面临挑战。[2]

由于双峰分布下的极端偏好者，其心中存在着一条"失望线"，当其支持之政党的政策离其偏好太远时，就会弃权。因此，失望线的存在会把政党政策拉离中位数选民原理。不过，政党还是要考量中间选民的选票。中间选民的走向会决定政策的走向，但中间选民的大量流失则会使两党政策跟着走偏锋。麻烦的是，统独问题易受政客的挑弄。

除了政党，利益团体也是政治市场的中介人，一方面把其成员对政策和议案的期待委托给他们可信赖议员和政务官，另一方面把议员和政务官对政策和议案的内容及其执行能力介绍给选民。既然是利益团体，他们追求的就是该团体成员的共同利益。在多元社会下，利益也是多元的，那些自诩站在正义或道德制高点的利益团体也只不过把个人的偏好凌驾于他人而已。于是，自由参与的政治市场充满着形形色色的利益团体，比如追求性工作合法化的日日春关怀互助协会。当然，社会也存在一些反对性工作的宗教团体。因此，芝加哥政治经济学者便认为：只要政治市场规模够大，利益团体的竞争会相互抵消其对政策与议案的影响，因此，利益团体的宣传并不会控制社会的舆论，反而能提供议员与政务官多元信息。比如台湾是否宜对大陆进一步开放市场的议题，高科技产业的公会就扮演支持开放的利益团体，而农产品和传统产业公会可能扮演反对开放的利益团体。

不仅利益团体在政治市场中竞争，政党也是。市场竞争的结果不只形成多元信息，也让信息呈现动态发展。政党与利益团体中不乏具有创业家精神的成员，他们会不断创造出

---

[1] 这原理假设每候选人都可以就其政见简单地在"左派——右派"的直线轴中找到一个落点。若以选民所就接受的政见来代表该选民，就可在左派——右派的直线轴绘出选民之人数分配图。

[2] 克鲁格曼认为美国两党竞争激化是因为共和党日益极右化，而民主党是跟着朝温和右派方向调整。（Krugman，2007）。但这说法只能解释中位数向右移动，无法解释差距的拉开。另外，美国选民偏好的中位数是否右移，也值得怀疑，因为在奥巴马任内的政策是偏左移动的。

新的政策与议案草案,比如彩虹团体要求同志婚姻的合法化、反核团体要求建核四厂等。

(四) 清算系统与规范执行

在古典经济理论,商品市场经由价格调整让供需达到均衡。在日常中,我们偶尔会经过即将歇业的商店,见门口贴着"歇业大甩卖三折起"的海报,预想它很快地就能将存货变现。在短期内,商品市场可能供需失调,但连续两三季之后,存货总会被清理完。若市场在一段稍长期间内无法清理掉超额供给或超额需要,其失衡就会继续累积而成为一项困扰。清算系统是一种市场机制,规律地在一段期间出来清理这些累积的失衡。歇业大甩卖是商品市场下的一种清算机制。大拍卖固然可以将存货清理掉,但拍卖的企业主可能无法偿清欠债。商业社会都有*破产法*,允许个人与企业申请破产,清理债务,然后归零重来。

政党政治也类似。当执政党长期失信后,选民会以票决更替政党,就是清算机制。由于议会运作采用多数决,往往出现赢者通吃现象,让少数派议员和其代表的群体永远成为民主制度下的牺牲者。为了弥补这个缺陷,各党派的资深议员会组成一个协商委员会,协调多数派政党必须在某些对少数派有利的议案上退让,以让公共物品的提供能顾及各群体的需要。

清算之外,市场若无规则也必然瓦解。政治市场的成员也需要遵守市场规则。各政党的党鞭负责监督党内成员对规则的遵循。党鞭可以保证党员遵守党内规则,却无法监督整个政党的脱序行动。更可能地,党鞭常利用内部团结的力量,带领整个政党违背规则。虽然民主政体存在层层的分权和制衡设计,但官官相护的习性和政党的内部协调仍可能掩盖所有的弊端。因此,独立于政党的监督者也就成为政治市场的最后保证,而这些市场要项就是*大众传媒与独立知识分子*。

大众传媒是政治市场的参与者,同时也扮演中介人和监督者的角色。在中介人方面,大众传媒可以表达广大市民的声音,也将政党和利益团体发起的政策和议案向市井小民宣传。当然,政党和利益团体也借大众传媒宣传他们的理念和候选人。在监督方面,大众传媒监督各党派之议员和政务官的作为,也分析和批评各种政策和议案的效果。大众传媒未必会完全独立于政党或某些利益团体,但只要媒体市场足够多元和竞争,就不担心整个媒体市场会失去监督政治市场的功能。[1]

独立知识分子就是独立行动的知识分子,不参加任何的政治聚会,否则就成了利

---

[1] 为了避免独立传媒受到政治勒索,最好的独立方式就是以纯粹商业的立场来经营。如果无法如此,可以将大众传媒严格区分为"独立传媒"与"政党传媒",前者不能有特定的政治立场,而后者必须明示是政党的传媒机构。

益团体的一员。同时，他也不参加任何的政治评议委员会，否则会因为手中的实质政治审查权力而失去客观的立场。当独立的知识分子完全拒绝于利益与权力的诱惑后，很自然地就会形成一股选民可以信赖的不结盟团体。他们的政治评论、社会批判、政策建议等都会成为选民持有以和其他政党协商与议价的知识和筹码。

民主的发现过程

人们普遍相信选举制度的优点在于能够找到具有善意、有能力、可信赖的候选人，然后将公共事务委托他们。《美国的民主》的作者亚历克斯·托克维尔（Alexis de Tocqueville）认为这种想法过于天真。[1] 当他在美国旅行时，美国给他的印象是选举出来的政务官与议员都不是这一类的人。他发现贤能之士很少当选。[2]

民主制度不容易找到贤能，其原因可从人才的需要和供给两方面来看。在需要面，普选制度无法保证大众的选择是明智的。选民缺乏足够的时间与机会去认识候选人，以致肤浅并受操纵的民意调查很容易影响选民的选择。又由于选民普遍存在财政幻觉（Fiscal Illusion），总期待选出的议员能多争取到地方建设和福利政策的经费，却感觉不到自己其实也分摊了其他地区的地方建设和福利政策的经费。在这幻觉下，间接民主养成选民追求超越自己经济能力之外的欲望。这种欲望的贪婪化，使人们期待与事业成功者享受同等的物质成果，也逐渐丧失赞美他人成功的德行。选民显示的需要既然偏向喜欢开选举支票和有能力争取经费的候选人，卓越之士也只好退出政治竞技场。

在供给方面，托克维尔担忧多数决的民主程序对候选人的影响。他用美国开国元勋杰斐逊总统的话说："立法权的压制权力才是真正最值得害怕的危险。"立法权是民主社会里最容易行使"多数暴政"的场所。当立法、司法和行政都受到多数控制时，人们无法不依照多数人所规定的方式行动。如果绝对君权是危险的，"绝对的多数"更是危险，因人们受到行动与意志的双重压制。当多数人作成决议之后，人们即使不满也无从抗议，只能转为缄默。当人们丧失意志之自由，社会也就无法产生杰出的议员。

当然，托克维尔也理解民主的优点。民主体制就类似市场机制，其政府也容易犯错，但其承认错误并改回正途的机会远较专制政府要大。专制政府偶尔也会出现英明的领导者，只是我们无法期待、也无从辨识。他说："民主并不给人最善于统治的政

---

[1] Tocqueville（1840）。

[2] 托克维尔的观察是"当选者中骗子多"。

府，但它却产生了一些最能干的政府常创造不出来的东西，那就是：一种遍及各地的永不停息的活动、一种多过头的力量、一种与之不可分离而且不论环境如何不利都能创造奇迹的精力。"[1] 民主体制能带来小区的繁荣以及不停息的创新力。[2] 改用哈耶克的说法，民主体制是一种最佳的发现程序，不仅提供选民发现商品、生产者和消费者的平台，更在于它让我们知道社会需要什么、谁愿意出来提供这些需要和谁有能力能以最低的成本提供这些需要。

发现程度是市场竞争机制的特征，这也存在于政治市场。选民以选票为媒介去发现和实现他对公共物品的需要。对公共物品的发现需要时间、意见交流、争辩、尝试与错误等，而这些只能在政治市场的平台下进行。这平台就是政治市场下的议会，但这平台却无法容纳过多的选民参与。

民粹政治

间接民主是指选民选举议员与政务官并委托在未来一段时间内代行政策与议案的议决，这虽然可以节省选民参与多次议决的交易成本，但也增加了他们对未来政策与议案的品质的忧虑。因此，在普遍采用间接民主的国家，选民对于重大政策或攸关个人基本权利的议案仍要求对个案直接议决的公民投票（Referendum）。公民投票的另一项要求是为了矫正议会制度下的缺点。其一是，它可以牵制议会权力的独大发展。比如，当议会通过议员加薪案时，不满意议会作为的选民便可要求重新审议议会决议的公民投票。其二是，它可处理议会长期无法议决的议案。

公民票决也存在一些缺点，比如其提案过程相对僵化、双方不容易寻找到可接受的议提内容、无法有效率地利用支持与反对双方的知识等。这些困境容易让一战决胜负的公民投票陷入两极对决，使双方为了胜选而刻意强化其主张的不可妥协性，各持神主牌进行意识形态的缠斗。此时，媒体也会发现他们所提供的信息不再具有边际价值，于是减少边际信息的生产，转而挑选较为激烈与对立的新闻，结果将双方的对决扩大成社会的两极对立。这时的体制虽在形式上遵循着民主的程序和规则，却毫无政治市场所强调的交换与协商的空间。此状态称为民粹式民主政治，或简称民粹政治。

民粹政治不会是单一方的状态，而是双方陷于意识形态缠斗，同时在政治场合中也都各有胜场的状态。竞选依旧进行，候选人以煽动性语言争取选民的认同，利益团体和大众传媒不再提供边际价值的信息，政党之间不再进行议案的协商和交换，多数

---

[1] Tocqueville（1940），中译本，第十四章，第247页。

[2] 托克维尔还认为：虽然民主体制的税负较高，但是人们所生产的商品却多过所纳之税；同时，专制政府也却常使个人突然破产。

党在议会上以多数暴政的方式封杀对方的所有提案。双方都借机将他们的失败诉诸选民、走入群众和进行街头抗争。

图 8.2.2 是民主政体和民粹政治的比较图，其中的差异在于：前者从民主程序、票决规则、到民主政府受到政治市场的制约，而后者是意识形态直接影响民主程序、票决规则和民主政府的运作。完整的民主政体可以分成四个层次，最外一层是政治市场，它在利益团体、政党、媒体和选民的互动下会产生普遍性的运作规则，并决定民主运作的程序和票决规则。民主过程定义了选举、罢免、创制和复决的范围和方式，也决定人情、利益和权力交换的惯例、规范与法律。最后，选民在民主程序和票决规则之下产生民主政府，包括政务官和议员。[1]

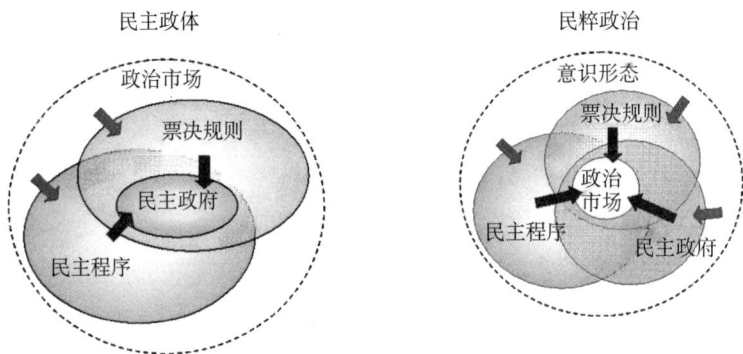

图 8.2.2　民主政体与民粹政治

注：民主政体从民主程序、票决规则、到民主政府受到政治市场的制约；民粹政治是意识形态直接影响民主程序、票决规则和民主政府的运作。

相对地，民粹主义则是全民在意识形态的笼罩下同步界定了民主程序、票决规则、民主政府的运作规则，然后再以这些规则去限制与压缩政治市场的运作范围与自由。当代的民粹政治来自卢梭的政治思想。他主张社会不仅是个实体，同时也存在一股可以代表该实体的客观的普遍意志（The General Will）。普遍意志必须透过人民对政治的普遍参与才能表现出来。因此，只要是选民直接参与的议案与政策都是普遍意志的表现，其内容不可推翻或也不能违背。相对地，代议政治的间接民主则与普遍意志无关，只能反映出操控民意的利益团体的主张。因此，直接选举和公民投票才是实现民主的最正当方式。

---

[1]　报章上常见"民主精神"一词，但这概念难以分析，本文不视为民主政体的内容。

在政治成熟的国家，民粹政治带来的问题是将国会的权力转移成公民投票权或直选总统的权力。在政治不成熟的国家，民粹政治带来的问题是会发展出民粹强人（Populist Dictator）。民粹强人一方面承诺要带给百姓幸福和快乐，另一方面则又独揽大权。[1] 这些强人喜欢走入民间表现出亲民爱民的形象，时常强调人民意志（也就是普遍意志）就是其政权的基础，也不忘提醒人民他所领导的政党才能真正代表人民意志。然而，为了强调人民意志的绝对性，民粹强人和它的政党喜爱指责媒体对政治秩序的破坏，然后借用各种机会去控制媒体。

第三节　开创政治市场 [2]

传统经济理论假设经济人的偏好结构具有完整性和递移性，而其行为模式是在限制条件内追求效用或利润最大化。其优点是可以简化经济分析，但其缺点是分析者事先给定了经济人的行为范围。相较之下，主观经济理论的行动人具有以下两个特质：（一）当个人不满意限制条件时，会以行动去改变限制条件；（二）当个人不满意其行动结果时，会在下一次行动时调整策略。如果行动人是个商人，这两个特质让他成为企业家。有些企业家成功而有些失败，但他们都具有创业家精神。同样，企业家的经营规模有大有小，但也都具有创业家精神。

企业家概念的延伸

企业家与创业家精神的定义是否能够延伸到非商业活动（与非经济活动）？如果我们称之前以利润计算为目标的企业家为商业企业家，那么，延伸企业家概念所需克服的首要问题就是要以何者来替代利润？利润是商业企业家的驱动力，因此，我们必须为从事非商业活动的企业家找到行动的驱动力。

作为驱动力必须具有两项条件，其一是兼利，其二是能行。先说兼利。创业家精神在定义上不会带给社会负面的负担。利润来自自愿交易，而自愿交易产生各方能分享的交易利得。因此，我们可以以非商业活动的自愿合作去替代利润，因为自愿合作可以产生各方分享的合作利得。再说能行。能行是说行动者敢于实践心中的蓝图，也

---

[1]　张佑宗（2009）引用 Canovan（1999）的论述指出，民粹式民主常违法民主，因其政治领袖不理会既有法律规范、破坏制衡设计与法治体系。

[2]　本节内容摘自徐佩甄、黄春兴（2007）。

就是米塞斯强调的意志和熊彼特强调的大胆。实践的反面不是理论，而是空想。理论的构建也是实践的部分，虽不是全部。但空想就只是空想而已。

（一）政治企业家

就以政治企业家（Political Entrepreneur）为例，其追求实现之政治理想必须限制在能扩大社会自愿合作的前提下。比如自由化，就是可以扩大社会自愿合作的理想。但民主化则未必，因其可能制定出许多的经济管制法案，反而限制社会的自愿交易。就全面而言，政治民主化和自由化未必能相容，但在专制社会或威权社会下，这两个理念朝向走出专制与威权的压制，故在过程初期都有助于扩大社会的自愿合作。又如"劳动价值之薪酬理论"的政治理想也不符合条件，因它会限制甚至伤害社会的自愿合作。同样，"居住正义"也不能满足这条件，因为它强调的不是自愿合作，而是对某些人采取暴力和伤害的强制执行。

如同企业家是现行经济秩序的破坏者，政治企业家也是现行政治秩序的破坏者。政府维护既得权利的维稳权力与民间保守惯性下的趋稳力量都会打压市场的创新。因此，政治企业家的开拓很难独力完成，需要许多政治企业家的相互呼应和前后呼应，分别在不同的地点和不同的时期提出相近的政治愿景去说服民间。在新政治思想的萌芽期，民间的趋稳力量往往是改革的最大障碍，这使得政府在消灭改革思想上轻而易举。这时期的政治企业家必须要有能力在固有的堤防上钻出几个小孔，那就算是不小的成就。不过，政府的维稳力量会适时介入，避免堤防因扩大渗漏而崩溃。随着其他政治企业家的接踵出现，人们对新政治思想的接受程度提高，政府防阻改革思想的成本将会上升。这时，最忌讳的就是政治企业家相互之间的批评和诋毁，因为这会提升潜在跟随者的参与成本和风险。只要改革能继续吸引新的追随者，随时间演进，社会将趋向政治不稳定而进入发展期。

（二）立法企业家

立法企业家的特质是意志和大胆，而其目标是改变现在的制度。因此，姚中秋（2009）认为："对我们的社会变革来说，最重要的是立法企业家这个群体的增长。一个一个沉默的或者说冷漠的人，变成真正具有公民精神，变成一个个立法企业家，由此，就可以形成新秩序。新的市场、法治、宪政秩序将在旧的制度框架内增长。"

（三）公共企业家

2009 年的诺贝尔经济学奖颁给公共选择的伯明顿学派（Bloomington School）的经济学家埃莎诺·奥斯特罗姆（Elinor Ostrom, 1933—2012），理由是她在市场和政府之外，发现有些民间组织更有效率地解决当地共有财（Common-Pool）的囚犯困境。传统理论认为追逐私利的个人，在无法合作或无法相互信任下，将以短视而近利的方式过度开发共有财。如果小区中有人有能力出面协调所有的参与者，让大家能在互信下依照彼此同意的规则去开发利用该共有财，便能发挥它的最大产出效益并公平地分配产生的效益。这个人便可称为公共企业家（Public Entrepreneur）。中国历史传说中的尧、舜，就是在国家形成之前的部落首领，都具有这类的能力。

公共领域泛指市场和国家之外的所有事务，不仅包括共有财，也包括宗教信仰、社会规范、衣着方式等。比如马丁·路德·金（Martin Luther King, Jr., 1929—1968）带领美国南方非洲裔族人争取平权运动。又如证严上人成立慈济功德会，发扬人间佛教教义。另外，加布里埃可可·香奈儿（Gabrielle Bonheur Chanel, 1883—1971）勇敢地抛弃束腹、马甲，以女性立场设计舒适优雅的服装，塑造 20 世纪后的女性穿着。虽然她是一位商业企业家，但在改变穿着文化上，也是公共企业家的楷模。

附录：宪政民主的起源

民主不等于票决，也不等于选举；民主的发展不会依照理论，而是在政治市场中逐渐成形。市场不是一个内容给定的制度，它是从无到有不断在长成。开辟市场、创新产品、提高效率、改变结构等流行词汇都说明了市场是人为的开拓过程。在过程中，有开创新局的企业家、有拥戴其产品的顾客群、有竞争的模仿者、更有塑造典范与规则的英雄人物。政治市场也同样仰赖各类人的参与：有选民、有政治企业家、有政党、也有历史留名的英雄人物。[1] 这个附录将探讨英国宪政民主的发展，因为它清晰地记录了民主发展的完整过程。

英国的宪政民主传统表现在《大宪章》（Magna Carta）和议会的形成过程。这传统

---

[1] 民主运作需要典范，比如英国司法史上的柯克爵士（Sir Edward Coke, 1552-1634），他回拒国王无理的干涉，坚持以普通法约束王权。又如美国前大法官奥利弗·温德尔霍姆斯（Oliver Wendell Holmes, Jr., 1841-1935），他坚守司法独立，否定老罗斯福总统的新政政策。

上推至早期的萨克森王朝（Saxon Dynasty），那时国王不定时召集智者、长老和重要的贵族组成威庭（the Witen）以辅佐他们。这些未能完全证实的贵族参政传统，被历史学者视为英国政治发展史的基本原则：对于重要事务，国王不应独自处理，至少要征询智者。

另外一项政治传统是，封地贵族与国王各自拥有独立的军队和财政。在典型的西方封建关系下，封地贵族在经济上独立自主。皇室的公私经费来自皇家辖地的产出和海关关税，贵族平时依照传统约定提供皇室固定的人力支持，在战争或动乱发生时出兵抵抗敌人。不难想象，皇室有时也会要求他们将支持的人力改成财物。由于各封地贵族拥有一些常备武力，平时保护佃农与封地居民的安全，在外力威胁时共同抵御。由于皇室的常备军队并未特别强大，国王必须以他的威望去统合各地贵族，否则王国便可能分崩离析。

1066年法国诺曼底的威廉一世（William I the Conqueror）渡过海峡，征服了英格兰，建立诺曼底王朝。威廉只要求原来的贵族绝对效忠，其他方面则保留萨克森王朝时期贵族的独立自主。诺曼底王朝便在这种结合政治与土地关系的封建制度下，建立了一个强大的专制政体。在国会组织方面，他以一个由主教、皇家官员、高层佃户组成的大会议（Magnum Concilium）取代传统的威庭。大会议一年集会三次，帮助国王决定国家政策、制定法律、修改法律、审查法律案件和考核行政工作。由于大会议召开间隔长而会期短，便在大会议之下设置了一个由核心会议成员组成的常设机构国王法庭（Curia Regis），随时辅佐国王处理事务。这些核心会议成员也包括了国王的宫廷大臣（Chamberlain）与财务大臣（Chancellor）。由于业务量增长，国王法庭到了亨利二世（Henry II）时期就脱离大会议，并分割成专门处理法律事务与专门处理一般行政管理的两部门，日后更发展成民法法庭（Common Law Courts）与内阁前身的枢密院（Privy Council）。大会议、民法法庭和枢密院逐渐分职发展，即是西方政治学中所称三权分立理论的源头。当然，在诺曼底王朝时，此三机构还都隶属于强大的皇权之下，各自对皇帝负责，其间并无相互监督或制衡的设计。

在萨克森王国时代，英格兰划分为许多小单位的郡（Shires），由各地方自行选出的行政郡长负责行政事务，而由国王派任的司法郡长负责司法与警察工作。亨利二世进一步扩张王权，废除各郡自行选举的行政郡长，并将其职责并入中央派任的司法郡长。亨利二世为了参与十字军东征，向贵族与民间的财产征收什一税（Saltine Tithe），引发人们普遍的不满。其子理查一世（Richard I）则改以卖官方式筹足军费：征召各郡派骑士加入大会议，而骑士参加的价格是缴纳新的租款。

理查一世的做法成了后来国王们筹足财务的常规：当国王们发现正常的契约收入

与贵族捐助不足以应付特别支出时，便贩卖大会议的参与名额。贩卖的对象起初限于贵族，逐步扩大到各郡的骑士及各市镇的地方商人。由于萨克森王朝时已有威庭传统，故可以假设诺曼底王朝的国王们在卖官筹钱之际并未预料它会对王权有不利的发展。然而，这些新加入大会议的代表们大多是以交际的态度与会，彼此间时常因意见不合而需要国王来调解。但这些人的力量被稳定地汇聚起来后，国王便难以独立应付。[1]

1213 年，约翰国王（King John）出于财务理由要求各郡派四名骑士参与大会议。到了亨利三世（Henry III），他要求各郡长选派两名骑士参与大会议，商议紧急状况下各郡支持皇室的经费负担。这两名骑士并未限定是武士，也可以是地方士绅。他们以郡代表身份商议未来的金钱补助方式。约翰是想将筹款的税基由参与者扩大到参与者所代表的郡，然而，这不经意的做法却也让大会议的参与权从卖官性质转为代表性质。

约翰国王的作风不同于乃父，他亲自执政但未完全架空首相的权力。在过去，国王造成的错误可以推卸给辅佐的首相，或更换首相以重新取得人民的信心。一旦国王专权又犯错，人民与国王便只有摊牌。[2] 约翰就时常判断错误。1205 年，坎特伯利总主教去世，约翰强派他的傀儡继任，教皇殷诺森三世（Innocent III）加以否决并派他的枢机主教斯蒂芬·郎登（Stephen Langton）去担任。约翰不接受，教皇于 1211 年公开解除英国臣民对约翰效忠的誓言。约翰以没收教会执事的财产来对抗。

自从占领英国之后，（在英国的）诺曼底贵族早已不再拥有诺曼底地区的领地。这些属地正逐渐脱离英国，也正遭受法国公爵的兼并。为了准备保护英国在诺曼底的领土，约翰于 1212 年对贵族开征兵役免除税。这项政策全面地激起贵族不满，进而叛变。在多面受敌下，约翰于 1213 年向罗马屈服，承认教皇的太上皇地位，并退回他所没收的教会财产。教皇撤回解除令。约翰与罗马和解后，打算出兵法国，便要求贵族派军

---

[1]　卖官筹钱有两点值得讨论。第一，国王可以选择分年出售参政权或一次出售终身参政权。前者让买到参政权者只享有一年（或固定期间的参政权利），后者让买到者终身享有参政权利。由于参政权的释出属于国王的独寡事业，不论以何种方式出售，他都可以任意标定售价，只要贵族或人民愿意接受。两者的差别是：个人对终身参政权只有买一次的机会，而对分年参政权则有多次买入的机会。由于诺曼底王朝采用分年买卖方式，当贵族与人民透过大会议结合后，此后各期的买卖便进入双边独占，价格得经由议价才能产生。换言之，大会议之所以会成为后来贵族与国王商议参政权交易条件的场所，原因在于国王们将参政权分年出售。如果当时采用一次购买终身参政的方式，贵族与地方代表们便无法产生与国王议价的机会。第二，诺曼底王朝以多人共享的方式将参政权卖给许多人。这种卖官方式创造了非敌对性质的参政权。斯密指出，法国政府或古代中国在卖官鬻爵时一职一卖，那是将官职视为具有敌对性质的商品。对独卖的卖方而言，只要民间对参政权的需求不变，当然是一职多卖利润较高。对买方而言，一职多卖会发生拥挤现象，从而降低买入商品的效用，买方的叫价也就会较低。假设君主也具备经济理性，则造成不同卖法的差异便有两种可能。第一种差异是收入条件的不同。当社会财富集中累积在较少数人手中时，国王一职一卖的方式利润较高；若社会财富分散累积在较多数人手中时，一职多卖可以获得较高的利润。第二种差异则发生于偏好上。如果假设社会财富分配情况相同，则只有在人们将交际机会的正效用看得较拥挤的负效用为高时，才会购买多人一职的官职。这隐含着：当人们看到独占官职的垄断利润时，便倾向一人一职的官职。毫无疑问地，这个选择的差异存在于官职性质的不同以及社会生产条件的不同。在正要走向商业化社会时的中国，人们购入官职作为生产投入，其预期报酬会高过在西方封建制度下的预期报酬。类似地，与商业政策接近的官职，其买入的预期报酬愈高。由于民主只与多人共享的参政权有关，而与一人独享官职无关，于是在讨论古代中国未能萌芽民主时，就不必把原因推到西方才有的宗教与政治的斗争条件。

[2]　McKechnie（1917）相信这是导致北方贵族发生叛变的主因。

队支持。由于贵族对法国领土已不感兴趣，其中北方的男爵更宣称他们没有义务帮助国王参与海外战役。约翰大怒，率领佣兵军团北征。总主教朗顿趁机在伦敦市召集南部贵族，要求他们保持中立。约翰的强大北征军顺利打到约克郡以北。1214 年春，约翰带着胜利余威跨海出征法国，结果惨败。约翰被迫将英国在欧洲的全部领地割让给法国。

在对法战争期间，约翰数度要求英国贵族增加支持，而北方贵族依旧拒绝。当约翰战败的消息传回，他们开始集结并和约翰展开谈判。约翰要求北方男爵缴纳税款，北方男爵则呈递一份不满的声明给他，双方谈判破裂。约翰知道此时若要与北方贵族摊牌，必须先赢得教会、伦敦市与南方贵族的支持。于是，他承认教会自由选举主教与总主教的权利，也同意伦敦市民每年自由选举市长的权利。然而，教会依旧摆出中立的态度，伦敦市更开城迎接北方贵族的联军。南方各地贵族也相继反对约翰。约翰见大势已去，只得于 1215 年 6 月 15 日在伦敦市的伦尼米德草原（Runnymede）与贵族们会面。贵族要求恢复他们在萨克森王朝以及在亨利二世时所享有的封建权利。在朗顿与都柏林总主教亨利的居中协调下，约翰国王最后签署了后世所称的《大宪章》，承认封建贵族与人民拥有一些国王不能侵犯的自由权利。

约翰并未有实践契约的诚意，故不久冲突又起，双方也准备再度兵戎相见。约翰请托总主教朗顿赶赴罗马，教皇于是称《大宪章》为叛乱行为。11 月，约翰开始攻击贵族联军，攻陷几座城堡。贵族们于是持英国王位向法国王子路易十三世（Louis VIII of France）交换军事支持。路易十三世率法军登陆英国，稳住贵族联军。在约翰的请求下，教皇要求法国不得介入英国内战，并强迫路易十三世王子撤兵。路易十三世否定约翰当年登基的合法性，并驳斥教皇的干涉。1216 年 5 月，伦敦市长向路易十三世宣誓效忠。10 月，约翰国王病逝。未成年的新王亨利三世（Henry III）登基，由威廉伯爵（William Marshall）摄政。

在路易十三世的主导下，威廉伯爵以亨利三世的名义同意在改变一些条文后接受《大宪章》。这些变更，包括对国王暴虐行为与课征重税的一些限制，以及几条导致教皇反对的条文；至于承认封建贵族与人民拥有一些国王不能侵犯之自由权利的主要内容则仍保留。然而，战事并未中止，仍有贵族继续支持路易十三世为英国国王。连续几次失利后，路易十三世与亨利三世达成停战条约，接受战费补偿后撤兵回法国。停战条约中言明：《大宪章》并非战时的权宜条款，而应是英国政府在平时便应遵守的约定。

1225 年，亨利三世开始执政，与贵族重新签订《大宪章》，内容变更不多。亨利国王的长期执政等于是承认了《大宪章》的超高地位，而当他于登基时的再认定，也创立新王登基得重签《大宪章》的新传统。1297 年，《大宪章》正式列入《法案全书》（Status Book），成为贵族与人民可持以对抗王权的法宝。但也因为列入《法案全书》，以后的新王登基就不必再重新认定。久之，人们逐渐淡忘它的存在。直到 17 世纪，当国会与国王发生强烈对抗时，才再度被发现与重视。

16 世纪的都铎王朝（Tudor House）在打败西班牙后，王权再度抬头。经过多年的争战，王室财政已不如前。[1] 于是，王室不得不寻找新的财源，包括对伦敦市的商人征收关税附加税、向商人强制贷钱、贩卖商品专卖的特许权、贩卖官位爵位和贩卖可免刑罚的特赦权。这些措施都引起民怨，尤其是伦敦商人。比如其中的强制贷钱，还期往往长达十多年。即使如此，当年王室总收入为 45 万英镑，还低于当年 49 万英镑的财政支出。

亨利八世扩充王权的一个手段是扩大星法庭（Star Chamber）的权力。星法庭原本是国王处理百姓请愿的机构。由于请愿往往涉及财产权争议，国王就从民法法庭调派法官和从枢密院调派官员来负责，并赋予他们督导和直接处理民法法庭的权力。由于星法庭都是国王人马，让国王得以控制司法，成为国王从事违法行为的后门，比如贩卖赦免令等。星法庭的存在让贵族和人民对自己的财产失去安全感。1628 年，议会提出《权利请愿书》（Petition of Right），抗议查理一世（Charles I）国王的强制贷款和非法拘禁。查理一世先是接受，但旋即解散议会，开始独裁。

1937 年苏格兰贵族成立国家约盟（National Covenant），进军英格兰。议会也在伦敦市商人的支助下任命奥利弗·克伦威尔（Oliver Cromwell）招募军队，形成三方对抗的内战形势。

查理一世想说服伦敦市商人的支持，于 1641 年废除星法庭，让财产权相关争议全交由民法法庭定夺。由于民法法庭完全独立于议会和国王，从此确立了财产权不受政治干预的制度。

1647 年，议会进一步要求国王改革，国王准备开战。克伦威尔在打败国王后便解散议会，成立清教徒议会（Parliament of Saints）。1660 年，查理二世于克伦威尔死后复辟。

1672 年，查理二世颁布《信教自由令》（Declaration of Indulgence），要求善待天主教徒和非国教徒，却遭议会反对。国王收回成命，但解散议会。此时议会已出现政党：一方是支持国王及天主教徒的托利党（Tories），由丹比伯爵（The Earl of

---

[1] North and Weingast（1989）指出，英国国王的财政收入来源主要是管辖的土地，但他们在亨利八世时卖了一半去筹备战费，而伊丽莎白女王再卖掉剩下的一半。到了 1617 年，王室土地剩下不到祖产的 1/5。

Danby）领导；另一方是反对国王及教皇制度的辉格党（Whigs），由沙夫茨伯里伯爵（the first Earl of Shaftsbury）一世领导。1679 年，议会在沙夫茨伯里伯爵任议长时通过《人身保护法》（Habeas Corpus Act），要求：国王非依法院签发逮捕证不得逮捕羁押人民、依法逮捕者应于一定期间内移送法院审理、被逮捕人可向法院申请人身保护状、强制逮捕机关说明逮捕理由。国王以解散议会反对，选民支持辉格党员进入新的议会。1688 年，詹姆士二世（Charles II）再度解散国会，人民起而驱逐国王，另立新王并签下新的协议，要求国王承认议会有权否决王室支出，而新税制和新法官的任命都需经议会的同意。这历史所称的光荣革命（Glorious Revolution）确立了国会的至高地位。

回顾《大宪章》的签订过程，我们看到约翰国王即使签了约，依旧等待反扑的时机；同样，当议会要求国王认同《权利请愿书》和《人身保护令》时，国王虽签了约，但旋即解散国会。在国王和议会的权利争夺中，所有的协议都只是一时之计。既然没有仲裁的第三者，契约就不会是可信赖的。

议会的形成是贵族与商人向国王争取权力过程中出现的制度。在对抗王权时，议会只要能做到一方面让国王翻身困难，另一方面又让他自愿接受，那么国王的契约就会是可信赖的承诺（Credible Commitment）。当议会的存在使国王继续实践可信赖之承诺，而人民也获得权利的保证和福利的提升时，就是一个可信赖的制度（Credible Institution）。

由于英国国王在武力和财政方面的相对弱势，星法庭的企图先遭议会瓦解，继之又在光荣革命下完全失去财政自主权。自此，国王权力已无翻身余地。然而，光荣革命之后，王室财政开始转好，政府支出增加了，社会也富裕起来，王室反而受到百姓的信任。[1]。光荣革命之后，英国议会制度已经发展成一个可信赖的制度承诺。

---

[1] North and Weingast（1989）指出，王室公债的发行量由 1688 年的 1 百万英镑增加到 1700 年的 14 百万英镑。政府支出由 1688 年的 1.8 百万英镑，增加到 1700 年的 3.2 万英镑。股市总值由 1688 年的 1 百万盎司，增加到 1705 年的 6 百万盎司。利率由 14% 下降至 8%。

第九章　社会演化论

讨论过主观经济学的价值论、交易论与增长论后，接下来两章将继续讨论作为完整经济学之最后一部分，也就是文明论。简单地说，文明论就是回归到斯密试图解答的苏格兰启蒙时代的基本问题：一个以自由人组成的社会，将能成就怎样的文明？他给的答案是看不见的手原理，也留给后来的经济学者继续延伸该原理之有效范围。该延伸的有效范围称之延展的市场平台，如上一章讨论的政治市场平台。在经济思想史上，马尔萨斯的人口理论和马克思的资本理论分别将人口与资本累积并入延展的市场平台，即使他们以负面表述去讨论看不见的手原理。另外，贝克尔的自为儿原理（Rotten Kids Theorem，或译不肖子原理）和科斯的交易成本理论，则是正面地将市场平台延伸到家庭和一般的组织与制度。但是他们因受福利经济学第一原理的影响，以市场失灵论列举限制条件之方式讨论延展的市场的适用范围，误导了读者以为新平台也失灵。

市场失灵论者从管制角度引进政府的强制权力，将政府置于市场之上。相对地，主观经济学则视政府为市场平台下的一个组织，赋予（也是限制）它在人民同意范围下的强制权力。当政府属于市场的一部分时，市场本身已是一个延展的平台。当这个平台也并入家庭与政治市场后，看不见的手原理的范围更是延伸了许多。

在检讨市场失灵论的谬误时，我们强调的不是市场在均衡与配置的机能，而是其发现与创造机能，因为只有发现与创造才能更广泛和乐观地回答苏格兰启蒙时代的基本问题。但要完整地回答基本问题，只论述市场平台在商品与服务市场的适用性自然不够，即使加进了家庭与政治市场仍嫌薄弱。虽然科斯将市场平台的论述延伸到一般的组织与制度，但其论述依旧倾向于均衡与配置机能，而非发现与创造机能。本章试图从发现与创造机能的角度，将一般的组织与制度并入延伸的市场平台。

在这理解下，本章第一节将讨论作为延展的市场平台之论述基础的方法论个人主义，以及让该论述吻合现实的私有财产权制度。接着，第二节以方法论个人主义为基础，分析个人的社会性结合与社会的演化，同时讨论两种不同的秩序观。第三节将把讨论延伸到扩展秩序，探讨制度的演化过程，以及常被误解的群体选择与遵循规则。

第一节　论述前提

自由主义继承洛克的政治传统，普遍接受诺齐克的新诠释，强调个人对自己生命的自我拥有权，再以此为基本公设（或信仰）推论出私有财产权是与生命自我拥有权不可分离的权利。于是，私有财产权也就成为自由主义之政治经济学的基础。本节将继续陈述上一章已略微讨论的私有财产权，然后再以此现实提出作为文明论之基础的方法论个人主义。

私有财产权制

早期的门格尔与旁巴维克并没讨论私有财产权，可能的原因是他们并不觉得这是一个值得关注的议题，因为那已经是长期存在又习以为常的政经体制。直到社会主义者以行动去挑战私有财产权，米塞斯才捍卫起这个体制。不过，他是带着质疑去看那些挑战者。他认为，个人若不拥有食物的私有财产权，怎能有权利把它吃进肚子里？不论制度如何设计，对于食物这类第零级财货，没有私有财产权是无法想象的。因此，第零级财货的私有财产权度是无可置疑的。[1]

较高阶的财货如何？比如生产面包的烤箱是否一定要划归为私人所有？既然不是人们直接消费的对象，又可以共享或分时使用，上述"无可置疑"的理由就不存在。米塞斯认为，较高阶的财货的财产权制度必须从政治经济学的角度去探讨，也就是探讨哪种财产权制度较能实现个人的生活理想。在第十二章，我们将讨论他对计划经济的严厉批判，而计划经济是以较高阶财货的公有制为前提。由此可知道，他对较高阶财货也是主张私有财产制。

自由主义者主张私有财产制度的理由主要有二，其一是该制度让个人可以更灵活地利用资源，其二是该制度为所有自由的基础。戴维·佰阿兹（David Boaz）认为，不仅契约自由必须以私有财产权为基础，即使言论自由与思想自由也必须建立在私有财产权之上。比如，个人一旦丧失私有财产制度，不仅找不到公开演讲的场地与刊载的

---

[1]　Mises〔1966 [1949]〕。

媒体，连躲家里随意说话也都会遭到监听。[1] 同样，布坎南也视私有财产制为个人自由的保障。他说："更一般地说，个人重视私有财产制是因为它给个人的活动定义出一个'私人领域'。"[2] 在一般可接受的自由定义下，个人要的是自己决定的选择，而不是选择对象被限制或选择目标被指定的选择。

在一人世界里，个人因为拥有私有财产权，故能自由地利用自己拥有的资源，选择自己偏爱的生产方式去实现个人目标。在二人世界，因为私有财产权的存在，个人可以自由选择交易与合作的对象，并和对方协议生产或交易方式。在多人世界，个人的迁徙、投资生产、开创事业、分工与专业化的选择等，都必须以私有财产权为基础。

方法论个人主义

私有财产权制度将资源配置到个人的层次，让个人成为所有决策的起点。在此制度下，决策者选定个人的目标，采取主观上认为能成功的手段。若不幸失败，他必须承担其损失。成功或失败的报偿主要是个人财产之增加或减少。

个人决策的范围，包括了他在一人世界、二人世界及多人世界下的各种参与。在一般的商品市场里，个人的供给予需求汇聚成市场供给予市场需要，决定了商品市场的消长。在政治市场，个人的票决汇聚成集体票决结果，决定了胜出的议员与政务官。同样，个人对政党的参与热诚决定了政党的政治势力和民众支持度，而个人对利益团体的支持也塑造出政策与议案的走向。在个人拥有独立自主的决策权利下，集体现象的形成与变化终究要归因到个人行动的差异和变化。于是，从个人行动的差异和变化去观察与分析集体现象的形成与变化，是很自然的分析视野，被称为方法论个人主义（Methodological Individualism）。

方法论个人主义是从个人行动的创新、选择、模仿、说服等，去诠释制度、组织、规范的形成与演进。相对地，方法论整体主义（Methodological Holism）认为个人不具有独立自主的决策权利，不仅社会现象无法简化到个人行动，即使是个人行动的特征和模式也都必须从集体的存在意义去理解。比如对文字作为一种制度的理解，方法论个人主义认为这是人们经由结绳记事的创新与相互模仿而演化生成，而方法论整体主义者认为这是圣人为了启发民智而创设。

门格尔是方法论个人主义的先驱。他认为我们观察到的国民经济现象乃是国内无数个人之经济活动所呈现的统计结果，并不是"国家之人民生活"或"国家之经济运

---

[1]　Boaz（1997）。

[2]　Buchanan（1993），第57页。

作"等集体概念的客观描述。他以货币为例说明，货币乃是一种先是某人作为未来再交易而收藏的商品，继之又受到人们的普遍模仿。[1] 于是，当未来的币值开始呈现不确定时，人们会寻找币值相对稳定的新货币。

当我们从个人的行动去观看集体现象的变化时，由于个人在选择与模仿上的主观性，除了感受到一个朦胧的总体的平均印象外，感受更深的是集体现象之成分所呈现的结构。比如当人们开始担心台币可能贬值时，人们开始购买外汇。购买外汇只是一个朦胧的集体现象，更正确描述应该是人们对于不同外汇的购买结构。又如物价上涨也是一个朦胧的集体现象，更正确描述应该是不同商品价格的上涨结构。由于方法论个人主义的分析起点是个人，因此，它在陈述集体现象时不仅强调集体现象之不同成分的结构，也会注意到这结构的在地性质，也就是不同的地方有着不同的结构。比如，当媒体感受到房价上涨时，主要是媒体所在地的都市房价正在大幅上涨，而非各乡镇的房价都在上涨。房屋中介都会清楚地告诉投资客：炒房的三原则就是"地点、地点、还是地点"。房价上涨是极为模糊的集体概念，即使新北市房价正大幅上涨，但板桥、淡水、三峡、莺歌、万里等地区的上涨差距却很大。

方法论个人主义关注信息从个人到社会的扩散过程。当人们散居各地又具有独立决策权时，他的行动是通过载体，从一个地方传递到另一个地方，或从一个市场传递到另一个市场。价格是最普遍的载体，承载着个人在商品供给予需求上的变化。通过网络商店的抢购价格，不出门的宅男也能接收到商品供给的变化信息，而其按键抢购又将其需求传递了出去。当货币供给量增加时，最先涨价的市场可能是劳动力市场，因为厂商取得新货币就是为了扩大经营。招聘员工促使薪酬上涨，这又促使旅游业开始涨价。

不过，个人并非孤独地生活。他借着参与各种不同的团体与组织与其他人结合在一起。在结合中，个人很容易地和其他成员交换意见、相互模仿。个人的意见与行动很快就能散布到整个团体。如果将不同的团体视为独立的团体，只要存在同时参与不同团体的成员，他就可能将一个团体的新意见和新行动带到另一个团体。当然，通过网络交流，扩散速度会更快。

企业家是新意见和新行动扩散的发动者。只要存在市场平台，新意见和新行动就会出现，不论是出现在团体里或只是在网络上。这是表现在生产层面的创业家精神。积极的企业家会设法营销他的新意见和新行动，而较消极的企业家只会展现他的新意

---

[1] Menger（1892）。

见和新行动而静待他人的跟随。总有人会获得这个新意见和新行动。个人对于新意见和新行动的消费需要知识和勇气，这称为消费面的创业家精神。较积极的消费者会将这新意见和新行动传播出去，而较消极的消费者只会表现在自己的行动上。但即使只表现在自己的行动上，不论是走在街上或写在网络日记上，也在无形中提高了新意见和新行动的曝光度和传播速度。

第二节　制度与组织

在理解方法论个人主义之后，本节将从个人出发，探讨社会各种集体现象的形成与发展。

个人在生活中追求财富与自由。财富是最容易理解的目标，包括有形财富和无形财富。有形财富就是能够直接带来效用的第零级商品（消费品），以及经由间接贸易可以换取消费品的金融资产。无形财富有些也是第零级商品，如健康、喜悦、美等。贝克尔以家计生产（Household Production）之概念讨论个人对这些无形财富的生产。[1] 另外，无形财富并非第零级商品，如知识、智慧等，则是生产第零级商品的重要因素。自由是个人在选择、消费与生产时免受他人压制的状态。他人的压制让个人无法选择最优宜的消费品和生产方式，影响到他能从财富中获得的效用。失去自由或减少自由度不仅影响到个人从财富获得的效用，也直接减损了他在选择、消费与生产过程中享受的效用。

个人的结合

个人如何实现他的生活目标？具有思辨能力的个人能独立行动，同时也生活在社会里。因此，个人在追求目标时有两种选择：自给自足（Autarky）或与他人合作。[2] 若每个人都自给自足，人群就似散布在纸上的许多黑点，没有任何的关联。若有一些人实行合作，纸上的黑点就以线条连接。黑点以线条连接起来的网络，称为个人的结合（Associate）。布坎南将个人之结合区分为非社会性结合与社会性结合两类。[3] 他称非社会性结合为道德元政府（Moral Anarchy），而将社会性结合再分成道德性秩序

---

[1] Becker（1965）。

[2] Autarky 讨论的是经济上的自给自足，Autonomy 才是政治上的独立自主。

[3] Buchanan（1987）。本节这一部分主要取材自该文。

(Moral Order，以下简称秩序）与道德性社群（Moral Community，以下简称社群）
两类。

当成员都认同某些价值而结合时，该结合就可称为社群。这里，我们假设成员认同社群与认同这些价值是相同意义的。在这个情境下，个人理解自己具有独立思辨能力，也理解他和社群内其他人都接受某些相同的价值。这些共享价值（Shared Values）也就成为该社群的定义。在这范围内，个人的思想与社群的其他成员一致，这也形成他对社群的效忠。同一社群里的两个人，其认同与效忠的程度未必会相同。我们在讨论公民社会时提过，个人可能同时参加不同的公民社会。当个人同时参加不同社群时，他对不同社群的认同与效忠的程度也未必会相同。社群的特征是成员的认同和效忠，其本质是成员拥有一些共享价值。既拥有共享价值，个人就能理解其他成员的行动，也就能采取相互配合的行动。在相互配合下，个人也能实现其期待。

在秩序里的个人则未必拥有某些共享价值，也就无法产生认同或效忠。他们之所以还能结合，布坎南认为是参与者能以同理心（Moral Reciprocals）相待。同理心就是能站在他人的立场，去体会他人对我的行动（或反应）的期待，再以行动去满足他人的期待。我的同理心实现了他人的期待，而他人的行动也实现了我的期待。秩序里虽没有认同和效忠，但个人的预期仍然能在相互尊重中实现。

共享价值容易以客观文句陈述和传递，但同理心则远为困难。经过长时日的重复经验，秩序里会形成一些容易以客观文句陈述的规则（Rules）。这些规则叙述了个人在各种交往情境下的可预期行动。只要遵循规则，个人便可以预期对方的行动，然后回报以规则所陈述的行动。换言之，秩序的特征是参与者都遵守规则，其本质是参与者拥有同理心。

最后，布坎南将道德元政府定义为：既不拥有某些分享价值，又不拥有同理心之结合。既然道德元政府的个人既不认同其结合，又不遵守结合下最起码的一些规则，可以理解地，这是霍布斯丛林（Hobbes Jungle）——每个人都视他人为实现自己目标的工具，而自己也成为他人眼中的工具。

个人利用结合去实现他的目标，可能发展出道德元政府、秩序或社群的不同结合。在道德元政府里，个人只顾利用他人去实现自己的目标，不会顾虑他人的目标，更不会尊重他人的目标。在秩序里，个人只要遵守规则去行动、去实现他的目标，也不必顾虑他人的目标。但在社群里，由于存在共享价值，也就出现承载该价值的共享目标。比如在一家厂商里，利润是员工的共享目标。又如在年度的篮球锦标赛中，"争取胜利"是球队球员的共享目标。当社群出现共享目标，成员为了实现目标可能自愿接受阶层式的结合，也就是由上而下的命令（Commands）形成的结合。这种结合称为组织（Organization）。

组织是社群的特殊结合。在组织里，遵守命令取代了认同与效忠。球队与厂商都是组织，军队也是组织。当金氏家族以命令结合朝鲜人民后，国家也成为组织。若欧元区要求成员国必须缩减预算，否则强迫其退出时，也就是不折不扣的组织。组织的内部利用命令运作，不是依赖成员对规则的遵守。

遵守规则是秩序的特征。秩序里存在许多的规则，因为个人差异目标的相互协调需要许多的规则。个人同时参与不同的结合，也面对不同的规则。这些规则可能相互独立，也可能相互重叠，甚至不一致。比如以市场作为秩序，就存在生产、交易、借贷、消费等方面的次级结合，而每项结合都有一套要求参与者遵守的规则。交易的规则和生产的规则会有些重叠，但还是可以看出独立的区块。每一个区块，就是一套独立的规则。这一套规则就是一项制度（Institutions）。既然秩序要依赖规则来运作，秩序里的规则集合便构成该秩序。和组织一样，秩序除了指参与者外，也指参与者所遵循的规则。市场是道德性秩序的例子。另外，台湾离岛的兰屿、澎湖的小渔村、山地的司马库斯部落等，也都是地理区位结合下的秩序，同时也指维系该结合稳定运作的规则。宗教结合下的各神明的信仰圈，也是秩序的范例，也同时指信仰圈的成员和成员参与建醮、捐献、吃斋、宴客等活动所遵循的规则。

秩序与社群都属社会型结合。属于社群的组织是社会的一种结合，而属于秩序的制度也是社会的一种结合。社会包括了各种的制度与组织，也包括了制度与组织的各种混合体。

两种秩序

哈耶克对秩序的定义并没局限在人的结合，因为秩序一词早已通用于自然科学界。[1] 他超越人的范围，把秩序定义为：无数且不同属性之要素所存在的极为密切的相互关系，在一定范围内呈现一致性，也在时间上具有持久性。既然这些要素之间的相互关系具有一致性与持久性，我们就可以根据部分空间或时间里获得的数据，去推演要素的普遍行为模式，并借以预期要素在整体空间与未来的行为。

依据这些关系的一致性与持久性发展出来的预测，虽说是预测，其实更接近于因果逻辑的推演。预测既然都能实现，人们也就不得不遵循秩序内的规则，这使得秩序

---

[1]　Hayek（1973），第35–54页。

成为具有权威的词汇。哈耶克指出，系统（System）也是带有权威的词汇。但这个词汇的意义来自于人类的设计概念，同时也含有设计者拥有强制成员去遵守设计规则的政治权力。一旦缺欠这些强制权力，成员就无法结合一个系统。系统下的权威是来自强制性的政治权力，不同于道德性秩序的权威来自于无法否定其因果逻辑的规则。

不论是道德性秩序或系统展现的权威，权威一旦建立起来，成员的行动便被连结起来，并表现出相互配合与可靠预测的结果。成员的行动能相互配合与可靠预测，这就是日常用语里的秩序。道德性秩序下呈现的自然是日常用语里的"秩序"，系统下呈现的也是日常用语里的"秩序"。哈耶克认为两种秩序在当代日常用语中是被混淆的，但在古希腊则壁垒分明。系统下的秩序，古希腊人称之 Taxis，可以翻译成造成秩序或外部秩序（External Order），因为这秩序源自于个人自由意志之外的外部安排，比如政府在战争状态下以"戒严法"所维持的秩序，或政府为了推动计划经济而建立的秩序。在这种秩序下，个人行动之前得先申请、被审核、被监视、被要求检讨。个人若不符合秩序的安排，会立即遭到外力的矫正。因此，个人容易意识到这类秩序的存在。相对地，古希腊人称道德性秩序下的秩序为 Cosmos，可以翻译成自发秩序（Spontaneous Order）或内部秩序（Internal Order），如市场内的交易秩序或使用语言的秩序，都是自发于群体内部而逐渐长成的。由于自发秩序出自于个人对规则的自愿遵循，久之，也就习而不察。即使个人不完全遵循这些规则，也不存在外力的监视或惩罚。因此，个人并不容易意识到这类秩序的存在。

这两类秩序也可以从个人的行动常规（Regularity）去区别。个人的行动常规就是个人行动的可测性，这建立在个人对规则的遵循。个人的行动常规当然受制于秩序的规则，但也受到个人在秩序中的初始位置、形势及他的反应的影响。在造成秩序下，系统性的安排决定个人的初始位置，也规范了个人的行动，于是就发展出个人的行动常规。因受限于秩序的设计能力，这些行动常规的范围相当有限，人们仅能在有限范围内预期对方的行动，也不可能完全预期对方的各种行动。不过，在这范围内，彼此的行动预期基本上是可靠的。

在自发秩序下，个人对不断重复的环境与形势的反应，逐渐发展出个人的行动常规。面对重复出现的环境与形势，并不是每个人的反应都是相同。因此，个人无法从自己的行动常规去预期他人的行动，而是在经过重复的互动后发展出相互遵守的规则。属于私人性的行动常规，不会引起对方的兴趣，故无法发展出规则。相对地，只有那些足以引导人们走向社会生活的行动和个人的行动常规，才会演化成规则。哈耶克举例说，遇到人就逃跑的个人行动常规无法发展成规则和秩序，但遇到人就要杀死对方的个人行动常规，却可能会发展出"不主动攻击"或"相互放下武器"的规则。由于自发秩序允许个人间发展出无限的相互关系，也因此彼此对行动的预期只能有限度地把握，不如造成秩序那般完全。

秩序因人的履行而延续，也会因人的改变而转型。自发秩序可能转型成造成秩序，而造成秩序也可能转型成自发秩序。当形势变动，自发秩序也需要修正。发起修正秩序的政治企业家若能明确指出修正的方向，又能成功适应新形势，就可能陷入自以为理解整个秩序之错误，将自发秩序转型成造成的新秩序。类似地，形势的变动也会迫使造成秩序修正。如果计划者此时无力指出修正的方向，又无力修正秩序以适应新的形势，人们就会自发地发展新规则。当这种趋势延续而扩大，造成秩序也就会转型到自发秩序。

个人主义

方法论个人主义从个人乃是构成社会之基础的角度，去探讨决定个人之社会生活的力量。在这视野下，个人主义就是探讨秩序的长成过程，并试图推演出有利于合作的政治规范。哈耶克称由此视角探讨社会的理论为真的个人主义（True Individualism），因为它并非把个人视为单一而孤立的原子。[1] 相对地，他称假的个人主义（False Individualism）是受到理性主义（Rationalism）和伦理实用主义（Ethical Pragmatism）的支配，从命令的角度去探讨社会运作的理论。换言之，假的个人主义不仅支持精英主义和经济人公设，也支持从宿命的角度和无关道德的角度去制约个人的行动。[2]

下面是哈耶克对真的个人主义的几项论点。（一）个人的理知（Reason）有限、容易犯错、心灵也有缺陷。然而，个人在参与社会的过程中获得纠正个人这些缺点的机会，因为他必须面对别人的竞争和检视。（二）个人的才智与技能差异甚巨，也无从事先知晓。为了探索个人的才智与技能，社会应该允许每一个人试试看他能作什么。若要让每个人都能试试看他能作什么，就必须让每个人都有一个他能发挥天赋予才能的范围，而此范围并非事先决定，而是决定于他的自由行动。（三）在个人与国家之间存在许多层级的结合，如社团或地方政府。这些结合内的规则，也就是其传统和习俗所界定的规则，清楚地划定个人行动的范围，提高他人对其行动的可测性。相互而高度的可测性，协调了个人的行动，也产生了秩序。（四）当个人的行动超出该范围，其

---

[1] Hayek（1948）。

[2] 布坎南在 Anarchy、Order、Community 等之前都冠加 Moral，而成为 Moral Anarchy、Moral Order、Moral Community。这呼应了哈耶克认为假的个人主义无关道德的论述。

后果将超出他人的预测能力。因此，顺从规则是必要的，即使是个人无从理解规则的意义。个人若不愿意顺从这些规则，其不可预料的行动后果将令善意的人们对社会的失序感到失望，转而期待系统下的秩序。（五）个人在顺从原则下所界定的行动范围，因不会受到他人的侵犯，确保其发挥天赋才能的自由。

由于"主义"常被用以指称特定的意识形态，使得个人主义也常被误解是"一套特定意识形态下的政治规范"。但在哈耶克定义，个人主义指的是"一套探讨社会的理论"，而这套理论可以用以探讨各种意识形态。

第三节　扩展秩序

在长成的秩序下，个人遵循规则以确保他在一定范围内的行动自由；相对地，造成的秩序则以预先决定的结构和个人在秩序中的指定位置去安排个人的行动内容和责任。长成的秩序让个人在范围内自由行动并与他人互动，任其以重复的行动和互动去发展个人的行动常规；相对地，造成的秩序以指定的行动和责任去产生个人的行动常规。这比较清楚地展现：自发秩序是从个人主义出发，以个人的选择与互动去发展规则、制度与秩序。

文化演化学说

这种以自发过程（Spontaneous Process）去论述规则、制度与秩序的发展，称之文化演化理论（Culture Evolution）。要注意的是，"自然"一词出于自然法的"自然"，指称非出于人类刻意的设计，并不排除人在过程中的参与。自发并不像竹笋从土中冒出那样的自然，而是强调参与者的创业家精神。简要地说，文化演化理论具备下列五要项。（一）主观的个人——个人目标的选择、评价、行动、决心等都出于个人的主观。（二）自愿的结合——个人的行动不受任何强制权力的胁迫。（三）遵循规则——个人根据规则去预测他人行动的预期和决定自己参与行动的方式。（四）创业家精神的发挥——个人勇于开拓不同于现状之生活。（五）坚守正直——个人不背叛自己的承诺。

下面，我们借用"树林小径的形成过程"来解释自发过程。故事是这样的："某日，有人警觉到在村落边界的森林里有一清泉。第二天，他穿过树林，到清泉提了一桶水回村落。他折断了些树枝，踩扁一片草。第三天，邻人跟随他去提水。邻人认为走这条路较自己另行找条新路省力，故跟随他的足迹。邻人依然折断了些树枝，踩扁一片草。于是，选择此小径与另找新路的利益差距，逐渐因走过的人数而扩大。经过一段时日，树林终于被走出一条小径。"这里，寻找山泉是个人的行动，也是创业家精神的表现。邻人跟随他的足迹，虽是模仿，也是个人在较低成本下的选择。当然，邻人也可能探索更新奇或更好走的新路。这故事里没提到邻人会捡拾小石头与维护，因那是村子里的传统规则。同样，也没提个人对小径的可能破坏，因那是正直的表现。

若这故事继续说下去，可能的发展是："村民逐渐发现，这里的清泉甜美可口，沿途景致亦清新异常。不久，这清泉便声名远播，带来各地游客。又不久，它成了知名的休闲景区。"这结果并不是当初寻找清泉者的初衷，另外，村民也可能憎恨这样的发展。非出于设计的发展，总会出现非预期的结果（Unexpected Result）。非预期结果强调演化过程并非置于设计者的意志之下，而是取决于所有参与者的选择与行动的互动。第一位邻人的追随，引来第二位邻人的跟随；前一个人的折枝踩草之效果，降低了后一个人跟随的边际成本。参与者的个人选择与行动改变了后来者对外在环境的评价和主观的参与意愿。

文化演化理论以方法论个人主义为基础，很自然地，也就遇到方法论集体主义者的一些误解。第一类的误解以假的个人主义去批评。如，阿罗曾说"经济理论依然需要社会要素"。[1]他认为需要、供给、价格、市场等只能从社会整体的观点去理解，如影响个人选择的价格便决定于市场需要和市场供给。又如，个人的嗜好、预期、知识等也都受到他人甚至整个社会的影响。价格的确受到市场需要和市场供给等集体变量的影响，而个人的嗜好与预期也受社会的影响。但是，这些集体变量的客观性只是一种分析上的想象，因为在真实世界里并不存在这些客观的市场变量。真实世界只存在个人主观去理解与诠释的集体变量，而这些主观理解的集体变量会因人而异。同样，个人利用其嗜好、预期、知识是为了实现个人的主观计划。个人主观地思考他面对的"社会"，包括决定是否要顺从或以创业家精神去否定。在真正的个人主义下，个人生活在社会里，但每个人所认识的"社会"并不相同。

第二类的误解来自于错误地诠释科斯的厂商理论，以为工厂的命令式运作驳斥了自由选择的效率。[2]的确，科斯提过："汽车工厂里有上千位工人，任何工人的知识都不足以独立制造一辆车……个人可能不赞成人类就像原子，因为人类会发展人际关系，而工厂就是这类相互依赖的群体。但是，这种相互依赖的关系不会发生在个人层次上，

[1] Arrow（1994）。
[2] Coase（1937）。

也不是自发长成的。明显地，工厂是中央集权式组织。"在相关业务范围内，工厂运作主要以命令为主；不仅工厂，任何任务明确的组织都以命令为主要运作方式。但这只是说明：在特定任务（如追求利润）下，命令式的组织也能拥有较高的生产力与竞争力，而个人为了实现其全面的主观理想，会选择在特定任务的相关业务上接受命令式的安排。就如汽车工厂的工人会在假日走向海边或山林，痛快地花用辛苦赚来的钱，享受该特殊任务之外的其他主观理想。在工厂的长成过程中，我们看到的依然是企业家的辛苦筹资与设厂，也看到工人们对工作规则的遵守和对契约的承诺。

群体选择

文化演化理论还遭到两点质疑。其一是，既然是以个人动机为出发点，它如何解释一些有利于群体延续的利他行为，如战士牺牲自己生命或球员把投球机会让给胜算更高的队友等？其二是，如何证明自发秩序优于造成秩序，尤其在中国崛起之际？这些议题，前者称之利他行为（Altruistic Behavior）而后者称之中国模式（China Model），又合称为群体选择（Group Selection）。

在短兵交接之际，利他行为的确有利于群体的延续。但论及群体延续的关键因素，则需要论证它能较其他可能的制度更能发挥全面的相对优势，如较强大的生产能力与创新能力。私有财产制是利他主义之外的另一种制度，而毫无疑义地，在广泛和全面的意义下，私有财产制对群体之生产能力与创新能力的贡献远大过利他主义。

纪唯基认为群体之延续决定于群体之间长期存在的一些竞争机制，如战争、移民、市场竞争等，而这些竞争机制严酷地决定群体的生存或灭亡。[1] 群体若无法在积极方面发展出提升生产与创新能力的制度，且在消极方面发展出降低搭便车者（Free Riders）的机制，群体的竞争能力将逐渐衰退。利他行为无法在积极方面与私有财产制抗衡，但在消极方面确是有较好的表现。

然而，直接诉求于利他心的消极效果也只在原始社会较为有效，因为制度朝向两方面发展，其一是逐渐从强调行为动机转向行为效果，其二是强化对搭便车行为的约束与惩罚。前者以市场机制为例，如看不见的手原理所传递的信息，允许个人在市场机制下追求利己，其效果是创造群体的更大利润。后者则是随着社会发展而出现一些避免反合作行为的社会规范、避免偷窃与伤害的立法与司法制度、避免政治活动与政府行为陷入寻租或非生产性活动的宪政制约等。当然，这类制度在运作上的交易成本

---

[1] Zywicki（2004）。

也不低，才使得利他行为还能以辅佐制度而存在。

欧尔森曾指出：群体的规模愈大，搭便车行为愈严重。在小团体里，搭便车行为常不构成合作的困难，因为存在无时不在的相互监视和强烈的认同感。[1] 但在较大团体，搭便车行为严重，即使强调相互监视和认同感也是无济于事，只能依赖良好的制度去减少搭便车行为的发生。方法论个人主义并不是将个人以原子方式直接连结到最大范围的社会，而是经过一级又一级的制度和组织的结构，由规模最小的社群逐渐连结到较大的社群。个人动机推动着个人参与最小的社群，也连结小的社群到较大的社群。的确，利他行为能帮忙社群的稳定，只是其影响力随着社群规模的扩大而减弱。

哈耶克不在意利他行为存在的问题，仅关心"个人在自发秩序下遵守他没有经过理性计算的规则算不算是自由选择"之问题。[2] 如果遵循规则也算是对个人自由的制约，那么，这种制约和造成秩序里的命令又有什么不同？他给的答案是：规则是在文化演化过程中被决定的，这不同于政治过程所决定的命令。比如，市场里的商品价格是非人为过程所决定的，所以我们不会说某些特殊身份之人压制我们设定商品售价的决定权。同样，当我们的自由受到自发长成之规则压制时，也不会说自由受到限制，因为那样说很无聊。他认为普通法下的规则，若不是自发长成，就是长自法官在案件上的耕耘，都属于法治的内容。在法治下，人可以受规则的压制，但不能受某些特殊身份之人的压制。

遵循规则

原始秩序的规则不完全都是个人选择和行动的常规，其中有个人在不完全理解对方下互动产生的规则。个人在小范围秩序内，多少能理解规则和遵守规则。当小的秩序发展成更大或其他秩序出现后，个人逐渐无法理解新增规则的意义。为了理解秩序与规则的发展及个人应有的遵循态度，哈耶克从个人参与动机角度将结合分成三类：出于本能的结合、经过理智计算的结合、遵循规则的结合。[3]

在原始社会，人们以狩猎为生，并以小队伍方式结合。由于个人体力不如野兽，不结合就无法生存。在技术与制度未有突破之前，领导者发号施令和目视监督的能力，完全决定了结合的强度与稳定性。参与者也同样出于本能去服从。在本能时代，觅食与生存是明确的共同目标。凭靠本能结合的群体规模不会太大，不会超过目视与声音

[1] Olson（1956）
[2] Hayek（1978）。
[3] 本节这段内容主要在陈述 Hayek（1988）的观点。

能传递的距离，因此成员之间极度熟悉。可以理解地，这些特征发展出来的秩序都带有平等主义和利他主义两项原则。

平等主义的起源是原始社会的人们必须联合作战，不论是猎杀大型猎物或抵御凶猛野兽。如卢梭的描述，这群战士都拥有同样强壮的体魄和打杀技艺，因此，平等原则便成为维持稳定结合的基本原则。联合作战有助于衍生利他主义，但另一项更重要的起因是食物来源的不稳定。当一个人很幸运地捕获一头野兔时，同时也面临两项难题，一是他无法在食物腐败之前吃完，二是他必需饥饿到不知道何时才到来的下一次幸运机会。因此，强调成员之间的合作与公享的利他主义，也就成为当时解决不确定性的规则。

人类到了启蒙时代之后，进入一个完全不同于原始社会的时代，理智计算替代本能成为参与结合的动机。在理性主义主宰的时代，人类开始对各种现象与观察追问"为什么"，只有在理由足够说服自己之后才愿意接纳。人们也同样质疑传统的规则，只接受自己能理解的部分，也只信任那些重复实现的规则。

在本能时代，人类凭本能去接受规则；到了理性主义时代，人类对规则功能（或效用）的评估更加工具化。传承下来的规则既非出于人们的设计，其功能本就非不证自明，而有些陌生的规则更是在与其他社群往来后才形成，人们的接受与否自然取决于个人对其性能与成本的计算，即是对个案进行评估。这个发展改变了原始社会对规则的遵循，虽然那时的遵循多出于本能的理解与接受。当个案评估取代遵循规则成为理性主义时代的基本态度后，个人对于自己尚未理解的规则便从尊重转为怀疑，只接受个人理性推理能达到的范围。这个态度不仅用于筛选传统的规则，也成为他们捍卫计划经济与指导命令的说词，因为计划与命令都在设计者自认为可以控制的范围内。在理性范围内，计划与命令的效能是能预期和实现的。

然而，个人的主观和独立让他以自己的角度（利益）去评估这些计划与命令，而个人的创业家精神诱发他去回避或挑战现有的计划与命令。不断出现的创新与新形成的规则，不断地扩大个人行动的范围，以至于超出设计者的理性范围。人们再度面对难以评估效能的新规则。

自发秩序与造成秩序在人类历史上交织发展。在任何时期，我们都面对着难以评估功能的规则，也犹豫在顺从命令或遵循规则之间的抉择。遵循规则一直都是人们在听从本能与顺从命令之外的第三种选择，而人们对第三种选择的行动也会影响到当时社群的稳定与发展。

在原始时代，人们从顺从本能到顺从规则的发展，没让规则添增新的内容，只是视规则为免于去理解本能的捷径。原始时代的规则还有一种意义，就是以它去限制本能的冲动。这些规则就是禁忌，而禁忌也同样是免于去理解本能的捷径。到了理性时代，规则也因为被视为免于去理解理性推演的捷径。在这情况下，遵循规则只是套着外衣，骨子里仍是在进行理性的个案评估。类似以禁忌作为免于去理解理性的捷径，在理性时代也依然会表现为遵循规则上。

规则可能只是捷径，也可能只是个禁忌，当然也可能承载着超越个人经验和知识的传统智慧。这种混杂成为当前人们在思索遵循规则时的障碍。规则随形势改变，更随时代调整。但调整未必完全，而个人也有怀古情怀，因而出现舍不得调整的态度。哈耶克指出，在当代社会所承袭的规则里，有一些从本能时代流传下来，早已不适合于现在社会的传统，如集体生活的悠闲、利他主义的温馨、节俭的一致性等。相对地，当代社会朝向更大交易范围与创新发展，也面对未知的事物和交易伙伴，其新发展的规则更值得遵循。这些规则主要有如下三类：自由之下行为规则、民主制度的运作规则、私有财产权的相关规则。

第十章 不确定性下的经济理性

上一章指出，扩展秩序下的个人是以遵循规则为行动准则，因为个人并无能力完全理解他的行动对多人社会的可能影响，而规则往往就是在制约个人的行动范围，避免个人产生超越其理性预期范围的不良影响。上一章也同时指出，个人也常无法以理智理解遵循规则的意义，因为个人在面对个案时，就个案所决定之最优行动的效果往往会胜过遵循规则的行动效果。换言之，遵循规则是为了实现更长远的未知的效益。这样的文明论述时常令入门者困惑，甚至被讥为一种类神学的信仰。

的确，真理往往就是一种信仰，因为我们无法凭理智推论未来的可能发展。比如市场过程的论述能够肯定地指出缺欠创业家精神的社会只是一池死水，也能清楚地描绘一个创业家精神丰沛的社会是如何的生动与发展，但却无法具体描绘创业家精神所能开创的未来景象。

在一个富于创业家精神的社会，个人的行动配合着他人的行动，不断展现出个人在行动之前所无法预知的新现象。个人遵守规则的目的，就是为了实现能不断展现新现象的未来。不断展现新现象的未来充满着不确定性（Uncertainty）——不知道未来事件的内容，更不知道未来各事件可能出现的概率。上一章，我们从社会发展的不确定性去讨论群体选择和个人对规则的遵循。在这一章，我们将探讨个人在不确定性下遵循规则的效率问题。第一节将延伸新古典经济学对经济效率之定义到不确定性的情境。第二节将以延伸的经济效率去分析人们克服 SARS（严重急性呼吸道症候群，或非典型肺炎）危机的过程。第三节继续以延伸的定义去探讨核电厂的何去何从。

第一节 经济理性

芝加哥学派的贝克尔对经济理性的说明是这样："个人在一组稳定的偏好下，经由市场交易去取得最优量的投入因素和累积最优量的信息，以获取最大化的效用。"[1] 在计划经济盛行的年代，芝加哥学派一度是自由经济的捍卫者，而经济理性正是其磐石。但同时也任教于芝加哥大学的赫伯特·西蒙（Herbert A. Simon，1955，1978）却不同意这假说。他认为个人偏好的稳定性、信息的累积能力、甚至追求效用最大化的意志，都存在能力上或知识上的不足。相对地，他就其观点提出有限理性（Bounded Rationality）假说。长期以来，社会科学界并不认同经济学的分析方法，尤其是与实证主义呼应的经济理性的假说。有限理性的提出不仅提供经济分析上的另一种选择，也威胁到芝加哥学派论述自由经济的基础。[2]

有限理性

由于西蒙的有限理性多应用在管理学，而管理学属于厂商内部的策略选择，因此对芝加哥学派论述自由经济的冲击有限。但20世纪末兴起的行为经济学（Behavioral Economics）以普通人为实验对象所获得的非理性行为，去驳斥经济人公设的各项内容。他们认为这些观察结果支持有限理性假说。[3] 罗伯特·奥曼（Robert Aumann）更说道："有限理性最简单的观点，就是强调遵循规则并不需要任何的（经济）理性基础"。[4] 在博弈理论分析下，即使假设人们不吻合任何经济理性，纳什均衡（Nash equilibrium）依然会展现一套如下的游戏规则：只要人们认为遵循某种随意设定的规则的结果还不错，该规则就会逐渐成为经验规则，否则人们便会放弃它。换言之，即使人们的行动不是出于经济理性，逐渐形成的经验规则依然具有经济效率。如果社会追求的目标是经济效率，个人是否拥有经济理性就不重要，只要他遵循经验规则即可。

奥曼的论述呼应着我们在上一章讨论的群体选择和遵循规则，但是他的论述却也从根部铲除了行动人必出于经济理性的前提。当然，主观学派经济理论所定义的经济理性不同于贝克尔的定义，而是把经济理性视为行动的同义词。但在面对行为经济学的强悍挑战下，我们的确必须跳出定义式的自圆其说，进一步去论述遵循规则并不违背"经济理性"，只要将经济理性的定义扩充到不确定性情境。

为此，本节将依次完成三件论述工作。第一、先扩充经济理性的定义，以容纳遵循经验规则的行动；第二、扩充经济效率的定义，使遵循经验规则的行动也具有经济

---

[1] Becker（1976）。Becker（1962），Stigler 和 Becker（1977）是经济学界早期捍卫经济理论的文章。

[2] Jolls, Sunstein 和 Thaler（2000）认为：有限理性虽无法强而有力捍卫反父权主义（Paternalism），却撼动了反父权主义的基础。

[3] 请参考 Tversky 和 Thaler（1990），McFadden（1999），Shefrin 和 Statman（2000），Abdellaoui（2002），Shiller（2003）等的讨论。

[4] Aumann（1997），第4页。"经济"两字为本书作者所加。

效率；第三、论述这些具经济效率的经验规则都是自发的。

经济理性的扩充

在这波争论中，尼古拉斯·罗尔（Nicholas Rowe，1989）率先将贝克尔在经济理性定义中隐含的逐案决策延伸到遵循规则，并主张：只要行动者可以获得最大预期效用，即使是遵循规则的行动也算合乎经济理性。维克多·凡伯格（Viktor Vanberg，1994）进一步以优势策略（Advantageous Strategy）取代贝克尔和罗尔在定义经济理性时采用的效用评估，主张只要采取的行动较其他策略更具优势，该行动就算是合乎经济理性。他认为行动者可以选择逐案决策和遵循规则，如果他预期遵循规则就一切个案整体而言更具优势，自然不能说是非理性。朱卡·凯斯拉（Jukka Kaisla，2003）以实现目标的最佳工具去替代最大效用或更具优势的标准，主张行动者如果有足够的理由相信所采取的行动是实现目标的最佳工具，该行动就算是合乎经济理性的。这些新的理性定义都呼应了米塞斯的论述：行动都是理性的。然而，在这样的扩充定义下，符合经济理性的"非理性行动"是否具有经济效率？

在上述三个扩充定义里，凡伯格强调的优势是就一切个案整体而言，不同于其他两者只就决策中的个案而言。然而，假设我们对于一切个案的条件都略有所知，遵循规则的意义在于我们面对着难以预测的未来。因此，我们要再寻找新的定义。

哈耶克也注意到这问题。[1] 他把个人决策时的理性状态分成三种：理性的不足、理性的无知、理性的非理性。这三种理性状态都是和经济人的理性公设不同。他认为这是因为个人获取与他人合作所需的知识的成本太高。这个观点是把经济理性视为限制条件下的决策模式的选择。选择若要在意志下进行，就必须先行将选择的可能范围限制在意志能顾及的范围之内，而无意识地遵循规则和默会地理解这限制范围则为其前提。[2] 他认为，只要个人的行动可以促进彼此的协调，让个人在互动中利用到他人的知识，则双方的目标就可以更容易实现。能让双方目标更容易实现的行动，换句话说，就是具经济效率的行动。

另外，布坎南和杨（Yong J.Yan）则用相同的悲剧的角度去诠释哈耶克提到的经济效率的定义，并指出遵循规则才可以限制个人对其有限之理性的过度滥用。他们直接将经济理性定义为规则的学习，让遵循规则等同于经济理性下的行动，其结果才能有

---

[1] Hayek（1952）。
[2] Hayek（1962），第56–57页。

效率地利用理性资源。[1] 不过，他们在文中并未讨论规则的形成，让人们容易误解以为行动所遵循的规则是先于经济理性存在，而这误解也会严重伤及经济自由主义对个人经济理性的坚持。[2]

相对地，哈耶克将个人行动提升为经济理性，并明白地讨论它和制度的同步演化过程。[3] 这是以具有经济理性的个人行动去诠释制度演化，然后再以市场机制下的发现程序去论述制度演化相对于人为设计的优越性。他认为人类变得聪明是因为有介于理智和本能中间的传统而让他学习，这个传统是来自于人类回应客观事实的种种经验。他并没否认制度的存在先于个人理性，但就作为整个人类心灵的经济理性而言，它是和文明同步演化的。

为了避免政府在个人与人类集体的空隙中找到干预或管制的空间，哈耶克除了强调方法论个人主义讨论的个人乃和普通人有相同的行动模式外，更不断强调演化过程是一种没有预知能力的调整过程，故人类永远不能凭借理性去预测和控制未来。[4] 由于制度就是一套规则，因此，文化演化理论允许我们从经济理性去解释遵循规则的类似非理性行动，并指明这些行动具有经济效率。个人虽然不能完全知道遵循这些长久流传之规则的长远效果，但能从日常生活和不断重复中了解短期效果。

奈特将个人行动可能的未知后果区分为不确定（Uncertain）和风险（Risky）两种情境。前者指个人对可能后果的无法预知或虽知可能后果却不知其概率分布，而后者指他虽知可能后果与其概率分布但无法预知出现之特定后果。[5] 在风险情境下，个人能先估算预期效用，再选择行动，却无法预估不同行动的预期效用。一旦无从估算预期效用，个人就失去选择最优行动的依据，传统经济理性也就无法运作。[6] 经济学定义经济理性的目的，在于探讨人的普遍性行动及社会现象的经济效率；因此，当风险情境下的经济理性定义无法适用到不确定情境时，我们得重新定义经济效率，然后再扩充经济理性。这时，个人遵循规则是否符合经济理性的问题已无意义，新的问题是：个人所遵循的规则是否符合经济效率？经济效率一词在社会陷入不确定情境下要如何定义？

在经济效率的延伸定义上，我们采用哈耶克——布坎南的做法。哈耶克提出的概念是"双方行动目的之实现"，因为一项制度若有助于双方行动目的之实现，就能同时

---

[1] Buchanan 和 Yoon（1999），第 213–215 页。

[2] Buchanan 和 Yoon（1999），第 217 页。

[3] Hayek（1988），第 22 页。

[4] Hayek（1988），第 25 页。

[5] Knight（1921）。

[6] 坚持实证主义的芝加哥学派是以风险情境替代真实的不确定情境。

提升双方的效用。这定义在一般均衡下是和经济效率等值的，但也可用于更广泛的非均衡的演化过程。他所强调的不仅是双方效用的提升，也包括双方在利用到对方知识所带来的知识扩散效果及其所产生的文明。

布坎南是在讨论宪制选择时提出"扩大自愿交易之机会"的概念。[1] 这点在前几章已经指出。不同的宪法架构会决定不同的交易结构和价格体系，因此无法在选择宪法之前就以一套价格结构去评估不同宪法的优劣。他接受成本效益分析法可以用于后宪政（Post–constitutional）时代去比较不同政策的优劣；但在前宪政（Pre–constitutional）时代，采用任何预设价格（或影子价格）的做法都是错误的。既然无从计算，要如何界定资源配置的经济效率？布坎南认为可用"自愿交易之潜在机会"为评估不同宪法之优劣的标准。任何的自愿交易都会带来交易利得，而交易利得对于交易双方和社会整体都是好的。于是，能发展出愈多自愿交易机会的宪法，就能累积愈多的交易利得，自是较佳的宪法。如果某种规则能够扩大交易机会，便可定义为具经济效率的规则。于是，个人行动是否符合经济理性的判断，在风险情境下视其是否获得最大的预期效用，而在不确定情境下视其是否遵循某种能扩大交易机会的规则。

第二节　SARS 危机

个人在选择是否遵循规则时，有时虽不知其长远效果，但多少能预见一些短期利益；但有时也无法预见遵循经验规则的短期利益，比如在2002年底出现的SARS危机。[2] 人们在 SARS 危机下失去了决策能力，采取并遵循似乎是非理性的行动，因为是整个人类社会对 SARS 无知而不是只有他个人。此时，遵循规则与搜寻 SARS 信息的成本无关，更不是为了节省重复决策的成本。当 SARS 导致整个人类社会陷入无法计算预期效用的不确定情境后，正是一种属于前宪政领域的情境。我们的做法就很清楚了：在 SARS 危机下寻找个人行动所应遵循的规则，再讨论这些规则是否能扩大交易机会。

遵循规则

在 SARS 危机下，人们以遵循规则替代逐案决策。从各媒体报道中，我们整理出

---

[1]　Buchanan（1973）。

[2]　SARS 为新种冠状病毒，继续不断地在变种。当时，人类尚无法掌握它的可能发展方向。

三条当时的行动规则：宁过勿不及、敬业精神、战士楷模。现就每条规则讨论它如何扩大交易机会。

第一条行动规则：宁过勿不及。当个人无法计算行动的预期效用时，自然无法采取最优行动，而逻辑上也无所谓的"过"或"不及"。因此，所谓的"过"并不是相对于最优行动，而是指以下的意义。首先，个人以顺从以往的经验替代"最优行动"。经验是一种归类后的知识，也就是从病征上假设能治疗相同病征的现有药物都具有治疗效果，比如中药的板蓝根、肺炎草等能治疗 SARS 患者出现的高烧症候。[1] 如果关于 SARS 的知识充分，顺从经验绝非最优选择。但因处于无知，顺从经验多少还有成功的运气。由于 SARS 引发的病征非单一而个人的经验也相当繁杂，依经验规则推荐的治疗药物必会多样化，这使得个人在遵循规则之前得先挑选经验规则。[2] 其次，个人在选择经验规则之后会固执地去执行。他既然对所有并列的经验规则都无法预见效果，与其蜻蜓点水，还不如专于遵循选择的规则。在不清楚 SARS 的传染媒介和途径下，自我隔离和逃避是两种断绝与其他人往来的宁过勿不及的规则。如果 SARS 存在于风险情境，个人理性的最优选择就不会是自我隔离或撤离。

个人选择自我隔离，就等于是从市场的交易活动中退出。部分人退出市场会造成交易萎缩，但那只是短期，因为他们会在危机解除后复出。由于不知道是否潜藏着全面毁灭的可能性，部分人以保本方式自我隔离是恢复未来交易的唯一办法。如果每个人在自我隔离的环境下还可能继续生存，每个人都可能选择自我隔离。但由于个人间的生存条件不同，尤其低收入者更不可能选择完全退出市场，市场交易依旧会维持部分的运作。由于人们偏好平安的程度也不相同，要求较强烈者会选择自我隔离，其他人也会选择继续交易。另一方面，在一个高度分工的社会里，全面性的自我隔离也会带来全面性的灭亡。因此，在面对这两种全面性毁灭的可能性下，最优安排应是部分人选择自我隔离，而部分人依旧进行着日常交易。当然，继续交易的人也会遵循经验规则，以有备无患的行动尽量保护自己暴露在危机下的性命。自我隔离是一项过去留下来的经验规则，但对个人则是一种行动选择。个人在无从计算预期效用下，如果他曾学过这条规则，就可能想到遵循它。只要他极爱平安又有能力，就会自我隔离，否则还是会继续交易。不论遵循与否，他都是在自由下选择。选择继续交易的人会遵循有备无患的规则，那也是在自由下的选择，也是他感觉最好的选择。宁过勿不及可以看成是一项提升经济效率的行动规则，这个规则降低短期的交易，却避免两种全面性

---

[1] 哈耶克（Hayek，1952）认为分类行动（an Act of Classification）是认知和感觉的初步。

[2] 当时凤梨、地瓜、绿豆等都已上场，它们的功能介于治疗和预防之间。

毁灭，保障了未来的交易。[1]

第二条行动规则：战士楷模。宁过勿不及只是保障未来交易的制度，无法降低SARS所带来的威胁。只要SARS的威胁不减，选择自我隔离的人就不会走出来，交易机会也不会增长。社会对于SARS的知识若能增加，便能从不确定情境降低到风险情境，个人就可以在预期效用的计算下选择最优的行动，而不会是自我隔离。增加对SARS的了解等于是提升交易的机会，战士楷模便是这样一个鼓励人们勇于接近SARS和进一步去了解它的诱因机制。参与抗疫的战士不只获得赞誉，也可能获得巨额的货币性报酬。[2] 荣誉加上奖金诱使个人改变选择，转为参与抗疫。抗疫在不确定情境下进行，所有的行动都是试误，愈多的试误才能愈快累积愈多的知识。不论成功与否，战士都会带回关于SARS的新知识。战士楷模作为一种制度，吸引更多的人走向试误行列，提早将危机降至风险情境，提升市场交易。

第三条行动规则：敬业精神。当具冒险精神者参与抗疫时，也同样会遵循经验规则，比如采取潜水艇式分区隔离的作业方式，以避免整个"特遣队"因一次失误而灭亡。每梯队或分队都独立进行，无法相互支持；能相互支持都是同队成员。为了降低协调成本和监督成本，他们会在过程中发展出一些规则，其中最重要的就是敬业精神。敬业精神是在孤立无援下对自己的专业判断和实践任务的绝不妥协。在抗疫过程中，每位成员都依赖其他成员的协同合作与成果，而独立的环境也无法进行监督。敬业精神能让成员在信任对方能完成任务下，专心去完成自己的任务。

上述三条经验规则形成一套互补规则：宁过勿不及保存市场的交易机会，战士楷模发现知识以扩大交易机会，而敬业精神降低合作的交易成本。另外，我们也观察到这三条经验规则对个人而言是行动的选择，但对于整个社会却是一项具有经济效率的制度。

市场的形成

人们从试误中一点一滴地累积经验和知识，并凭着这点知识展开不成熟甚至错误的防疫工作和治疗方式。这些初期的知识降低了不确定情境，让行动后果和预期效用的估算开始有点准头。虽然误差甚大，不过人们总算可以利用这些知识思考更好的行动规则以替代前面所陈述的三项规则。试误过程依赖统计上的大数定律，是以更多的投入次数去发现更多的知识。试误工作不会消失，因为知识永远不足而SARS病毒也不断在演化。继续投入试误工作的新战士依旧需要冒险精神，也依旧需要荣誉与奖励，

---

[1] 在黑死病盛行时代，英格兰约克郡（York）有些村子，在发现有人罹患之后，便自行决定和外界隔绝。

[2] 比如台湾地区以提高抗疫护士四倍月薪为激励，以吸引更多的护士参与抗疫工作。

而特遣队也继续遵循着上一节讨论的规则，但整个秩序已经有了改变。

在新的秩序下，投入试误的战士必须拥有相关知识，这样不仅可以减少重复试误，也能降低发现新知识的成本。新战士是专业人士，他们以知识替代大数规则，以专业形象取代战士形象，而战士精神也退位给敬业精神。当知识把不确定情境降低为风险情境后，人们回到可以估算的经济理性，自我隔离的人走回市场，逃避的医师也重回抗疫岗位。人们依然会加强自己的防御措施，但不同以往的是他们更会遵循从新知识发展出来的标准作业程序（SOP）。每个人只要遵循标准程序，就能利用到内嵌在作业程序里的知识，降低不必要的风险和损失。遵循作业程序的人不必追问标准作业程序的意义，因为其内嵌的知识大都属于专业领域方能理解的范围。就像个人在不确定情境下遵循经验规则一样，他在风险情境下选择遵循标准程序也是跳过理性的决策，不同的是他现在的选择遵循标准程序是在成本计算下的理性选择，因为既然有了标准程序就不必自己再花费搜集相关信息的费用。换言之，这时的选择是出于获得专业知识的成本太高，而不是社会缺欠相关知识。

从不确定情境到风险情境的转换不会一次完成。随着知识的专业化和编码化，人们只要遵循标准作业程序就不必将危机放在心上，而让少数的专业人士去负责新知识的探索。标准作业程序会不断随着知识的增加而调整，让作业程序更有效并让参与市场交易的成本降低，也让更多的人愿意选择参与市场。[1]自我隔离的人数减少了，社会不再仰赖战士楷模，而其他的经验规则也逐一失去价值。

个人无法在不确定情境下发挥知识的作用，但这并不表示他的选择是随意的。他虽无法知道参与抗疫的罹难率，但可以假设为100%来比较该行动的相对报酬。就像一般的死亡保险，投保者的预期效用是考量了他的未亡人（包括子女）所能获得的补偿；相同地，在100%罹难率下仍选择参与抗疫的战士大部分也出于这类的计算。[2]当然，补偿金不是参与的唯一报酬，也不是吸引人们参与的唯一因素，因为对于财产较多的人，来自荣誉的吸引远大过补偿金。荣誉的货币折现值是会随着个人财富的增加而提高。即使补偿金金额划定了战士的来源，投资知识的差异仍会带给人们不同的选择机会。知识愈多者可以选择的机会愈多，而其中报酬高过补偿金的机会也愈多，选择参与抗疫的可能性就愈小。换言之，我们对于喜爱平安和具冒险精神的"假设"，可以进一步视为个人在财产和一般投资知识下所做出的"偏好

---

[1] 在SARS初期，为了不让交易活动停顿，政府依据经验规则要求人们必须戴口罩方能进入密闭的活动空间。等到世界卫生组织（WHO）公开称感染者在发烧前不具传染力之后，新的标准程序就改为：强迫量体温，温度高过37.5度者才被要求戴口罩。

[2] 100%的假设是以确定情境去替代不确定情境，如果不计算荣誉的货币值，政府鼓励人们参与抗疫所保证的罹难补偿金通常会超过参与者终生收入的折现值。补偿金的数量决定了战士的来源，也吸引了终生收入折现值低于补偿金的人们参与。

选择"。也就是说，当战士精神退位给敬业精神后，非专业人员不再参与抗疫，而个人的避险投资也会和其他投资机会一起比较，完全并入市场机制下运作。市场提供给个人避险的方式，不是指令也不是标准作业程序，而是包括保险和基金的交易机会。

同样，在世界卫生组织公布发烧前不具传染力之后，就有航空公司推出 SARS 保险，保证高额赔偿意外感染的乘客。提供类似保险的公司利用避险基金或基金的基金将风险情境分摊出去。当然，这并不是说这些金融或保险工具能实质地降低 SARS 的威胁，而是这些公司会在利润的考量下进行降低威胁或其发生概率的投资。比如推出 SARS 保险的航空公司，就比其他航空公司更严格地监视乘客的健康状态和放行制度。在掌握 SARS 相关知识后，人们可以借着相关的投资来提高胜算。如果航空公司还没有能力降低感染概率或所需的投资成本太高，就不会推出 SARS 保险。一旦投资可以改变后果，我们就不需要从风险偏爱的角度去分析行为，而是从投资角度去分析。不同的投资把同一风险情境变成并列的选择；同样，不同的风险情境也可以在投资的考量下成为并列的选择。

投资的影响可以从尤利西斯（Ulysses）和女妖塞壬（Sirens）的传说来说明。事实上，尤利西斯面对的并不是完全的不确定情境，因为人们已经知道塞壬的甜美歌声具有致命的吸引力，而他也善用知识去实现目的。他吩咐船员先绑好自己，然后强迫船员以蜡塞紧耳朵。这个做法的确符合凯斯拉定义的理性行为，也符合以经济效率定义的经济理性，因为至少创造了一趟航行的交易。不过，如果他的资金只能租到一艘必须自己划桨的独木舟，就无法听到塞壬歌声。但如果当时的旅游市场够大，在当时的技术下，一个可想象的旅游市场是：游艇公司雇用耳聋或以蜡塞耳的船员，而观光客必须被绑在安全无虞的座位上聆听塞壬甜美的歌声。再说，此时的"尤利西斯"实现愿望所需的费用只是往返塞壬海岸的一张游览船票，而不需要雇用整艘的船。当然，当游艇装设全自动导航系统之后，连随行和船员都不需要以蜡塞耳朵了。这些臆想情节告诉我们：人们可以利用发现的知识去创造市场。遵循市场规则带来的经济效率远胜过经验规则。此时，就像飞机起飞前后不可以使用手机一样，观光客"必须被绑"就不再是自制或服从规范的问题，而是像搭过山车必须被绑好一样属于纯粹的市场交易规则。

第三节 核能的抉择

自苏联在 1954 年建成第一座核电厂开始,核电厂的安全性就一直备受质疑。1979年 3 月,美国宾州三哩岛核电厂发生炉芯熔毁事件,但因处理得宜,仅少数辐射外漏。美国政府事后对居民、农牧产品、水源等的检测并未发现任何辐射污染。核能安全的形象也随之确立。不幸地,1986 年 4 月苏联(今乌克兰)的切尔诺贝利电厂爆炸,当场夺走了 28 条人命,多达 200 万人陆续因辐射感染而受到伤害。核电厂的安全性开始遭受质疑。但这次事故因当年苏联政府的刻意隐瞒,没有立刻疏散核电厂附近居民,所以才酿成巨大辐射伤害。人们相信这种罔顾人命的态度不会出现在自由民主的西方国家。此时期,反核与拥核各有论述。

2007 年美国的次贷危机引发全球经济危机,各国纷纷推出宽松货币政策,同时也抢购石油和重要矿产。原油价格由 2000 年的每桶三十多美元,狂飙到 2008 年的一百多美元。原油价格的狂飙使通货膨胀蠢蠢欲动,威胁到各国的经济增长。瞬时,"相对便宜"的核能又成为各国的能源新宠。不幸地,2011 年 3 月 11 日,日本东北发生九级地震并引发海啸,令福岛各核反应炉冷却系统失灵。电力公司为防止燃料棒熔融反应,抽海水进行冷却,让辐射云散布关东各地,而电厂周边也遭受辐射严重污染。灾变时,电厂紧急撤离 750 名事故处理人员,仅留下 50 名技术人员留守。同时,日本政府也将附近 47 万人撤离家园。两年后,仍约有 31 万人在临时安置所栖身,而许多安置所都是破败的国宅。[1]

福岛核灾之后,人们再度不信任核能的安全性。德国宣布在 2022 年全面废核,不走回头路。法国宣布将于 2025 年之前,将核电依赖率从 75% 下降至 50%。那么,台湾地区要如何抉择?台湾地区重要城市于 2013 年 3 月 9 日同时举行的反核游行,诉求是"终结核四计划,拒绝危险核电",估计有三万人参加。台湾地区是否应该停止修建核四厂,然后逐步停止当前运作中的三座核电厂,最终走向非核家园?还是继续使用核能,以避免修建更多的燃煤电厂或燃气电厂,以实现低碳家园?[2]当前的泛政治化现象是我们未能善用政治经济学的结果,其实核电厂争议还有一段可以理性分析的空间。

议案的提出

当油价狂飙时,各国各地区都从核能安全性与经济增长的取舍去决定修建核电厂

---

[1] http://udn.com/NEWS/WORLD/WOR1/7750100.shtml。
[2] "蓝营秘密武器'低碳家园'vs. 非核家园","联合报",2013.03.25。

的决策。支持修建核电厂的主要的想法有二。第一，"短而优质的生命"与"长而拮据的生命"是个人对生命的选择。个人的生命长度毕竟有限，生命何时结束并不确定，增建几座核电厂也不过对生命威胁增加了些微的概率。想想，个人为了赚取较高收入，不也是天天冒着爆肝的危险在打拼？"要不要修建核电厂"也是同样的选择。第二，能源短缺是当代生活无法想象的灾难。若没核电厂，这灾难明确且必然发生。相对地，核灾只是一种发生概率极微的可能性。经由议会对核电厂的严厉监督及加强核电厂的硬件防护与安全戒备，核灾发生的概率还可以再降低。即使以福岛核灾来说，居民的生命和健康也未受到影响。

反对修建核电厂的主要论述有三点。第一，一旦发生核灾，即使人员未受伤害，但周遭环境的破坏却已是万劫不复。第二，核废料的半衰期比人类文明还长，其存放区域无异于核灾地区，都是不断在减缩后代子孙的生存空间。第三，经过长久年代的渗透与飘散，核灾地区与核废料存放区域遭辐射污染的生物、雨水、空气、粉尘都会逐渐扩散到全球。简言之，他们反对的主要诉求是环境正义和跨代正义。（正义问题将在本书最后一章讨论。）

诉求权利和诉求正义都是个人的选择，两者并没有位阶差异的问题。在面对不同诉求时，尊重个人选择的方式就是回到布坎南和杜拉克所提出的两层次议决：议案提出的议决和议案（内容）的议决。

修建核电厂是像在我住家附近盖一个地铁站，还是较像要我同意政府可以在某些条件下拘押我？核电厂发生核灾的比例虽然非常微小，但风险依旧存在，如美国"9·11"事件或日本"3·11"事件都是出人预料之外的。议案一旦提出，就等于将核电厂附近居民推向不确定性的情境。以福岛核灾为例，由于核电厂有一定程度的安全措施，仅有少数的电厂人员在救灾时失去生命。对非工作人员的居民而言，核灾带来的预期损失主要是财产、工作机会及被迫迁徙。这些损失虽然不是生命的危害，但依旧是个人的基本权利。因此，这类议案的提出必须获得无异议通过。

涉及基本权利的议案，若对潜在受害者没有适当的补助计划，很难期待在议案提出阶段能获得无异议通过。既然核灾不再危害生命，就可能找到适当的补助计划，以补偿其失去的财产、工作机会和被迫迁徙的不便。核电厂的修建不同于火力发电厂，其计划书上必须包含这三项救济计划。遗憾地，目前多数的核电厂修建案并未认真地考量这些内容。当前各国的核电厂安全计划的主要内容，大都在讨论如何提高防震、防海啸、防破坏的硬件与监控建设。这三项救济计划都需要预算，但在议案提出层次并不是要讨论预算数目，而是在讨论计划的完整性。只有具备完整性的议案，才有可能无异议通过。

除了计划的完整性外，在议案提出层次的议案，还必须包括议案议决层次的最优多数决比例和议决方式。就最优多数决比例而言，该比例应该多高？1/2，还是3/4？如果修建核电厂就像盖捷运站，1/2的多数比例就足够了。但它牵涉到个人的基本生存权与自由权，最优比例就得较高些，如3/4或政治折中的2/3。其次是议决方式：个人是否愿意把修建核电厂的议决权利委托给议员或政务官？核灾既然牵涉到个人的基本生存权与自由权，个人会要求亲自投票。因此，这个议题必须以公民投票方式议决。这些都是在议案提出时一并要讨论的内容。

议案的议决

议案通过提出的议决后，才是议案本身的议决。这个层次的议决主要是针对核电厂的设施安全性和成本效益分析。设施安全性主要是工程问题，经济学在这方面只要求工程标准能以"宁过勿不及"为原则，因为面对的核灾属于不确定性，而非风险性。

修建核电厂是一项公共物品建设的议案。公共物品的提供本质上受限于政府预算规模，因此该议案必须就报酬率与其他公共物品一起评比。当然，这项评比工作可交由立法部门执行，也可委托行政部门执行。一般而言，行政部门的预算报告所罗列的建设项目，已经是评比之后且在预算限制下的项目。

上一节提到，在无法掌握可能的事件内容或无法预知发生概率下，数量计算的成本效益分析就无法进行。另外，目前当局或电力公司所提出的估算都大幅低估成本。以台湾电力公司为例，它根据电厂的固定成本、燃料成本、运转维护成本、除去成本去估算的核能、燃煤、燃气等三种发电方式每度电的成本，分别是0.69元、1.68元和3.20元（新台币）。[1] 也就是说，核能发电每度电的成本远低于燃煤和燃气。这是未包括上述提到的三项补偿成本。比如日本东京电力公司对核电厂灾变提列的补偿金是2兆日圆，远不及福岛核灾后保守估算的10兆日圆。福岛灾民的居家安置任务是由日本政府扛起，那可是全民买单。即使如此，核灾过后两年竟还有80%居民未获得妥适的住家。如果把这些补偿项目所需的费用都算入核电厂的营运经费，势必大幅增加其成本。别忘了，就业安置的问题可还没计算进去。

核电厂若要估算这三项补偿的成本，在不确定性下将如何进行？底下是本节提出的一种可能的处理方式，其运作步骤说明如下：

---

[1] 台湾的电力由垄断性公司提供，因而价格被要求以成本去设定，而非由市场决定。

（一）核电厂先估算 30 公里撤离半径内的拟撤人口数，并与核害范围外的各地方政府签订"核灾安置契约"。该契约的本质为保险契约，主要在确保核灾发生时，拟撤人口能获得契约明载的安置方式与补偿金额。

（二）各地方政府提供类似蒂布特模型（Tiebout Model）的方案，在契约中明列其能接受的人口数、提供的安居条件、就业辅助计划等，以及对每人收取的年度保险费。

（三）拟撤人口以家庭为单位，挑选其所偏好的地方政府所提供的核灾安置契约。

（四）若拟撤家庭选择意愿不高，核电厂宜建议各地方政府提高安置规格以及年度保险费，直到所有拟撤家庭都做了选择为止。

（五）核电厂加总个体拟撤家庭之年度保险费，并作为该核电厂的年保险费支出，并入其年度营运经费。

（六）各地方政府收取选择其契约之拟撤家庭之年度保险费，作为其贩卖保险的年度收入。

（七）"中央政府"可要求各地方政府向拟撤家庭收取同额的年度保险费。

根据上述简单的陈述，"中央政府"不难设计出更详细的作业细则。理论上还有几点值得再说明的。第一，这机制可将不确定性转化成契约，让市场运作取代政治争议。第二，虽然在不确定性下不存在事件发生的客观概率，但各地方政府依旧有其主观概率，故能提出年度保险费。第三，加上年度保险费后，核能的生产成本才不会被过度低估，也才能和其他能源的生产成本比较。第四，各地方政府之间的竞争以及个体家庭的自由选择，能提升核灾安置契约的效益。第五，核电厂仅需替拟撤家庭支付年度保险费，而不需支付其他的补偿金。

第四篇　不同的政治经济体制

第十一章　计划经济与市场社会主义

市场失灵论者除了利用第一原理指出市场机制很难实现经济效率外，也同时认定市场机制无法缓和社会财富分配不均的现象。他们利用第二原理指出，只要重新分配个人的禀赋予资产，仍可利用市场机制去实现公平与效率。第二原理并没要求废除私有财产权制度，否则就无法利用市场机制。然而，市场失灵论是从新古典经济学发展出来的理论，其缺点之一就是误解市场竞争的本质。在市场竞争下，个人的边际贡献与创新决定了其薪酬与财富，不多久，新的财富不均的社会又会再出现。

相对于市场失灵论者，社会主义计划经济论者主张完全废弃私有财产权，以及伴随的市场机制和价格机能。一旦废弃私有财产权，就等于不让私人决定经济活动，改由政府来支配，尤其是中央政府的中央计划局（以下称CPB）。他们相信，由于CPB握有全国的生产知识和生产资源，只要能根据人民的需要去生产，按人民的禀赋和能力去分配工作，就能建设公平与效率兼顾的新社会。若市场机制不再存在，个人的薪酬与财富从此不受边际贡献与创新的影响，就不担心财富不均的社会又会再度出现。这是一个计划经济的新蓝图，本书称为"计划经济1.0"，问题是，计划经济真能实现一个理想的均富社会吗？其理论缺失何在？

1928年，苏联展开人类最早也最全面实施的计划经济。计划经济以五年为一期，前后历时四十多年，其目标是农业集体化和加速工业化。计划经济的前三期成果亮丽，工业产出提高十倍。在苏联协助下，刚取得政权的中国共产党也从1953年展开五年一期的计划经济。苏联的经济成就吸引其他国家和地区竞相仿效，如法国于1946年展开五年计划和台湾地区于1953年展开四年建设计划。直到第二次世界大战后，苏联五年计划因成果不佳才宣告失败。20世纪末的苏联解体和中国的改革开放，证明了计划经济的不可行。但在当时，它却迷惑了太多的知识分子，包括几位诺贝尔奖得主的经济学家和伟大的物理学家爱因斯坦。

这一章将讨论上个世纪的计划经济大实验，共分三节。第一节将先回顾计划经济在当时的苏联和中国的实际运作。第二节将讨论计划经济所依据的经济理论，本节将先回顾完全控制的"计划经济 1.0"，接着讨论主张将消费品释放给市场运作的"计划经济 2.0"，最后再讨论企图并入诱因相容设计机制的新计划，或称为"计划经济 3.0"。第三节将从四个经济学的理论角度分析计划经济终归失败的理由。本章最后附录法国的指导性经济计划。

第一节　计划经济的实验

相对于西欧国家，19 世纪末的俄罗斯算是个农业国家。农民占其人口 80%，长久以来替贵族和教会的庄园工作，不能擅离耕地。克里米亚战争失败后，沙皇应知识分子的改革要求，于 1861 年解放农奴，但仍以"乡村公社"（Mir，简称公社）替代庄园，继续控制着农耕地和农民。知识分子虽然不满意公社对农民的种种禁锢，却热爱农民在公社生活中展现的互助友爱和拥有近乎平等的经济条件。这群知识分子和革命分子，坚信社会革命也可以是农民革命，未必要发动无产阶级革命。

当时有一批受沙皇迫害逃往西欧的革命分子，他们接受了马克思主义，并于 1883 年成立俄罗斯社会民主党（Russian Social Democratic，简称"社民党"）。由于俄罗斯在 19 世纪 80 年代开始的工业化引发劳工问题，而农民又长期对劳工问题保持沉默，革命分子在失望之余纷纷投入社民党，包括弗拉基米尔·列宁（Vladimir Lenin）、列夫·托洛茨基（Leon Trotsky）、约瑟夫·斯大林（Joseph Stalin）。1903 年，社民党分裂成两派，列宁领导较激进的布尔什维克派（Bolsheviks），另一派是较温和的孟什维克派（Mensheviks），其成员大都是资深的社民党党员。

1905 年，圣彼得堡市发生血腥事件，数千名示威者被杀，罢工和暴动扩大到许多城市。圣彼得堡市和莫斯科市先后成立工人代表会议，也就是苏维埃（Soviet）。沙皇召开立宪大会，设立国会，解散苏维埃，形势暂时稳定下来。

1914 年，第一次世界大战爆发，德奥联军侵入俄境，造成俄军约 200 万人的伤亡，也带来经济动乱和粮食缺乏。严重的粮食恐慌和官员的贪渎成风，终于 1917 年 3 月爆发不可收拾的粮食暴动，社会秩序全面瓦解。圣彼得堡市再度成立苏维埃，并获得驻军的支持。同时，列宁也成功地呼吁俄罗斯军人离开前线返乡，因为他称第一次世界大战是贵族间的战争而不是无产阶级的战争。他于 1917 年 11 月推翻沙皇，成立"人民代表会议"，此为俄罗斯的"十月革命"。次年，布尔什维克派更名为"共产党"

(Community Party)，不久内战爆发。1922年，内战结束，"苏维埃社会主义共和国联邦"（USSR）成立。

苏联的五年计划

苏联成立后，由于第一次世界大战和内战伤害农业甚深，而苏联又以小农为主体，这和马克思所预期的无产阶级革命的环境全然不同，列宁便公开宣称新成立的苏联无法立即实行共产制度，而施行"新经济政策"（New Economic Policy），将基础的重工业纳入国家控制，但仍允许私人企业从事生产与交易和累积个人财富。1924年，列宁去世。次年，托洛茨基痛斥新经济政策只照顾富商与富农，背离了马克思的思想。他呼吁持续地革命，一方面要在世界各地全面点燃无产阶级的革命烈焰，另一方面要在苏联全境展开由党中央控制的计划经济。两年后，托洛茨基被控以"左派分裂主义"罪名，遭斯大林驱逐出境。1928—1932年，斯大林展开加速工业化和农业集体化的第一次"五年计划"，推动工业、信贷系统、土地的国有化。

五年计划是要全面废除私有产权。由于私有产权是西方经济社会的基础，再加上内战时期和西欧马克思主义者结下梁子，苏联当时很难获得国外资金的援助，只能从农业和农村开始进行原始资本累积。同时，农耕地进行集体化、大农场化、机械化，并把节省下来的农民迁至新兴的工业部门。

由于第一次五年计划成效不差，斯大林继续推行三次，第三次因第二次世界大战发生而中断。根据伯格森（Bergson, 1961）的估计，苏联在这三次五年计划期间的工业产出平均年增长率是：19.2%、17.8%、13.2%。到了1940年，苏联工业产出增加了十倍，超过了英国和法国，仅次于美国和德国。值得注意的是，这期间西方国家正逢1930年代的大萧条，各国产出大都下降20%~30%。苏联的亮丽成就让许多国家竞相仿效。

然而，到了第二次世界大战战后，五年计划的效果已大不如前。休伊特（Hewett, 1988）采用美国中情局（CIA）的估计，苏联在1951—1970年间三次五年计划的年平均经济增长率是5.6%、4.9%、5.1%，而在1971—1985年间三次五年计划的平均增长率是3.0%、2.3%、0.6%。若以十五年为一个世代，苏联在计划经济时代的三个世代的平均经济增长率大约是：17%，5%，2%。初期表现亮丽的五年计划逐渐黯淡下来。

中国的"大跃进"

1957 年，中国仿效苏俄完成第一个五年计划，进入社会主义计划经济体制，并展开"大跃进"运动，打算要在十五年内超英赶美。[1] 当大跃进运动蔓延至交通、邮电、教育、文化、卫生等事业后，造成重大损失，国民经济也严重失调。1960 年，中共中央开始遏止"大跃进"运动。巧合地，苏联的五年计划这时也陷入停滞。这两个现实逼迫中国共产党去思考苏联计划经济以外的实践路线。

苏联是以顾问角色进入中国，不同于对东欧的实际操控。又由于中苏两国的关系在 1960 年后严重恶化，中国共产党在寻找新的实践方式时并未遭受外来势力的压迫与干扰。[2] 因此，只要政治压力不过于紧绷，中国展开新制度的试误范围可以较东欧的共产国家更为宽广。

1966—1976 年的"文革"令学者噤若寒蝉。[3] 毛泽东逝世后，中国共产党于 1981 年在邓小平的领导下检讨"大跃进"和"文革"，公开承认："由于对社会主义建设经验不足，对经济发展规律和中国经济基本情况认识不足，更由于毛泽东同志、中央和地方不少领导同志……没有经过认真的调查研究和试点，就在总路线提出后轻率地发动了'大跃进'运动和农村人民公社化运动……"直到此时，政治压力才得以舒缓。

1978 年，中共十一届三中全会宣布改革开放政策，中国转型到全然不同的市场经济体制。政策可以在一夜之间改变，但人们观念的改变却需要较长的时间。当人们称呼邓小平为"改革开放的总设计师"时，我们不必感到惊讶，毕竟长期生活在计划经济下的人们无法想象没有详细计划和中央领导的变革。这次变革的确巨大，大到那些在 1990 年后出生的年轻人，对当时的人民公社或"文化大革命"也只有模糊的书本描述。

政治经济学教科书

由于马克思和恩格斯都未曾提出社会主义的实践策略，而人类历史上也未曾有过全面计划的经验，因此，斯大林的五年计划可真的是在摸着石头过河。计划推动的 25

---

[1] 中国同时期也在农村普遍建立人民公社。

[2] 苏联政府撤回在中国工作的数百位苏联专家，中止数百个科学技术合作项目，中苏关系全面破裂。毛泽东对苏联的态度也是两国关系恶化的原因，请参阅 Rozman（1987），第六章。

[3] 比如董辅礽（1997）便说道："刚刚粉碎'四人帮'的时候，连按劳分配都不能讲，连奖金都不能讲，那时的禁忌太多了。……当时连竞争都不敢提，市场经济更不敢提了"。即使在经济学界地位崇高的于光远（1996）都必须这样说："在揭批'四人帮'的斗争中我又常常重新回到这个问题上来，因为'四人帮'的某些谬论之所以曾经俘虏了一些人，同这些人不能正确地理解经济规律的客观性质是有关系的。"

年后，斯大林发表《苏联社会主义经济问题》，讨论苏联在实践过程中遭遇的问题和处理经验。当时的苏联学者在此基础上集体编写了《政治经济学》（以下简称"苏联教科书"）。"苏联教科书"分成三部分，前两部分是对古典经济学的批判理论，第三部分完全是苏联实践经验整理出来的实践理论。中国学者樊纲（1995）认为，批判理论和实践理论之间存在巨大的鸿沟，因为前者以利益矛盾为基石，而后者却否定利益矛盾的普遍存在和决定性力量。他认为实践理论是从公有制条件下的"人人都是所有者"这一前提出发，推论出人们具有共同的利益，故能够同志式地合作。然而，马克思思想批判地继承了古典政治经济学，自然承袭了亚当·斯密在《国富论》一书中要解决的私利和公共利益的冲突问题。"苏联教科书"强调人们在公有制下将拥有合作精神，却无法保证这种精神的长成或出现。社会主义思想本来就期盼对人性的重塑，相信人类若能从私有制走向公有制，其人性就会从利己转变成利他。

当"苏联教科书"的实践理论改用利他心公设之后，古典政治经济学处理利益冲突的教材便消失了。从利己到利他的转变是人性转轨。如果人性内生于制度，那么"苏联教科书"的做法并没有背离马克思的思路，只是过早地进行人性转轨。相信人性转轨是可以的，但至少要在国有化落实到日常生活而百姓也能切身感受到国有化的福祉之后。然而，"苏联教科书"却在推动国有化策略之初就迫不及待地改变人性的公设。这个过早的人性转轨的假设，使得它的批判理论和实证理论格格不入。

在利己心公设下，经济单位间的利益冲突可经由自愿交易和货币转移而获得解决。市场是自愿交易发生的场所，也是一个允许自由进出、自由议价、转移货币的空间。市场、货币、交换这三词汇，是从不同角度描述同一制度的同义词。在进入社会主义之初，人性依旧自私，利益冲突必须继续仰赖市场机制来解决。这条客观规律无法单靠"苏联教科书"所宣示的人性转换就能否定。斯大林晚年在《苏联社会主义问题》中便提到，社会主义同时存在全民所有制和集体所有制，而这两种公有制之间必须以货币为媒介来联系。孙冶方（1998）认为，恩格斯讲的生产关系包括生产、交换、分配三方面，而"苏联教科书"提到的生产关系只有生产和分配，没有交换。由于不讲交换关系，苏联的计划经济也就倾向于国有化和全民所有制，而不重视中国所倾向的集体所有制。

苏联五年计划于20世纪70年代宣告失败，这等于宣告"苏联教科书"无法作为社会主义的实践理论，而这失败也就开启了东欧诸国和中国接踵出现的各种改革尝试。

第二节　计划经济理论

　　第一次世界大战是人类历史上第一次的总体战争。国家动员全国可用物资和人员于战争，严格计划和控制生产与分配，带领百姓实现唯一的共同目标——打赢战争。战时的高生产效率深印在人们的脑海。战后，随着通货膨胀和失业增多，人们开始怀念起战时经济体系，萌动以计划经济取代市场经济。比如 20 世纪 20 年代维也纳学圈的逻辑实证论学者奥图·纽拉特（Otto Neurath）就是早期的计划论者，主张将战时的控制体制延伸到和平时期。他提出两个理由。第一，资本家追逐私利导致社会混乱。如果能将全国厂商合并成一家大型企业，由 CPB 整体规划并控制，个人就无法再追逐私利，社会混乱也就不会出现。第二，生产技术是客观知识，应由政府统一使用，不能让私人拥有，才能产生较大的社会福利。当人们还怀念着战时经济体制的高生产效率时，很容易相信计划经济优于市场机制。

　　由于欧洲在第一次世界大战前盛行自由经济，计划论者要彻底改变这个体制不容易，除了他们的战时经验外，还得拿出来一套严格的实践理论。当时，许多学者在看到苏联前三期五年计划的漂亮成绩时，兴奋与感动之余，纷纷投入计划经济的阵营。回顾那个时代，许多与控制和计算相关的科技研究有大幅进展，更助燃举世的烈焰。

计划经济 1.0

　　华西里·列昂惕夫（Wassily Leontief）是最早提出"投入产出模型"（Input–Output Model）的计划经济学者。他出生于俄罗斯，1973 年获诺贝尔经济学奖时是美国哈佛大学教授。他的投入产出模型在 1941 年出版的《美国经济结构：1919—1929》一书中就已提出。在他的模型里，每一个产业部门的产出都分配给其他部门使用和民间消费。CPB 只要拥有各产业部门的生产技术情报和对消费需要的估计量，就能利用他的投入产出模型，推算各产业部门必须生产的数量。

　　列昂惕夫的投入产出模型可简述如下。[1] 假设经济体存在两个分别生产商品 Y_1 和 Y_2 的产业部门，和一个消费这两个产出的家计部门，则部门间的投入产出关系可以写成如下的联立方程式：

$$Y_1 = a_{11} \cdot Y_1 + a_{12} \cdot Y_2 + C_1$$
$$Y_2 = a_{21} \cdot Y_1 + a_{22} \cdot Y_2 + C_2$$

---

[1]　Dorfmem（1986）。

或

$$\begin{bmatrix} Y_1 \\ Y_2 \end{bmatrix} = \begin{bmatrix} a_{11} & a_{12} \\ a_{21} & a_{22} \end{bmatrix} \cdot \begin{bmatrix} Y_1 \\ Y_2 \end{bmatrix} + \begin{bmatrix} C_1 \\ C_2 \end{bmatrix}$$

式中的 C_1 和 C_2 分别为 Y_1 和 Y_2 被当作最终财货而被消费掉的部分，而 $a_{12} \cdot Y_2$ 表示 Y_1 用去生产 Y_2 的总投入，$a_{11} \cdot Y_1$ 表示 Y_1 用去生产 Y_1 的总投入，$a_{21} \cdot Y_1$ 与 $a_{22} \cdot Y_2$ 的意义类似，式中的 a_{ij} 便是表示生产每单位 Y_j 所必须使用到 Y_i 的单位数，也就是 Y_i 对 Y_j 的投入产出系数。以向量和矩阵表示，上式可改写成：

$$\begin{bmatrix} 1-a_{11} & -a_{12} \\ -a_{21} & 1-a_{22} \end{bmatrix} \cdot \begin{bmatrix} Y_1 \\ Y_2 \end{bmatrix} = \begin{bmatrix} C_1 \\ C_2 \end{bmatrix}$$

或写成 X_1 和 X_2 的解值式：

$$\begin{bmatrix} Y_1 \\ Y_2 \end{bmatrix} = \begin{bmatrix} 1-a_{11} & -a_{12} \\ -a_{21} & 1-a_{22} \end{bmatrix}^{-1} \cdot \begin{bmatrix} C_1 \\ C_2 \end{bmatrix}$$

在这式中，CPB 只要拥有各种生产技术的情报，也就是 a_{11}、a_{12}、a_{21}、a_{22} 等投入产出系数的数值，就可以计算出右式的逆矩阵。接着，CPB 只要再取得消费者对于 C_1 和 C_2 的需要量或估计量，就能利用上式公式计算出整个社会需要生产 Y_1 和 Y_2 的数量。

就以台湾地区所编列的产业关联表编制报告为例，其最简单的投入产出表为大分类的五部门：农业、工业、运输仓储通信业、商品买卖业和其他服务业，其当年投入值（十亿新台币）分别为 485、10097、1076、1913、5702，而用于最终需要（扣除输入等）分别是 157、3587、569、1231、3663。[1] 该表是以货币值表示，因此，该方程式组就被写成

$$\begin{bmatrix} 485 \\ 10097 \\ 1076 \\ 1913 \\ 5702 \end{bmatrix} = \begin{bmatrix} 86+241+0+0+1 \\ 1084+5541+164+101+596 \\ 7+194+119+87+100 \\ 17+561+15+13+76 \\ 33+686+130+394+796 \end{bmatrix} + \begin{bmatrix} 157 \\ 3587 \\ 569 \\ 1231 \\ 3663 \end{bmatrix}$$

假设各种商品的单价都是一元，则上式又可以写成

$$\begin{bmatrix} 485 \\ 10097 \\ 1076 \\ 1913 \\ 5702 \end{bmatrix} = \begin{bmatrix} 86/485 & 241/10097 & 0/1076 & 0/1913 & 1/5702 \\ 1084/485 & 5541/10097 & 164/1076 & 101/1913 & 596/5702 \\ 7/485 & 119/10097 & 119/1076 & 87/1913 & 100/5702 \\ 17/485 & 15/10097 & 15/1076 & 13/1913 & 76/5702 \\ 33/485 & 686/10097 & 130/1076 & 394/1913 & 796/5702 \end{bmatrix} \cdot \begin{bmatrix} 485 \\ 10097 \\ 1076 \\ 1913 \\ 5702 \end{bmatrix} + \begin{bmatrix} 157 \\ 3587 \\ 569 \\ 1231 \\ 3663 \end{bmatrix}$$

或简写 Y＝A·Y＋C。有了 A，就可以根据政策所设定的 C，去计算出计划生产的 Y。

实际世界的商品种类数以百万计，经适度归类之后，投入产出模型包罗的产业类别仍有数百种之多。庞大的计算工作需要简化的"线性规划"（Linear Programming）的计算技术。再者，人与人之间存在着差异，即使将人的需要加以分类，仍然要克服对各类别需要的统计估计技术。在投入产出模型出现时，人类对这两技术都已有了一些突破。

线性规划在 20 世纪开始发展，为了解决战争时期要动员全国资源的复杂问题，其中最基础的"单形法"（Simplex Method）为美国斯坦福大学数学家乔治·丹齐格（George B. Dantzig）于 1947 年发明。第二次世界大战战后，线性规划的研究更在西方学界兴起热潮，这也促成了美国经济学家佳林·库普曼斯（Tjalling C. Koopmans）和列奥尼德·奥托罗维奇（Leonid V. Kantorovich）一起获得 1975 年的诺贝尔经济学奖。

经济学家采用计量分析估计个人的需要，也就是先设定商品需要之回归方程式，再利用数据估算其系数。早在 1926 年，美国耶鲁大学经济学家欧文·费雪（Irving Fisher）便给此分析命名为"计量经济学"（Econometrics）。1930 年，他和挪威的经济学家朗纳·弗里希（Ragnar Frisch）创立了计量经济学会，并于 1933 年开始发行研究期刊。朗纳·弗里希和荷兰的计量经济学家简·丁伯根（Jan Tinbergen）一起获得 1969 年的诺贝尔经济学奖。

这时期，电子计算技术也快速发展。1937 年，美国爱荷华州立大学教授约翰·阿塔那索夫（John V. Atanasoff）设计了第一台电子式的计算器，用以计算一组偏微分方程组的解值。经过几次的改良，他和他的学生在 1941 年成功地处理了 29 条联立方程式的求解问题。1946 年，第一代能执行程序的电子计算器 ENIAC 出现，它是美国宾州大学在军方资助下完成。该计划本是为了计算弹道，但后来作为氢弹设计的模拟器。当时，它在 20 秒内计算出利用机械式计算器需要 40 小时才能完成的工作，速度快了 7000 倍。

计划经济在运作上包括两部分，其一是个人消费量和商品投入产出系数的搜集，其二是大型矩阵的计算。当商品数量高达数百万种时，计算工作的巨大负担可想而知。为了降低计算上的负担和搜集个人消费的成本，CPB 简化了商品的种类和式样，比如在服装方面只会提供工作服、礼服和居家服三种不同功能的服装，而不会提供剪裁或样式不同的服装。他们也不会提供道德上不适宜或管理上成本较高的商品，如化妆品或赌具等。一旦道德规范被作为降低计划成本的工具，CPB 会更直接地设限每人对于香烟、酒等商品的每月消费量。

计划经济工程包括了调查、统计、估算、计算、执行等，每项工作都得耗费资源，但计划论者仍辩称：CPB所耗费的资源较市场活动中用于广告和议价的少，且其耗费会随着科学的进步而不断下降。然而，即使消费商品的种类大幅减少，只要回报的供给量不同于需要量，就会出现供应的排序问题。由于人与人之间存在效用上的差异，CPB不可能找到让大家都满意的优先次序。这些都必须以政治角力去解决。为了避免内部政治角力造成资源的无谓耗费，最有效的政治解决方式就是走向集权。

公共物品与私有物品的分野也取决于CPB的政治决定。因处理公共物品的成本较处理私有物品为低，CPB倾向于扩大公共物品的提供范围而缩小私有物品，进一步限制个人的选择自由。

数理工具的发展带给计划论者很大的信心，鼓励他们采取计划经济最原始形式的"控制与配给制度"，也就是将生产资源全归于国家所有，由政府安排所有的生产活动，再将产出分配给个人去消费。但实际运作上则存在一些难题，很大部分的难题都与计划的庞大规模有关。除了上述对产品类别的简化外，他们还进一步修正计划，想把个人需要的估算工作都略去。

计划经济 2.0

软预算问题的确是计划经济在执行上难以克服的问题。追溯根源，主要在于节节相扣的计划，让许多不能关厂的关键产业成为贪官污吏下手的目标。另外，庞大的计划也很容易在不注意的关节处出现问题，而巨细靡遗的野心也导致计划的复杂性和高成本。这些缺失都让CPB开始思索如何在不影响目标下缩小计划规模。

20世纪20年代，斯卡·兰格（Oskar Lange）和阿巴·勒纳（Abba P. Lerner）修正了全面控制与分配的计划经济，提出辅以市场机制的市场社会主义（Market Socialism）。市场社会主义的运作类似于中国的"抓大放小"策略，主张让消费品交由市场运作，政府只计划重要的原材料、中间产品及公共物品。

如前面所述，修正的计划经济采取抓大放小策略，仅控制重要的原材料和中间产品。重要的原材料主要是指石油、天然气、电力等能源和重要的金属与稀有金属矿产。重要的中间产品则包括钢材、水泥、发动机、晶圆或记忆体等。控制这些原材料与中间产品的主要理由是，它们可以左右消费品的生产。只要能控制消费品的产量和价格，就能控制该商品的市场。

在计划经济1.0下，计划经济的支持者就是社会主义下的共产主义。他们对于生产要素的控制胜于产出品，因为生产要素若集中于少数人手中，社会财富的分配将呈现不均。在生产要素中，生产资料的集中化较劳动力和土地更容易。生产资料公有化的另一理论是，在劳动价值学说下，生产资料的生产力来自于内嵌的过去劳动力，故其生产贡献不应分配给拥有他的私人。资本的拥有人既然不应分享其报酬，资本就不可能成私有物品，故只能由公家拥有。至于公共物品，他们从不认为其配置必须考量资源使用的效率。比如，他们主张政府应该广设公园的理由是，让穷苦劳工有免费的野餐地点可以休息，或让潦倒的作家有免费的美景可以产生创作灵感。

较值得注意的是，计划经济 2.0 的支持者未必支持共产主义，因此，他们对于控制生产要素的主张并不相同。比如，大陆继续控制土地，但不控制劳动力和资本；而台湾地区的计划经济支持者主要是想控制城市的土地和相关联的房屋。

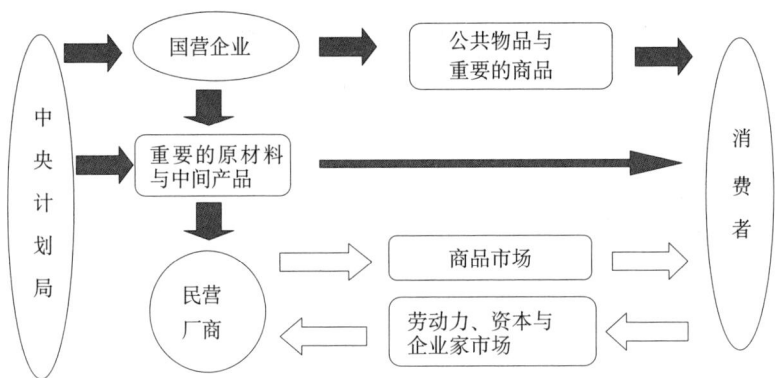

图11.2.2　市场社会主义下的经济流程

图 11.2.2 是直观的计划经济流程的简化说明图。图中，CPB 除了直接配置原材料与中间产品外，更普遍的做法是设立国营企业去经营它们以及公共物品和其他的重要商品。图中的实心箭头是计划的流动方向，虚心箭头的流动方向是 CPB 所允许的市场活动。由于计划经济的修正方向在减轻负担和弊端，因此实心箭头未必都是严格的计划与控制，也会采取其他的价格管制。在另一方面，虚心箭头虽然表示市场活动，但 CPB 为了保住计划宗旨，也会干扰这些市场活动。

既然简化是目标之一，CPB 的计划会把饼干、内衣、音乐、玩具、铅笔等商品排除，毕竟这些商品市场即使不稳定，也不会影响到国计民生。影响稍大的厨房用油、牛奶、卫生纸等，CPB 只需关注市场的供需与价格，不出现长期的短缺即可。这些消费品都可以交由市场运作。

那么，哪些消费品必须由政府计划和控制？最容易提到的是粮食，其次是医疗，再次是住房与运输，最后为教育。对市场失灵论者言，医疗和教育都是极具外部性的商品（服务），运输则是公共物品。这三者是市场失灵的主要来源。然而，他们也仅主张赋予政府管制与征税的行政权力，并未要求政府去控制与计划，除非政府已无法有效地依法统治。粮食和住房则不在市场失灵的来源名单中，而是被社会主义者视为个人的生存条件。他们不相信市场有意愿去满足每个人所需的生存条件，于是，为了一举实现资源配置的公平与效率，同时也为了强化政府的统治权力，就将这些商品全纳入计划的名单内。[1]

在讨论生产结构时提到，每一个生产节点都有企业家在经营。当该节点的上游原材料或中间产品出现短缺时，企业家会寻找可替代原材料或中间产品，甚至自己去生产新的中间产品。在市场经济下，任何的原材料或中间产品都可能被取代。如果这种高度的替代可能性也存在于计划经济下，那么，CPB 控制原材料与中间产品的想法就毫无意义了。CPB 必须限制企业家寻找原材料与中间产品之替代性行动，而将提供（包括寻找与创造）中间产品之替代性的任务交与国营企业。于是，国营企业控制了原材料与中间产品，也就控制了该节点的生产。换言之，国营企业不仅是原材料与中间产品的生产者，也是 CPB 之计划与控制的执行单位。

为简化说明，我们假设国营企业生产中间产品，而民营企业生产消费品。CPB 提供国营企业一组商品的价格结构，但未设定民营企业的商品价格结构，当然，民营企业购买的中间产品之价格是给定的。下面利用图 11.2.3 来说明这两者价格结构的决定。图中，Y_1 和 Y_2 代表两种商品，F_1 为某厂商对此两商品的生产可能性边界曲线。对国营企业言，由于原材料已被控制，其生产可能性边界曲线就被固定了。对民营企业言，由于中间产品已被控制，其生产可能性边界曲线也就被固定了。对民营企业言，Y_1 和 Y_2 为消费，其相对价格决定于无差异曲线与生产可能性边界曲线相切的 E_1 点。对国营企业言，Y_1 和 Y_2 为中间产品，必须接受 CPB 指定的相对价格线，也就是经过 E_2 点的切线去生产。国营企业提供生产出来的中间产品，以 CPB 指定的相对价格线卖给民营企业去生产。循着生产结构逐层下去，直到消费品的生产。

---

[1]　社会主义者考量效率是为了修正其公平原则对产出的伤害，相对地，市场失灵论者考量公平是为了修正帕累托效益对极端分配不公的容纳。

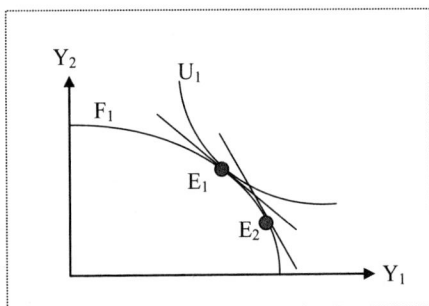

图 11.2.3

注：Y_1 和 Y_2 代表两种商品，F_1 为生产可能性边界曲线，无差异曲线为 U_1。如果 Y_1 和 Y_2 为两种消费品，U_1 将决定 E_1 点。如果 Y_1 和 Y_2 为两种中间产品，厂商必须接受 CPB 指定的相对价格线去生产 E_2 点。

比如，假设消费品是茶饮料，中间产品是制冰机和封口薄膜机。当 CPB 允许茶饮料的价格决定于消费者的偏好时，消费者想多喝梅子绿茶还是珍珠奶茶的选择就决定了茶饮料的价格结构。但 CPB 不允许饮料店自行开发制冰机和封口薄膜机，必须购买它所提供的机器。饮料店无机种可选择，只能选择需要数量。因此，他们传递给 CPB 的信息只是对单一机种的需要量，而不是对技术的选择。在利润计算下，厂商对技术的选择会随着消费者的偏好而改变。如果厂商能选择技术并把这信息传给 CPB，CPB 就可以决定机种的相对价格。但在只有单一机种之数量多寡的信息下，CPB 只能决定原材料的备料数量。这时，CPB 提供的中间产品价格主要是从技术层面所决定的生产成本，与消费者偏好的关系不大。

在计划经济 1.0 下，CPB 在计算投入产出系数之矩阵数值和估算最终消费品之数值后，就直接生产与分配，其间不利用任何的价格，完全以指定去替代。在计划经济 2.0 下，CPB 也可以用这个方式去计划中间产品提供。也就是将最终消费品之原材料（第一级商品）视为计划经济 1.0 下的最终消费品，然后以同样的计划用于国营企业即可。由于国营企业的原材料和生产技术完全受控于 CPB，因此，CPB 以设定价格去控制和以指令去控制是一样的。这是因为这时的价格结构仅含有生产技术的客观成本，并无任何与选择有关的主观内容。

最后值得一提的是，在转入计划经济 2.0 之后，CPB 因为仅集中于原材料与中间产品的控制，却忽略了社会主义对生产要素的控制要求。当然，为了坚持社会主义的精神，他们依然不会放弃对生产要素的控制。为了配合消费品的市场化，就必须让生产要素转入私有财产权体制下运作。于是，比如在中国，生产要素就被划分成可以自由移动的部分和控制的部分，也从而衍生出黑市金融、农民工、权贵企业家，以及更为混乱的土地与农耕地问题。

计划经济 3.0

计划经济 2.0 把焦点集中到公共物品。只要不采取使用者付费的方式提供，白搭便车（Free–Riding）问题就是公共物品提供的最大问题。在白搭便车心态下，个人倾向于不隐藏自己的真实偏好。比如，政府计划修建公园并对附近房屋课涨价归公税以作为修建经费时，居民一定会说公园带给他们的好处远不如房价的上涨。相对地，政府计划修建殡葬特区并拟补偿附近居民，居民一定会说殡葬特区带给他们的伤害远甚于政府的补偿。

这类"让消费者说实话"或"让消费者的行动出于真诚"的研究在 20 世纪末出现，随着博弈论的研究已发展成诱因相容机制设计（Incentive Compatible Mechanism Design）的新学科，并有多位学者荣获诺贝尔经济学奖。他们包括 1994 年得奖的约翰·海萨尼（John C. Harsanyi），2007 年得奖的里奥尼德·赫维茨（Leonid Hurwicz），埃里克·马斯金（Eric S. Maskin）和罗杰·迈尔森（Roger B. Myerson）三人。

孙中山早在他的土地政策中就提出过诱因相容机制的设计。他主张平均地权，也主张以土地税作为单一税。为了避免人民逃税，他提出了"自报地价，照价征税，照价收买"的设计。地主自报地价后就必须照价缴税，自然不愿意以少报多。政府如果觉得地主自报的地价过低，可以依地主自报的价格跟地主收买，这样，地主就不敢以多报少。因此，地主最稳当的做法就是根据市价诚实地申报。当然，地主怎样知道自己的土地价格便是一个问题。另外，如果地主知道自己的土地价格，政府当然也会知道。因此，他的设计与其说是诱因相容机制设计，毋宁说是为了提升百姓对土地税的可接受度。然而，由于这设计在本质上就是诱因相容机制设计，也就存在其本质上的问题：违背宪政民主。在照价收买的权力下，政府把政策执行的位阶置于私人财产权的位阶之上。

类似地，许多的诱因相容机制设计也存在着侵犯私有物品的违宪问题，只是现在都还在学术阶段。另外一个可能违宪的问题是，政府是否有权力诱使善良百姓说出实话？如果这些设计真的能够让百姓说出实话，那么，这设计将不会仅用于公共物品。既然百姓都能说实话，而且计算机和网络也已经十分发达，那么计划经济 2.0 的顾虑不就解决了吗？也就是说，政府会将诱因相容机制设计的内容由公共物品再扩大到私有物品。于是，整个社会又回到计划经济 1.0 的时代，所有的资源都处于政府的计划之下。

第三节　计划经济的失败

虽然苏联的计划经济在 20 世纪 70 年代宣告失败，但初期的亮丽表现却让人误信这失败只是人谋不臧的结果。因此，即使到了 21 世纪，仍有不少学者相信计划经济是可行的，并以经济改革表现亮丽的中国并没有完全放弃计划经济为例，又辩称当年亚洲"四小龙"的经济发展成果也建立在与计划经济孪生的经济计划上。这一节将检讨计划经济失败的原因。

软预算

在市场经济下，厂商追寻利润，自行决定商品的产量、价格、生产方式，并自负经营盈亏。如能累积足够的利润，股东们可能考量扩厂生产或进军其他产业；如果不幸连年亏损，股东们会考量解散公司或退出市场。在计划经济下，每一个厂商都被赋予一定的生产任务，不论生产的是最终消费品或中间产品。厂商被规划成生产链的一个生产点，就像生产线上的每一个工作点，生产效率再差，也必须跟着整条生产线同步运转，否则整条生产线就得停止。

CPB 赋予厂商一定的任务后，就不能让它关厂。不能关厂是计划经济的特征。[1] 当厂商出现严重亏损时，CPB 可以撤换高级主管和负责人，却不能关厂，除非他们决定要关掉该消费品的整条生产链。也就是说，盈亏的最终负责人是 CPB，而不是厂商的负责人。厂商的负责人往往连商品种类、产量、价格、生产方式、使用的生产要素都必须接受指令。除了不关厂，经济计划也不会遣散员工。无失业威胁的员工势必松散懈怠。CPB 会要求有盈余的厂商上缴一定的比率。盈余上缴必定伤害到员工福利，他们也就不愿意维持原来的勤奋。于是，盈余厂商的利润下降、处于利润边缘的厂商开始呈现赤字、亏损的厂商却愈亏愈大。当然，CPB 可以提高盈余的上缴比率，但只会让情况恶化。恶性循环下去，计划经济终于宣告破产。

---

[1]　中国大陆直到 1986 年才颁布《企业破产法》的试行草案，并仅适用于全民所有制企业法人。2007 年，试行草案修订成正式版，并适用于所有形式之企业法人。

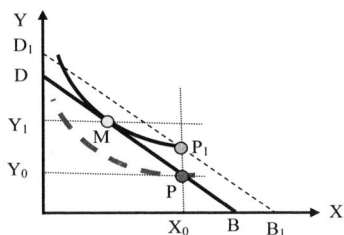

图11.3.1 预算软约束

第四篇 不同的政治经济体制

注：某单位负责购买 X 和 Y 两商品，CPB 通过的预算限制线为 BD 线。在市场经济下，其选择为切点 M 点。B 若 CPB 要求 X 数量不得低于 X_0，在预算软约束下，该单位负责人认定有能力取得 B_1D_1 的预算，而选择购买 P_1 点。

让我们以图 11.3.1 清楚地来说明这过程。假设某单位负责向厂商购买 X 和 Y 两商品以供应社会需要，而 CPB 通过的该单位之预算限制线为 BD 线，并要求其购买的 X 商品数量不得低于 X_0。为了比较，让我们先考量市场经济下的决策。在市场经济下，该单位负责人选择的组合是图中的切点 M 点，因为这是效用最大化的组合。[1] 但在 CPB 的指令和预算限制下，他购买的最高效用点是 P 点，明显低于 M 点的效用。但这种比较是假设该负责人不论是在市场经济或计划经济，他的预算限制都是 BD 线，不会改变它，也没有能力去改变它。我们称此预算制度为硬预算（Hard Budget）制度。在硬预算制度下，负责人无权使用超过授权额度的预算。

在计划经济下，该负责人要享有和 M 点相同的效用，就必须生产 P_1 点，但此时的预算会超出 BD 线。如果他有本事在预算之外另获得上级（如 CPB）的额外补助，在新的预算 B_1D_1 线下购买 P_1 点，他的效用就可以提升到与 M 点相同。对有本事的负责人言，BD 线虽是法定预算，但不是结算时呈现的预算线，因为结算时他的预算线是 B_1D_1 线。他的本事愈大，他能取得的额外补助就愈多。事实上，负责人都清楚自己的本事，他会在事前就将预期的补助加计到预算线。匈牙利经济学家雅诺什·科尔奈（Kornai János，1986）称此非僵硬的预算制度为软预算（Soft Budget）制度。

当软预算存在时，CPB 必须支出较多的经费，才能达成预定的计划目标，也就是生产 X_0 数量的预算不是 BD 而是 B_1D_1。这多出来的经费被用以生产更多的 Y 商品，也就是较 Y_0 数量为多的 Y_1 数量；这多出来的部分代表着官员用公款去满足私欲的部分。

---

[1]　这里，我们以效用最大替代最大利润以简化分析。

此说明了：软预算制度不仅导致政府效率的低落，也导致官员的贪污腐败。[1]

除了上述预算外补助外，科尔奈还指出软预算的另外三种常见的变形。

第一种是软信用（Soft Credit）——当上级单位控制金融机构后，便有能力把较多的金钱贷给特定的下属单位。同样以图 11.3.1 为例，若把贷款也加计到预算，该机构能支用的预算就不再是 BD 线，而是 B_1D_1 线。这种情况经常出现在东南亚的*裙带资本主义*（Crony Capitalism）：厂商负责人只要和政府官员存在特殊的人际关系，就能获得别的厂商借不到的超额贷款，甚至还不一定要偿还。

第二种则是厂商对其产品标定的软价格（Soft Price）——当产品价格亦由 CPB 决定时，CPB 就可以故意提高某特定产品的售价，以提高该厂商的预期收益和年度预算。软价格问题不仅存在于计划经济体制，也普遍存在于非计划经济的国营企业。除了最终消费品，更多的软价格问题发生在生产要素。具有特殊关系的厂商有能力让 CPB 调降其生产要素的计划价格，效果如同增加预算。

第三种是降低该厂商年终盈余时上缴的软税赋（Soft Tax）。软税赋等同于生产要素的软价格，同样能提升特殊关系之厂商的预算线。

在分权彻底的社会，预算制度一般采用硬预算制度，保留较少的控存款（或预备金）。当层级职掌划分不明确时，上级单位便会保留较多的控存款，有些作为配合款或奖惩金，有些则是最终时刻的救急准备。[2] 持有过多控存款，运作上便类同软预算制度。一般而言，下级单位争取软预算的能力与该单位在整体计划中的重要性有关。处于关键生产点之单位自然有较强的争取能力。任务较重之单位的硬预算金额可能较多，但未必在争取软预算经费时拥有较强的能力。由于软预算经费取决于人际关系，负责人的行事风格常扮演着决定性的角色。上级单位往往会以"全盘考量较有效率"为说辞，要求预算支用的裁量权，然而，也就是这类不公开和不透明的预算制度，让裙带关系成为各方争取软预算经费的主要关键。这现象不是社会主义独有的特殊现象，只是较普遍和正式化而已。

科尔奈认为，软预算的普遍存在会造成短缺经济（Shortage Economy）。图 11.3.2 为一个软价格的例子。假设某单位得提供 X 和 Y 两商品，硬预算为 DB 线，M 点是硬预算下的购买组合。假设上级给予该单位在购买 Y 商品上的软价格特权，也就是较低的购买单价，则其预算线会上移到 D_1B 线，并购买 S 点的商品组合。如

---

[1] 计划经济的软预算问题类似于公共经济学上的管制问题，因此也存在普遍的寻租和贪污问题。这些主题请参阅公共选择的相关文献与书籍。

[2] 上级单位持有较多控存款的说辞，都是要持有在最后时刻的救急准备。然而，就是因为软预算制度导致各单位的预算不足，故才需要救急。这是把病因说成药单的说辞。

果 CPB 没有规定 X 商品的最低购买数额，该单位现在购买的 X 商品数量（X_1）会少于上级的预期（X_0），虽然它购买了较多的 Y 商品。于是，它提供给社会的 X 商品的数量就低于计划提供的数量，社会就出现 X 商品供给不足的缺口。

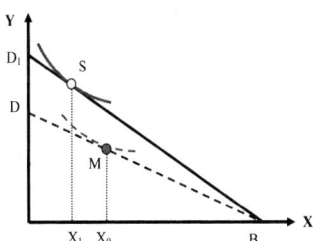

图11.3.2　软预算与商品短缺

注：某单位得提供 X 和 Y 两商品。在硬预算 DB 线下，选择为 M 点。若上级给予购买 Y 商品上的软价格，其预算线移到 D_1B 线，其选择为 S 点，提供的 X 商品数量为 X_1，少于上级预期的 X_0。

在图 11.3.2 的例子，软预算表现在 X 商品的短缺现象，因为 CPB 允许 Y 商品存在软价格特权而未坚持 X 商品的提供数量。如果 CPB 在给予 Y 商品之软预算特权时，也同时要求 X 商品的提供数量，X 商品就不会出现短缺。但该单位毕竟获得了额外的预算，而这预算必须来自删减其他商品之预算，总会反应在某种商品的供给短缺。由于软预算在本质上就是默许预算单位生产某些非计划下的商品，从而排挤某些商品的生产预算，因此，短缺不是监督问题，而是制度性问题。这类由于软预算的存在而使得原计划的最优配置量无法被提供，这个现象称为计划失灵（Planning Failure）。

除了软预算，社会主义国家的赶超策略也会造成短缺现象。为了早日达成目标，CPB 必须抓紧各种物资，让各生产单位环环紧扣，故其指令必须严格。只要一个生产点落后进度，整条生产线就会受到影响。由于 CPB 在草拟计划时不容易拥有详尽信息，难免出现几处生产点的进度落后，但这些生产点却是生产进度的瓶颈。瓶颈的上游堆满等待消化的中间产品，而其下游却是停机在等待原材料。于是，最终产品的供给也就出现短缺。

软预算会导致计划失灵，但是否严重到让它无法运作？计划经济的支持者却不担心。诺迪（Nuti, 1986）认为，因短缺而出现黑市，也会调整黑市价格去解决短缺问题，同样可以辅助计划经济的运作。当供给出现短缺时，短缺的商品势必得进行配给。在短期中，配给到短缺商品但需要不强的人，会将该商品售给黑市，然后再转售给愿意出高价购买的人。波茨（Portes, 1981）认为，只要短缺现象持续，CPB 就应该调整短缺商品的价格。

林毅夫和谭国富（1999）认为，软预算不是计划经济特有的现象，也存在于资本主义社会。他们指出，低度发展国家的制造业在国际间都不具比较优势。不具比较优势的产业很难在国际竞争下生存，必需仰赖政府的补助或贷款。如果补助与贷款能让这些产业先存活再求独立，宏观经济才有可能转型到具有比较优势的产业。因此，他们认为补助与贷款下的软预算制度是低收入国家可以采用的发展策略。不过，经济史里很少有受政府扶持而最终能独立的产业，因为惯常性的补助会扭曲该产业的用人、投资、竞争等策略。如果软预算制度只用来辅助特定厂商，该厂商的确有可能在政府的强力监督下生存，但其代价会是国内整个产业将只剩下这家被扶持的垄断厂商。

委托人与代理人问题

早在计划经济兴起的 20 世纪 30 年代，奥地利学派就提出计划经济必然失败的论述。米塞斯最早对计划经济质疑："国有企业的负责人是否也追逐私利，就像民营企业的老板那样？"当负责人的报酬与经营成果无法相称时，他无法想象他们还肯同样卖命工作。我们无法期待缺乏利润动机的企业负责人能和民营企业的老板有一样的表现。不惊讶地，当时计划经济者的回答是：在社会主义群策群力的感人气氛下，每个人的行动都是以追逐公众利益为优先，自私的概念将自人间消失。当然，这令主观经济学者无从继续对话。

除了利润动机外，米塞斯也提出典型的委托人与代理人问题（Principal–Agent Problem）。国有企业的负责人是代理人，必须遵照 CPB（委托人）的指令，也会考量自己的偏好或利益。他们会调整计划指令。软预算只是其中一种可能发生的弊端，其他可能的弊端如安插亲信、建立裙带关系、修建高级办公大楼等。当然，到了贪污腐败就已经违法了。

委托人与代理人的问题可以朝两个方面来解决：其一是，委托人设法搜集代理人在工作时的情报，并严格监督与管理；其二是，委托人设计一套诱因相容机制，使代理人不得不接受指示去行动。不论是严格监管或设计诱因相容机制，这些办法的背后都存在一位负责设计与执行且其工作诱因不容怀疑的"大老板"。但是，为何这位大老板的工作诱因就不容怀疑？难道一个国家的最高领导人就不会贪污或背叛国家？在 20 世纪，初行民主制度的韩国与菲律宾都有几位国家最高领导人因贪污腐败而入狱。当然。

CPB 的成员是代理人，不是委托人，却权充皇帝。皇帝可以随意想出一些管理策略，包括执行成本大得要命的策略。但代理人不同，他们的报酬是有限的。若强迫他们去执行一些成本大得要命的策略，他们宁愿退出管理阶层。比如 SOGO 百货公司的总经理有权决定各楼层的商品配置，但不能卖掉 SOGO 去建晶圆厂。卖掉 SOGO 去建晶圆厂的决策属于委托人，也就是财产权所有者。

罗默（Roemer，1994）认为，市场社会主义可以仿效日本财团以财团银行为核心的管理机制，让国家拥有一些核心银行，并以其为该财团的决策中心。核心银行派员进驻财团下之各企业的董事会，以掌握各企业的内部情报，降低委托人与代理人之间的信息不对称问题。在这个构想里，财团银行较 CPB 拥有更多的监控信息，因为它同时扮演着计划者、管理者与监督者三个角色。罗默想解决委托人与代理人问题，遗憾地，仍未能面对计划经济废除（或部分废除）价格机制而丧失的发现与创新的机能。

中间产品的价格计算

软预算问题和信息不对称问题是组织内部的监督与管理的问题，也是新古典学者能发现的计划经济的弊端。他们接受列宁把整个国家看成一家大公司的观点，国家计划的执行和公司计划的执行也就没什么不同：董事会设定方向、总经理拟定并督导计划、各部门拟定并执行细则。只要是公司，就存在委托人与代理人问题和诱因问题，并非计划经济才有的。因此，他们建议 CPB 从公司的治理与管理的经验和研究中学习改善策略。

米塞斯在提出计划经济的诱因问题和监督与管理问题后，接着指出计划经济及市场社会主义的病根所在：在市场社会主义里，不经过市场交易的中间产品并无市场价格。于是，当生产方式不是唯一时，CPB 就无从选择适当的生产方式。不同的生产方式需要利用不同的中间产品，生产方式的选择和中间产品的选择有相同的意义。尤其注意的，生产资料是中间产品的主要内容，生产资料的选择就是对现在消费和未来消费的选择。

在市场经济下，社会对于现在消费和未来消费的选择方式有二。其一是经由生产资料的选择。这是利用不同生产资料的价格结构去选择不同的生产资料。生产资料一旦确定，未来一段时间内的商品产出种类也大抵确定。在这个意义下，生产资料的选择仅意味着在未来一段期间内的消费配置的选择，而选择以假设商品结构不会有太大的变化为前提。其二是经由资本配置的选择。资本是指资金，而不是实体的生产资料。为了因应未来的市场变动，厂商必须持有可以流动的资本，以便在未来有能力投资到新的生产方式或新的产业。资本选择就是现在获利能力和未来获利能力的选择，而市场上决定资本选择的经济变量主要是利率结构。

中间产品的需要是衍生性需要。因为消费者对于最终消费品有需要，才衍生出厂商对中间产品的需要。如果未来是可预测的，这些需要会反映到生产资料的价格结构；如果未来带有不确定性，这些需要会反映到资本的利率结构。价格结构与利率结构的信息里，带有消费者对现在消费与未来消费的偏好，以及他们对于风险与不确定性的态度。厂商如果要能生存或赚取利润，就必须将这些信息列入其投资决策，而其做法便是利用这些价格结构去评估不同投资的利润。

然而，生产资料的价格结构与资本的利率结构在市场社会主义下都不存在，CPB要如何决定现在消费与未来消费的配置？要如何决定生产资料与资本的配置？CPB必须要有一套评断标准，如果这套标准不是利润计算，就只剩下两种可能：政治计算或政治决策。前者是接受一套不可异议的命令，而后者通常呈现出随机现象。

统计与预测的技术在计划经济1.0当时已有突破性发展，电子计算机也发展迅速。今日更有遍布各地的网络，技术上已不难估算全民对各种最终消费品的需要。在一定的统计误差范围内，最终消费品的估算是可行的。借由最终消费品的需要函数和供给函数，CPB可以估算中间产品的需要。然而，这只有当最终消费品的生产技术只有一种的时候才成立。假设一种生产技术对应一种中间产品，那么，当生产消费品的生产技术不是只有一种时，中间产品也就存在多样化。如果这些中间产品都是为了生产相同的消费品，那么我们可以从中间产品的生产成本去比较不同生产技术的优劣，因为这只是生产效率问题。但如果不同的中间产品所生产出来的不是同质的消费品，而是替代程度不同的多样化消费品，CPB就无法从各自的生产成本去比较这些生产技术，因为这已是经济效率问题。

另一种可能是，CPB利用计划推动之初的价格结构与利率结构去推估未来的结构。若假设中间产品市场在短期内变化不大，它们的未来价格是可以沿用过去的数据或外推去估算。但在竞争市场里，未来是一个利用更多生产资料、生产成本被不断压低、产品质量不断提升、产品功能不断推陈出新、商品类别常令人惊奇的社会。朝向未来的发展模式将是以分散的、随时的、尝试性的方式在发生，价格结构与利率结构也不断在调整。企业家针对其熟悉的产业，估算其市场与商品的发展可能，预期价格结构与利率结构的变化，然后提出计划案和预期利润，再以其专业知识去行动。相对之下，CPB要如何去配置现在与未来的消费，如何评定不同的投资案，如何去设计未来等都陷在迷雾里。

米塞斯认为苏联早几期五年计划的成功，是因为可以自国外市场取得不同生产技术所需要的中间产品的价格结构。虽然计划经济不以利润为目标，但计划初期采用的价格结构和人们的需要量都是沿袭利润动机下的数据，这些数据是实现经济效率的保证。经过十多年之后，苏联在封闭下自己发展的生产技术和消费品，完全脱离了西方社会的经济结构和生产结构，而个人的需要已经不再是来自传统生活的习惯。于是，中间产品价格结构的计算就陷入随机性的选择，或随着政治起舞。其结果是整个生产和资源配置的随意错置，最终导致社会的全面停滞和五年计划的失败。

除了上述发生在计划经济下的论述外，美国社会学家萨克森宁（Saxenian, 1994）也举了一个在硅谷中发生的真实故事。她说，生产工作站计算机的升阳公司（Sun Corp.）原本是一家垂直整合型的赢利公司，20 世纪 80 年代因市场竞争激烈，经营受到威胁，首先采取开放软件策略，希望"把市场带进公司"。1990 年，升阳公司进一步将公司业务依分工分成五家独立自主的公司，让它们全权负责各自的损益与销售。这五家公司分别是：（一）SunSoft，发展与营销 UNIX 作业系统；（二）Sun Tech Enterprises，开发作业系统下的工作站应用软件；（三）SMCC，负责硬件的设计与制造；（四）Sun Express，负责邮购与运送业务；（五）Sun laboratory，发展未来产品。其中最具意义的是，SunSoft 将自家工作站引以为自豪的 Solaris 作业系统卖给工作站市场的竞争对手惠普公司。升阳公司的解释是，只有市场中的对手公司才知道 Solaris 作业系统的真正价格，这样，自己才知道使用 Solaris 作业系统的工作站的价格，也才知道要继续投资多少于 Solaris 作业系统之研究。分家之后，升阳公司终于度过了一次经营危机。

知识的生产与利用

不同于米塞斯强调中间产品价格计算问题的重要性，哈耶克认为个人知识的发现、累积与利用的问题是社会主义失败的另一根本原因。

人类的生产方式早已脱离纯粹的劳动力，取而代之的是广泛的机器、技术和组织的利用。我们曾定义知识的承载体为生产资料，并以知识的利用去说明人类的经济增长。哈耶克认为，既然无法好好利用散布在个人身上的知识，便无法发挥资源的经济效率，更无法期待经济的增长。计划经济会走向停滞，也就不奇怪了。

哈耶克主张：知识的发现、累积与利用是经济学的核心问题。斯密在讨论劳动分工时曾提到，分工后的工人因厌烦单调工作而发明了机械以替代劳动力。但这些发明是如何出现的？分工后的专业化让工人更熟练其工作的技巧和细节，于是，他们制造机械去模仿自己的工作程序。也就是说，个人将自己熟练的技巧和知识转化成动作程式码，内嵌到金属或木块上成为机械。这个编码过程类似于生产者将价格标示在商品上，将主观知识转化成客观编码，再以主观意念将客观编码内嵌到客观载体。当然，编码必须使用大家都能接受的语法，否则不仅他人无法辨识，连自己过些时日之后都会看不懂。由于解码使用的是个人的知识，不同人的解码结果会出现差异。不过，只要编码是利用一般的语法，经过语法解码出来的知识仍具有可以普遍理解的内容。当机械被启动，只要知道如何去作业它，就等于是重复利用这些被编码的知识和技巧。这些知识不仅可以再度被利用，更可以复制给许多的第三人利用。知识经过复制，可以提供无数的他人同时利用，产生巨大的外部效果。

知识的解码或生产资料的再利用，其价值不只是在于它可以传递给无数的第三人利用和巨大的外部效果，更在于这编码解码过程让分散在各地和个人身上的知识能够累积起来并且跨时传递。弗里德曼曾赞美市场经济能让分散在各国的人们合力完成一台笔记本电脑的生产。换成知识的语言重述就是，市场经济让分散在各国各人身上的知识得以合作完成一台笔记本电脑。今天，我们在使用一台笔记本电脑时，其实是在利用它所承载的各国各人的知识。我们利用资本之所以能产生较大的效率，因为我们不只是在利用自己拥有的知识，而是同时也在利用他人所拥有的知识。我们同时能利用到的他人的知识愈多，生产效率就愈高。

市场利用知识和CPB利用知识的不同效果，可以从硬碟和光碟的竞争来说明。大约在20世纪90年代，光碟和硬碟是计算机的两种可以大量储存数据的记忆工具，而之前的磁带因为无法随机存取而仅作为拷贝储存的副本。当时，日本产业界主张发展光碟，因为他们相信硬碟的读写头毕竟是机械式的，其速度总有一定的限制，会限制资料存取的速度。相对地，美国产业界主张发展硬碟，因为他们相信光碟在读写之前必先加热，故其数据存取的速度也是有一定的限制。日本和美国是当时的两大计算机产业国家，也是制定产品规则的两大国家。中国台湾地区当时也想发展大量储存数据的记忆工具，问题是，应该跟随日本或是美国？如果当时中国台湾地区受CPB的控制，他会选择何者？中国台湾地区先是跟随美国，但没成功，后来改跟日本才成功了。因此，中国台湾地区的计算机产业在这世纪并无生产硬碟机的工厂，却有好多家生产光碟的大厂。CPB必须选择其一，但他们没有更进一步的知识可供判定。那么，市场会选择何者？市场的选择是经由竞争去筛选，其结果取决于双方在研发与营销的努力上。当时，日本押注在光碟而美国押注在硬碟。经过十年的肉搏战，我们很清楚，两者都生存了下来，还出现了第三种可以大量储存的快闪记忆器。如今，光碟和硬碟都较十年前快了好几倍，而储存容量也增加了快一千倍。它们都是胜利者，因为都在市场竞争中各自找到了自己的专长。比如在日本311震灾之后，光碟片因较不怕淹水和震动，市场再度被看好。

CPB选择特定的知识，也就是排斥了其他知识的利用。当个人必须去学习或接受CPB所选定的知识后，他将失去生产与累积个人知识的诱因。当个人没有机会将他在作业生产资料所获得的个人知识内嵌到载体，知识无法跨时累积，势必减缓生产资料所承载之知识量的增长。同样，若个人不能任意使用承载不同知识的异质生产资料，也不能随意以个人知识去解码，社会将无法发挥异质性生产资料的互补效果。

附录：法国的指导性经济计划

苏联经济计划的初期成功影响到西方民主国家的战后重建。由于西方国家尊重私有财产权，无法操控国家整体资源，最多只能支配国家拥有的行政资源，利用政策去改变经济资源的配置。

法国称其三十多年的经济计划为指导式经济计划，说明了法国政府的计划权力只限于产业目标和政策的制订。虽然法国曾在1936年将法兰西银行和其他银行收归国有化，也试图经由银行对借贷资金的分配权力去控制产业，但因第二次世界大战爆发而没进展。战后，马歇尔计划带来庞大的美元，法国才又重新启动经济计划。不过，这时的计划目的主要在有效地利用援助经费。由于法国在战前是以小规模的工业和农业为主体，产业发展就成了计划的主要目标。

1946年法国成立计划总署（Commissariat General du Plan），直属于总理。第一期计划为1946—1952年，以钢铁、煤矿、运输、水泥、电力和农机六大关键产业为发展焦点。1950年又增加燃料和肥料两产业。除了农机外，这些关键产业都是原材料和基础建设。1953—1957年的第二期计划继续推动上述关键产业的建设，优先分配资源、进口配额、建筑许可。第二期的目标设定在四年内提升25%的GDP。当原材料的供给充裕后，1957—1961年的第三期计划以平衡国际收支为目标，推动进口替代，期待GDP能再增加20%。

1958年夏尔·戴高乐（Charles A. J. M. de Gaulle）掌权，开创法国第五共和。第五共和削减议会权力而增加总统权力，也创立了双首长制。当总统所属政党在国会的席次超过半数时，总统可就所属政党委任总理，变成实质的总统制。戴高乐长期主政又独爱经济计划，便将计划权力从国会移到行政机构。1962—1965 年扩大第四期计划规模，除了推动家电和化学制品产业外，也加入修建学校和医院等公共工程，并设定提高 24% 之 GDP 为目标。1965—1970 年的第五期计划以价格管制与收入政策为主，并以合并公司和打造民族旗舰公司为产业政策。由于成效不彰，1970—1975 年的第六期计划又重新回到重工业，设定 7.5% 的年增长率。由于多年的经济计划扩大了贫富差距，而劳工工时过长问题也没解决，法国经济计划的成果被讥笑为"没有繁荣的增长"。但由于每期的经济增长率均能达到预期，也就成了亚洲新兴国家实施经济计划的典范。

然而，随着计划规模越来越大，问题也越来越多。霍尔（Hall，1986）认为法国经济计划有如下的缺点。第一，计划的责任随计划规模的扩大而越来越不明确；[1] 第二，各地区争夺公共建设的经费，却又回避解决负外部性方面的公共建设；第三，大部分的旗舰公司最后都成为政府的财政负担；第四，工会在 30 年期间完全无法参与计划，因而罢工频传。

第六期计划预定 GDP 能提高 5.9%，而实际上仅达 3.6%。预估的物价上涨率是 3.2%，实际上却高达 8.7%。苍白的经济成果，再加上 1973 年的石油危机带来大幅提升的失业率，瓦勒里·季斯卡德斯坦总统（Valéry Giscard d'Estaing）于 1974 年宣布终止经济计划，回归自由经济。[2]

---

[1] 例外主义（Exceptionalism）：计划必然导致公司面对太多的管制，政府为了以善意对特定公司，便给以选择性豁免。

[2] 第七期（1975–1981）大幅缩编编制（如委员人数由第六期的约 3000 人减少为第七期的约 700 人），其方针也转向安定政策，如降低通货膨胀、改善国际收支和追求充分就业。

第十二章 强权国家与福利国家

19世纪欧洲的稳定秩序来自经济自由主义与政治保守主义的相互牵制,而这均衡在20世纪初被第一次世界大战和共产主义的兴起打破。上一章讨论了第一次世界大战之后在共产主义国家兴起的计划经济,本章将继续探讨第一次世界大战带来的其他政治经济体制。

第一节将先回顾英国在第一次世界大战期间的经济动员情况,及其参与战争而开办的福利政策。这些福利政策逐渐发展成(英国的)福利国家(Welfare State)内容。相对于英国的福利国家,德国纳粹政府打造的是强权国家(Power State)。事实上,福利国家的提出是为了对抗强权国家带给人民的远景,而强权国家的提出则是纳粹政府为了对抗计划经济的美景。纳粹政府是社会主义和国家主义的混合体,其发展面临着战前自由主义者的竞争,也同时面临着社会主义者的挑战。第二节将讨论德国在纳粹时期的政治经济体制。

就历史发展而言,第一个走上福利国家的是英国,而不是北欧诸国。(我们将在下一章讨论北欧的社会民主主义传统和其政治经济体制。)由于英国传统上坚守自由经济与民主政治,在这个意义上,福利国家也可以看成是自由经济体制试图去接纳民主政治的一种发展远景,因而坚守着一些自由经济的基本原则,如私有财产权、经济自由等。第三节将从自由经济之视野来讨论福利国家的发展。

第一节 战争与福利政策

在总体战争时期,胜利是全国人民的共同目标。既有共同目标,强而有力的政府领导就可以发挥最高的生产效率。英国政府从动员中学会了如何操控全国经济资源,包括管制商品价格、控制生产与运输工具、设立国营工厂、分配生活物资、补助工业、提供免费医疗等。当个人被要求放弃个人目标，改而追求共同目标时，也会借着团结起来的垄断力量去和政府谈判资源的重新分配。战争时代和战后的经济戏码，把政治权力凌驾于市场机能之上。

1914 年发生的第一次世界大战对英国具有多重意义。首先，它是大英帝国盛衰的分水岭。其次，罗伊德·乔治（David Lloyd George）政府承诺战后的社会改革，把政府推上了社会政策的主导地位。再次，第一次世界大战后废除了投票权的财产限制，让贫民拥有与富人相同的政治权力；最后，随着金本位制度的瓦解，政治力量开始侵蚀金融体制。

英国的经济动员

当第一次世界大战发生时，英国人一般不认为这次大战与过去的对法战争有何不同，只不过主角由法国的拿破仑换成德国皇帝威廉二世。因此，英国仍采取传统的应战措施，如将战争从民间经济活动中独立分离、规划不超过 13 万人的部队及军事装备、实施对欧洲大陆的封锁战略。但他们很快便发现，沿用过去的应战方式无法赢得这一次崭新的总体战争。慌忙间，英国军队的人数扩增至 100 万人，大批年轻妇女投入军需品的生产，政府动员全国经济资源投入战争。

何以英国社会在第一次世界大战初期会那么自信？原因在于它自维多利亚女王时代以来，长期处于稳定增长阶段。第一次世界大战前（1899—1913）的数据显示，英国是个极为稳定的社会。生活成本的年平均增长率（接近于消费者物价指数）为 0.97%，失业率为 1.96%。阿瑟·奥肯（Arthur M. Okun，1928—1980）称这两个指针相加后的数字为痛苦指数（Misery Index）。2.93 的痛苦指数低于美国历史上最低的 2.97，实非当前欧洲普遍超过 10.00 所能想象。[1] 当时的年平均实质经济增长率为 0.31%，虽然不高，但其持续增长已足以让人们对未来抱持乐观与期待。最后，0.29% 的年平均实质工资率，显示出工人阶级亦能同步分享经济增长的果实。[2]

然而，若论国力，这时期的英国已经不如美国，甚至落后于新崛起的德国。如下表 12.1.1 所示，德国的每位工人实质产出虽低于英国，但乘上全国人口数之后的总产出则与英国在伯仲之间。在钢铁产量方面，德国已超过英国一倍多。如果再考量德国新崛起背后所拥有的较新生产设备，便可明白英国当时要独自打完那场战争铁定相当地辛苦。

---

[1] 根据 http://www.miseryindex.us/ 的纪录，美国的痛苦指数在 2013 年 5 月为 9.07%，而历史最低纪录为 1953 年 7 月的 2.97%，最高为 1980 年 6 月的 21.98 %。美国于 1980 年的通膨率为 13.5%，失业率 7.1%，导致里根赢得总统选举。

[2] 除了失业率数字来自 May（1987）外，上述其余数字均取自 Feinstein（1990），表 4。

表 12.1.1　1910—1913年间国际经济形势比较

经济变量	英国	德国	美国
人口数（百万），1910 年	45.3	64.9	91.7
每工人实质产出指数，1910 年（英国 =100）	100.0	65.0	135.0
钢产量占世界比例，1910—13 年	10.3	22.7	42.3

注：人口数取自 May（1987），第 284 页；钢产量的世界占有率数字取自 Aldcroft（1968）。每人实质 GDP 指数取自 Feinstein（1988），第 4 页。

不论是错估敌我形势抑或对总体战争缺乏认识，紧急下的调整步骤难保不出纰漏。1914 年底，当军事人员增加到百万人时，弹药与军需品的生产与供给严重短缺。于是，国会通过《王国防卫法案》（Defense of the Realm Act），允许政府协助民间的军需品工厂聘雇年轻妇女。传统上，军需品由民间生产，再卖给政府。这新法案违背了现行的交易制度，也冲击到传统的学徒制度，终于爆发罢工潮。政府处于战争，于是与民间协议，同意直接采购民间工厂的军需品，并制定一套根据生产成本估算的采购价格。于是，军需品市场从传统的交易方式转变成契约生产方式。随着战事扩大，政府开始协助其他的轻工业工厂改装成军需品工厂，也辅助现有军需品工厂扩大生产规模。不久，战争处进一步设立国家弹药工厂，直接雇员开始生产弹药。

为了运送大批的军队与装备，英国政府也开始控制交通工具。铁路虽仍由民间经营，但价格与路线则受控于政府。对于海上运输，政府先只提供廉价的保险并限制非必需品的运输，但在 1916 年德国实施潜艇封锁战略之后，英国开始全面控制船舶运输。

在战前，欧洲因长期实行市场经济与自由贸易政策，国际分工已经成形。英国输出煤与机械，自美国进口农产品，自德国进口光学与化学工业产品。战争爆发后，为了紧急生产光学与化学工业品，它于 1916 年成立科学与工业研究部，提供厂商技术协助和低利率贷款。在食物方面，英国政府先以价制量，但迫于食品价格节节升高，1916 年开始管制奶类、油类、肉类，1917 年规划农耕地与农作物的生产。由于食物短缺仍然很严重，1918 年不得不委任威廉·贝弗里奇（William Beveridge）成立一个委员会，进行糖、油、肉、奶油的配给。到战争结束时，接近 85% 的食物都实施配给制度。

随着战事继续扩大，战争费用快速增高。政府筹措战费的方式，其一是发行政府公债。其二是提高现行税率或设立新税，其三是印发新钞票。若发行公债，利率必须要高过一般市场利率，才能从货币市场抢到借款。对政府来说，最简单的筹款方式是印钞票，这将增加货币供给量，并提高物价。比较这三种方式，利率提升的受害者是贷款投资的企业家和贷款购屋的百姓，税率提升的负担者是税基较高的高收入者，而物价上升的受害者是固定薪酬的收入阶层。战争既然无法避免，政府除了设法将伤害降至最低外，还必须将负担分摊给不同的收入阶层。

表 12.1.2　第一次世界大战期间英国中央政府经常账与货币经济

年	政府收入	政府支出	货币增加量	物价增长率
1913	167	167	41	2.0
1914	170	296	103	1.0
1916	428	1399	155	9.3
1918	790	2154	356	28.8
1919	962	1401	377	20.1

注：政府收入与政府支出的单位为百万英镑，数据取自 Feinstein（1972），表4和表12。货币增加量为货币存量增加量，单位为百万英镑，资料取自 Friedman and Schwartz（1982），表4.9。物价增长率为零售物价指数增长率，单位为%，取自 Feinstein（1972），表65。

最初，英国政府依照过去经验，对民间军需品工业的利润开征军需品税，也对利润高过战前水准的企业开征超额利润税，此外并未设立新税，也未提高收入税或商品税的税率。但是，这两项新增的政府收入远不如政府支出的增加，继续增高的赤字便只能以借款来应付。政治人物在权衡利害时，往往选择避免立即的伤害，而把伤害往后递延。由于当时市场可贷基金不足，不久，英国政府便开始大量印制钞票，以补足所需款项。表12.1.2的货币增加量由1914年的41百万英镑快速提高到1918的356百万英镑。快速提高的货币增加量终于在战后的1918年引发高达28.8%的通货膨胀率。

福利政策的兴起

英国政府在扩大军需品的生产、聘雇年轻妇女时，引爆了技术工人的罢工。他们要求政府不得雇用非技术工人。当时担任财长的罗伊德·乔治与工会领袖达成如下协议：政府在战时可以暂时性地雇用非技术工人及妇女，但必须保障军需品生产契约的利润率。1915年，国会追认《战争军需品法案》（The Munitions of Was Act），允许雇主只要取得政府的许可证明便可以禁止工人变换工作。这法案开启工会干预政府与厂商之契约内容的先例。从此，工人清楚地认识到经济利益也可以经由政治谈判获得。不过，工人也担心政府会借扩大战争去进一步限制工人的权利，便积极参与工会。在表12.1.3中，英国工会会员人数在1916年增加了1/3，以后逐年增长。到战争结束时，工会人数达到了战争开始时的两倍。

表 12.1.3　1911—1930年间英国的工会人数（万人）

年	1914	1916	1918	1919
工会会员数	152.7	217.1	296.0	346.4
参与罢工人数	44.7	27.6	111.6	259.1

注：参与人数栏指参与各次罢工参与人数的总计，总活动日为各地各次活动日数的总和，数据来自 Cole（1948），第 192 页。工会人数栏取自 Pelling（1993），附表 A。

罗伊德·乔治希望工业和平，处处向工会妥协。他于 1916 年接任首相后，随即设立国家劳工顾问委员会，之后又设立劳工部接管工业关系，并任命一名工会领袖担任部长。他又委任了一位工会领袖，成立委员会调查罢工问题。该调查报告指出：工人与工会都愿意协助政府打赢战争，但不希望战后工人的政治及社会地位依旧低下。罗伊德·乔治承诺在战争期间和战后，后做一些重大的政治改革：1917 年设立重建部、1918 年扩大选举权、1919 年设立健康部。这些动作虽使 1996 年的罢工参与人数较战前的 44.7 万人次少了 1/3，但到了 1918 年又增高至 111.6 万人次，而 1919 年更提高至 259.1 万人次。

战争使得居住问题变得复杂。许多工人及家庭被要求集中到军需品工厂附近居住，也迫使房租大幅上涨。1915 年英国便发生抗议房租过高的罢工。为了平息工潮，英国政府先是听取工人代表的意见，开始管制房租，结果却造成出租房屋数量的大幅减少。这个经验促使英国政府放弃房租价格与标准的管制，改为增加住屋的供给。1914 年以前，贫民住宅的提供属于《贫穷法》（The Poor Law）及地方政府的职权范围。重建部成立后，政府便开始调查工人对住宅的需要：1917 年的数字是 30 万户。重建部不只要复原战前的社会结构，还要建设一个更好的经济社会，包括健康、住宅、教育、失业保险等计划。英国国会于 1919 年先后通过两个法案，要求中央政府分别补助地方政府及民间公司修建住宅，并改善不符合卫生标准的民间住宅环境。根据这些法案，重建部宣称在 3 年内增建 50 万户住宅。虽然这承诺到 1923 年才实现 1/4。自此之后，中央政府已摆不开住宅修建与维护的负担。

健康问题本来也属于《贫穷法》与地方政府的职权，但战争把中央政府也拉进来。政府在扩大征召入伍的新兵中，发现只有 1/3 青年的健康符合从军标准，于是要求重建部进行提升人民健康的改革规划。由于这类工作必然导致中央政府与地方政府的职权冲突，因而只能完成少数的计划，如性病免费治疗、母亲与婴儿的生产检查。

1918 年通过的《改革法案》（Reform Act of 1918）是战争内阁最大的政治改革。该法案废除选民必须具备最低财产与纳税的条件，使选民人数跃增至 2 000 万人以上。

由于新选民大都是低收入者及工人，工会与工党的政治力量也跟着水涨船高。当年大选，工党取代自由党成为国会（最大）反对党。此后，各党候选人的政见便开始转向，如罗伊德·乔治首相及其联盟在1922年大选中打出"帮英雄安家"（Homes Fit for Heroes）的口号。在这次选举中，工党出现许多不是靠着总工会的支持当选的新科议员。1923年，保守党政府解散国会。重新选举的结果，保守党虽赢得多数席位，仍然远低于半数。1924年，工党获得自由党的合作组阁，首次由在野党变成执政党。

之后的第二次世界大战期间，英国根据《贝弗里奇报告》，建立了社会保障体系和国家公共医疗卫生体系，并发放家庭扶养津贴。其实，英国人民和法国人民一样是禁不起社会主义的诱惑，只是接纳的方式不同。英国两党都曾着手推动计划经济，但都未曾大规模进行。保守党的哈罗德·麦克米伦（Harold MacMillian）对市场经济就不具信心，曾出版《重建》（*Reconstruction*）说明他构思的经济计划体系。5年后，他又写了《中间路线》（*The Middle Way*），主张在经济计划的前期先成立由产业与贸易业代表组成的委员会，依照全国的有效需要规划各产业的生产数额。1957年，他当上首相，先后成立物价、生产暨收入委员会（CPPI, The Council on Prices, Productivity and Income）与国家经济发展委员会（The National Economic Development Council），推动合作式国家计划（Cooperative National Planning）。[1]。另外，工党于1958年的政策宣言提出"为进步而计划"（Plan for Progress），指责保守党政府拒绝经济计划而造成萧条。他们重新定义经济计划，将社会主义国家所采用的命令式计划（Command–Type Planning）改为民主式计划（Democratic Planning），并指出："每日的例行性决策可以交给工业界与消费者去操心，……政府计划的目的，则是在提供一个更宽广的空间，好让新的财富能顺利而快速地累积，而又能避免工业界与国家目标间发生冲突。……（因此）不只目标与达成目标的手段需要广泛地被接受与被了解，有些甚至还需要全民的同意。国家与企业劳资双方的合伙关系（Partnership），是民主式计划的精髓。"[2] 合伙关系是工党修正命令式经济计划的新方向，也将成为40年后工党正式放弃财产共有主张的替代口号。

除了短暂的计划经济幻想外，保守党基本上还是坚持私有财产权和市场经济，这和工党偏爱公有产权的意识形态是南辕北辙。也因此，每当工党上台，就将铁路、航空、电信等产业国有化；当保守党重新执政，又将这些产业再度民营化。英国政府政策便跟随着政党轮替而时常反复。[3]

---

[1] Planyi（1967），第18—20页。

[2] Balogh（1963）第5—9页。

[3] 有学者认为第一次世界大战后的政党轮替是英国国势日益衰败的主因。这论点虽有争议，但反复的政策的确带给社会运作和百姓生活庞大的调整成本。

第二节　强权国家的经济制度

第一次世界大战留给人类的另一项余毒是法西斯主义（Fascism）的兴起。当时的法西斯国家主要是意大利、德国、日本，也包括哥伦比亚的乔治·盖坦（Jorge Gaitan）和阿根廷的胡安·贝隆（Juan D. Peron）。

法西斯主义的鼻祖虽是意大利的墨索里尼（Benito Mussolini），但德国希特勒（Adolf Hitler）领导的纳粹党的影响更大，毕竟德国是欧洲文化与经济的先进国家，而其手段更骇人听闻。（本章仅讨论与政治经济相关议题。）

法西斯主义的兴起

第一次世界大战后的意大利国债高筑、经济衰退、工厂关闭、失业率高攀、通货膨胀严重，百姓生活极度困难。当百姓期待政府有所作为时，多党组成的联合政府却陷入政治纷争，搁置重大法案，终于使人民丧失对议会政治的信任。在意大利北部的工业地带，工人多次罢工并占领工厂，一度还成立苏维埃政府。企业家和商人备感共产主义的威胁，期盼着强人政府的出现。

墨索里尼在第一次世界大战前是一位极左的社会主义者，却在第一次世界大战后转向国家主义，因反对社会党的温和路线而遭开除。他于 1919 年创立国家法西斯党（Partito Nazionale Fascista，PNF），推崇强权、专制、仇外，反对自由、民主，组织战斗团以恐怖手段打击反对者。1922 年意大利濒临内战，他趁机控制北部几个城市，并号召群众进军罗马。意大利国王为了避免内战，便邀请墨索里尼出任首相并组织内阁。他很快地就以暴力消灭所有的反对派，成立一党专政的极权政体（Totalitarianism），任命自己为独裁者，指派国会议员，成立秘密警察，设置集中营，严格审查教科书、报章、杂志和书籍，并要求教育要以宣扬法西斯政权和墨索里尼的伟大为目标。

根据英国已故历史学家埃里克·霍布斯鲍姆（Eric Hobsbawm）的说法，民主在第一次世界大战后的世界更为跃进。新成立的国家基本上都实行议会政治，包括土耳其在内。但自从墨索里尼进军罗马开始，民主政治的盛况就快速消退。他说："两战之间的年代里，唯一不曾间断，并有效行使民主政治的欧洲国家，只有英国、芬兰（勉强而已）、爱尔兰自由邦、瑞典及瑞士而已。"[1] 他又引述他文说道，东欧的独裁君主、官吏、军人，还有西班牙的佛朗哥，均纷纷走上法西斯主义。相对于社会主义对市场经济的直接挑战，

---

[1]　Hobsbawm（1994），中译本，第四章，第 162 页。

法西斯主义直接挑战自由与民主制度。然而，政经体制是一体的，计划经济无法接受政治自由，极权主义同样无法接受经济自由。

德国法西斯的兴起过程和意大利略有不同。德意志帝国战败后，于1918年底崩溃，接替的是魏玛共和国。战后的经济产能已非常恶劣，加上鲁尔工业区又被法国强占，还得支付《凡尔赛条约》的巨额战赔款，德国政府开始大量发行货币，导致马克的巨幅贬值。1923年11月，一美元能兑换超过40亿马克，出现天文数字的通货膨胀。表12.2.1是当时购买一盎司（ounce）黄金所需要的德国马克金额。当个人不再自给自足后，就必须仰赖交易去获取生活所需。交易本质是间接交易，以稳定的币值为前提。一旦出现超级通货膨胀，人们不愿手中持有货币，会尽快地把手中的货币去交换任何的商品。然而，一日多变的价格让个人无法确定商品的当下价格，但又不得不交易，于是，每次的交易都带疑惑，也包括一再地被欺诈。这是每个人每天一再发生的事件。人非圣贤，受骗的次数多了，吃亏的次数多了，是否也会想"取回"自己被骗走的损失？兹威格（Stefan Zweig）在自传里说道，"大家都在互相欺骗……一切价值都变了，不仅在物质方面如此。国家法令规定遭到嘲笑，没有一种道德规范受到尊重，柏林成了世界的罪恶渊薮。……整个民族都在憎恨这个共和国。"[1]

1919 年 1 月	170.00
1919 年 9 月	499.00
1920 年 1 月	1340.00
1920 年 9 月	120100
1921 年 1 月	1349.00
1921 年 9 月	2175.00
1922 年 1 月	3976.00
1922 年 9 月	30381.00
1923 年 1 月	372477.00
1923 年 9 月	269439000.00
1923 年 10 月 2 日	6631749000.00
1923 年 10 月 9 日	24868950000.00
1923 年 10 月 16 日	84969072000.00
1923 年 10 月 23 日	1160552882000.00
1923 年 10 月 30 日	1347070000000.00
1923 年 11 月 5 日	8700000000000.00
1923 年 11 月 30 日	87000000000000.00

表12.2.1 德国魏玛时期的超级通货膨胀

注：左表的左栏是日期，右栏是购买一盎司（ounce）黄金所需要的德国马克金额。

综合霍布斯鲍姆的论述，战败后的德国在面对超级通货膨胀之外，继之而起的是普世的经济大萧条。他说："法西斯思想兴起的时代里，以中产及中下阶层为其主要支持者。……连中产阶级的中高层公务人员，其政治立场也走上极端。……多数与政治

---

[1] Stefan Zweig（1942），中译本。

没有关系的德国百姓，都相当怀念德皇威廉统治的帝国时代。"[1] 对于传统的保守分子就更不用说了，他们厌恶魏玛政府和民主政治的无能，如同意大利企业家一样地，期待强人政府能越过民主阶段成为强权国家的旗手。

1920 年，希特勒将德意志工人党更名为国家社会主义德意志工人党，而"纳粹"（Nazi）就是国家社会主义者（Nationalsozialist）的简称。同时，他公布《二十五条党纲》，主张包括：取缔不劳而获和靠战争发财的非法收入、推行企业国有化、废除地租、制订可为公共利益而没收私有土地的法令、建立拥有绝对权威的中央政府和中央政治国会等。不久，最后一条就发展成以领袖独裁为核心的"领袖原则"。在该原则下，德国企业的管理阶层只听命于领袖，此外不受任何限制，企业内部没有工会，也没有股东会。换言之，政府完全控制企业，而企业管理者获得完全管理的授权。这种极权体制有利于推动经济刺激政策，使德国顺利地度过经济大萧条时期。纳粹党在大萧条的经济环境下迅速发展成德国第一大党，并于 1933 年成为执政党。

对于法西斯主义在意德两国的兴起过程，曼瑟尔·奥尔森（Mancur Olson）提出一个暴力企业家（Violent Entrepreneur）的经济理性解释。[2] 他指出，公共安全是需要集体提供才能发挥效率的财货，但也存在搭便车（Free-riding）问题——个人觉得他的边际收益只是其边际贡献的一小部分，势必导致公共安全的提供不足。但在小型的狩猎采集队伍里，由于存在严格的相互监督，这个问题便不存在。当人口增长到部落时期，由于集体提供的财货不只有公共安全一项，个人若逃避公共安全（如猎杀猛虎）的提供，将遭受族人以不与他合作生产其他财货为制裁，因此，搭便车问题也还不会太严重。[3] 换言之，在原始社会，社会秩序是可能自然形成的，还不需要政府来提供。但是，当人口增长到社会性制裁无法有效运作时，搭便车问题将导致公共安全的提供严重不足，让整个社会陷入人人与人人为敌的霍布斯式丛林。这时，个人的劳动力将用于三个方面：生产、防御、侵略，其中生产只占 1/3。由于防御与侵略是在社会中相互抵消的行动，整个社会的个人劳动就只 1/3 有产出。这时，如果出现一位暴力企业家，以其武力征服各部落并提供公共安全，便可以让人们安心地去生产，并愿意支付高达 50% 的税率（仍低于 2/3）。

从霍布斯式丛林兴起的统治者是以武力征服群雄，并不跟百姓订立契约。50% 的税率只是举例，以经济理性假设，他会追求大大的税收。为了最大化税收，他希望百

[1] Hobsbawm（1994），中译本：第四章，第 179—180 页。
[2] Olson（1993）。
[3] 干学平、黄春兴（2007），第十五章 原始社会。

姓能全力生产，因此会保护他们，补助他们生产，甚至鼓励他们投资于生产事业上。在没有其他更好的选择下，经济理性计算的百姓会顺从他，期待他的统治能长久，而他也希望自己长生不死。他好大喜功，因为有花不完的税收。这是一个独裁统治者，而统治者不会信任百姓，更不会让权给百姓。

法西斯主义的体制

美国专栏作家约翰·弗林（John T. Flynn）整理出法西斯体制的八大特征：（一）极权政府，其权力不受任何约束；（二）独裁统治，其领袖原则不容置疑；（三）庞大的行政官僚在管理资本主义体系的运作；（四）生产者被组织成企业集团；（五）追求自给自足的经济计划；（六）政府利用借款和支出去维持经济运作；（七）政府支出以军事支出为主体；（八）朝向帝国主义的军事扩充。

对法西斯主义最好的理解，就是将它的主张与自由社会和社会主义对比。其比较如下：

第一，法西斯主义强调国家利益高于个人利益。自由社会尊重个人的自由与利己，法西斯主义则将国家利益置于个人利益之上，要求个人应该为国家利益而牺牲。社会主义强调的不是国家利益，更不是个人利益，而是社会利益。相对地，自由社会仅要求个人的行动不得超越法律的规范，然后期待彼此的行动能协调出秩序。

第二，法西斯主义主张民族主义。当国家与民族两个概念结合之后，诸如民族主义、军国主义、英雄崇拜等信念就发展成不能撼动的国魂。在这方面，社会主义明显地异于法西斯主义。共产主义以建设世界性的共产社会为终极目标，呼吁"全世界的工人团结起来"共同消灭国家。自由社会也强调国家与民族的区分，如美国里根总统时期的白宫顾问迈克尔·莱丁（Michael Ledeen）所说的，"美国不是基于一个民族，而是基于一个理念。所有来美国的人，只要认同这个理念以及宪法，接受一个自由社会以及以法治国，就是受欢迎的，也可成为一个美国人"。话虽如此，自由社会的人民对于国家的认同并不强烈，因为市场经济盛行"商人无祖国"的信念。

第三，法西斯主义反对共产主义，共产主义本质上反对私有财产权。而自由社会视私有财产权为个人不可剥夺的权利。法西斯主义则将私有财产权视为国家利益下的一项政策或手段，政府可以随时没收、侵入或管制。

第四，法西斯主义坚持一党专政，是极端的父权主义，也是英雄主义的发展。英雄的意义在于对抗专制和救助赢弱，但英雄主义却带有藐视庸俗的情结。凯恩斯曾批评民主政体下的保守党员太迂腐、自由党员太随便、工党党员又太无知。他认为管理国家是精英分子的天职，不是庸俗无知的百姓有能力承担的。法西斯主义者持有知识分子的狂傲，崇拜英雄，反对政党政治。若与庸俗的民主政治比较，他们宁愿选择明君或开明专制的独裁者。法西斯主义者认为计划经济是对技术的偏爱，是十分肤浅的体制。就自由主义的哈耶克看来，来自精英的知识和来自计划者的知识都过度重视少数人的知识，其错误不仅是漠视自己知识的不完整与可能的错误，更抛弃了市场纠正错误和发展知识的演化机制。

莱丁提出一个较有意义的学术问题：法西斯体制是否稳定？他的答案不是否定，因为德、意两国的法西斯政权并非瓦解于内乱，而是灭亡于外来的强大军事力量。由于法西斯的历史很短，其命运的确很难预料。然而，从它崛起于对外国的仇恨和对国内秩序的忧虑，其人民对政府专制的容忍度势必高于西方民主国家。若允许个人持有部分的私有财产权和经济自由，人民的反抗便不会太过强烈。因为当前推动的民本与善治的传统理念都要求政府必须体恤民情，因此，除非官员们普遍地背离了应该遵循的法律与道德，否则该政体的稳定性还是很高的。

1932 年，美国经济学家加德纳·米恩斯（Gardiner Means）和法律学家阿道夫·伯利（Adoph Berle）出版了《现代公司和私有财产》[1]，指出：现代公司的经营者不再是持有股票的股东，而是持有股份微不足道的经理人员。经理人员不再直接以股东的利益或利润为经营动机，而是在顺从股东的授权或指令为前提下，以自己的偏好和利益为经营动机。换言之，即使在私有财产权的社会，私人公司的所有权和经营权已经分离。既然经营者不再是所有权者，那么，对公司的营运言，所有权归属于私人和归属于国家的差别也就不再存在。他们更以 1930 年美国电话电报公司（AT&T）为例，指出该公司 20 位股东也仅持有公司 4% 的股权，就像由政府各部门集资成立的国营公司。因此，资本主义发展到大公司的阶段，其经营与效率已经与财产权结构无关。1942 年，熊彼特的《资本主义、社会主义与民主》也有类似的论述：即使在私有财产权社会，大公司里发展出来的行政官僚制度和国营企业并无两样。[2] 所有权和经营权的分离理论不仅支持社会主义的计划经济，也支持法西斯主义的经济体制。

德、意、日等国是在工业化之后才迈向法西斯主义，他们相信本国的工业能力，也认识到金融在工业生产的居中地位。由于他们主张排外，其经济体系倾向于自给自足。这个自给自足的经济体系并不是矩阵式的计划经济，而是由数个称为康采恩（Konzern / Concern）之超级企业集团的聚合体，每个超级企业集团都控制一群成员企

---

[1]　*The Modern Corporation and Private Property.*
[2]　Schumpeter〔1975[1942]〕.

业，包括一家该集团的核心银行。它的成员企业包括各式的工厂、贸易公司、运输公司、保险公司等，各自在法律上具有独立性。核心银行为康采恩的管制核心，持有成员企业之股份、并通过收买股票、参加董事会、控制各成员企业的财务和经营方向。

康采恩不同于托拉斯与卡特尔，因为该组织之目的不在于支配市场而在于控制社会。另外，托拉斯与卡特尔也不是以核心银行为控制中心。在结构上，日本的财阀 (Zaibatsu) 和康采恩类似，虽然财阀与社会控制无关联。日本比较有名的三井财阀、三菱财阀、住友财阀、安田财阀等，都是以核心银行为控制中心，如住友集团的核心银行为住友银行、三菱集团为东京三菱银行、安田集团为日本兴业银行、三井集团为樱花银行（后合并住友银行成三井住友银行）。在这些财阀银行的控制下，企业集团内各成员企业交叉持股情形非常严重，以致财务难以透明，非法借贷时有所闻。因此，每当集团内有成员企业经营不善时，经常会牵连到其他成员企业。

第三节　福利国家

在战争时期和战后初期，福利国家并未在英国国内形成太大的政治歧见。也因此，哈耶克便认为"福利国家并无正确意义，常用来描述一种政治状态，福利国家关切的问题远超过维持法律及秩序以外。"[1] 它将救援制度和维持法律及秩序同列为政府应该关切的问题，只是认为福利国家和自由社会对这些问题的关切次序和程度有所不同。古典自由主义坚持最小范围的政府活动，只要不管制到个人自由，并不反对政府救济贫穷与残障和提供卫生与医疗。

政策与体制的区别

工业革命后，英国的土地从农田变为工厂和城镇，农民变卖家产成为劳工。失去农村的海绵式保护后，劳工变得极其脆弱。一旦工厂倒闭需要裁员或个人遭逢灾难，劳工生活立即陷入绝境。在工业革命开始，英国已就传统的《救贫法》进行调整，只是赶不上农民走入城镇的速度。随着民主的发展，政府不断被要求参与和扩充社会的救济制度。初期，这些政策被称为社会安全（Social Security）政策；之后，由于政府被要求提供服务的涵盖面越来越广，被统称为福利国家。当前的福利国家已泛指英国

---

[1]　Hayek（1960），中译本，第 413 页。

和其他以社会民主（Social Democratic）思想为主要传统的德国及北欧等国家。（下一章将讨论社会民主的政治经济体制。）

当前福利国家提供了"从摇篮到坟墓"的广泛政策，其内容包括：（一）生育福利——产前检查、生育住院、医疗服务、产假、育婴假等，（二）儿童福利——儿童津贴、儿童教育、学生食物津贴等，（三）老年福利——老年年金、老年扶助计划、死亡救济金等，（四）医卫福利——伤残补助、疾病及医疗支出等（五）社会福利——公共住宅、房屋津贴、失业救济金、贫穷生活补助等。

福利国家的经营费用将支用甚高比例的国内产出、动用不少的国内劳动力，故其人民所需缴纳的税率就很高。高额费用是福利国家的本质，因此，福利国家的争议就围绕在政府如何筹措这些费用和其代价上。在一个绝对保护私有财产权的社会，政府只能经由税收去筹措上述财源。然而，由于税收的社会成本是与税率平方成比例，这导致许多国家以改变产权结构去替代税收，借由民主程序将福利项目相关的产业化为公有产权或限制私人经营。比如将医疗体系或教育体系全纳入国营，或仅让私人企业提供一些零组件或委托制造的市场。由此可知，福利国家逐渐转化为一种政治经济体制。政治经济体制的一端是私有财产权受到保护而市场完全自由的自由经济，另一极端是将所有与福利事项相关的产业都纳入国营的计划经济，介于其间的是将部分产业纳入国营的中间路线（Mid-Way）。中间路线有不少形态，上一章提到的，由政府控制重要的生产要素和中间产品的市场社会主义也是其中之一。

就像自由经济与计划经济，福利国家也是一种政治经济体制的选择，而不是一些政策选择。既是体制选择，就是宪政选择。宪法规定政府的权力和预算来源，也限制其权力和预算使用。宪政体制一旦决定，政府就只能根据宪法条文运作。在宪政下，政府有预算也有权力；只要不超越宪法的制约，政府可以大方地把部分预算支用于福利项目上。这时政府在福利方面的作为，才称为福利政策。福利国家和福利政策的区别在于宪法制约这一条件。如果是福利国家，政府有权利也有义务以经营垄断产业的方式去提供福利事项。这不算侵犯到私有财产权，但政府不能以重分配为理由征税。如果不是福利国家，政府只要在宪法制约范围之内，可以福利政策为由提供福利事项，但不能经营垄断产业。此时，政府可以征税，但必须经国会通过。宪制约束不仅是约束政府权力，同时也是保障政府的权力。只要能说服国会通过较高税率，执政者也就获得开展福利政策的权力。经过缴税，人们才感受得到自己享受福利政策的成本。换言之，我们仅能以宪法制约去探讨政府的福利政策，而不是借着其他的正义论述去讨论福利政策。

教育券

庞杂的福利项目不仅耗费巨大的行政资源，也限制了人民在相关项目的选择自由。近年来，福利国家论者正试图简化这些项目以改善这两个缺失。这个发展可以从教育券（Education Voucher）说起。

教育券的提倡者是美国经济学家弗里德曼。在美国，私立中小学校提供优良的教学，但也要求高学费。[1] 父母这一辈的财富不均，经由不均的教育投资而传到下一代。要降低这种先天的不公平，就要提高公立学校的教育质量。弗里德曼认为，教育券可以把公立学校带入市场式的竞争，并在竞争下提升教育质量。在做法上，政府将每年的教育预算按学龄儿童的人数分配给每一位学生，比如每位小学生分配到 10 万元的教育券，初中生分配到 15 万元，而高中生分配到 20 万元。同时，政府废除公立学校制度，不再补助学校，也不管制学校。学校若要在公开市场招收足够的学生，就必须自我定位。有了教育券，低收入家庭也可以送子女到高学费的私立学校，因为可以用教育券扣抵部分的学费。若没有教育券，他们一旦放弃公立学校，就必须负担私立学校全额的高学费。

若能扩大教育券的使用范围，低收入家庭就可以让子女在小学阶段进入费用较低的学校，等到高中时再进入费用较高的学校。当然，他们还可以有另一种选择，就是在义务教育阶段都进公立学校，而把累积的教育券补助作为扣抵进入大学的学费。假设政府将上述分年龄给付的教育券合并成一笔义务教育券，在婴儿出生时就设定好，比如六年小学加上六年中学合计花费 165 万元，那么，这笔钱也就相当于目前大学四年的学费。义务教育券可以让低收入家庭的子女有机会去读大学。

教育券在美国的试行并不理想，也招致左右两派的攻击。由于试行范围相当有限，成败还难定论。不过，这个政策把市场和竞争带进公共物品领域，打破了市场机制在提供公共物品时会失灵的论述。它让人们有机会认识市场竞争所呈现出来的秩序，更正以往认为管制才能建立秩序的错误认识。从这政策的实践中，人们能明确知道自己所获得的政府补助款数目，也明白它对政府其他预算的排挤。

---

[1]　高效率和高学费的现象也出现在私立大学。高学费使得低收入家庭必须省吃俭用才能让孩子念好的私立大学，减缓了社会的流动性。由于大学教育的对象是成年人，选择高学费的私立大学就如同选择昂贵的餐厅一样，虽呈现社会收入不均，但仍在个人自由选择所定义的范围之内。但是，如果教育对象是未成年人，问题就不一样了。毕竟市场机制和个人自由选择所定义的范围都是成年人，而不是未成年人。除非我们坚持父母对未成年人拥有完全的责任和义务，否则政府便可以找到介入的理由。

职分社会

教育券的补助对象是未成年人，但很容易就推广到未成年人、伤残者和老弱妇孺为主要目标的全民保险。

全民保险是福利政策的核心，但难以控制的医疗浪费衍生出林林总总的管制，从病人的看诊、住院、给付等限制，到医院和医生的看诊人数和用药管制。管制导致造假和贪污等腐败，提高医疗成本。以台湾地区为例，当全民健保局开始对医院进行全年给付的总额管制以后，医院面临降低医疗品质和减少看诊的抉择。地区性的小医院会降低医疗品质、以较次级的用药替代、减少慢性病者的给药天数；较具规模的大医院则减少健保看诊的门诊数、推出医疗质量较高的完全自费门诊。

全民健保也可以采纳教育券制度，在规定每次看诊的固定给付下，允许人们自由选择公立或私立医院。由于医疗产业有半数的医疗机构是私人医院，将迫使公立医院在市场竞争下改进医疗品质。全民健保没有限制病患每年的看诊次数，以致慢性病者会多跑医院多拿药，医生也暗地鼓励病患没有必要的回诊，导致庞大的医疗浪费。若改用教育券制度，可先估算个人终生有权支配的终身医疗个人账户，比如64万元。于是，个人为了留给自己未来不测之重病的所需费用，就不会随意看诊或多拿药，甚至在小病或慢性病看诊时也会选择自费方式。

一旦医疗方面有了个人账户，那么传统福利政策中的生育补助和幼儿与儿童营养补助等金额，就可以一起并入，扩大为终身健康个人账户。比如加入6万元的生育补助和30万元的幼儿与儿童营养补助，该账户的总数可以接近100万元。随着终身健康个人账户的发展，各种福利政策都可以一一转变成教育券的形式，然后再并入个人账户，最终成为完整的终身福利个人账户。比如在合并义务教育券和个人健康账户之后，总的账户就有265万元。失业救济金也可以并入，若以6个月的平均国民收入计，则再加上25万元而成为290万元。这个数字和阿克曼与鄂斯图特（Ackerman and Alstott, 1999）建议赋予美国婴儿一生的8万美元之个人福利账户相当接近。他们说道："根基于资本主义尊重私有财产权的崇高价值，我们提出的这项计划可以让正义实现。顺着它，我们可以走向更民主，更具生产力，和更自由的社会。……在这个职分社会下，美国人民将赢得新的意义，那就是他们真正生活在一个机会均等的土地上，机会是公正的。"[1]

---

[1] Ackerman and Alstotto（1999），第3页。

职分（Stake Holding）是阿克曼与鄂斯图特仿效资本主义的股份（Stock Holding）而提出的概念。在私有财产权的股份社会里，股份的持有者依其股份拥有对资产的相对权利，包括经营决策的权利和盈余分配的权利。在职分社会里，个人被视为国家的构成分子，拥有参与国家决策的权利和税收分配的权利。职分社会不再依赖无效的道德劝说去说服个人努力赚取利润，而是采取类似于资本主义的利润分配为诱因。目前新加坡政府每年将政府预算盈余分配给人民，就是职分概念下的做法。

职分社会下的个人账户概念未必会违背传统自由主义的精神。如前所述，个人终身账户是社会赋予个人的最低生活保障，但同时也限制了任何人利用民主运作去侵犯私有财产权。传统自由主义仅视家庭为代代相传的连续体，去延续个人的有限生命，却把国家视为各年度不相连的存在。因此，传统自由主义要求政府预算必须保持年度预算平衡，而不同于期待家庭的长远规划。其实，社会上存在许多长期累积而无人所有的各种财产权，也是跨期移交给继任的政府。这些财产权和它们的报酬若改以基金的方式去经营，就可以筹备出新生婴儿之个人账户所需之基金。初始基金不如想象中庞大，因为在实际运作中，政府每年在教育、健保、幼儿健康、老人福利等的预算都是必须并入这个基金的。这些都是政府预算，而且是只能从税收中去支用的预算。

第十三章　社会民主体制

在传统政治经济光谱直线的左端是财产权完全公有的计划经济，右端是财产权完全私有的自由经济，其间散布着公私财产权以不同程度混合的各种中间路线，如法西斯的强权国家或英国逐步迈向的福利国家。如果以一国总产出中政府能支配的比例为指标，则当前北欧国家政府支出占 GDP 的比重刚好约为 50%，也就是说，刚好是公有财产权与私有财产权各半的经济体制。

政府支出占 GDP 的比重不是很好的指标，因为政府除了直接支配资源，还有其他干预私有财产的手段，如操控宏观经济变量、规划产业发展方向、限制生产过程等。这一章将讨论北欧超越福利国家的社会民主体制，因为它强调政府提供公共物品的机能外，还扩及自由、平等与互助等欧洲价值的维护。

价值反映的是个人的边际效用。不论是欧洲价值或亚洲传统价值，其所涉及的各项内容必然是个人效用的内容。这点，贝克尔在探讨家庭经济分析时，就曾以组合财货替代消费品作为效用函数的内容。比如早餐，作为消费品的项目包括土司、煎蛋、奶酪、橘子汁，但作为组合财货则是在消费品之外加上起床后的心情、享用的时间、餐桌的气氛等。主观论视行动为效用的同义词，定义效用的内容为行动目标实现后的消费与行动过程的感受。前者主要指消费品与休闲时间，而后者包括气氛与心情外，也包括自由、公正（平等）、友爱（互助）等情境对个人的影响。

换言之，社会民主追求的价值包括了行动目标带来的效用和行动过程带来的效用。在这意义下，社会民主超越福利国家专注于公共物品提供的范围，把对个人消费公共物品的关怀，从最优量的消费数量提升到决定消费数量的行动过程或权利。由于社会民主本质上还是社会主义，关怀的是对于效用内容物的分配和享有，而不在效用内容物的生产，也就对其体制的长期运作埋下不稳的因素。

第一节将先回顾社会民主在德国的运作情况，并检讨当前社会民主者所提出的社会权的问题。第二节接着讨论拥有社会民主传统的瑞典模式，以及它相对于其他政治经济体制表现优越的成功条件。自由是社会民主的三项基本理念，第三节将检讨自由的内容，包括自由与权利和自由与价值的关系，并从规则的角度回应经济全球化所受到的批评。

第一节　社会民主

社会民主和古典自由主义一样地追求自由，但他们认为古典自由主义已经完成使命，实现了个人不受出身限制的自由权利，而对私有财产权和市场机制的坚持，反使得个人自由依旧受限于其拥有的私人财产。拥有较多财产的个人，其自由自然不受约束；拥有较少财产的个人，其自由就处处受约束。没有足够的收入，自由和社会保障始终是一个空洞的诺言。德国的奥古斯特·倍倍尔（August Bebel）就说："如果存在经济上的不平等，那么政治自由就不可能平等。……社会民主党的目的是实现经济平等。"[1]

德国的社会民主

1848 年，德国有两个社会主义党团。德国工人联盟主张民族国家路线，强调体制内改革，寻求以和平方式实现社会平等；社会民主工人党主张国际社会主义路线，强调阶级斗争，以马克思主义意识形态为基础。[2]1871 年，德意志帝国成立，这两党团为反对德国发动战争而联合，并于 1875 年同组社会主义工人党（SAP）[3]，制定《哥达纲领》（*Gothaer Programme*），宣布放弃社会革命和阶级斗争。[4]1878 年，俾斯麦（Otto von Bismarck）宰相禁止该党活动。为了缓和社会主义工人党的政治威胁，他连续推动了医疗保险（1883 年）、意外保险（1884 年）、老年保险（1889 年）等制度。[5]表 13.1.1 是欧洲几个国家开始实施社会安全政策的年度，除失业保险和家庭津贴外，德国都是创始国。

1890 年，社会主义工人党重组，并更名为德国社会民主党（SPD）[6]，在国会占有

---

[1]　1918 年以前，普鲁士公民缴纳的税愈多，他的选票的权数就愈大。参见 Meyer（1991），第 19 页。
[2]　德国工人联盟（ADAV，全名为 Allgemeinen Deutschen Arbeiterverein）是 Ferdinand Lassalle 于 1863 年成立。社会民主工人党（SDAP，全名为 Sozialdemokratische Arbeiterpartei）是 August Bebel 与 Wilhelm Liebknecht 于 1869 年成立。
[3]　SAP 之全名为 Sozialistischen Arbeiterpartei。
[4]　同年，马克思与恩格斯对《哥达纲领》大加批评，指其放弃阶级斗争的革命路线。
[5]　1927 年德国开办失业保险。
[6]　SPD 之全名为 Sozialdemokratische Partei Deutschlands。

五分之一的席位。1891年，该党在伯恩斯坦（Eduard Bernstein）的影响下通过《爱尔福特纲领》（*Erfurt Programme*），主张议会路线，但理论上仍承袭马克思主义。议会路线是渐进改革主义，其诉求对象从无产阶级转向中产阶级。可预期地，该党很快就陷入分裂。1919年，坚持社会革命的党员另组德国共产党，但这反而让分裂的派系重新整合。

表13.1.1　是欧洲几个国家开始实施社会安全政策的年度

社会安全政策项目	德国	英国	瑞典	法国	意大利
工伤赔偿	1884	1906	1901	1946	1898
疾病保险	1883	1911	1910	1930	1943
老人年金	1889	1908	1913	1910	1919
失业救济	1927	1911	1934	1967	1919
家庭津贴	1954	1945	1947	1932	1936
健康保险	1880	1948	1962	1945	1945
注：一般个人收入税开征	1920	1918	1903	1960	1923

资料来源：Gough（1987）。

第一次世界大战后，纳粹党兴起。1933年，希特勒先取缔德国共产党，接着取缔德国社会民主党。德国社会民主党转入地下活动。二战结束后，该党主席舒马赫（Kurt Schumacher）指明纳粹时期留下的历史教训，强调社会主义与古典自由主义和民主政治的不可分割性，拒绝和德国共产党合作，并坚持议会路线。1959年，德国社会民主党通过《哥德斯堡纲领》（*Bad Godesberg Programme*），总结德国近百年的政治经济发展经验。这些发展经验可整理成六项：（一）德国社会主义必须依靠多数人能为自己的目标奋斗，并捍卫自己的成果；（二）德国社会主义的目标只能有个大纲，其方向决定于社会的经济条件而非政治权力；（三）德国社会主义的目标可以不同方式去论证，所有论证的动机都享有平等权利；（四）没有民主制度就没有自由，也就没有社会主义；法治与自由是社会主义的前提；（五）民主决策必须全面，自由、平等、互助才能有效地相互结合；（六）德国社会主义仅以工人阶级为对象是不会成功的，必须考量各阶层信服纲领。简单地说，社会民主坚持自由、平等、互助的三个基本价值，认定社会改造是一项持久的改良任务，无法毕其功于一役。[1] 这条修正路线不仅影响到欧洲其他国家的社会民主路线，也发展成欧洲价值。[2]

---

[1]　Meyer（1996），第四章。

[2]　唯有1883年成立的俄罗斯社会民主党不同。俄罗斯社会民主党在1903年分裂，坚持革命主张的列宁取得胜利，并于1918年发动红色恐怖，肃清改革主义的社会民主党员。

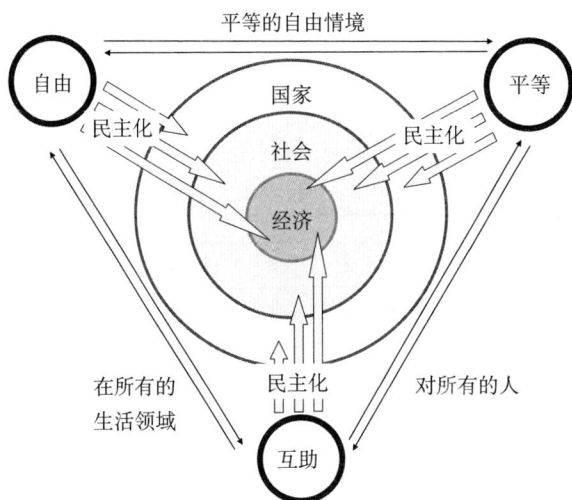

图13.1.1　社会民主主义的基本价值与信念

图 13.1.1 为社会民主主义追求的理想图示。[1] 图中可见自由、平等、互助的三项基本价值，结合成对所有人、在所有生活领域、在平等的自由情境下，以民主化为手段，逐步在国家、社会、经济等领域内实现。

以自由为基本价值的意义是：改善自由可以直接提高个人的效用。自由指向个人的行动（与选择），不自由是指个人的行动受外力的阻扰。当这些外力限制了个人的行动，影响到个人的机会，也会影响个人行动时的直接感受。因此自由不只是手段，也是目的。

公正是个人对社会规则的可接受性，而规则是对个人行动的约束。由于自由和公正被同时提出，约束就具有两层意义：第一，个人不愿意接受不利于个人效用的约束，第二，若规则对不同的人有不同的约束，会让个人感到不悦。当公正被视为基本价值时，改善公正可以直接提高个人效用。但是否也视公正为目的？这问题不容易回答，一方面是公正缺乏清楚的意义，另一方面是学者间存在差异。托克维尔（Alexis de Tocqueville）是古典自由主义的一位代表，他曾说："民主和社会主义只有这么一个字相同：平等。不过，民主追求自由下的平等，但社会主义追求奴役下的平等。"[2] 他说的"自由下的平等"是何意义？在自由下，个人能尽情发挥所长，其成就经由市场机制反映到个人报酬，人际的收入必将不同。那么，自由下的平等就不会是结果平等，而是机会平等，也就是面对可接受的共同规则。视规则的公正为目的，是古典自由主

---

[1]　Meyer（1996），第 110 页。

[2]　Tocqueville（1840）。

义所追求的，但这不保证会造就出结果的平等。若视结果的平等为目的，政府就必须介入，将重新分配个人的产出，并控制个人能力的发挥。因此，以结果的平等为目的会和古典自由主义格格不入。

不同于托克维尔强调自由的平等，社会民主强调平等的自由。他们坚持的是结果，而不是社会主义的分配过程，因为那无法获致真正的自由。以消费为例，古典自由主义者强调消费的自由，社会民主者强调在市场消费的平等自由。由于不容易正面论述，社会民主者改从反面去论述：对于没有足够收入的人，消费自由只是一句空话。他们认为要实现消费的平等的自由，就得保障所有人都有一定水准以上的收入，否则消费自由就是空话。但如果不行重分配政策，又如何能保障所有人都有一定水准以上的收入？这是社会民主无法避开的基本难题。

不同于自由经济，社会民主把互助独立成一项价值。在市场机制下，个人透过看不见之手的安排，在获得他人的协助下，实现个人目的。在多人社会里，个人看不见他交易的人或帮助的人，也看不见帮助他或与他交易的人。因此，自由经济把互利看成市场机制的结果或机能，而哈耶克从社会知识的利用观点把互利看成市场机制的价值。不同于互利，互助强调二人世界下的面对面协商。社会民主接受市场机制对经济事务的互利安排，但坚持社会事务与政治事务必须经过互助的安排。当然，这是它和自由经济的争执。另一项争执在于经济事务与社会事务或政治事务的归属划分，如住宅、医疗服务等。

互助具有发展性，让社会民主可以不断跟进时代议题的演变，比如女权问题、环保问题、核电问题等。就以核电问题为例，社会民主的坚持只在于反对以市场机制或价格机制去解决，要求展开对话和谈判，而不在于它有特定的坚持。同样，社会民主对环保问题也不是反开发的环保基本教义派，而是要求以对话和谈判替代市场机制。

社会权

若从英国的发展来看，福利支出是因应战争而从救济性质的《救贫法》发展成政府政策。德国在俾斯麦为相时期，也同样以政府政策看待政府的社会安全支出。到了1919 年，德国才把社会安全支出的项目以人民的社会基本权利，或简称为社会权写入《魏玛宪法》，明确规定联邦应赞助劳动阶级获得最低之社会权利。简言之，社会安全制度先经过救济性质和政府政策两阶段，才发展成人民的社会基本权利。至此，也就为体制的一部分。

当今，各国宪法大都明确载有社会权的相关条文。比如，《希腊共和国宪法》（1975）将社会权解释为"作为社会成员的人的权利"，其内容包括劳动权、环境权和居住权等。《葡萄牙共和国宪法》（1982）则更详尽地规定了社会保障权、健康保护权、住宅权、生活环境权，以及父母、未成年人、残疾人、老年人的权利。

布坎南提出宪政约束（Constitutional Constraint）的概念，也就是在宪法条文中以数字明确标示出政府执行之内容的程度限度或时间限度，并要求执行方式必须遵循宪法明载的程序。比如国家对于人民身体之自由的保障以及政府在教育，科学与文化之年度支出经费。

宪政约束是以宪法条文将立法权的无限权力限制在给定的范围内。在民主政治下，行政权常受到立法权的牵制而陷入无能，但立法权却是除宪法之外不受任何的牵制，以致常成为失去控制的脱缰之马。比如立法委员会为了连任而集体讨好选民，以极高的多数票决通过各种的重分配政策，留给政府高额的财政负担和长期的债务。在一定的税收能力下，政府若提高重分配政策的预算，势必要排挤提供公共物品的预算，导致正常行政运作的瘫痪和经济建设的停顿。如果政府可以发行公债，行政部门就会发行公债以补回遭到排挤的公共物品预算。即使发行公债需要经过立法部门的认可，立法部门也会主动护航。于是，重分配政策就转变成政府的公债负担。由于重分配政策常是一启动就无法喊停，公债于是开始累积，成为可怕的政府债务。

我们在第九章提到，政府若有财政能力，为何不能提供人民多一点的福利？我们对福利政策的观点的确可以放得比古典自由主义者宽广些，毕竟人类的生产力在过去两百年间提升很多，相对地，政府的财政能力也提升很多。但在同一时期，各国的民主化也普遍进步，而民主化在实务上和技术上都大幅降低立法委员支持重分配政策的成本。如果重分配只是政策，立法委员和行政官员想修改《公共债务法》，必须要有十足把握的论述去说明重分配政策的重要性高过国防、教育文化、经济建设、科学研究等政策。然而，当社会民主将社会权列入宪法之后，这些论述就不再需要了。社会权的发展有效地降低了重分配法案的立法成本。这些成本是否被过度降低？我们无法直接估算。但是，当各国重分配项目之经费的比重不断提高，同时各国累积债务也不断攀升时，就间接证实了立法成本被过度地降低，以致使许多国家都出现如当时南欧国家所遭遇的错误立法（Mal–legislative Law）。错误立法将长期带给国家严重的经济与政治危机。

第二节　瑞典模式

瑞典于1870年开始工业化，第一次世界大战之后的发展逐渐稳定。经济大萧条之前，其经济增长率略高于西欧国家的平均值。社会民主党在经济大萧条时期的 1932 年执政，以扩大公共部门支出和创造公共就业机会为手段推动全民就业计划。在以后的五年间，瑞典以 2.6% 的经济增长率，约为西欧国家的两倍，安然度过最严重的大萧条时期。从第二次世界大战后到 1970 年，瑞典的经济增长率维持在 3.4%～4.7%，失业率在 1.5%～2.5%，通货膨胀率长期低于 3%，国际收支平衡。就实质增长率与失业率而言，瑞典在这段时间的表现和英国在维多利亚女王的自由经济时期的表现约略相同。在 1970—1990 年间，瑞典的实质平均经济增长率为 1.45%，略低于欧洲 OECD 各国平均的 1.73%，但其失业率维持在 2.0%～4.0%，而欧洲 OECD 各国平均的失业率却从 2.0% 扶摇直上到 10.0%。[1] 此时，苏联计划经济开始失色，瑞典模式（Swedish Model）也就取而代之，成为自由经济体系之外的另一种选择。

维克塞尔

相对于美国而言，瑞典具有相对完整的社会安全体系。但是，社会安全体系在西欧是普遍的，而在瑞典也几乎在二战前就已完成。再者，瑞典在这期间的经济增长和社会稳定的表现并不如日本，只是后者被归类于自由经济的国家。林德贝克（Lindbeck，1997）认为瑞典模式的真正特色是表现以公共就业为主体的公共支出计划。在 1970—1990 年间，瑞典的公共支出占 GDP 的比例由 45% 逐步增加到 60%～70% 间，而欧洲 OECD 各国则维持在平均 45%～50% 间。他还指出，瑞典由政府税收资助的就业人数，相对于由市场资助的就业人数，其比例由 1960 年的 38% 提高到 1990 年的 151%。这比例到 1995 年高达 183%。[2] 二战后是凯恩斯政策的时代，各国政府以财政政策刺激景气或以货币政策活络私人投资，其目标都在于活络市场以扩大其能容纳的就业人数。直到 1980 年代，各国出现的停滞性通货膨胀结束了这时代。在相同的时期且同样仰赖政府公共支出，瑞典模式是以提供公共部门的就业为主，不同于以刺激私人部门就业为核心的凯恩斯政策。

瑞典模式深受三个思想源头的影响。第一个思想源头是瑞典的传统理念。早在 1847 年的瑞典《救贫法》便称：让每个贫民吃饱饭是每个城市义不容辞的责任。1889 年（瑞典）社会民主党成立，但在其执政之前，瑞典已经通过了一些政治与社会改革，如 1901 年的《工伤赔偿法》、1910 年的《疾病保险法》、1913 年的《老人年金法》和 1921 年开始的民主普选。1929 年，社会民主党党魁汉森（Per Albin Hansson，1885—

---

[1] 数字来自：Lindbeck（1997）.

[2] 同上注。

1946）提出"人民之家"计划，强调国家即是人民之家，应该平等地提供每一家庭成员温暖的生活。第二个思想源头是社会民主党的选举经验。社会民主党在成立初期深受德国《爱尔佛特纲领》的影响，放弃社会革命和阶级斗争的手段。他们在参与 1920 年与 1928 年的选举后，发现选民并不欢迎国家化政见。[1] 于是，"人民之家"计划改为以妥协与合作的态度去进行国民收入的再分配。这让社会民主党赢得 1932 年的选战，有机会推动全民就业的计划。第三个思想源头是瑞典经济学派。凯恩斯曾说过，当代的政治家都受到前辈经济学家的影响。在瑞典，经济学知识的主要传播者是瑞典经济学派的创始者维克塞尔（Johan Gustav Knut Wicksell, 1831–1926）。乌尔（Uhr, 1987）就曾如此描述维克塞尔对瑞典模式的影响："很令人惊讶地，在社会民主党接近五十年的执政后，他的社会远景大部分都在瑞典（甚至整个北欧）实现了。"[2]

1905 年，维克塞尔将他一生探讨社会主义的成果整理出一本小册子（论社会主义国家与当代社会），明白地认为：当人们无法继续接受收入和财富分配的长期不均时，势必支持某种有限度和不完整的社会主义。他同时也指出，国有化并不可行，除非在资本累积方面已找到较私人累积更有效率的公共累积方式。资本累积是社会主义必须严厉面对的问题，因为这是进行当前财富重分配的社会成本，也是社会主义激进分子无知的一面。

理想的经济社会体制必须是增长的。增长是长期的概念，所以是持续的，但持续未必意味着增长。一个没有资本累积的社会可以是日复一日的持续社会，但不是增长的社会。于是，如何将当前的生产力和当前对未来消费的期待递移到未来，或说是如何将前期的生产力和前期对未来消费的期待递移到当期，也就成了政治经济体系的核心问题。生产资料是前期的个人与社会的生产力，以知识方式，储存并保留到当期生产的载体，而货币是将前期个人对消费的期待，以购买力方式，储存并保留到当期生产的载体。生产资料累积愈多，只要生产资料能充分就业，当期财货的供给就会增加。这时，只要社会有足够的需要配合，这些生产资料就不会被闲置，前期的投资也就不浪费。当前期生产资料提高当期财货生产时，只要前期保留下来的货币购买力没受到伤害，这些货币能提高当期财货的需要。这时，这些货币就不被浪费。

在市场经济下，个人可以将货币存放在地窖，这是购买力的储存。货币不只是交易媒介，也是购买力的储存媒介，这是门格尔对货币的独特定义。当时学界流行货币数量学说，视货币为交易媒介，表现在 MV=PT 的交易方程式里，其中 M 是货币量、

————————

[1] Milner（1989），中译本，第 68—74 页。

[2] Uhr（1987），第 904 页。

V 是货币流通速度、P 是单位商品的价格、而 T 是单位商品的交易量。在这交易方程式下，消费者最终若不是手上无货币，就是因为想购买的商品还未运到市场而暂时持有货币。这情境下，消费者并不会为了把目前的需要保留到未来而持有货币。货币数量学说背后的假设是货币中立（Neutrality of Money）——货币数量的改变不会影响实物的生产与交易活动，也就是 T 的数量和 V 的数值不受影响。于是，价格 P 就跟着下降。但是，当消费者想保留部分的货币到未来时，这不只是使方程式中 M 的数量减少，同时也减少了他在这期的交易 T，其结果可能使 P 不受影响。维克塞尔在 1888 年曾赴维也纳听门格尔讲课，很可能也将货币不只是交易媒介的理论带回瑞典，以至于他相信货币的变动会对经济活动产生实质的影响。

若人们把上期的货币带到当期的过程是透过银行，这些货币将贷款给生产资料的投资者。这过程中，投资者从借来的货币量得知当期财货的需要量，因而会去选择能提供相当数量之财货的生产资料，并以部分利润以利率方式回报贷款者。在市场机制下，货币的贷款者和需求者以及他们未来交易的期待和在未来的生产能力，共同决定了货币的借贷利率，称为自然利率（Nature Rate of Interest）。

在自然利率下，人们将上期的需要保留到当期的购买力的总量，将等于人们将上期的生产力以生产资料方式保留到当期，并在充分就业下生产财货的交易价值之总量。此时，人们保留到当期的购买力都能购买到期待的财货，而保留生产力的生产资料也都能以其产出卖到预期的收益。换言之，社会上每个人对于未来的期待都能在未来实现，而生产资料也能充分就业。

维克塞尔认为他所称的不完整与有限的社会主义是市场社会主义，但并不是兰格所主张的仅控制中间产品和要生产原材料的市场社会主义，因为他深知生产资料一旦脱离市场机制，或决定其投资的利率受到控制，则受控制下的市场利率将不等于自然利率，失业也就随之出现。在这经济思想下，瑞典模式必须在不干预市场机制的前提下去实现社会主义的理想，这是下一段接着要讨论的。

瑞典的成功条件

接着，本节以瑞典为例讨论福利国家在北欧还算成功的运作情况。首先，我们大略描述瑞典在 2005 年的政经特征。（一）瑞典人口为 900 万，占世界的比例略高于 0.1%，不到中国台湾地区的一半，更不到中国大陆的百分之一。[1]（二）若以劳动力来

---

[1]　人口：瑞典、世界、中国大陆三者的资料来源为 *OECD Factbook 2007*；欧盟、台湾地区两者的资料来源为 CIA（2005）。

衡量产业规模，瑞典的非农业产业占总产业的98%，不仅高于中国台湾地区的92%，也高于欧盟的95%。中国大陆这几年虽然工业增长快速，但其非农业产业仅达总产业规模的半数。[1]（三）瑞典的GDP（PPP调整后）占世界的比例约为0.5%，低于台湾地区的1%，更低于中国大陆的百分13%。不过，瑞典平均每人每年产出的GDP为28400美元，高于中国台湾地区的25300美元和欧洲平均的26900美元。中国大陆的人均GDP不到瑞典的四分之一。[2]（四）瑞典的出口值占世界总出口值的1.4%，低于中国台湾地区的1.9%和中国的6.6%。不过，以进口与出口总值占国内GDP的比例而言，瑞典高达86%，高于中国台湾地区的58%，更远远超过中国大陆的20%和欧洲平均值的19%。（五）在政治自由度方面，瑞典在政治权利或公民自由两种七分位指标均位居最自由的等级；这些数据呈现出来的瑞典是一个人均GDP居世界之首的国家，不过，却是一个GDP和人口占世界比例都很小的国家。她的政治自由度、进口与出口总值占GDP之比例、非农业产业占总产业规模比例等也都居世界之首。以下说明这些特征是瑞典社会民主制度能成功的原因。

从产权制度上看，瑞典是私有财产权制国家，算是自由主义国家；若从资源的支用来看，其公共部门支配七成GDP的事实，让许多自由主义者将她归为社会主义国家。也因此，早在20世纪50年代，瑞典的经济学者便提出"中间路线"和"第三条路"的观点，并逐渐发展成福利国家。不论这体制的称谓为何，今天的瑞典人民是在私有财产权受充分保护下参与国际市场的自由竞争，但也缴纳很高的税赋以支应政府提供的各种福利措施。

瑞典具私有财产权又大幅推动社会福利，因此自由主义（以下以此替代资本主义）者和社会主义者在认定其体制时都有所保留。不过，当他们看到瑞典经济的优越表现时，却又争夺功劳。自由主义者将瑞典的成就归因于私有财产权制度下存在的生产诱因，社会主义者则归功于和谐社会下的较低社会成本。的确，这些贡献都是正面的，也都能提升生产和经济效率。在自由主义社会，若不考量贪污腐败的现象，个人所持有之天资、机运等自然禀赋的差异会直接反映到个人累积的财富差异上。这个反映过程是一种扩大过程，其扩大效果随着科技的进步而增大。因此，在自由主义社会，人们的平均财富随科技进步而提高时，贫富差距也在扩大。相对地，在社会主义的社会，政府强制将财富从相对富裕者移转到相对贫穷者，的确能缓和社会的贫富差距，却严

---

[1] 非农业就业劳动力/总劳动力、GDP、人均GDP、出口等资料来源为 *CIA World Factbook*, 2001–2007。

[2] 由于我们关心的是人民的实际生活，因此在衡量总产出时，我们采用经过购买力平价指标（PPP）调整过的GDP。过去五年平均GDP增长率的数据来源为CIA（2001–2005），本文计算；其中欧盟资料仅以2004与2005两年资料来计算。

重伤害财富的创造。

让我们想象自由主义社会下的一种可能，也就是相对富裕者发现社会贫富差距其实是一种会影响其私有物品之消费效用的"公共环境物品"。于是，他愿意减少私有物品之消费，将省下来的钱移转给相对贫穷者，创造双方效用都得以提升的社会新境。如果这社会新境不是虚拟，则在实现社会和谐的均富过程中，自由主义的运作成本显然较社会主义低了许多：这除了免除了财富重分配的行政成本与执行成本外，也避免了强制下带给个人的负效用以及个人伴随出现的逃避性调整行为。

人类历史上并不乏这类相对富裕者自愿移转财富给相对贫穷者的故事，但一般人自愿移转的财富规模都很小。当然，每个时代都有较大规模的移转个案，但毕竟也都只是个案。如果我们接受个人关爱自己胜过他人的经济人假设，则随着经济增长和个人财富的增加，这类新个案会逐渐增加。当个人切身的需要满足后，也就比较自愿利用部分财富去改善贫富不均的现象。社会的收入愈高，个人自愿改善社会贫富不均的支出比例也愈高。[1]

当收入逐渐提升后，个人消费私有物品的边际效用可能相对于消费公共物品而递减。此时，政府因提供公共物品而强制人民减少私有物品之消费所引起的负效用，不论是私有物品消费量的降低或是强制带来的不悦，其程度都会将随收入之增加而下降。当前瑞典人民对上述问题的答案是肯定的，他们的高收入带给他们自愿去接受一个贫富较平均的社会。就整个社会情境而言，由政府强制征税以提供公共环境物品的效果和由私人自愿移转的效果已无显著性差异。

如果人们也期待贫富接近的公共环境，私人的慈善事业就会出现。传统的自由主义也鼓励私人从事慈善事业。但是，政府在拥有信息上相较于民间具有优势，那么，为何传统的自由主义者偏爱私人经营？有些学者认为这也算是政府的强制权力，但，只要不是无政府主义者，就无法否认政府可以在人民的同意下征税的。瑞典的经验已说明：人民不认为由政府强制征税以提供公共环境物品的效果和由私人自愿移转的效果有显著性差异。因此，问题在于人民对政府的信任度，也就是人民担心自己的税收被政府不当使用，更担心遭政府官员贪污巧夺。只要对政府的支出和官员行为的监督效果能提升，人民对政府的信任度就会增加。就目前的知识，民主制度和宪政约束是实践人民监督政府的支出和官员行为的最佳制度。这可从瑞典的民主指

---

[1]　今日的瑞典是否就处在这境地？瑞典的人均 GDP 接近三万美元，但这是在高度社会主义化下的当今社会。若在自由主义下，以同样的生产力，人均 GDP 至少可提升 1/3 或达 40000 美元。这是调整过 PPP 的数字，也就是真实生活水平。试想，如果我们现在的实质生活水平大为提升，是否自愿减少私有物品之消费以换取更多更好的公共环境物品？

标也是位居世界之首来理解。如果政府能清廉，人们会愿意让它去提供公共环境物品的。所以，落实民主制度和宪政约束是一个社会走向福利国家或一个国家施行福利政策的必要前提。

相对于私有物品，公共物品算是奢侈物品，不仅其收入弹性大于一，而且单位生产成本亦高，尤其以被视为公共环境物品的"贫富差距之改善"的单位生产成本更高。[1] 因此，经济增长也就成了支撑福利国家的必要条件。低收入社会之经济增长可以直接从外国引进大量资本、商品、技术、制度去实现，但是高收入社会的经济增长只能仰赖国内在商品、技术、制度等点点滴滴的创新和累积。我们若想追求瑞典式的福利政策，就必须接受这样的自我约束：凡用于福利政策之经费必须来自国内在商品、技术、制度之创新部分产生的附加价值。否则，学习瑞典的福利政策将会伤害到国内收入的增长。政府若欲行瑞典的福利政策，就必须提高国内创新产生的附加价值，让国内企业家们展现创新的能力。

企业家创新出来的商品、技术、制度都是未曾存在的，他们的活动已经走到了人类生活的前沿，超过这个前沿线就是深邃而无穷尽的未知宇宙。企业家的活动就是跨过这条前沿线，继续航向未知而危险的宇宙。他们没星际地图，只能凭其过去累积的经验、知识、直觉等去开创未来世界。企业家勇往的空间本来就无疆界，并没有"开放"或"自由"这些概念。自由与开放，是针对被束缚的现况而言的。若政府要求他们在这无疆界的世界中，必须依照那些已知的知识展开活动，就是犯了严重的错误，因为既有的知识在此不确定情境下只能供参考而无指导能力，也因为这些知识可能用处不大、甚至有害。政府和官员只能被动地回应他们的要求去协助他们，而不能有主动的计划或限制，否则，也是同样犯了严重的错误。企业家的活动空间是不确定的世界，学校也就没有一套可以循序渐进的教材可以将一位大学新鲜人教成企业家。[2] 如果一个社会加在人民身上有过多的限制，就很难培养出来企业家。我们在表中也看到瑞典在政治自由度的两个指标都居各国之首。

瑞典是先有好的企业家活动的环境，福利政策才得以健全发展。企业家从经营环境和市场中获取信息、判断利基、决定行动。市场信息虽然凌乱，但企业家能去除随机性的杂讯，过滤并汇聚出需要的信息。如果市场信息掺杂了来自政府干预、扭曲等信息，企业家基本上无能力过滤这些系统性杂讯，这势必影响到他的判断与行动。当

---

[1] 当政府强制地从相对富裕者取得 1 元时，加计个人行为调整之后的社会成本可能高达 1.2 元，但实际移转到相对低收入者的金额可能只剩下 0.8 元。换言之，每单位收入移转的成本高达 50%。

[2] 台湾有句谚语："企业家是打滚出来的"，指的就是只有不确定的环境能培养出他整合现有知识和发展他的商业直觉和勇气等能力。

政府干扰了市场的价格结构，即使有再多的企业家，也依然无助于经济的稳健发展。

社会主义者不满资源依照市场的价格机制来配置，因此，社会主义政府也就把价格管制和干预视为职责，企图控制经济活动。我们发现这些计划经济的致命点并没有在瑞典出现，原因是瑞典采取了完全对外开放的经济政策，任由市场自行决定价格结构。瑞典的进口与出口总值占GDP的比例高达86%，而依赖对外经济往来而生存的台湾地区也只有58%。这可能跟瑞典的高度工业化有关。瑞典的非农业产业规模仅占总产业规模的98%，高于中国台湾地区的92%。这表示瑞典的农业比例甚低，而农业通常都具有在地性，其价格较容易受到政府的干预。另一方面，这也表示瑞典的中间产品产业比例较中国台湾地区高，而中间产品产业基本上是与国际市场同步在运作。

为了不干扰生产结构，瑞典的社会主义避开了对中间产品价格的控制。又由于市场完全开放而且国家规模小，消费品的价格结构基本上也是跟着国际社会的脚步。这些因素使得瑞典的重分配政策只能以租税和政府支出方式来进行，也就是以福利国家的模式进行。在福利国家下，瑞典政府基本上只提供福利给百姓，并不生产所提供福利之相关商品。这样，政府可以减少生产过程的监督成本，更可以降低官员的贪腐机会。既然不生产，政府提供福利的预算就只能来自租税。租税和国家参与生产同样都会扭曲资源，但租税引发的人民的避税与逃税的社会影响，并不等同于国家参与生产引发的官员贪腐的社会影响，因为人民的避税与逃税之背后依旧是创造财富的（地下）生产活动。

西方国家的工业革命和苏联强邻之计划经济是瑞典必须面对的挑战。他们的最后选择是巧妙地周旋在东西两阵营之间。就以社会民主为例，他们解释为"以民主手段去实现社会主义"，完全抛弃阶级斗争、计划经济等手段。米塞斯曾说，社会主义或资本主义都只是口号，经济学者要探讨的是他们提出来的手段能否实现他们想追寻的目标。人类的目标几乎都相同，差异只在有些主义误将目标当作手段，或强调目标实现之前必先忍受必要的残暴。就实际运作言，瑞典的自由与经济自由也超越英美，也可以说是"以自由手段去实现社会主义"。那么，若忽视口号，瑞典是行自由与民主的政治经济体，也难怪他们坚称社会民主不同于民主社会主义。

自由是生活方式的保障和对权力的限制，而民主却容易在限制王权之后发展成无节制的立法权或专制的人民政府。从平等的自由和社会民主两个理念，就可知民主在瑞典的位阶仍高于自由，这让瑞典的政经体制藏了不稳定的因素。20世纪，瑞典的福利支出一度超过经济的负担能力，而人民却仍沉醉在福利中。20世纪苏联和东欧的解体和动荡，让瑞典执政的社民党冒着下台的危机推行大事改革。社民党解除政府对金融外汇与各种主要产业的控制、把个人收入税的边际税率从 70% 下调到 55%、降低失业和医疗的补助与津贴，瑞典才逐渐恢复经济活力。

民主和福利政策都潜藏着政府预算危机，20 世纪的危机依旧有再现的可能，而 20 世纪改革成功的契机未必会再现。幸运地，瑞典最终加入欧盟的选择是正确的，这把国内可能无限上纲的民主权力交由欧盟的宪章去限制。只要欧盟能有效地坚持会员国不得有过高的通货膨胀率和政府财政赤字比例，瑞典就可以避免重蹈 20 世纪的危机。欧盟的中央权力不容易形成专制，较不会发生类似美国的次贷危机和货币量化宽松政策。

第三节　自由

让我们从厘清两种对自由常见的错误认识开始。

第一种错误发生在思想自由这类语词，因它将自由与个人意志混为一谈。较常被误用的例子是对市场广告的批判。这些批判指出，消费者其实没有选择的自由，因为消费者长期受广告洗脑，早已成为广告的奴隶。这种错误论述还进一步宣称，个人不可能持有思想自由，因为每个人都是过去思想家的心智奴隶。这种说法不仅无法解释新思想与新消费形态的出现，更存在如下的矛盾：个人接触到的信息愈多，自由就愈少。根据这类论述，捍卫自由的最有效方式就是全面拒绝外来信息，或将自己关在一间外界知识无法渗入的无菌室里。许多集权国家就采取这类"无菌室政策"，全面封锁外国信息进入，避免人民受到外界信息的影响而丧失思想自由。这种错误的自由观点，帮助了集权国家进行思想钳制。[1]

第二种较难分辨的错误是"穷人没有消费自由"之类的论述。这也是社会民主的基本论述。设想落难在荒岛上的汤姆·汉克斯，在他发现椰子却无法敲开椰子时，是否会认为自己没有喝椰子水的自由？不是的。他是没有敲开椰子壳的生产技术，这与自由扯不上关系。另一种情况是，汤姆·汉克斯咬着刀子，正要爬上椰子树，却被土著强迫从树上下来。这时，是否可以说他没有喝椰子水的自由？是的。他被强迫爬树下来，明确地遭受压制。那么，个人没钱消费，是缺欠生产力，还是受到压制？若是缺欠生产力，是何原因造成？若是受到压制，哪来的压制力？这都是自由的基本问题。

---

[1]　曾有一位学生问我说："爱因斯坦认为一个人在学习某种思想时，也同时受该种思想的影响。为了想拥有思想的自由，我决定不学习任何思想。"他就犯了这种错误的自由观。

自由与权利

自由必须连结到行动。比如思想自由，所连结之行动为思想。思想是个人脑内的活动。当大脑遭受强力电流或化学药剂侵入时，个人会失去思想能力，自然丧失思想自由。传统称灵魂或精神受到控制的活体为行尸走肉，就是不认为其动作还算是行动。行动只能出于自己的意志。行动是为了实现个人目的，其过程必须使用工具，如手脚、语言、知识、刀枪、机械、金钱、军队等。个人愈能有效率地利用工具，愈容易实现其目的。

经济学探讨的对象是行动人，不讨论不具意志或丧失意志的个人。我们讨论的个人都有其意志，因此，个人失去自由不是指丧失意志，而是指个人无法以行动去实现其意志。更具体地说，失去自由就是个人对行动目的之选择和对实现目的之工具的拥有与使用之权利遭受剥夺（或侵犯）。[1] 个人若持有这些权利，会评估自己的资本，设计最有效率的使用方式。个人在实现其意志时并不存在能力问题，只担心权利遭受侵犯。

权利是依法而拥有，也会依法而丧失。当个人不具备依法拥有的上述权利时，其能力会大受影响，但并不算失去自由，而是尚未拥有自由。自由的定义必须连结到权利。因此，失去自由只有两种情况。其一是政府不以人们普遍的习惯去界定权利，以致个人习惯拥有的权利变成不合法。比如政府课征或肥胖税或规定开私人汽车也必须绑上安全带等，都是以不恰当的法律将个人习惯的行为变成不合法。其二是政府侵犯个人合法拥有的权利。这其实就是政府违法。在法律运作健全的国家，政府不会明目张胆地违法，但仍可能侵犯法律定义模糊而个人又冷漠关注之权利。

哈耶克（Hayek，1976）指出，个人持有确切受到保障之私领域是个人自由的起点。[2] 在私领域内，任何人或任何组织都不能干涉会影响个人行动之环境与形势。以此而论，私领域自然属于私有财产权范围之内。个人在私领域的行动属于一人世界，因为个人行动并不涉及第二人。一人世界是个人权利的起点，任何想干预与侵犯的说辞都站不住脚。任何的干预与侵犯，都带着侵犯者想将他人当做其实现目的之工具的企图。[3] 被侵犯者绝不会情意接受。

当行动涉及第二人时，对方会判断并采取最优宜的反应方式。比如邻居长时间播

---

[1] 个人选择其生活目的之权利，称为选择权。个人合法地拥有和合法地以自己的方式去利用工具以实现目的之权利，分别称为拥有权和使用权。

[2] Hayek（1976），第一章。

[3] 哈耶克（Hayek，1976）认为，强制之所以为恶，因为它把人视为无力思想和不能评估之人，也就是把人沦为实现他人目的之工具。Hayek（1976），第一章。

放音量尚未超过法定范围的诵经法乐时，受干扰者可以忍受，也可以找邻居商议，或以同样音量和时间播放送葬音乐以反击。只要在二人世界，就让双方去交涉与协议；只要双方达成协议，就没有失去自由的问题。协议也是个人实现目的之行动。两人之间的协议并不涉及第三人，只要两人同意进行协商，双方就拥有协商的权利。双方达成的协议，就是彼此互相承认个人的权利范围。因此，在二人世界内，任何想干预与侵犯两人相互承认之协议的说辞也都站不住脚。这协议下的权利包括了交易自由、合作自由、契约自由等。若双方无法达成协议而出现纷争时，政府能在回应双方要求下被动地扮演仲裁者。

较大争议发生在多人世界，因为个人常自认无法处理而自愿让政府接手。当这些人为民主下的多数时，争议的问题会循法定程序转变成法案。比如，2007年台中市长夫妇的休旅车发生车祸，市长夫人摔出车外伤势严重，社会出现强迫汽车后座乘客系安全带的立法声音。2011年初，孙中山孙女也发生车祸，却因在后座未系安全带而丧命。同年8月，台湾有关部门通过《道路交通管理处罚条例》之增订条款，强制后座乘客系安全带。当时，台湾当局与电视名嘴都以这两位名人的事故挟持民意，快速通过修法，很少人有能力去质疑该法案是否侵犯到个人自由。政府拥有强制权力，不论其行动是经过立法的法案或行政部门发布的命令，都是强制地干预个人行动。

民主社会的政府较少干预与财富无关的个人行动（如强迫系安全带或澳大利亚的强迫个人不能放弃投票权），主要原因是左派与右派的自由主义者在这方面有重叠的观点。他们的歧见主要在于以赛亚·伯林（Isaiah Berlin）所区分的积极自由（Positive Liberty）和消极自由（Negative Liberty）。积极自由主张政府必须以积极行动去提升个人的行动力，消极自由主张个人私有财产权之不容政府权力的任意侵犯。人类任何的行动都与财产有关，一旦私有财产权遭受侵犯，任何的行动自由都会遭受侵犯。

在多人世界，政府干预个人行动的说辞有三类，就是市场失灵论、父权主义及积极自由。这些说辞以不同的角度宣称社会目标的存在，并论述社会目标的位阶高于个人目的。因此，在个人无法确认其行动影响之对象的多人世界里，政府常被赋予维护社会目标的职责与权力，也常被允许以此权力侵犯个人自由。在这论述下，政府可以对电费和水费课征累进费率，强迫百货公司与卖场的室内温度不得低于摄氏28度，去实现节能减炭爱地球的社会目标。同样，政府也会在收入税之外，对富人课征富人税实现社会正义。太多的社会目标都被作为侵犯个人自由的说辞。

私有财产权必须界定清楚，才能作为个人行动的起点与基础。在二人世界里，原始部落的确存在某些模糊界定的共有财产权，因为他们存在其他的习俗可以解决这些财产在使用上的争议。在多人世界，界定模糊的财产权必然成为相互欺诈与争夺的纷乱之源。由于政府拥有强制权力，只要允许法律或政府法令可以侵犯到私有财产权，立法权力与政治权力就会成为利益团体竞租的焦点。2012 年初台北市发生的文林苑都更案，就起因于"都市更新条例"允许多数住户可以有条件地强迫少数住户放弃私有财产权的处分权利。只要闻到香味，嗅觉灵敏的竞租者就会蜂拥而至，更何况其中还可能掺杂不法的企图。

自由与价值

诚如哈耶克所说，个人是否自由，并不取决他可选择的范围大小，而是取决于个人是否能按其意志去实现计划。[1] 在论述自由与权利的相关问题后，本节接着讨论布坎南（Buchanan）提出的自由与价值的问题。[2]

就以交易为例。交易无法单方进行，因为交易双方同时是贩卖者（供给者）和购买者（需要者）。因此，交易自由包含着自由购买和自由贩卖两内容。要实现自由购买，就必须存在贩卖的对方；要实现自由贩卖，就必须存在购买的对方。若不存在贩卖的对方，个人就无法自由购买。同样，若没有购买的对方，个人也无法自由贩卖。

将二人世界的讨论推到多人世界，交易自由的价值就可进一步以自由度去定义。布坎南把个人在该市场的购买自由度定义为贩卖者的人数。于是，贩卖人数愈多，个人的购买自由度就愈高。同样，个人在市场的贩卖自由度也定义为该市场的购买者的人数。购买者人数愈多，贩卖自由度就愈高。在这定义下，市场的交易自由就具有几项特征：（一）虽然贩卖与购买相互依赖，但这两种行动的自由度未必相同；（二）每位购买者都面对相同人数的贩卖者，故他们的购买自由度相同；（三）每位贩卖者都面对相同人数的购买者，故他们的贩卖自由度也相同。

价值为个人主观的边际效用，因此，自由的价值就是个人从行动自由中获得的边际效用。以购买自由为例，其价值就是能自由购买和不能自由购买之间的效用差。假设在不能自由购买前，某人拥有苹果 20 个，每个苹果的边际效用为 10 单位。为简化说明，假设苹果的边际效用固定。若出现一个交易机会让他可以 5 个苹果换得一只鸡，鸡的边际效用为 80 单位，则他在交换中提升的效用为 30 单位，此 30 单位的效用即是（在交易一只鸡下）购买自由之价值。如果市场还出现另一个交易机会让他可以买到第二只鸡，鸡的边际效用降为 60 单位，他的购买自由之价值降为 10 单位。可见自由的

---

[1]　Hayek（1976），第一章。
[2]　本部分主要内容引用 Buchanan（1987）的论述。

价值具有边际递减的特征：边际效用随着享用自由的增加而递减。只要边际效用仍为正值，个人就会继续追求自由，直到自由的价值为零为止。既然价值为边际效用，个人在自由的价值为零时，其享有自由的总效用达到最高。[1] 在自由度够大的市场里，不论参与者的身份为何，其享有之自由都能带给自己最高的效用。

当市场被禁止自由进出后，贩卖者或购买者的自由便受到限制，个人的自由度也就受到限制。自由度不足时，个人享有自由无法达到价值为零之境地。既然享有自由的价值为正值，个人就盼望能享有更多的自由，甚至愿意付出其他代价去享有自由。相对地，在自由度高的市场，由于享有自由的价值已接近于零，人们往往无法察觉享有自由对自己的意义。

上述讨论是以一项商品的交易为例。社会上的商品不仅一项，不同商品间存在的互补关系或替代关系都会反映到自由度上。比如两商品间存在着替代性，只要其中一项商品的自由度够大，就能够缓和个人在另一项商品自由度上的不足。在多种具有高替代性商品中，只要其中一项商品的自由度高，人们便不会觉得享有自由之不足的不悦。相对地，如果两种商品之间具有互补性，只要其中一种商品的自由度不足，则不论另一种商品的自由度多高，人们还是会觉得享有的自由不足。

商品可以分成几大类别，如食、衣、住、行、娱乐、教育、信仰和捐赠。在这几大类商品间，跨类商品的替代性和互补性都不强，人们享有各类商品的自由接近于独立，亦即：人们享有任一大类商品的自由不满足感，无法从另一类商品的充分自由度获得纾解。根据恩格尔消费法则，低收入者对食、衣和住三大类的支出比重较大，人们在这方面的自由感较强烈。高收入者则对教育、信仰和捐赠三类的自由感较深刻。于是，我们可以预期一个低收入的集权国家，政府只要满足大多数人在食、衣和住的自由度，就不太可能发生社会动乱。由于这三大类之细项商品具有较强的替代性，专制政府会集中力量让少数几项商品达到充分的享有自由，而不必去强调商品的多样化。

随着收入增加和边际效用的递减，人们对教育、信仰、捐赠等的自由感会愈来愈强。由于这三大类商品的互补性较强，人们从其中一项感觉到的自由不足会传递到另一大类。可以预见地，专制政府若要在这几方面限制自由，其成本会随个人收入的提升而增加。这里的含义是：随着收入提升，个人对自由的需要也增加。不过，即使需要增加，太高的购买价格也会吓阻消费者。因此，专制政府便以不断提高人们享有自由的代价去吓阻人们想实现自由的追求。

---

[1] 人与人之间的效用无法比较，享有自由的价值只能从个人的自我满足来讨论。

自由经济

本节最后讨论多人世界的自由经济运作及衍生的公平贸易问题。古中国通往中亚的丝路、西藏的茶马古道，地中海的海上航线和一些我们不熟悉的历史古道，处处说明国际贸易早在西方帝国主义兴起之前就已经盛行。司马迁说，"人各任其能，竭其力，以得所欲。故物贱之征贵，贵之征贱，各劝其业，乐其事，若水之趋下，日夜无休时，不召而自来，不求而民出之。岂非道之所符，而自然之验邪？"[1]国际贸易虽自然发展，但在历史过程中也处处遇到障碍。最早的贸易障碍是在人烟罕至之处占地为王的山贼，他们打劫过路商旅或征收过路费。后来，地方官府开征各种关卡税和厘金。到了现代，政府课征关税外，还设有种种限额与进出口管制，甚至来个全面性的贸易封锁。

"人尽其才、地尽其利、物尽其用、货畅其流"是清末孙中山先生上书李鸿章的名言。贸易带来两利，也只有互利才能持续。如果一国推行重商主义，在它赚光贸易对手国的金银后，双方的贸易必然中断。中断的原因未必是金银没了，而是贸易规则被破坏。贸易规则构成了全球化的经济秩序，遵守这些规则，便是履行国际社会的公义（简称国际公义）；相反，若不遵守规则，便违背了国际公义。

遵循国际公义的国家面对违背国际公义的国家时，是否要容忍对方的背义？支持自由贸易的国家面对贸易管制的国家时，是否要坚持自由贸易？这问题可如此分析：（一）如果是以物易物而非以金银易物，双方贸易迟早会趋向贸易平衡；（二）如果以纸钞易物，贸易顺差国可以发行钞票去换取贸易逆差国的实物；（三）如果贸易顺差国是经济规模的大国，就不担心贸易逆差国累积巨额的贸易顺差国纸钞；（四）如果两国经济规模相当，贸易顺差国可以财政政策去对付贸易逆差国利用贸易顺差国纸钞的金融干扰；（五）贸易顺差国必须考量国内失业引发的政治纷乱；（六）贸易逆差国可利用巨额热钱干扰贸易顺差国的政治稳定，但也可能适得其反，激起贸易顺差国团结抗外。这些政策层面的博弈分析并非我们乐见的思考方式。

当前国际经济往来还未达理想状态：商品贸易存在着关税与非关税障碍、政治因素严重地阻碍劳动力与技术的移动、许多国家还严格管制利率与汇率的变动、大部分国家的中央政府并不欢迎热钱的流进流出。在这样不完善的现状下，自由贸易只是一个信念和理想。国际的双边和多边贸易谈判，必须详载如何强制履行规则和相互监督与惩罚的细节。在理想的自由贸易环境尚未建立前，不会有单边遵守规则。比如，当

---

[1]《史记·货殖列传》。

中国大陆不愿意全面开放欧洲商品进口时，就不能指责欧洲对中国商品的进口管制；当中国大陆累积巨额的贸易盈余而继续管制汇率时，美国就有权利限制中国商品的大量进口。

两国的贸易不同于国内两区域的贸易，差异有二：（一）国内人民对贸易规则的认同接近一致，而两国则存在明显的差异；（二）生产要素在国内移动是完全自由，而在两国存在严重的障碍。比如东部与西部地区，这两地区的经济发展争议并非在贸易规则，而在地区间经济发展的均衡。主张均衡发展者批评东部的经济发展严重落后于西部，而反对均衡发展者坚持东部不应该步西部过度开发的后尘。这些对立的争议都是出于错误的计划理念——都是要求台湾当局控制东部的经济开发。前者要求台湾当局鼓励生产要素流入东部，而后者要求台湾当局限制生产要素流入东部。然而，除土地外，生产要素在东部与西部之间的移动是完全自由的。只要企业家认为东部有商机，就可以将资金和技术移到东部；而人民或劳工认为西部的就业机会与居住环境较佳，就可以迁徙到西部。相反，台湾当局的鼓励或限制都是以政治设定的目的去干预生产要素在两地的移动。

有需要，就有交易；需要足够大时，市场就会出现。只要预期正的净利润，企业家就会从他国输入商品。同样预期正的净利润，企业家也会从本国输出商品。他们推动商品的全球贸易。在自愿交易下，贸易是两利的。但是，反全球化者却有他们的顾虑：（一）企业家独享利润，并将利润带去高生活水平的国家消费；（二）商品输入降低（国内）消费者的购买价格，也减少（国内）工人的就业机会和薪酬收入；（三）商品输出虽增加工人的就业机会和薪酬收入，却提高消费者的购买价格，尤其是提高低收入者的生活成本。[1]

在私有财产权下，企业家雇用生产要素，支付劳动力、资本、土地和专利权等生产要素以薪酬、利息、地租和权利金等报酬，剩下来的才是他们独享的利润。利润是经营的剩余。企业家必须先支付生产要素的报酬，才能结算他能独享的利润。若投资不对或经营不善，利润是负的；即使如此，他依旧要根据市场价格支付生产要素应得的报酬。生产要素的价格决定于市场，是各产业竞相雇用的比价结果，不是个体企业家决定的。

反全球化者若是反对企业家对利润的独享，那么，他们实际反对的是一些市场规则，比如：（一）企业家在结算利润之前必须先支付生产要素之报酬；（二）生产要素的

---

[1] 我们不考量经济之外的争议，如：全球化使工人的生产和消费与其生活失去紧密的联系。

报酬必须独立于个体企业（家）之经营风险；（三）生产要素在各产业间的价格近乎相等。这三项市场规则指导创业者去雇用生产要素，也指导不想创业的生产要素拥有者和创业者合作。如果反全球化者反对的不是上述市场规则，而是反对企业家把在穷国赚到的利润搬到外国去消费。这已不是经济问题，也不全是个人的自由问题，而是现实的政治问题。利润仅是贸易利得的部分，另一部分则分配到生产要素的报酬上。把利润搬去国外，并不是把全部贸易利得都搬去国外。20 世纪 60 年代，蒋硕杰主导台湾地区汇率改革时，也曾担心（美元）外汇资产的流出问题。那时两岸随时会爆发战争，蒋硕杰担心台湾当局高官和巨富只把台湾作为踏脚石，会想尽办法变卖资产去美国。他发行外汇券去区别不同的外汇需要，允许贸易目的需要的外汇自由流通，但严格管制非贸易目的之外汇需要。

接着讨论第二点顾虑和第三点顾虑的前半部。商品输入可以降低物价，却可能提高失业率；输出则相反。个人提供劳动力，也消费商品，因此价格和就业的利益冲突并不涉及社会对立。先考量同质的某类商品。商品的输出或输入决定于国内外的相对生产成本。如果本国生产成本高于外国，反对输入的问题就不在物价，而在该产业工人的失业率。然而，本国生产力既然不如他国，为什么不让本国劳动力转移到其他具有生产优势的产业？如果本国每一产业的生产力都不如他国，难道就要全面锁国，等着国家慢慢被世界淘汰？不论要政府励精图治或企业家想杀出重围，方向只有朝向全球竞争。

全球竞争就是让本国企业家进入国际竞争市场，面对国际价格。若设立贸易障碍，等于给了本国厂商垄断的特许权，让他们以独占价格供给国内。创业家精神的本质是竞争，故只会随着市场竞争展现；企业家若拥有垄断特权，就会沦为其他国家之创新商品的模仿者，让本国陷入永远的落后。

再说异质性商品。由于商品之间不完全替代，厂商的兴亡就不完全取决于相对生产成本，而是企业家对市场的理解能力和创新能力。如果本国企业家对本国市场的理解能力还不如外国企业家，这令人痛心的现象必然是本国企业家长期受到过度保护或长期受到政府压制，改变之道唯有让他们面对国外的竞争。

最后是第三点顾虑的后半部。商品输出会提高低收入者的生活成本，尤其是农产品。除非享受国家的补助，否则企业家不会以低于国内的价格输出商品。当国际市场价格高于国内时，企业家可能输出商品，直到国内价格接近于国际价格。在世界经济正常时期，要求本国人民享有比外国低的价格，并不是好的干预理由。若是在世界经济危机，比如长期干旱造成粮荒时，其说服力可能大些。但这时期更应该寻求国际合作，而不是各自保命。

第十四章　第三条路

　　英国在二战时期走上福利国家，试图将民主运作纳入自由体制，以对抗计划经济和强权国家允诺给人民的社会安全保障。德国和瑞典各有不同的社会民主传统，长久以来以实现社会平等和建设互助社会为由，提供人民社会安全保障。这两类不相同的理念，却在实务上走在相同的道路，都要求国家负担甚多的重分配职能。可预料，一旦经济不景气，国家的公共债务便如滚雪球般地膨胀。同一时期，计划经济的失败和前苏联的解体，提醒了社会主义者在市场机制与国家权力之外，寻找第三种能实现其政治经济理想的力量，如吉登斯（Giddens, 1998）所说，"超越老式的社会民主主义和新自由主义"。这些新的社会重建概念和其理想的政治经济体系，统称为市场机制和国家权力之外的第三条路（The Third Way）。

　　直接地说，新社会主义就是社会动员力量的结合设计。第一节将介绍一些不同的结合设计，先是社会主义者对计划经济的修正策略，如伙伴关系与义工社会，然后再讨论新兴的社群主义与社会责任的论述。新社会主义强调个人负有社会责任，且社会责任的位阶高于个人的选择自由。因此，第二节将探讨个人的不参与权利。不同于社会民主者以人民的社会需要为诉求，去合理化政府的重分配政策；社群主义进而以论述社会正义为手段，要求政府必须承担远比重分配政策更多的职能。因此，第三节将检讨正义的含义。本章最后将附录卢梭的不平等起源论。

第一节　新社会主义

　　最早的第三条路是南斯拉夫在共产主义时期就试行的劳工管理制企业（Labor Management Firm），类似于现今的工业民主。在该制度下，企业董事会由一群代表不同工作的员工组成，有权决定企业的经营方向、利润分配、人员聘任等。他们的权力一如私有财产权制度下的股东董事会。由于缺欠私有财产权的利润分配之诱因，各董事只关心权力范围和任期长短，很少会关心企业的长远发展。

中国台湾地区也曾出现过几次工业民主的个案。1986 年，新竹玻璃公司负责人卷款逃跑，公司员工组成自救会，以工业民主方式接手经营公司。1998 年，公营的台湾汽车公司因长期亏损而濒临破产，公司员工群起抗争，要求其转为民营。最后，公司员工与台湾行政主管部门达成协议，以工业民主方式接管公司并重新营运。这两个案例都是企业已经接近破产，员工是以股东身份和成立新公司方式接手董事会，故只是企业内部的董事会设计问题，和目前社会主义者推动的工业民主内涵并不相同。

当前的工业民主要求没有股东身份的受雇员工也有权利参加董事会，其理由是受雇员工是企业的利害关系人（Stack Holder）。如果股东董事会认为增设员工董事可以强化员工的生产诱因，那是企业内部的事，并不违背私有财产权的运作原则。在私有财产权体制下，董事会有权支配企业财产，故只能由股东组成。不拥有股东身份者参与企业财产的支配决策，就侵犯了企业股东的私有财产权。台湾积体电子公司早期为了强化内部监察和引进新的治理知识而增设外部董事，那是企业内部的事。但不幸，政府将外部董事法治化，强迫上市公司必须增设外部董事，违背了保护私有财产权运作的原则。

工业民主以利害关系人为由，将员工纳入股东；全民入股也同样以利害关系人将全体人民纳入国家或地区的股东会。因人民已委托代代理人和行政官员管理全体的财产，故只剩下每年净利的分享权利。2008 年，新加坡政府的财政出现财政盈余，宣布分红方案，先拨发给低收入者及年长者每位 200 星币，再配给国民每位 300 星币的国家红利。同年，香港特区政府的财政盈余也达 1156 亿港币，也是先拨发给低收入者及年长者每位 3000 港币，再配给居民每位 6000 港币的红利。

同样是出于利害关系人的说法，但个人对于特定的企业拥有选择参与（或不参与）的权利，但个人对于国家的不参与权利受到极大的限制。在这意义下，全民入股侵犯宪法对于私有财产权的论述就不如工业民主那般肯定，其争议在于政府收入与支出的合宪性。

社群主义

近年兴起的社群主义（Communitarian–ism）是社会民主的新宠。社群主义者不满左派自由主义对市场的偏袒以及以社会需要去诠释平等与互助，要求回归到社会主义的核心精神，以社会正义去诠释平等与互助，再重新修正出发。

社群主义聚焦于居住在相同地理空间或幅员较小的小区，以及成员同质性较高的社群。他们相信传统的计划经济逻辑可以成功地施展于小区与社群。这信念来自于对社会主义之不可能大辩论的反省，认为小规模社群可直接从全国性市场中买回中间产品，解决了中间产品的定价问题。就如成功的瑞典模式，小空间或同质性的竞争市场也有利于他们个人知识的利用。

社群主义便认为，小区成员日常往来会产生情谊，这可以大幅降低沟通与协商的成本。于是，最佳的体制未必要依赖严谨的法律制度与公正不阿的执法精神，也不是非人际关系的市场，而可以是强调人际关系的礼尚往来。由于小区幅员小，自给自足是极为愚蠢的选择。许多的生活物资必须依赖其他地区的供给，而那只能仰赖市场机制。简言之，他们强调对内的经济活动以人际关系为主，对外的经济活动才以非人际关系为主。

社群主义认为个人只有在社群内方得以自由和自由行动，而个人对社群的认同（Identity）则是社群生存的前提。他们和古典自由主义者一样，认为活着的个人并不单独地活着，而是生活在交错复杂的人际网络中。维持社群的生存与独立地位，也就成了个人享有自由的前提与义务。于是，社群在追求生存与独立方面的集体行动，个人没有逃避的权利。在社群的独立方面，他们要求成员必须明确区别本社群与其他社群的分界，包括对社群历史视野和文化的认同，也包括实现认同所需的教育。他们认为成员的选择与行动都应该出于我们（We）的考量，而不是我（I）的考量。

社群主义者的口袋里总放着一张他们认为确保社群生存与独立不可或缺的行动清单，要求成员不能推卸这些政治义务。如果无法要求到成员出自内心的忠诚，至少不能允许他们在形式上的背叛行动。于是，他们会公开谴责对公共事务漠不关心的成员。

认同是相当主观而私密的行动，不像货币那般看得见，也不像政治权力那般捉得住。在市场机制下，个人借着货币交易去实现计划；在政治权力下，个人利用政府的支配力量去实现目标。在市场机制与政府权力外，社群主义只能依赖社会认同与互助产生的力。过去东欧试行的计划经济混淆了社会和国家，现在的社群主义者已经能清楚区分两者的差异。他们既不愿借助政府与市场的力量，就只能仰赖个人对社群出自内心的认同，和认同之后自然流露的自愿奉献。认同不容易观察和衡量，故其力量也就无法确定。这使得社群主义的运作成本、不稳定性、不可预测性等都远高于政府权力和市场机制。

社群主义强调小区生存先于个人自由的论述的缺点是，未能区分自发出来的自然社群和依契约同意而出现的构建社群。人们在追求更美好的生活时，自愿牺牲部分的自给自足去接受相互往来的生活方式，绝不会否认社群主义的主张。也就是说，社群的第一代居民会认为社群主义所强调的义务是多余的，因为他们本就是追寻这些目标而选择群居生活。这些义务若要具有实质意义，其对象是第二代以后的成员。只要社会存在数目足够多的多样化小区，而且迁居成本不会太高，不愿继续接受上一代契约的第二代可以（在变卖资产后）迁往其他社区。对于自愿留下来者，社群主义主张的义务也才具有意义。但如果一个社会不存在足够多的多样化小区，或者迁居成本太高，那么社群主义的主张将是对第二代的政治迫害。如果社群主义不希望成为迫害的来源，其论述就必须以个人能自由设立新社群为前提，尤其是从原社群中独立出来。如果人们无法拥有脱离或独立的自由，社群主义对个人的迫害会与社群规模成正比。

即使在同一社群或同一村落里，居民的职业、偏好、收入的差异性也很大。他们或许认同自己的社群，但愿意把认同表现在行动上的意愿和表现出来的程度也因个人而异。为有别于政府权力的运作，社群主义不能强制他人的行动。因此，社群不能对不认同或认同不足者施加惩罚。抵制是唯一的惩罚手段，但其执行者是个人，而个人对执行惩罚的热衷程度也因人而异。总之，社群中存在着不认同与认同不足的人，但也存在不愿惩罚或执行惩罚意愿不高的人。他们被称之为不愿表态之人与不管闲事之人。这些人也可能是认同度极高的人。于是，当人人宣称自己对社群高度认同，但行为上又不愿表态也不管闲事。当社群中不管闲事之人愈多，强调对社群认同的主张也就愈无意义。不愿表态与不管闲事的现象，会随商业化而加剧，因为商业化一方面强化个人的差异性，另一方面强化个人表态或管闲事之后的潜在经济损失。当这些人的数目随着商业活动增加之后，小区认同的表现最多只会出现在一条重建的古街上。

社群主义者在落实理想上，常采取和台湾的小区总体营造类似的策略。台湾的小区运动原是民间社会的自发过程，在 20 世纪 80 年代的政治社会抗议运动时期已萌芽。1994 年起，台湾当局将之列入文化政策。根据罗中峰（2004）的说法，台湾当局为了回应政治社会抗议运动，才将小区营造运动转向成由上而下的文化政策，编列巨额补助经费和编制运动作业手册。[1] 运动初期的成果不甚理想，毕竟要在古老乡土中注入新观念并不容易。1999 年，台湾发生"9·21"震灾，中部不少乡里社区必须整个重建。这是计划者难得的最佳时机。台湾当局提供高达 3000 亿元的灾区重建经费，小区总体

---

[1]　罗中峰（2004）。

营造者得以大展身手。台湾当局大量经费的注入，让真诚的社运人士感到尴尬，有被台湾当局收编的不安。建设需要大量经费，即使是文化建设也摆脱不了金钱。脱离台湾当局与市场并不容易募得足够的经费，于是，小区营造运动人士逐渐放弃自筹经费的努力，转而监督台湾当局各部门多元补助经费的利用，主张必须避免重复、充分协调、平均分配等原则。

当小区营造运动人士提出经费补助计划书时，自然理解只有迎合台湾当局计划目标的计划案才可能获得经费补助。小区总体营造逐渐成为文化政策的外包产业。这是相当遗憾的发展，而其不良后果也呈现在许多台湾当局补助经费渗透进去的文化小镇。比如，小镇的生机原本表现在各自具有特色的凌乱招牌上，但不知是出自小区营造运动者的高尚理念还是政府的计划要求，他们用台湾当局经费免费为店家制作新招牌，打造出一条使用相同式样的商业招牌的老街。他们又为了让小区孩童拥有共同的历史教育和文化视野，成立乡土文化工作室，争取台湾当局补助经费。小区总体营造一词的确很传神，强调其目标不仅在于小区的有形营造，而在于对小区生活的总体规划。

伙伴关系

1994 年，英国工党领导人托尼·布莱尔（Tony Blair）全面改革工党，废除主张国有财产权的党章第四条款，重新把社会主义（Socialism）诠释为"社会的主义"（Social–ism）[1]，降低政府的主宰地位，成为和市场平等地位的伙伴。比如，许多国家都有类似的民间融资方案（Private Finance Initiative,），积极想引进市场力量参与各项公共建设，但市场仍仅居于协助的角色。1997 年，工党政府推行政府与民间伙伴关系（PPP）的合作模式，让市场和政府立于平等的地位。[2]

东欧国家在计划经济解体前，也先后推行类似的公共建设，只是参与投资的企业多来自海外。经济转型后，他们困于经费缺乏，便借助民间资金。东欧国家在不丧失公有财产权下，让民间去承担从经费筹备、修建、到经营的任务，仅让政府持有计划和推动的主控权。这就是当前流行的 BOT 模式（Build——Operate——Transfer）。

近年来，民主国家因政府负债不断累积，也开始热衷政府与民间的伙伴关系，比如英法两国横跨英吉利海峡的海底隧道工程便是 BOT 模式。美国加州的发电厂也多采用类似的 BTO 模式——政府先委外修建，然后再另行委外经营。其他孪生的运作模式

---

[1] Blair（1994）。

[2] PPP 的全名是 Public–Private Partnership。

还有 OT、BOO、ROT 等。[1] 若从清末和东欧的例子看，这类项目计划都是政府为了完成大型经济建设，但因资金太大，为避免干扰例行年度预算才如此应对。在正常程序下，政府的任何建设都必须编列年度预算，因为这些建设的急迫性和重要性必须和其他支出（如教育支出、内政支出等）一并考量。采用 PPP 模式就等于跳过正常的预算程序。预算程序不仅是为了控制政府的预算总额和计划的优先次序，也审查政府计划是否符合人民需要或是否逾越预算单位的法定职权。然而，PPP 模式让政府得以低调地扩大职能和对经济建设的影响力，却也同时添增新的竞租机会与贪腐行为。

布坎南与华格纳认为民主制度和预算赤字几乎是同义词。政治人物为了让选民感受到他的恩惠与慷慨，会在竞选时承诺特别的建设支出和移转性支出，其规模常超过例行预算。在 PPP 模式流行之前，政治人物以公债发行避开在任期内提高税率的政治成本。现在，他们以 PPP 模式躲过预算审查的制约。

由于 PPP 模式委交民间修建与经营，因此，政治人物喜欢说是政府、厂商与人民的三赢策略。的确，政府自行修建的公共工程常发生偷工减料或逾期完工等弊端。政府也会派人监工或谨慎验收，只是监督单位和验收单位也同样存在着怠惰与贪污等问题。相对地，市场的生产效率与经营效率都高过政府，PPP 模式的确可以提高计划的整体效率，也可以省去验收成本。[2]

然而，政府依旧是 PPP 模式的计划者，依旧存在计划经济下的软预算问题。以高铁为例，最初双方签订的契约是政府不必承担任何融资风险。但当高铁公司出现融资困难后，政府却从零财务负担中退守，出面向银行保证政府愿意承担最后的贷款责任。一旦高铁公司无法继续修建，政府会接手修建，不让银行蒙受损失。政府的保证接手等于宣布高铁修建是必须完成的任务，也等于是宣布高铁公司不必担心经费问题。即使该公司随意支用经费，也不必太过顾虑，毕竟政府接手的承诺就是预算经费的软补助。由于政府的承诺，原本犹豫不决的银行也就愿意贷出庞大资金，无异又给高铁公司提供了庞大的软信用。另一种软预算的形式是延长经营期限。英法海底隧道的经营企业，也曾因经营困难而要求两国政府将经营期限由原来签订的 55 年延长到 99 年。这等于是，政府把未来 45 年的经营利润送给了经营企业。

---

[1] OT 的全名是 Operation–Transfer。BOO 的全名 Build–Operate–Own。ROT 的全名是 Rebuild–Operate–Transfer。

[2] 发电厂的 BTO 专案不同于道路工程的 BOT 专案，这是因为发电厂工程坐落在一固定地点，不似道路工程的广大面积，监督工作容易得多。此外，生产发电机的厂商也会参与政府的监督施工，以避免偷工减料导致的工程事故连累到自己机器的声誉。由于相对上存在较小的监督与考核成本，发电厂也就未必要采行从修建到经营一贯的 BOT 方式。

任何的建设计划都必须先经过评估，委外的经济建设计划更不可忽略利润的评估。若利润评估为负，就表示那不是值得投资的计划。如果计划的成本和效益都很明确，也预期正的利润率，民间企业没有不能自行修建与经营的理由，除非存在着各种的政府管制。借着扩大 PPP 模式，政府就不必去松绑管制。PPP 模式让政府可以在持有管制法令下扩大行政权力。

的确，有很多计划的成本和效益都无法经过市场交易去估算，这时候就有经济学者会主张以影子价格（Shadow Prices）去进行成本效益分析。但是，公共建设的未来效益常受到现在和未来的配套计划所影响。比如早期修建的台湾南部第二高速公路，其投资效益会因台湾当局在沿线开发新工业区的配套计划而提高。这说明了计划案的预期效益包括了计划者的企图心。如果计划者想实现南二高，就会计划在沿线增加一些配套计划去提高投资效益的估算值。[1] 既然配套计划能影响投资效益的估算值，与台湾当局有良好关系的承包商就会压低竞标价格，因为他自信能在赢得标案之后，要求政府于下期预算中增加新的配套计划。只要出于台湾当局的计划，就很难躲得过软预算的腐蚀。

即使政府有能力克服软预算的弊端，但 PPP 模式是三赢的说法也只限于政府在规划范围不变情况下的生产效率，而不是经济效率。经济效率是指向资源配置的机会成本，因此不能假设政府规划的投资案都值得投资，即使预期存在正的利润率。政府计划的范围愈大，个人能自由计划和选择的范围就愈小，资源利用的机会成本也就愈高。政治人物喜爱 PPP 模式，因为它是在公债之后被发现的第二种廉价的政治工具。这廉价的政治工具并不会顾虑资源配置的机会成本。更危险的是，当某一计划失败时，政治人物不会把失败责任归咎到政府的计划，而是引导人们去检讨参与修建与经营的民营企业，指责市场机制的贪婪与缺欠社会责任。

义工社会

瑞典经济学家林德贝克（Lindbeck，1995）指出，国家提供的福利愈多，发生道德危机和诈欺的可能性愈大；而在长期下，这些行为会从偶发行为变成计划行为。第三条路试图以社会投资的视野去矫正传统福利国家的这类弊端。吉登斯（Giddens，1998）认为，社会投资是福利国家的积极制度，以积极的概念去取代威廉·贝弗里奇（William

---

[1] 政府的配套措施有时不是其他的建设计划，而是一连串的新增管制。就如台湾高铁的修建合约，就明言政府不会在高铁的经营期间开辟平行的新高铁。同样，英法两国政府也承诺在契约期满之前开辟第二条英法海底隧道。事实上，为了保障承包厂商能有合理利润，政府除了保障其独占外，也会限制其他替代商品的竞争，比如限制南北飞机票的票价竞争或加强高速公路客运公司的管制等。

Beveridge）于 1942 年所提出来的每一个消极的概念。它要以自主替代匮乏，以主动替代懒惰，以持续教育替代无知，并以幸福替代悲惨。[1] 传统的福利国家强调政府支出的重分配政策，社会投资则要求政府不该过度提供经济援助给低收入者，而是要在基础教育建设、人力资本、人类潜能开发等方面扮演更大的角色，利用既有的福利预算去提高人们参与社会的时间和热忱。吉登斯也赞成从教育券到终身福利个人账户的计划，因为"人们应该可以自行选择使用这笔资金的时间——这不仅使他们可以在任何年龄停止工作，而且可以为他们提供教育经费，或者在需要抚育幼儿时减少工作时间。"[2]

吉登斯批评传统福利国家将退休老人从社会活动中隔离了出去，以致丧失了社会主义应有的互助和包容的精神。老人问题是社会投资的一个焦点。他认为现在退休制度下退休的老人大都还是"年轻的老人"，并不是年老的老人。既然还算年轻，积极的福利体制就应该诱导他们继续参与社会的活动。第三条路鼓励年轻的老人能积极参与非营利组织（NPO）和非政府组织（NGO）。[3]

当代社会的生活方式和人际关系的复杂化提升了人们对公共事务的需要。保守自由主义主张小规模的政府，一方面期待广义的市场能提供更多的公共事务，另一方面期待 NGO 的增长。NGO 以独立于政府权力的社会力量去分摊政府的公共服务，可以和市场机制相辅相成。但有些公共物品因具敌对性或具有排他性，本质上可以向消费者收取使用费而由市场去投资。

NPO 提供一般私有物品的商品与服务，强调其不以营利为目的。社会主义者常以敌视的态度看待市场化：若交易价格超过生产成本，就指责其剥削消费者；若交易价格低于生产成本，也指责其剥削劳工。于是，任何市场能提供的商品与服务，都可以以 NPO 之名成立组织，并宣称其不剥削劳工也不剥削消费者。然而，私有物品必须在市场上竞争，不分是 NPO 或一般的营利厂商。追求最大利润是市场竞争下的长期生存法则，不分是 NPO 或一般的营利厂商。如果我们相信营利厂商拥有较强的竞争力，NPO 就不可能在市场竞争下存活。那么，为什么社会还存在那么多的 NPO？唯一的解释就是它获得市场之外的经费补助。如果补助经费来自于 NPO 背后的宗教团体，我们担心的只是它会造成反效率的竞争。如果补助经费来自于政府的补助经费或租税

[1] Giddens（1998），中译本，第 143 页。
[2] Giddens（1998），中译本，第 134 页。
[3] NPO 的全名是 Non-Profit Organization，NGO 全名是 Non-Government Organization。

优待，那就更担心政府对资源配置的严重扭曲。

第三条路希望能将年轻的老人推向 NPO 和 NGO，更希望把年轻人推向义工社会。义工就是不计报酬的服务，时常和 NGO 或 NPO 混为一谈，都同样希望以非市场方式去替代市场对商品与服务的提供。目前台湾有不少退休公教人员会担任义务性行政助理。另外，慈济功德会也招募不少义工，对遭逢不幸的家庭提供精神上与宗教仪式上的慰藉，甚至提供紧急应变的生活物资。

由于公教人员的退休制度设计不良，台湾地区拥有不少优秀的年轻老人。如果能善用他们的能力，确实可以提升社会福祉。但这仅适用于退休的年轻老人。如果年轻人把义工视为个人职业，那是他的个人选择。但社会不能鼓励年轻人朝义工发展，否则会断送整个社会生机。义工社会拒绝了市场机制，等于返回到以物易物时代，抛掉了资源最优配置和财富累积的诱因，断送了社会的创新未来。资源的最优配置、财富的累积以及未来的创新是社会实现财富重分配的依据。

更令人担忧的是，当前有些大学的商管学院竟然教导学生（原属于公共管理学院的）社会企业与社会企业家等课程。创业家精神的核心意义在于创造利润和追求利润。如果一个组织无法在长期运作中赚到正的利润，其生存必然要仰赖其他的财源，终究只是社会的负担，掩盖不了对社会吸血的本质。如果商管学院传授的社会企业家或社会企业能获取正利润，那与一般的商业企业家又有何差异？

企业社会责任

第二次世界大战后，西方各国的经济开始复苏，企业开拓海外市场，逐一发展成跨国企业。由于母国在就业条件、环境安全、劳工福利等方面的法令完备，跨国企业在国内的生产成本也就必须包括这些法律要求的支出。相对地，海外低收入国家的法令相对宽松而司法体系也弊端丛生。当他们到了低收入国家投资时（以下简称为全球化），不仅雇佣劳动力的成本降低，法律要求的生产成本也减少了许多。一旦海外生产的商品能够回销，就能在母国市场胜出。这个形势让在母国生产的小规模本土企业处于极不利的竞争地位。在全球化之前，竞争对手可以各凭本事，因为西方各国国内市场提供给竞争者的生产环境是相同的。现在情况变了，跨国企业可以在海外以较低的成本去生产。

在讨论全球化议题时，我们必须留心，因为不同收入国家的社会、政治、经济等条件差异很大。更具体地说，低收入国家在人民生活习惯、行为规范、制度运作、法令规章、行政效率、司法清廉上都和西方国家差异很大。西方国家的旅人（甚至是学者），时常忘了本国在社会、政治、经济等环境的发展历程，急躁地要求低收入国家于一夜间在各方面达到一定的标准。当低收入国家的幼童因严重缺乏生活物资而沦为雏妓时，跨国企业提供的童工职缺是一种可以改善其生活现状的机会。低收入国家的法令不会禁止童工，即使通过这些法令也不会认真去执行，因其困窘的行政资源必须先用于解救雏妓。过高道德要求往往只会逼迫他们走向绝路。

对西方社会而言，跨国企业的问题不在于海外生产环境的低道德标准，而在于其产品回销母国引起的"不公平"竞争。[1]新兴的全球化环境需要新的竞争规范。于是，1976 年 OECD 国家制订了《跨国企业指导纲领》，要求跨国企业必须在"信息揭露、就业与劳资关系、环境保护、打击贿赂、消费者权益、研发成果、竞争法则和纳税义务"等十条原则，遵守纲领描绘的准则。[2]全世界并不存在一套高于国家主权的跨国法律，因此，在市场机制迈向全球化之际，这纲领提供给跨国企业一套新的竞争规则。

这套规则的规范对象是西方国家的跨国企业。之后，东亚国家随着经济发展，也出现跨国企业。1995 年联合国秘书长提出全球盟约（Global Compact）的构想，呼吁实施一套全球适用的竞争规则，以建立一个更加广泛和平的世界市场。根据主要规划者之一约翰·鲁杰（John Ruggie）的说法，"透过对话、透明化、游说及竞争的力量，好的实务将会取代坏的做法"。[3]这构想立即获得西方工业化国家和国际劳工组织的支持。2000 年，世界 50 家大企业表示支持。2002 年，联合国就《世界人权宣言》和其他的国际劳动与环境宣言中整理出九条原则：（一）在企业影响所及的范围内，支持并尊重国际人权；（二）企业应确保企业内不违反人权；（三）保障劳工集会结社之自由，有效承认集体谈判的权力；（四）消弭所有行事之强迫性劳动；（五）有效废除童工；（六）消弭雇用及职业上的歧视；（七）企业应支持采用预防性方法来应付环境挑战；

---

[1]　之后的发展是，高收入国家也开始要求发展中国家的出口商品，必须在生产过程中遵守高收入国家的法令标准（包括人权标准），如日规、欧规、美规等。

[2]　这十条原则如下。（1）观念与原则——指导纲领系各国政府对跨国企业营运行为的共同建议，企业除应遵守国内法律外，亦鼓励自愿地，采用该纲领良好的实务原则与标准，运用于全球之营运，同时也考量每一地主国的特殊情况。（2）一般政策——企业应促成经济、社会及环境进步以达到持续发展的目标，鼓励企业伙伴，包括供货商，符合指导纲领的企业行为原则。（3）揭露——企业应定期公开具可信度的信息，揭露两种范围的信息：第一，为充分揭露企业重要事项，如业务活动、企业结构、财务状况及企业治理情形；第二，将非财务绩效信息作完整适当的揭露，如社会、环境及利害关系人之资料。（4）就业及劳资关系——企业应遵守劳动基本原则与权利，即结社自由及集体协商权、消除童工、消除各种形式的强迫劳动或强制劳动及无雇佣与就业歧视。（5）环境——适当保护环境，致力持续发展目标，企业应重视营运活动对环境可能造成的影响，强化环境管理制度。（6）打击贿赂——企业应致力消弭为保障商业利益而造成之行贿或受贿行为，遵守"OECD 打击贿赂外国公务人员公约"。（7）消费者权益——企业应尊重消费者权益，确保提供安全与质量优先之商品及服务。（8）科技——在不损及智慧财产权、经济可行性、竞争等前提下，企业在其营运所在国家散播其研发成果。对地主国的经济发展与科技创新能力有所贡献。（9）竞争——企业应遵守竞争法则，避免违反竞争的行为与态度。（10）税捐——企业应适时履行纳税义务，为地主国财政尽一份心力。资料来源：http://csr.moea.gov.tw/standards/oecd_guidelines.aspx。

[3]　http://proj.ftis.org.tw/isdn/CSR/dutyinfo-more.asp?nplSi1==。

（八）采取尽善更多企业环境责任之做法；（九）鼓励研发及扩散不损害环境之技术。2004的高峰会再增加（十）企业界应努力反对一切形式的腐败，包括敲诈和贿赂。[1]这十条原则的对象并不限于跨国企业，而是各国的全体企业。换言之，低收入国家的本土企业也被要求符合这些原则。

这十条原则的内容可分成四类：前三项的人权条款、次三项的劳工保护条款、最后的反腐败条款，以及其前四项的环境保护条款。劳工保护条款与反腐败条款应该是包括低收入国家的法律都会明确陈述的内容，为何联合国还要在司法之外要求企业自我规范？这个原因是清楚的，因为新兴国家的法律与行政环境还不如西方国家有效率，因而无法期待这些国家的公权力有能力执行。在全球化环境里，出口不只是跨国企业重要的贸易政策，也是新兴国家大多数本土企业的发展政策。若这些条款都能落实，西方国家的跨国企业和其劳工就可以减轻来自新兴国家的企业和劳工的竞争。人权条款与环境条款更进一步压缩新兴国家本土企业的竞争能力和发展空间，因为这些条款甚至是新兴国家的政府不愿意签署的内容。总体说来，这是一套十分诡异和充满策略的原则，制订过程不可能没有争议，因此，联合国特别强调这只是一项志愿性的参与。[2]即使有此声明，联合国在鼓吹这十条原则时，还是遗忘了企业的本质和其竞争责任，也遗忘了国家的司法与行政责任，竟然要求新兴国家的企业承担起该国政府无力承担的责任。

新社会主义的理想相当崇高，但时常忽略各国实践该理想所需要的经济能力。这些纲领与原则逐步被他们论述成企业社会责任（Corporate Social Responsibility, CSR），甚至指出这是有利于企业持续发展的规则。持续发展是企业股东的决策权力，不需要外在的指导。当一个企业失去市场竞争力时，股东会选择解散企业或另行重组，并不会追求持续发展。新社会主义者想在市场机制与国家权力之外寻找能重建社会理想的力量，但社会力量的确太不可靠了，只好寻找各种组织并利用它们的权威和权力，将其社会理想塑造成道德规范。这是出于他们本质上的困境，以为这样就可以跳过市场和国家，直接以社会力去牵制企业的行动。[3]

私有财产权下的企业只是生产组织，其意义完全异于公有财产权或计划经济下作为生活单位的人民公社。个人参与企业，只为了能（和他人合作生产以）赚取更高的薪酬或红利，此外的个人目的与企业的本质无关。在生产过程中，企业若发生侵权行

---

[1] 顾忠华（2011）。

[2] 同上注。

[3] 顾忠华（2011）明确地说："当企业社会责任由一种学说理论逐步发展成法规命令中的规范，意味着其正当性与合法性已经确立，联合国与欧盟等机构功不可没。"（第9页）

为，自然要接受法律的约束；如果国家司法不全，就得设法健全。企业与股东、雇佣的劳工以及交易往来的对象都存在契约关系，明白界定其间的权利与义务关系和司法关系。此外，企业在社会中不再有其他的利害关系人。当劳工收到薪酬或股东收到红利，可以依其意愿选择消费，包括用这些收入去改善社会或救济贫困者。个人不论生产与消费，只存在个人责任。企业之外的家庭是个人参与生产外的生活环境，也是他享用剩余休闲时间的场所。但是人民公社就不同了，那是一个集合生产、分配、消费的单一组织，并由此组织分派出专责生产、教育、行政、扶养等单位。由于产出必须统一支配，个人没有自由选择的权利，因此，所有人与所有单位之间便构成利害相关的网络。比如，生产大队负有必须丰收的社会责任，公社厨房负有供应卫生佳肴的社会责任。新社会主义企图以利害关系去取代私有财产权下的契约关系。契约关系一旦遭到窄化，个人责任也就随之失去。这时，社会责任就可登堂入室。在早期的工业民主下，社会主义者要求企业负起"内部利害关系人"的责任；在企业社会责任的论述下，新社会主义者要求企业负起"外部利害关系人"的责任。总之，企业社会责任的论述只不过是想把公有财产权失败的理想，转交给私有财产权下的企业去负担。

第二节　不参与权利

除非能有效地凝聚成员的认同，否则社会力无法成为构建新社群的力量。新社会主义者逐渐倾向于将个人的规范认知转化成个人的责任，也同样要求企业的社会责任。责任含有不能逃避的意义。然而，"公民有不服从的权利"（Civil Disobedience）却是自由主义的一项长远传统，即使是左派的自由主义也只反对它在特殊情境的适用性。因此，在构建社会或社会秩序的讨论，社群主义与自由主义的区别就表现在不服从权利的论述上。由于我们仅关注政治经济方面的议题，因此这节将从主观论和方法论个人主义去探讨个人对参与的选择权利，包括不参与的选择，而这正对应到政治思想的不服从权利。

不参与的成本

个人自由的威胁主要来自政府的蛮横豪夺，也可能来自市场短暂而剧烈的波动。布坎南在盛年时跑到山村购买农耕地，从耕田种菜到采桑织布，样样自己来，并在自传中写下平安宁静（Tranquility of Mind）。[1] 自耕就像一道消波堤，可以挡去凶恶波浪，让个人得享平安宁静。他从自耕经验中体认到不参与权利（The Right of Not-Joining）是自由的前提，可避免个人在社会失序中惨遭灭顶。

从社会中退出，可以不参与市场交易，也可以是不参与组织的合作。不参与一个组织，还可以参与另一个组织，未必要退出社会。只有当个人不参与全部的组织时，他才算退出社会。张五常认为："这项（不参与的）选择是对一个组织的限制，但它有效地避免该组织陷入过高交易成本的运作。"[2] 人们以"不参与"去淘汰交易成本过高的组织，就像人们在商品市场中以"不购买"去淘汰一些商品。然而，在现实世界中，如家庭或国家等都是先于个人存在，个人到了成年之后即使有退出的选择，但退出的成本已不容忽视。类似地，个人在选择一个居住小区时多出于自愿，但往后的发展常非事前所能预测，也就存在退出成本。

因此，个人参与一个组织时，要思考的就不仅是退出的自由，还包括对于组织内个体事务的不参与权利。但在现实生活中，我们是否有能力捍卫自己的不参与权利？我们是否可能成为某些人所设计的博弈中的一个没有机会表达不参与权利的角色？在政治场景中，想要坚持不参与权利并不是一件容易的事。当美国发生9·11事件之后，布什总统立即要求世界各国表明立场。当时有多少国家有能力宣称可以不参与由美国领导的反恐战争？国际政治如此，国内政治亦然。

其实，个人不仅在政治事务中逐渐丧失不参与权利，在小区生活中也常被逼入博弈。个人一旦陷入博弈，他的选择参与的机会成本就改变了。这个机会成本不仅包括往后他必须在他人异样眼光下的消费效用，也包括往后可能丧失与他人合作的机会及分享的利得。在消费效用方面，只要选择者不将他人的异样眼光放在心里，就不需调整自己的消费行为。虽然他人异样的眼光依然投射在他身上，只要他不予理会，外部效果便无从发生。但在合作机会方面，不论选择者如何豁达，只要他人减少与他的合作机会，他的分享利得便会减少。我们称他从合作机会中分享到的利得为道德利得，或称他因选择不参与而丧失的道德利得为其道德成本。

查尔斯·蒂布特（Charles M. Tiebout）要求社群必须在成员加入之前，明确地公开表明它计划提供之公共物品的类型、数量、与分摊费用，以取得成员的认同。[3] 这些明确而公开的信息不仅是个人选择的考量，也是成员之间未来合作的基础。然而，社

---

[1] Cheung（1987），第75页。

[2] 同上。他在同页中也说道："私有财产权提供给人们一项不可替代的优势，就是允许所有权者可以选择不参与任何组织。"

[3] Tiebout（1956）。

群之间的关系是长期的。为了顾及未来变动的弹性，社群往往仅罗列最基本的公共物品和未来变动的决策程序。同样，个人也会顾及未来的不确定性而接受这些程序规则，而不是未来公共物品的明确内容。于是，当新增公共物品被提出时，便会出现布坎南所称的伦理义务的问题。[1] 他认为，既然个人为了实现无法独自生产的公共物品而参加社群，而这些公共物品及其决策程序又明确公开，就不应该违背自己的早先承诺。也就是，个人早先的选择应是他对未来的承诺。如果一个人连自己的承诺都会违背，他的选择便毫无意义。无法履行其承诺的选择，就不能算是出于自愿的选择；而非出于自愿的结合，就不是道德社群。因此布坎南认为众人在结合成道德社群时，不仅持有个人对未来的期盼和义务，也持有要求其他成员履行承诺的权利。履行承诺是个体成员表明自己仍愿意继续结合的行为限制，他称为伦理义务（Ethical Obligation）。[2]

因此，当个人决定参与社群，他不仅同意了该社群所罗列的信息和决策程序，也同时同意他的伦理义务。在加入后，当成员考量新增公共物品时，他不只要考量自己的效用与费用分摊，也必须参与该项公共物品的评估。当个人认定新增公共物品的分摊属于伦理义务时，常会视不参与者为伦理义务的违背者。然而，伦理义务是行为的通则，不是针对特殊公共物品。一旦滥用了伦理义务，他往后再遇见这位伦理义务的违背者时，出现在他脑海的不是一位对某项公共物品的不参与者，而是一位对该社群之伦理义务的违背者。对这位伦理义务的违背者而言，他往后在社群中的所有行动都将面对这一项新的道德成本。

博弈学者特别喜爱利用伦理义务以增加个人选择之道德成本，在设计策略性博弈时，都会允许成员自由选择是否参与，却无视于无兴趣者受到的伤害。爱心募捐就是一个例子。爱心募捐也可视为一项公共物品。爱心募款可以采取信函或电视广告等中性的募捐方式。不幸地，发起者常不满意以中性方式募得的数目，而采行一些策略性博弈之设计，比如先编列名册再公开地让成员填上他自愿捐献的金钱数目。马路的募款人士比较喜欢盯上着孩童的大人，或带着女伴的男士。虽然我相信这些做法只不过是他们得自前辈的经验，但却也实实在在地制造出一些道德成本。

这些倒霉的无兴趣者支出多高的道德成本？其数额绝不仅是他被迫参与共同分摊的金额而已。当他付出这笔费用的同时，也传递出他也是一位主动参与者的错误信息给其他的住户。该项信息将成为之后其他住户用以判断他是否继续履行伦理义务的判

---

[1]　Buchanan（1991a）。

[2]　这是规范性的叙述，但布坎南并不是从更高的判断标准提出，而是根据选择理性的一致性推演得出的。

断标准。伦理义务的判定本就存有模糊地带，而个人加诸他人的道德成本也带有宽容空间；但随着错误信息的累积，这些模糊地带与宽容的空间都将逐渐窄化，而个人的不参与权利也随之丧失。

每个人都盼望消费多样的公共物品，但多样的公共物品并非要由同一个社群全部提供。个人同时会参加数个社群，并在不同的社群中消费不同的公共物品，也可能在同一社群消费不同的公共物品。当一个社群提供多种公共物品时，他可能只为了其中的几项公共物品而加入，而不是对该社群所提供的公共物品都感兴趣。因此，当一个社群有人发起修建某项新公共物品时，他可能认为这不属于伦理义务而不参与。但在他人评断中，这项新公共物品却属于伦理义务。于是，他的选择就被指责是违背伦理义务。当这种情况发生时，我们实在无法依据任何的客观证据去指责他是否违背伦理义务。我们可以这样说：策略性博弈之设计的另一项潜在危机，在于诱导社群成员以社群规范取代伦理义务。个人参与不同社群，可能会发生与其他成员在伦理义务上评断的差距。当社群规范取代伦理义务后，个人为了避免上述评断差距，就会减少同时参与两个社群。由于这两个社群总会有一些重叠的公共物品，这导致个人未能做出最有利社会资源配置的选择。

策略性博弈暗地里将人民纳入博弈。在当前许多政治事务中，人们明确地被告知没有不参与权利。剥夺人民不参与权力的方式可分成两类：第一类是要求有资格的选民都必须在票决时刻出席参与，如强制投票案；第二类并未要求个人在票决时刻必须出席参与，但任何人都摆脱不了票决结果的影响，如设立核电厂案或领土要求独立的公民投票案。[1]

一项议案是否要实行第一类的强制投票，其差别仅在于信息和效率的不同。强制投票要求选民必须亲自走到票柜旁投下他的选票，虽然那可能是一张废票。不少支持者则认为强制投票可以凝聚社会的信心力、提升当选人者的代表性、避免激烈分子操纵选举等；反对者则认为：由于不愿参与者被迫出席去投废票，以致无法区分社群对该项选举的不满或对候选人的不满。

在第二类的剥夺中，议案一旦票决出来，它的效力都将及于社群的每一个人。任何人都无法置之度外，也就是毫无不参与权利。政治本身就具有强制力，任何政治议案不必采取上述的策略性博弈，其票决之后都会对个人造成第二类的剥夺。比如一些

---

[1] 由于产权制度决定个人的生产与交易行为以及个人禀赋的发挥，故分析产权制度的时期属于布坎南所称的前宪政时期。此时期的客观价格结构和收入分配尚未形成。因此，主观的交易成本也就成为科斯认为可以分析产权制度的工具。相对地，当产权制度决定之后，也就是进入后宪政时期后，客观的价格结构和收入分配随之形成，新古典经济的成本效益分析便可大展长才。

公民投票案，不论票决结果为何，都将在台湾地区造成一段为期不会太短的恐慌与混乱。在此期间，不仅经济活动难以进行，人们甚至坐立难安。除了热衷人士外，多数人是持漠不关心的态度，因主观上不认为自己的生活会在之后呈现巨大转变。然而，随着议案的提出，一段恐慌期或混乱期势必来临，也势必带给他们苦难。表决是随着提案而来的程序，对他们而言，问题不在于表决的结果，而在于议案的提出。只要这个议案不被提出，他们就不必面对苦难。他们希望拥有该提案权的垄断权利，并在握有该垄断权利之后永远都不去提案。

的确，我们不容易分析某些提案的相对福利，但是，若存在一群必然遭受苦难的人们时，为何必须把他们强纳入博弈？为何必须剥夺他们不参与这类政治争议的权利？为何不能进一步将这类政治争议的提案权界定给他们？如果我们将政治争议的提案权界定给对此政治争议漠不关心的一群人，其结果是否只是不负责任地任由他们无限推延？为能圆满地回答这个问题，让我们先回顾一下布坎南对于囚犯困境博弈的诠释和分析。[1]

不提案的第三方

在一般的囚犯困境博弈里，由于双方无法信守诺言又无法直接沟通，于是，在检察官的诱导下，双方得到了一个两败俱伤的最差结果。但是，这毕竟只是一个数学构建下的纯粹推理，并不是一个能够描述人的行动或个人在社会中行为的理论。首先，在这个博弈中，双方被迫无法沟通。在人类社会中能符合这个限制的情境不多，以下我们来讨论离婚案。夫妻之间如果相处不好的是一对尚未有孩子的夫妻，不论离婚案由哪一方提出，所造成的后果都只会加诸在双方身上。如果他们育有小孩，不论离婚案由哪一方提出，所造成的后果并不完全加诸在夫妻双方，孩子分担的苦难远较夫妻都多。对孩子而言，他们希望的是能拥有父母离婚案之提案权的垄断权利，并在握有该垄断权利之后永远不会提案。当提案权界定给孩子们之后，他们除了不愿提案而快速瓦解自己的家庭外，也会寻找一些解决的方式。只要议案不被提出，孩子们就获得缓冲时间；只有在缓冲时间足够充裕下，才可能进行各种试误办法。由于他们拥有垄断的提案权，便会尽可能地延长缓冲时间。我们无法保证孩子们提出的试误办法一定会奏效，但其成功的概率是随着缓冲时间的延长而提高。

就如同一般的财产权，提案权也存在准租。将提案权界定给孩子们，等于将租金

---

[1]　Buchanan（1991b）。

送给他们。孩子们因拥有该租金而避免父母离异的苦难，但夫妻则因未拥有该租金而继续僵持。在试误办法未奏效之前，夫妻的痛苦是被延长了。财产权的不同界定，本就会造成不同的收入重分配。在离婚案的例子里，将提案权界定给孩子们可以创造更长的缓冲期间和较多的试误办法。

孩子们能想到的试误办法可能很有限，这个限制会让我们建议的效果失色。不过，当孩子数增加之后，试误办法的次数和质量都会提升，其奏效概率也会提高。如果孩子数目多如攒动在市场中的人头，结果不就更为乐观？

第三节　正义

除了不参与权利外，社群主义不同于自由主义的另一特征就是，它特别关注正义的论述。这主要原因在于，社群主义既要避开市场与政府的力量，那就必须把社群成员对社群的认同和对规范的服从连结到正义的论述，方能凝聚出强大的力量。由于正义的论述甚多，本节仅探讨主观论的正义论述。下面，我们将先分别讨论重分配正义与交易正义的意义，然后再讨论公义社会的内容。

重分配正义

第一次世界大战前社会主义的兴起和战后计划经济的激烈狂潮，导致古典自由主义逐渐分裂成偏左和偏右的两派。两派都尊重私有财产权、反对计划经济，其差异主要在重分配政策。偏左的自由主义称为自由解放主义（Liberal–ism），主张政府负有管理经济运作和提升社会福利的义务；[1] 偏右的自由主义称为自由人主义（Libertarian-ism），主张政府最多仅能辅佐市场和社会的发展。自由解放主义认为自己继承了古典自由主义对抗神权与王权的反抗精神，并具有接纳不同观念的自由解放视野，故将英文 Liberalism 的 ism 去掉，自称为自由解放者（Liberal）；相对地，自由人主义者认为自己才是捍卫私有财产权和市场机制的古典自由主义的继承者，从 Liberty 变化出自由人（Libertarian），以区别被自由解放者抢先使用的 Liberal。[2]

导致古典自由主义分裂的是双方对社会公义的论述。自由解放者将社会公义分为

---

[1]　由于这些混淆，美国的自由解放者保罗·克鲁格曼（Paul Krugman）喜欢用进步主义（Progressivism）替代自由解放主义。

[2]　自由人的另一来源是美国中西部的垦荒者，他们在无政府资助下冒险深入印第安人地区垦荒、定居和发展。他们称自己是自由人（Freeman）。

交易正义（Exchange Justice）和重分配正义（Redistribution Justice）[1]，并认为古典自由主义只强调前者而忽略后者。自由人认为重分配正义是虚构的正义，其目的在于否定交易正义。

社会公义就是个人行动普遍遵循社会规则的状态。个人行动若能遵循规则，就能提供他人明确的行为预期，好让他人计划其行动去实现目的。以交通规则为例，如果我遵循交通规则，他人便知道我会靠右行驶，会先打左转灯再左转，也会红灯停绿灯行，于是，他开车去工作时便可以避免跟我发生车祸。当然，他人不会知道我开车要去哪里，因为这是我的私人计划。但我遵守交通规则，就不会影响他人用路的安全。道路不因我的使用而影响他人的使用，这是洛克对于个人使用公有资源所提出的前提（Pro Viso）。我与他人之间的关系止于此前提。除此之外，如个人运用道路的目的，则必须相互尊重。个人必须尊重他人遵循规则去实现的私人目的和成果。其他的市场规则亦然，都是为了能让他人也能利用市场平台，共同利用市场机能去实现个人目的和成果。

当然，个人目的是否能够顺利实现，也受到个人事前规划和突发状况的限制。即使人人都遵守规则，还是有许多人在事后失败。失败者的处境的确令人同情。极端的利他主义者不忍看到他们的失败，便主张以计划经济替代市场的竞争机制，因为计划经济不会带来成功与失败的差异。较不极端的利他主义者，则主张政府应该从成功者身上转移一些财产给失败者。他们认为这只是拔几根毛发而已，这个论点也深受自由解放者的支持。

利他心是出于个人的关怀和自愿的捐献，完全不同于以制度去强迫他人捐献的利他主义。捐赠是一种消费，可以利用市场机能去实现，也可以形成一项产业。当个人不担心捐赠会遭到窃用，捐赠产业就能发展。宗教、哲学等利他心思想的传播也有助于捐赠产业的增长。问题是：私人捐赠总额是否能满足社会的需要？这争议已经很久了。其实也不必争议，因为免费午餐永远都是供不应求。除非私人捐赠远低于需要，但又如何去认定严重不足现象的存在？

如果私人捐赠严重地低于社会需要，政府的重分配政策是否还是不可容忍？很多人误认为自由人主义是"拔一毛以利天下而不为"的杨朱信徒。事实上，自由人主义追求的是对私有财产权的保障和对政府压制权力限制。它明确地区分社会的重分配需要为社会救济和社会福利。社会救济的对象是身体缺陷而无能力自谋生活的人和被

---

[1]　Justice 有人翻译成公义，也有用正义。本书同时使用。

遗弃的小孩，社会福利则是政府大慷他人之慨的政策，如年节敬老金或生育补助等。

安排自己一生的幸福是自我负责的表现，《伊索寓言》里那只在春天唱歌嬉戏的蚱蜢就没有好好规划自己的未来。寒冬的来临是可预期的。寒冬下的受冻不是他们的命运，而是他们不负责任的代价。的确，他们曾经做错了，而现在也尝到苦果。但我们真的忍心看他们饿死吗？自由人主义是否真的如此冷漠残酷？如果连一个已经忏悔的生命都不愿意去拯救（不是救济），还要政府干吗？来自洛克传统的自由人主义源于《圣经》，接受生命来自于上帝，自然难以见死不救。再说，最后的宽恕是《圣经》的另一要义，这也让自由人无法不以怜悯心对待最后走投无路的失败者。

他们坚持的是政府不可干涉市场的相对价格，更不能侵犯私有财产权，此外并没有对政府动支预算有过多的限制。自由人主义倾向于小政府主义而非无政府主义。不论规模大小，政府都需要编制预算，而租税是政府预算收入的唯一来源。人民一旦决定了租税负担，政府就可以在这些租税收入下分配预算，包括教育预算、福利预算等。税收之外，自由人主义坚持政府不能发行公债、不能借钱、不能印钞票，因为这些作为都会侵蚀私有财产权，同时也使得人民难以控制政府。[1]

交易正义

接着讨论交易正义。让我们想象一个小岛上住有 W 和 M 两人，其中 W 拥有 100 个苹果而 M 拥有 10 只鸡。贸易前，他们早吃腻了自己拥有的食物。贸易后，两人的福利（或效用）都提升了。

贸易不是掠夺，是双方出于自愿的交换，没有一方遭受现实或潜在的压制权力的威吓。[2] 只要遭受威吓，个人就无法拥有议价权利（Bargaining Right），当然也不具备议价权力（Bargaining Power）。个人只有在拥有议价权利时，才有机会提出他的交易条件。若个人没机会提出他的交易条件，交易便无公平性可言。同样，对方提出交易条件后，个人也必须拥有拒绝与退出贸易的说不权利（Right of Say-no），否则交易也无公平性可言。议价权利与说不权利是双方必须相互尊重和各自遵循的共同规则。在二人世界，个人遵循共同的规则就是履行社会正义。

---

[1] 保险市场（健康保险、失业保险、老年保险、工伤保险、旅游保险）的发展可以降低上述的困境，也可以让更多的人对其一生有较完整的规划、较大的风险承担能力、参与较激烈的市场竞争和较高的事后自我负责能力。但保险市场的完备深受人口及收入的影响。当市场规模太小时，保险市场难以运作顺畅，创业精神也不容易发挥。哈耶克便认为政府可以扮演起市场孵育者的角色，铺设便利市场运作的环境、改善制度等，甚至以落日条款的方式去补助萌芽的企业。

[2] 压制权力指强制执行的力量，包括军警武力、政府管制权力和政府授权的垄断力，但不包括经由拥有独占原料与技术以及经由市场竞争胜出之自然形成的垄断权力。以下是几个压制权力的例子：（1）小商家受到黑道的威胁而不敢推出黑道所垄断的商品，（2）政府以公告价格强行征收农耕地，（3）国营企业推出电力或汽油的垄断价格。

说不权利是个人对其生命与财产的最低保障。在这个保障下，W 拥有消费 100 个苹果的最低效用。如果他吃得太腻，可以拿 40 个苹果喂林中的猴子。若这样，W 可以提升效用。个人在未交易前所享有的效用称为他的原始效用。拥有 10 只鸡的 M 也存在他的原始效用，比如消费 5 只鸡并让 5 只鸡嬉戏于树林下的效用。

在拥有说不权利下，W 和 M 愿意拿出来贸易的商品数量，是否就是他们不愿再消费的 40 个苹果和 5 只鸡？未必。如果 W 非常喜欢鸡肉，他会愿意拿出更多的苹果来交易鸡；而 M 也是。两人的效用影响到他们的贸易条件（交换比率），也同样影响他们自愿交易的数量。

贸易数量和贸易条件会随着参与的人不同而改变。由于人们多是交易自己缺乏的商品，故对该商品的效用是随着交易和消费逐渐发展定型。既然个人效用随着贸易过程调整，其边际效用就随着消费数量改变，贸易条件也会随着效用的改变而调整。双方对商品的效用、贸易条件和贸易数量都是在贸易过程中形成，而不是在贸易前就能计算出来。脱离贸易过程而预设的贸易条件和贸易数量都是任意的设计，那是对双方的压制权力。压制权力否定了个人的说不权利和议价权利，直接违背了社会正义。

理解贸易条件并不是固定比例后，要评估其是否公平就困难多了。[1] 国营事业常根据生产成本和预计利润去计算售价。这个逻辑来自于古典经济学的劳动价值理论，包括马克思理论在内。这类价格是否可以称为公平价格？根据上面的讨论，这类价格无法因人因时而异，故不会是公平价格。如果生产事业属于民营，规定这类价格等于是限制了企业主投资在这类产业的利润率。如果这个限制导致其利润率低于其他投资，那对他们就不公平；反之，如果高于其他投资，那对一般消费者则是不公平。如果生产事业属于国营，这也同样是不公平，因为它扭曲了上游商品与下游商品的投资利润，同样会导致对投资者或消费者的不公平。[2]

贸易之后双方都获得利得，至于利得的分配则取决于双方的贸易条件。以上例说明，W 可以交易的苹果是 100 个而 M 是鸡 10 只。1 只鸡可能交换到 1 个苹果，也可能交换到 20 个。不同的交换条件产生不同的利得，而两人都会争取对自己最有利的交换

[1] 当两种商品之一是货币，比如 M 以货币交换 W 持有的苹果，此时的贸易条件即是苹果的价格。苹果价格不仅会因人而异，也因时而异。以近日波动的石油和粮食的价格来说，当其狂飙时，报道上常见到一些似是而非的论调，如要求政府把价格管制在合理范围内。既然价格会因人而异、因时而异，就不存在任何的合理价格。任意决定的价格，由于无法因人因时而异，对不同的人在不同的时间就产生不同的限制和伤害，结果反造成不公平。

[2] 大部分的商品都存在一个波动不大的价格范围，这是否意味着合理价格的存在？价格的合理性很难定义，毕竟每个人不仅主观地看待价格，更会从自我利益去检视它。我可以接受的"合理性"的定义极限是：个人的消费行为已因价格变动而习惯一段时日。这个定义着眼于价格变动下的调整成本。在这个定义下，任何稳定一段时日的价格都是合理的。比如石油价格狂飙时，人们就认为高油价不合理，而不愿探究石油市场的供需变化。

条件，如 W 希望 1 只鸡交换 1 个苹果，但 M 则希望 1 只鸡交换 20 个苹果。假设双方可以接受的范围是在 3 个苹果到 12 个苹果间，那么，1 只鸡交换几个苹果才算公平呢？W 如何定义公平？ M 又如何定义？虽然这节讨论的是贸易条件的公平性，但只要讨论到公平，都会触及公平的普遍性论述。

公义社会

公平的两项原则，就是公共经济学在论述租税负担时提出的水准原则和垂直原则。水准原则要求相同能力的人缴纳相同的税，垂直原则要求能力不相同的人缴纳不同的税。有学者认为能力不容易衡量，建议改以收入（或财富）为基准。另外，有学者认为租税必须与公共支出一起考量，所以租税负担要以个人享受来自公共支出之福利为基准。这时的两个原则也同样是：享受相同福利的人缴纳相同的税，享受不相同福利的人缴纳不同的税。当基准由客观的收入转到主观的福利之后，公平的概念变得更为复杂。

最简单的公平概念就是受分配者获得的数量相同。如果这些数量可以用共同单位来衡量，如商品数量或收入，则称此分配结果为平等（Equal / Equality）；如果这些数量无法以共同单位来衡量，如效用或地位，则称此分配结果为"公平"（Equitable / Equity）。假设 M 与 W 各愿意拿出 40 个苹果和 6 只鸡来交换，则贸易比例在平等原则下的分配是，M 与 W 各分配到 20 个苹果和 3 只鸡；在公平原则下的分配，M 可能分配到 25 个苹果和 2 只鸡而 W 分配到 15 个苹果和 4 只鸡。

当两人各获得 20 个苹果和 3 只鸡，就是 6.7:1.0 的交换比例。但两人所持有未交换的商品，W 是 60 个苹果而 M 是 4 只鸡。以该交换比例换算成苹果，则 W 是 60 个而 M 是 26.8 个。如果我们将交换后与未交换的商品一起计算，则 M 的总消费数是小于 W。虽然我们在贸易过程中以最严格的平等原则为要求，但是在加计两人所持有未交换的商品后，该平等原则并未实现。但如果我们要求将交换后与未交换的商品一起计算，这可在 10:1 的交换比例下让 M 与 W 各分配到 50 个苹果和 5 只鸡。这分配实现了平等，却消灭了贸易活动，因为这时的分配机制是计划经济。

如果我们要在公平的要求上保障贸易活动，交换比例最多只能施用在各方愿意拿出来交换的商品数量，而不能牵涉到个人未交换的商品数量。但个人愿意持有未交换的商品数量，和他愿意拿出来交换的商品数量，都是和交换比例一起同时决定的。也就是说，平等原则若要施用到他愿意拿出来交换的商品数量，也就等于施用到他未交换的商品数量，或施用到他全部的持有量。这样，平等原则的施用也就消灭了贸易活动。

这个逻辑不仅对公平原则同样适用，更广泛地说，只要交换比例的基准建立在分配后的结果上，不论采取什么样的原则，施用结果都会消灭贸易活动。这是因为一旦把贸易条件的公平性建立在分配后的结果上，就会出现人们在拿出来交换的商品和未交换的商品之间存在不一致的公平性。为了一致或全面的公平性，贸易条件就必须施用于所有的资源，也就等于以计划替代贸易。把贸易条件的公平性建立在分配后的结果，也就是让贸易条件先于贸易存在。

许多人直觉地认为要先有贸易条件才能进行贸易，那是极大的错误。不会伤害贸易活动的贸易条件只能是在贸易过程中形成，无法先于贸易活动或离开贸易活动。许多哲学体系和政治理想主义者，常提出某类先于贸易活动或离开贸易活动的贸易条件，包括以劳动力衡量的相对价格、根据前期投入产出表计算出来的价格结构、对环境商品的预计价格、根据哲学或宗教所规定的价格结构等，都常深深伤害市场活动和人类的文明发展。

为了跳脱这个困境，贸易公平的条件就不能以分配结果为基准，而必须以引导交易进行的交易规则为基准，然后让交换比例（也就是商品价格）在人们遵循规则下自然决定出来。这些规则只限制一般的行为，比如童叟无欺、不盗版、成分详细标示、可七日之内退货等。当然，个人对不同的规则会有些偏爱，但毕竟是市场决定交换比例，个人相对较难事先盘算，因此人们大都不会反对。

当个人自愿接受一项规则时，此规则对他就算公正（Fair / Fairness）。对一个可讲理的人来说，自愿接受一项规则就是愿意接受市场所决定的交换比例。接受是主观的词汇。个人面对一项规则时，出于信息成本与交易成本的考量或是想不出更好的规则时，他的决定可能就是"虽不满意、但可接受"。只要可接受，就是自愿接受。虽然我们说个人对规则展现的结果较难正确地盘算，但只要拥有有限的估算能力，他对于规则下的预期结果就能评估。因此，他也有可能不愿意接受某项规则，因为预期利益是负的。反过来说，任何一项规则的预期利益总会对某些人是正数，而对另一些人是负数。那么，能让所有人都愿意接受的规则（称之规范）可能很少，这也使得市场在运作时因缺乏足够的规范而难以令人满意。

当单一规则运作在单一商品市场时，个人容易计算遵守规则的预期利益。若单一商品市场之交易规则不止一项，不同的规则带来不同的影响，有的会增加预期利益，有的则降低预期利益；但总的说来，经过加减之后，个人对于该商品贸易的失望程度会下降。当施用在一项商品交易的一套规则能让个人觉得可以接受时，我们称这一套规则合乎公义（Just / Justice）。

即使面对一套公义的规则，个人在进行单一商品的交易时仍可能失望。所幸贸易规则的对象是一般通用，而非针对单一商品。于是，个人可以再度进行加减不同商品市场下的预期。当施用在所有商品交易的一套规则让个人觉得可以接受时，我们称这一套规则合乎市场公义（Market Justice）。个人生活在社会中，与他人的往来不只有贸易关系。哈耶克称此扩大的社会往来为扩展市场（Extended Market）。当施用在扩展市场的一套规则能让个人觉得可以接受时，我们称这一套规则是合乎社会公义（Social Justice）。[1]

附录：卢梭的不平等起源论

卢梭的平等思想发展出法国大革命的"自由、平等、博爱"理念，并深刻地影响1848年马克思和恩格斯呼吁"每个人的自由发展是一切人的自由发展的条件"的《共产党宣言》，以及社会民主的追求原则："所有的人在一切生活领域的平等的自由，将通过团结互助和社会组织而得到实现。"[2]

卢梭在《论人类不平等起源和基础》中先列出三项关于人类天性的公设，再根据这些公设推导他的社会理想："人类在成立社会契约后，人人再度平等"。简单地说，人类在原始状态之下原本就是平等，直到文明出现后才陷入不平等。当人类签订社会契约成立政府之后，又可复归于平等。他提出的三项人类天性的公设如下：怜悯心公设（公设一），人类深藏在追求延续和福祉的一项自然倾向，就是避免看到他的同类遭受痛苦或毁灭；模仿能力公设（公设二），人具有模仿的能力；能力相等公设（公设三），在自然状态之下，人与人之间的差异不大。他称自然状态的人为野蛮人，并根据这三项公设推演出野蛮人的几项行为：推论一，野蛮人终能克服对野兽的惧怕及自然气候的挑战；[3] 推论二，野蛮人的欲望不会超过生理的需要；[4] 推论三，健壮的野蛮人只要有希望在别处找到生活数据，就不会掠夺幼小老弱；[5] 推论四，野蛮人的相遇和往来

---

[1] 许多的自由人主义者不会接受社会公义这类的词汇。由于这词汇已经广为社会使用，我认为与其坚持其不应使用，还不如赋予较正确的定义和用法。类似地，我对于公平价格也抱持这观点。

[2] Meyer（1996），第3页。

[3] 推论一：人这种动物并不如某些动物强壮，也不如某些动物敏捷，但经由观察动物并模仿它们的生存技巧，逐渐地学会狩猎和战斗本能，也学会躲避自然灾害的技巧。

[4] 推论二：由于人类的触觉和味觉相对于动物是极端迟钝的，即使视觉、听觉、嗅觉的敏锐也比不过它们，因此，人类在这方面的需要不会超过动物。没有衣服、没有住处、没有医药、没有那些在我们看来是那么必需的一切无用之物——这些对野蛮人来说并不是多大的不幸。他所需要的是原始欲望的满足，也就是食物、异性、休息；而他所畏惧的是疼痛和饥饿。（《论人类不平等的起源和基础》，第62页）

[5] 推论三：强壮的野蛮人能够在学习动物的技巧后取得足够的生活资料，而他的欲望也不会太高。若他还会掠夺幼小老弱，那就违背怜悯公设。

决定于因缘际遇，尚未形成抽象的比较概念，也没有报复的念头。[1]这四条推论可以进一步推导出关于野蛮人之处境的野蛮人原理：野蛮人感觉不到不平等；野蛮人不存在从属关系，也没有协议；野蛮人并不邪恶，也不悲惨。

卢梭说："在没有爱情的地方，美丽有什么用？在没有语言的地方，才智有什么用？在不互通交易的地方，狡诈有什么用？"[2]野蛮人对不平等是感觉不到的。此时，每个人都一无所有，而且没有人可能比他人需要更多，"在这样的自然状态中，如果说一个人需要另一个人比一只猴子或一只狼更需要另一只猴子或一只狼，那是不可能的事……他们彼此间，又怎能在条件上达成协议，也是不可想象的事"。在一个生存无忧虑又不存在从属关系的自然状态下，人怎会悲惨？他心目中的自然状态即使不是一个黄金时代，至少也是一个人人生存没有问题的社会。相对地，"如果野蛮人被智慧所炫惑、被情欲所困扰，总在不同于他自己所处的一种状态上去推理，那才是最悲惨不过的。"[3]

但是，这样的平等状态能持续多久呢？卢梭把人类的不平等看成是和人类社会同步演化的。他认为，有一天，有人在树枝上架起了树屋。第一个建立树屋的人，是少有的聪明人，因此，他人在无法强夺下只能模仿修建。树屋多了，便形成部落，人也开始往来。于是，男女相遇不再是巧合，逐渐因共同生活而产生感情，嫉妒也因而出现。在部落里，男女开始分工，生产效率逐渐提升，闲暇开始出现。舞蹈与音乐也因闲暇而出现，人群逐渐被归类成"会舞蹈"与"不会舞蹈"两群。其实，当人们侥幸地学会用火之后，先用于御寒，再用于熟食；之后，也学会以石头、树枝等为武器战胜其他动物。逐渐地，他发现了由快慢、大小、强弱等形成抽象的比较概念。他说道："每个人都开始注意别人，也愿意注意自己。于是，公众的注意具有一种价值……这是走向不平等的第一步；同时也是走向邪恶的第一步。从这些最初的爱好中，一方面产生了虚荣和轻蔑，另一方面也产生了羞惭和羡慕……这种轻蔑往往比损失本身还要难受。这样，由于每一个人如何对他所受到的轻视予以惩罚，是按照他对自己的尊重程度来决定的，所以，报复就变成了可怕的事情。"[4]

再有一天，有人"第一个把一块土地圈起来，并想到说出这是我的；而且也找到一些头脑十分简单的人居然相信了他的话，也开始懂得去排除他人使用该土地，私有财产

[1]　推论四：野蛮人没有住屋，更没有财产，每个人随便找个地方住，而且往往只有一夜。两性的结合只是偶然或因缘巧遇，不需要语言来表达。这时还没有形成爱、调和、均匀、美丽、赞赏等抽象概念，当然也就不知道什么叫虚荣、尊重、轻蔑。没有这些抽象概念，自然也就没有"你的"或"我的"等所有格，从而没有报复的念头。（《论人类不平等起源和基础》，第89—90页）

[2]　《论人类不平等起源和基础》，第94页。

[3]　《论人类不平等起源和基础》，第80页。

[4]　同上书，第105—106页。

权出现了"。[1] "这时，人类的一切能力都发展了。……一切天赋的性质都发挥了作用，每个人的等级和命运，不仅是建立在财产权的多寡以及能力上，而且还建立在聪明、美丽、体力、技巧、功绩、才能上。"[2] 于是，他证出"不平等起源原理"：私有财产权加上技术的不同，人类的不平等就发展起来。于是，不平等被实质化了。平等一旦被破坏，继之而来的就是最可怕的混乱。因为富人的豪夺、穷人的抢劫，以及一切毫无节制的情欲，扼杀了怜悯心和很微弱的公正声音，于是人变得贪婪和邪恶，强壮者和先占有者发生了无穷尽的权利冲突。

为形势所迫，富人中会有人提出这类深谋远虑的计划："如果所有的人彼此都武装对抗，对富人与穷人都是沉重的负担，任何人都得不到安宁。因此，我们要创立一种不偏袒任何人的、人人都需遵守的维护公正与和平的规则。把我们的力量集结成一个至高无上的权力，这个权力根据明智的法律来治理。……社会和法律就是这样或者应该是这样起源的。"[3] 同时，卢梭也认为："它们给弱者以新的桎梏，给富者以新的力量。它们永远地消灭了天赋的自由，使自由再也不能恢复；它们把保障私有财产和承认不平等的法律永远确定下来，把巧取豪夺变成不可取消的权利。"[4]

人类在形成社会时，也发展另一条路，就是结合成政府。野蛮人单独生存的危机甚多。卢梭认为"每人条件相同……结合可以生成力量"。所以为了存活，野蛮人只好结合，并在结合中奉献部分或转让全部。明显地，他考量的是经济规模以及皆近于零交易成本的组织，因此转让全部的结合可产生最大力量。他辩称道："每个人既然向全体奉献自己，就等于没有向任何人奉献出自己。"每个人既然向全体奉献自身让渡的权利，他也就没有向任何人奉献出自身让渡的权利。每一个人都以其自身让渡的权利共同置于一个称为普遍意志（General Will）的最高指导之下。"在这个在普遍意志指导下的共同体中，每一个成员都是全体不可分割的部分"。[5] "在这个道德共同体之下，人人平等"。[6]

---

[1] 同上书，第 91 页。

[2] 同上书，第 113 页。

[3] 《论人类不平等起源和基础》，第 116–117 页。

[4] 同上书，第 117–118 页。

[5] 同上书，第 25 页。

[6] 同上书，第 37 页。

第五篇　当代政治经济议题

第十五章 经济管理与经济危机

不同于前几章讨论的各种不同于自由经济的经济体制，经济管理在原则上依旧遵守着私有财产权体制，只是巧妙地利用民主机制的不完善处，让政府在景气不好的时候得以跨越其预算与行政能力去操控经济，而这些超越行动经常会超越宪法制约。[1] 从另一个角度看，任何政体都必须在景气不好的时候回应失业者的救助要求。当传统的自由经济不能有效处理短期失业问题时，民粹主义将侵入民主运作，允许政府扩增行政权力，甚至修改法令。然而，为短期的特定目的而推行的政策，往往严重地伤害宏观经济社会的未来发展。因此，分析这些经济管理政策可能产生的长期后患，以及如何以宪法制约民粹民主的一时决策，也就成为本章的焦点。

在不直接侵犯私有财产权的原则下，经济管理政策要求政府直接控制能够影响经济各层面的一些共享的经济变量，如利率、货币供给量、汇率、税率、公共支出等。为了让这些理念能具有作业性，它创造了一些总合经济变量，如 GDP，物价水平，失业、总投资、总消费等，然后再建立总经济变量与共享经济变量的相关性，以作为政府施政的凭据。[2] 因此，本章将以第一节为理论基础，先讨论通货膨胀与利率的经济内容，然后再讨论货币政策与利率政策对景气波动的影响。然后于第二节回顾历史上重要的经济管理政策，包括英国在第一次世界大战后重返金本位运动以及在第二次世界大战后实行凯恩斯经济管理政策的过程，同时，我们也将讨论给近代一再带来经济危机的广场协议，并以日本的失落年代为例。最后，第三节将探讨美国次贷危机和欧洲主权债务危机，并指出经济危机乃根源于人们一再地违背市场规则。

---

[1] 比如美国在 20 世纪 30 年代经济大萧条期间，小罗斯福推行新政以期复苏经济，其中便有全国产业复兴法案（NIRA，National Industrial Recovery Act），要求特定产业对所有公司建立产业规则，包括最低价格、无竞争协议、生产限制等，并得获得 NIRA 官员的批准。1935 年 5 月，美国最高法院一致判决该法案违宪。

[2] 总变量只是以加权方式加总出来的统计变量，脱离与个人的行动意愿的关系，从而失去任何可以建立因果关系的信息。

第一节　货币与景气波动

第十三章提到，门格尔认为货币不只是交易媒介，也是购买力的储存媒介。他从人们对商品的需要去审视货币的本质，认为商品固然要流通，但在其制成之后，也会暂时地停留在制造商、中间商、零售商的手中。就在市场中流通或暂停的现象而言，货币与一般的商品并无二致。如果某甲认为某乙持有的商品较他手中持有的商品在未来更容易被第三人接受，他会和某乙交换其持有的商品并保存，以缩短他未来实现欲望的时间。不同的社会存在着不同的风俗、消费习惯、甚至特殊的生产方式，也都存在某些商品较其他商品更容易被大多数的人所接受。这个现象未必人人都知晓，但总会有"一小撮的人看得出来"[1]。这一小撮的人开始保存这些商品并于未来使用，其他的人也跟随模仿。模仿的人多了，这些商品就成了社会普遍认同的货币。若缺乏一般人的普遍模仿，该商品将无法发展为货币。

货币出现的功劳不能仅归功于首先使用它的人，模仿者也有着相同的贡献。门格尔认为这些商品之所以被作为货币，并不是有人早已知道它最容易为他人所接受，也不是经过一群人的集体决议；相反，它只是在偶然之间被人采用并被邻人所接受。当然，这也可能是某人经过多次试误而累积出来的经验，或根本就是无心插柳柳成荫。从这个角度看，货币和市场、语言、风俗、家庭等类似，都是必须依赖多数人的接纳才发展得出来的制度。所以，货币也是一种制度，也存在生成的一些规则，而大多数人的遵循与否将决定了该货币（制度）的好坏。货币的好坏（Soundness）并非决定于作为货币之商品的材质，而是人们对货币制度的遵循与否。比如在以金币为货币的时代，一旦政府垄断金币发行权，也一再出现金币的黄金成色日益减少的现象。

因此，货币就是个人为了下次交易而换取之商品。他在交易时并没有要立即消费它的计划，而是希望在未来（或下次）以它交换可以消费的商品。持有货币既是为了下次的交易，门格尔便认为个人之所以会视某商品为货币，是主观上认为它在未来具有可销售性（Saleableness）。交易必然存在交易条件。假设某甲今天以三条河鱼换得一粒榴梿、并计划明天拿这粒榴梿去换一些樱桃。他便是把榴梿看成货币，因为他相信明天拿榴梿去换樱桃会比拿鱼换樱桃容易些。他的个人经验教他视榴梿为货币，但同时也提醒他可能遭遇的风险，包括明天遇到愿意接受榴梿之交易对象的概率，以及对

---

[1]　Menger（1976［1871］），第 261 页。

方愿意拿多少樱桃来交换榴梿的交易条件。可销售性是以程度表示的概念，允许个人比较不同货币间可销售性的高低，并选择和持有可销售性较高的货币。也就是说，他会不断地改变手中持有的货币的种类，比如，先是持有榴梿，然后换成玉米，再交换成珠玉或碎银，最后换成美元。

易于携带或存放不易变质都会影响可销售性，但这些因素都取决于个人的主观。于是，个人对于不同货币之可销售性的排序会不相同。但在同一地区，由于人际间相互模仿的网络效应，会使这些影响因素的评价渐趋一致，而可销售性的排序也跟着稳定下来。新的货币会随着科技的突破或新交易机会出现，挑战既有货币的可销售性。新货币带来新的竞争。竞争是演化的驱动力，人们的评价和相互的模仿决定了货币的新排序。

通货膨胀

个人不论持有哪种货币，只要未来实现消费的地点是在同个地区，物价的波动将影响个人跨期消费的决定和持有的货币量。

通货膨胀（inflation）是较常发生的物价波动。通货膨胀在经济学中存在两种不完全一致的定义，其一指物价水平的持续上涨，其二指货币供给量的持续增加。货币供给量与物价水平都可以设定衡量的指标，但其准确性一直是争议不断。

货币供给量的增加只是物价水平上涨的一项可能因素，物价水平上涨也只是货币供给量增加的一项后果。因此，上述两项对通货膨胀的不同定义会引导出不同的政策建议。若采用物价水平上涨率的定义，我们关心的仅是货币的平均购买力的变化。物价水平持续上涨时，货币变得不值钱；物价水平持续下跌时，货币就变得很值钱。这个定义仅提供我们这些信息而已。

当政府扩大货币供给时，主观论不认为新增加的货币供给会自动且平均地分配到每位消费者，也不可能像直升机从天上撒下新货币让百姓去抢。政府会先编列计划和预算，然后再以各种名义拨款给计划中的受款人。假设政府并不想补助人们，只想先帮助他们解决流动资金的需要。但是，只要先获得发行的货币，人们就能在市场价格还未上涨之前开始布局，以近乎无利率的额外资金去抢占市场先机。资金投入市场后，相关的因素价格开始上升。新释出的货币会部分地流回金融机构，让金融机构继续第二轮的贷款。能从金融机构借得第二轮贷款者，虽然其市场机会和预期获利率比不上第一轮的贷款者，但至少还有一些剩余的利润可以收割。

谁会是第一轮贷款者和第二轮贷款者？毫无疑问，他们不会是经由抽签决定的人选。第一轮贷款者往往是与政策制订者关系良好的个人或企业，而第二轮的贷款者则是与金融机构关系良好的个人或企业。到了第三轮的贷款，金融机构才会开放流动资金给一般百姓，但这时的商业利基已尽失，而且因素价格也已普遍上涨。

假设劳动力同质，则薪酬率和能源、土地等价格会随着投资的扩大而上涨。只要政府的扩张性政策还未陷入长期的惰性，第一期贷款者的投资将启动繁荣也同时预期即将来临的繁荣。当繁荣来临时，市场对最终消费品的需要将大幅增加。于是，他们在投资最终消费品的生产时，也同时投资中间产品的生产。这是他们在斟酌未来的市场占有率与即将出现之繁荣下的最优决定。这批投资将带给这些产业之投入因素更高的报酬和劳动薪酬。此时期，由于因素报酬和薪酬开始上涨，但最终消费品的供给也开始增加，故其价格还不会上涨。不过，生产消费品的中间产品因供给还未增加而需要已增加，故其价格会开始上升。总之，这时因为劳动薪酬的上升和因素报酬的增加带来了景气回春的信息，消费品的需要和供给都会增加，故物价还不会全面上涨，仅出现在消费品的投入因素。

当轮到第二轮贷款时，由于中间产品市场已遭第一轮贷款者占据，贷款者的投资只能倾向于消费品产业，这将导致消费品价格的下跌。然而，消费品产业生产的增多也拉高对因素的需要和中间产品的价格，而中间产品价格的上升将诱导在第一轮已赚得利润的厂商投资到更高阶的商品。这时，市场全面繁荣，各种商品之生产结构的各生产阶段也都在扩大生产。第三轮贷款者大都是小商人，而此时各种商品之生产结构的各生产阶段也都接近饱和。可以预期地，他们的投资将以消费品的销售产业和服务业为主，但很快地，这些产业就进入完全竞争的境地。

新增的货币供给是循着上述过程进入社会。凡它经过的产业，其商品和生产该商品之投入因素的价格便发生变动，然后再把变动传递到更高阶的产业。于是，物价结构便出现轮涨的现象，而某些商品或原材料也会出现先涨后跌的现象。由于物价水平是各种价格的加权平均，在繁荣启动时，因其细项商品之价格有涨有跌，其加总之后的价格时常看不到太高的增长率。但即使如此，由于细项商品轮番上涨，人们却是可以感受到价格的上涨。换言之，统计所呈现的物价上涨远低于人们的感受。这感受会持续到市场全面繁荣时，而这时统计也已经出现物价上涨的信息了。

利率

利率是资金（货币）借贷的价格，因此它决定于资金的借贷市场。资金借贷市场里有可贷资金的供给者，也有可贷资金的需要者。借贷市场借贷的是资金之使用权。

最简单的借贷是：我需用钱而你正好有钱，我就跟你借，说好明年还，也说好借贷之利率。因为借贷只是使用权的交易，因此明年我除了要给你利息，还要还借的钱。在多人社会，许多人愿意借钱给我。若货币同质，借贷利率会趋近。若货币异质，不同货币的借贷利率就会不同，以反映不同的可销售性。

可贷资金的供给者是有钱而不会投资者。他们可能是市场的菜贩，也可能是省吃俭用的公务员；如果个人拥有的钱多，就成了古代的员外或今日的资本家。资本家是金融产业尚未发达时的称谓，其实就只是有钱人。早期的有钱人自己把钱贷款出去，现在的有钱人则把钱投资于金融市场，然后交由金融中介去寻找需要资金的投资者。

企业家是市场中最大的资金需要者。他们具有创业和开拓市场的能力，也有整合生产投入因素的能力，但未必拥有足够的运作资金。投资生产需要租用厂房、购买机械、聘雇劳动力和购买原材料。由于这些支出都发生在计划投资支出之前，投资本身就意味着资金的需要。

每当发生金融危机时，媒体常喜爱报道一些靠着自有资金创业而未受金融危机波及的中小企业，潜藏着对借贷投资的不信任。借贷投资的确存在风险，但借贷市场的存在不仅让较大投资计划有实现可能，也让缺欠自有资金的企业家有施展抱负的机会。出身富裕家庭的投资者并不缺欠自有基金，因此，借贷市场能提供穷小子翻身致富的机会，有利于社会阶层的流动。

企业家的投资决策取决于他对投资案之未来各期预期收益之折现总值和投资成本的比较。如果未来的预期利率上升，投资案之折现总值会降低，将不利于投资。因此，凯恩斯学派常要求政府降低利率以诱发投资。然而，除了利率外，还有两项常被忽略的考量因素。其一，是投资计划的预期回收期。预期回收期的增长可以提高预期回收之折现总值，而利率的下降有利于预期回收期较长的投资案。一般而言，高级的投资案会有较长的预期回收期，因此对于利率的变动也就较为敏感。其二，是开始回收报酬的起点。报酬开始回收起点愈迟，其折现总值愈低。因此，利率的下降相对有利于报酬开始回收起点迟的投资案，而这些投资案也大都是高级的投资案。在这两个因素考量下，利率的下降不仅有利于投资，在投资结构上也相对有利于高级的投资案。

利率反映可贷资金的充沛程度。当市场存在超额供给时，利率下降；反之则上升。利率低，使用可贷资金的成本较低。在资金不充沛的经济发展初期的社会，利率相对偏高。经济发展初期的金融市场并不发达，利率无法反映出资金的全部使用成本。这使资金的全部使用成本超过市场利率，远高于政府刻意推动之产业的补助利率。失去可靠之市场利率的指引，又遭遇政府管制利率的迷乱，许多发展中国家便选择较高级之产业。蒋硕杰曾指出印度在发展工业初期采用"轻轻重重"（轻视轻工业、重视重工业）之政策的失当，主张我们应该采用"重轻轻重"（重视轻工业、轻视重工业）的产业政策。很幸运，台湾地区初期的产业发展便循着他所期待的路线。[1]

借贷市场若不受政治干扰，贷款者和需求者决定的借贷利率是自然利率。如果市场受到政治干扰，出现的利率是市场利率。同样，汇率市场也可以以类似观点定义出自然汇率与市场利率。让我们考量奉行自由经济的某国，其汇率与利率都处在自然汇率与自然利率下。再假设一位外国炒家（已经联合了其他国外炒家），其资金规模远多于该国的外汇存底，计划向该国银行借入大批该国货币，然后到外汇市场买美元并等到该国币值下跌后，再卖掉美元并偿还贷款。换言之，这是对该国汇市进行的放空炒作。现在的问题是，假若该国央行并不护盘，这位炒家能成功吗？很明显，他必须要让该国货币贬值的程度超过利率才会成功，而这形势必须仰赖国内银行与市场大户的连手，也就是他们必须一起放空本国货币。这时，本国货币之可贷资金的需要会突然大幅提升，迫使利率跟着上升。利率上升后，原预定的贬值幅度必须提高，炒作才能获利。记得，放空炒作必须先借到本国币，而这前提与海外炒家的资金规模无关。由于该国政府不干预利率市场，任何新的资金需要都会排挤现有的投资机会，以致不断推升利率，也就是不断推升炒作成本。因此，炒家不会成功。

若在这过程中，中央银行因不愿利率上升而释放出货币，其结果是降低炒家放空的成本并提升其成功概率。这形势也会引诱本国银行和市场大户参与放空炒作，让成功概率更为提高。若在这过程中，中央银行因不愿本国汇率贬值而卖出美元，上升而释出货币，利率会加速上升。利率加速上升将吸引外资涌入，这可以缓和央行的压力，但也势必增加货币供给，随之使利率下降。其结果是胜负难定，反而让央行失去大量外汇。此情境未必会较政府不干预更好。

政府对于利率的操控，常导致外汇市场遭受外国炒家的攻击。就以泰国 1997 年的金融危机为例。泰国在 1990 年以后出口逆差，政府决定吸引热钱以维持固定汇率，才于 1991 年发行国际债券，并将利率提高至 13.7%。提升利率是一剂特效药，外汇存底立即快速提升，1992 年底为 230 亿美元，到 1996 年底达 520 亿美元。此时，泰国外债也快速增高，从 1992 年底的 400 亿美元累增到 1996 年底的 930 亿美元，超过外汇存底，并接近国内生产毛额的半数。

---

[1] 吴惠林、彭慧明（2012）。

在国际炒家看来，贸易赤字加上高外债，又企图以高利率去维护固定汇率的国家是难得的一头肥羊。索罗斯量子基金就看准泰国，也预期泰国在遭受热钱攻击之后势必抵抗，但因抵抗成本过高，将会很快就弃守固定汇率，让泰币贬值。索罗斯（1998）描述其攻击泰币的过程如下：（一）1997年2月，索罗斯量子基金向泰国银行借入远期泰币150亿，于汇市抛售，换买美金，泰币贬值压力逐增。泰国中央银行向汇市卖出20亿美金（约600亿泰币），固守汇率。（二）3月，泰国中央银行要求银行提高坏账准备金比率，银行出现挤兑，股市与汇市双双下跌。（三）5月，国际炒家攻击加剧，继续从泰国本地银行借入泰币，在即期和远期市场抛售，并吸引泰国本地金融机构一起抢购美元。泰国中央银行再卖出50亿美金，禁止泰国银行向外借出泰币。泰币汇率回稳。（四）6月，泰币贬值，股市下跌。（五）7月，泰国中央银行宣布弃守固定汇率，改为有管理的浮动汇率制。

泰国金融危机中最难置信的是，泰国中央银行竟坚持在巨额贸易赤字下固定汇率。坚守泰币币值就必须提高利率去吸引外资，而快速的外币流入将迫使货币供给增加（约四倍）。由于生产力的不足才呈现出口赤字，在这形势下，资金洪潮能流向股市比例有限，过半数的银行放款资金都流向房地产，制造房市泡沫。人为的高利率不利生产事业，却抵不住泡沫投资的高利润。高利率也引诱银行贷款给投机者，提供他们充裕的资金去炒房和炒汇。

景气波动

当产出在一段期间内呈现出先涨后跌的波动现象，称为景气波动。如果波动重复发生，就称为景气循环（Business Cycles）。关于景气循环，有两点得留意。第一，不论是景气波动或景气循环，都不是一个经济变量的独特现象，而是几个主要经济变量同步变动（未必同方向变动）。第二，景气循环一词容易让人误以为经济现象的重复波动乃是自然现象。

景气波动有呈现转好的复苏期，也有呈现转坏的衰退期。景气好到不行时称为景气高峰，其经济形势称为繁荣；景气坏到不行时称为谷底，其经济形势称为萧条。我们利用这些名词对景气波动提出几个问题：（一）为何会出现繁荣？（二）繁荣是否能够持续？（三）为何会出现衰退？（四）衰退为何会陷入萧条？（五）如何才能摆脱萧条？

在经济增长一章，我们讨论了市场机制、创业家精神、创新、知识累积等启动经济增长的市场驱动力。市场驱动力有旺盛的时刻，也有微弱的时刻。当市场驱动力微弱时，经济增长会缓慢下来，但理论上并不会出现萧条。因此，景气循环的主要命题在于探索萧条出现的原因，以及如何避免萧条的再度出现，其次才是如何摆脱循环的策略。

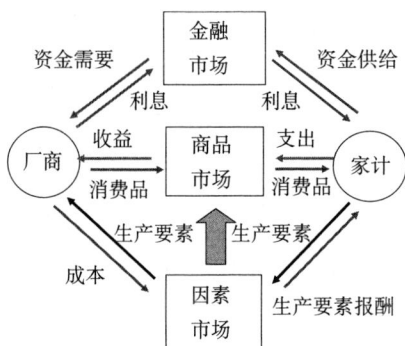

图15.1.1　经济循环图

注：金融市场仅在以货币交易的经济下出现。

　　图 15.1.1 是经济学教科书常见的经济循环图，其中包括家计部门和厂商。家计部门和厂商分别提供生产要素和消费品，并在商品市场与因素市场交易。货币出现后，金融市场跟着出现。商品的相对价格影响商品的生产与交易，利率的高低影响资本在两期之间的相对雇用，而工资与利率的相对价格影响企业家对资本与劳动力的取舍。企业家对于资本在两期之间的实际雇用，和对资本与劳动力的实际雇用，进一步影响工资与利率的相对价格。利率、薪酬和商品的相对价格都是在经济循环中逐渐形成，并不时在调整。企业家熟悉经济循环，也熟悉利率、薪酬和商品的相对价格的演变，因此，他们对于利率、薪酬和商品相对价格的变化具有相当准确的预期能力。

　　当政府刻意压低利率去影响厂商的投资决策时，新古典经济学者认为各产业的投资量都会同时增加。他们称这时社会总投资量的增加为过度投资（Over-Investment）。奥地利学派经济理论则认为降低利率不只会提高社会的总投资量，还会改变各种财货生产的生产结构。图 15.1.3 将图 15.1.2 的因素市场以生产结构再细分为低级因素市场和高级因素市场。由于利率变动对生产结构里不同级产业的投资效果不同，比如降低利率相对地有利于更高级产业的投资。在生产结构下，降低利率可同时提高低级和高级两因素市场的投资，但高级因素市场的增加效果更大。这种导致生产结构改变的投资效果，奥地利经济理论称为病态投资（Mal-investment）。病态投资的一项极端例子是，压低利率诱使生产结构往更高级产业延伸，或者出现一条全新的生产链。

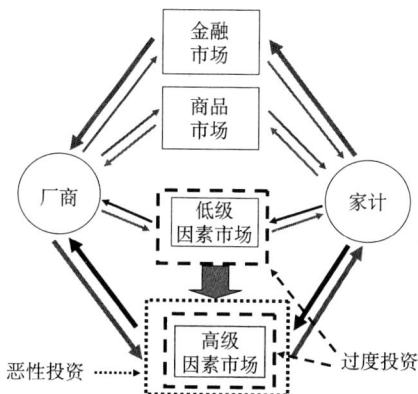

图15.1.2　过度投资与病态投资

注：假设生产要素的生产结构分成两级，降低利率可同时提高两因素市场的投资，但高级因素市场的增加效果更大。

过多投资大都发生在公共建设。假设政府在年度预算中编列了三条道路，后因金融危机，决议在扩大支出下多修建两条。这两条道路是否具有经济效率？可能不会，因为当时预算没编列就是不看好这两条路线的车流量。道路铺好之后，果然车流量很少。过了10年，车流量增加了，道路也逐渐拥挤。此时，台湾当局会说他们具有远见，还会夸口回忆当年的话："若现在不建，以后会后悔。"当然，这可能是事实，但也可能只是狡辩，因为过早的投资就是一种浪费。这类错误都是过多投资，因为投资量高过当时估算的最优量，虽然其中大部分的建设迟早会随经济增长而逐渐启用。

过多投资往往不是估算错误，而是政治人物考量了非经济因素。台湾地区称这些建好了却迟迟未开张的公共建设为"蚊子馆"。艺术家姚瑞中（2010）在实地勘查二百三十余所蚊子馆后，出版《海市蜃楼》一书，并在序言中说道："蚊子馆……部分原因是政治人物乱开竞选支票、当局决策不当且好大喜功、喜追求世界第一或远东最大规模、预估使用率过于乐观、规划设计不当或不符民众使用需求、设施地处偏僻且交通不便，以及后续修建、修复或营运经费不足等因素所造成。"他举例说，"文建会"推动的地方文化馆计划造就了全台二百多座各式各样文物馆，"客委会"修建了二十余座客家文物馆，"体委会"推动的推广青少年极限运动修建了24座极限运动场，各地府自筹预算修建的蚊子馆更是不胜枚举。这些建设目前大多已荒废闲置。

私人企业很少有非经济的考量，很少会形成过度投资，经常发生的是病态投资，这起因于评估投资所仰赖的宏观经济变量遭受政府的政策扭曲。这些政策往往宣称要在短期内稳定经济波动、提高就业，于是干扰利率和价格结构，改变资金在不同商品和两期之间的配置。企业家会考量利率对民间未来消费的影响，并将消费的变化列入评估。一旦政策调整，消费者的行为和企业投资的成本负担也跟着改变，导致先前的投资因成本增加而无法继续，有些则因消费需要降低而亏损，还有些进行一半的投资计划必须中止。

当利率由低向高反转时，过度投资的生产资料将被闲置，比如采购过多的机械或修建过多的厂房。当景气再度繁荣时，这些被闲置的机械或厂房会被重新利用，因为在新古典经济理论下，利率的变化并没改变生产结构。生产结构未变，再度繁荣时就会沿着先前的轨迹发展，继续利用之前的过度投资。如果低利率政策导致病态投资，则当利率反转后，这些病态的新投资一样会被闲置；但是，当未来景气再度繁荣时，这些被闲置的机械或厂房会被拆除，因为人们在利率反转后会重新调整经济行为，并顺此发展新的生产结构。在新的经济行为和新的生产结构下，前期留下来的病态投资已经不再适合投资。这些病态投资除非重新调整，否则只能荒废或铲除。

资金市场在未遭受政府干扰前的利率为自然利率。现实世界的资金市场大都遭受政府不同程度的干预，这时的利率为市场利率。自然利率是分析概念下的利率，它可能不现实，但非虚构。民间企业的利润计算必须仰赖稳定而可靠的预期利率。一旦政府介入资金市场，市场利率就背离自然利率，朝着政府操控的方向调整。被扭曲的市场利率无法反应自然利率，将错误地引导投资者的利润计算和投资评估。[1] 政府的干预很难长久，只要干预期结束或者政策改变，市场利率立即调整，朝向新的操控方向。结果，投资者的预期利润率无法实现，被迫中断投资，废弃修建完成而未启用的投资。这些中断的修建或遭废弃的投资，都是病态投资的范例。如果社会在同一时间发生普遍的投资错误，那就是厂商的信息被普遍地扭曲与误导。当市场出现被扭曲的利率时，病态投资就会普遍地发生，而不是个案地出现。

政府扩张性政策之目标在于降低利率；即使利率不易下降，政府也会降低企业的借贷成本。当资金成本下降又预见繁荣时，企业家以其警觉性会计划去发展更高级的产业，其中不乏企图建立商业帝国的大计划。相对于繁荣之前的投资，现在的大计划面临更大的风险，但利息成本的下降部分分摊了风险。企业家常超前于社会经济的发展，其投资也常带有改变当前消费形态的企图。就以建筑产业为例。当景气开始繁荣时，开发的建案多偏爱一般百姓习惯的房屋格局。进入全面繁荣期后，新建案多以超越传统生活风格为主，如度假小屋、乡村别墅或北欧式的简单奢华。这些建案的成败

---

[1] R. W. Garrison: Mal-investment: "The divergence of the market rate of interest from the natural rate causes a misallocation of resources among the temporally sequenced stages of production."

决定于消费者对自己未来经济条件的稳定预期，包括收入和购屋贷款债务的分期负担。如果利率在他们未偿清债务之前大幅提升，他们的财务将陷入困境。若利率提升导致消费者无力偿债或让投资者面临巨额亏损，这类的投资计划都称为病态投资。病态投资之所以出现，因投资者误以为政策下的低利率是市场的自然利率，或误以为消费者当前的购买力是稳定增长下的能力，而消费者也误以为当前的繁荣是可持续的。他们因而产生错误的投资。

因为利率被压得较自然利率为低，扩张性政策刺激了过度投资，也带来错误投资，而其总投资量也超过稳定繁荣下的投资规模。超量的总需要加速物价的上涨，而全面性的物价上涨带给人们对通货膨胀的预期。于是，人们开始抢购房地产、黄金、矿产概念股。相对地，投向借贷市场的资金下降。另一方面，生产要素的价格上升迫使企业需要更多的资金，而资金流向房地产也挤压银行提供给企业的可贷资金，其结果使借贷市场利率升高。再加上消费品市场的激烈竞争，厂商的利润开始下降。

借贷市场利率升高或随后厂商利润的下降，都是景气开始逆转的警讯，因为这两趋势都将影响家计部门的消费支出。当家计部门对消费品和服务业的需要开始减少后，消费品产业对中间产品（第一级财货）的需要下降，对劳动的需要也会减少。这个趋势还会扩及再高一级的产业。于是，失业增加，薪酬下降，使家计部门收入下降。收入下降之后，继续引发新一波的消费减少。消费的再下降，使得厂商亏损更加严重，倒闭的数量增加，失业率继续攀升。

厂商亏损也导致股价下跌。银行开始对企业谨慎放款，紧缩银根，其结果加重厂商资金周转的困难。家计部门因薪酬和股价下跌，无法按期缴纳贷款，房屋遭拍卖的数目增加。当厂商和房屋贷款无法回收，银行经营也开始发生困难，甚至出现倒闭潮。

第二节　经济管理

在简单地讨论主观论的货币与景气循环理论后，本节将以该理论为架构去分析三个经济史上知名的经济管理政策。第一个是英国重返金本位，发生在凯恩斯理论被广泛使用之前。这说明经济管理政策其实也是经济政策的传统问题，只是那时期尚未出现总合经济变量的概念。直到凯恩斯理论出现，经济管理政策才公开地以总合经济变量作为政策目标。最后，我们讨论美国要求主要国家调整汇率的广场协议，并以日本为例，说明其为了改善一时萧条而大幅调降利率所带来的长期祸患。

英国重返金本位

英国在第一次世界大战后为了币值稳定，禁止资本输出。后来又顾虑到航运安全，也停止了黄金的运送。金本位制度名存实亡。不久，英国持有的美元开始短缺。1919 年 4 月，英国政府利用美国正式参战的时机，向美国借入美元去维护当时已降至一英镑兑换 4.76 美元的汇率水准。由于美元仍盯着黄金，而英镑对美元的汇率已低于金本位制要求的 4.86 美元。英镑这时已完全偏离了金本位制度。英国政府仍想维持战前的汇率水准，一方面为了维持伦敦在国际金融市场的领导地位，另一方面则是澳大利亚、新西兰、南非等旧殖民地国都以英镑作为主要外汇存底。[1] 大致而言，维持战前的汇率水准几乎是英国社会的共识。

1918 年，乔治五世政府设立了一个规划通货与外汇回归正常状态的委员会，后来简称为康利夫委员会（Cunliffe Committee）。[2] 该委员会曾具体地向首相报告一些要维持金本位汇率的配合政策，包括减少公债发行数量、提高利率、减少违背货币发行准备规定的货币供给量。停止货币扩张势必造成物价与货币工资率的下跌，会引起民间消费需要的下降。政府支出的遽然减少，也将直接地减少来自政府部门的消费需要。这两种消费需要减少的同时必然会增加失业人数与失业率。民主制度的政治人物往往会先顾虑政策的短期效果，然后才考量政策的长期利益。1919 年的后半年，英国政府裹足不前，就是担心紧缩政策会带来失业及社会动乱。[3] 直到 1919 年底，英国政府才展开了一连串的紧缩政策，将政府支出由 1920 年的 2.97 亿英镑减少至 1924 年的 1.80 亿英镑，其中除了国防支出因战争结束而快速减少外，一般行政、法律、社会服务、经济事务等项目支出亦巨幅降低。

表 15.2.1 为英国在 1922—1929 年间的经济数据。利率从 1922 年的 2.64% 连续提升至 1926 年的 4.48%，货币供给量则从 1922 年的 638 百万英镑连续降至 1926 年的 597 百万英镑。如一般所预期的，紧缩政策终于导致物价连续下跌（负的上升率），英镑美元的汇率也逐渐从 1922 年的 4.43 美元回升到 1926 年的 4.86 美元。1925 年 4 月，保守党新内阁的财长温斯顿·丘吉尔（Winston Churchill）便宣布英国将重返金本位制度，而汇率也将回到战前的水准 4.86 美元。战前的汇率水准是许多英国人期盼恢复的

---

[1] 有些国会议员甚至认为让英镑贬值是不道德的行为，因为它将实质地降低这些国家的外汇存底，无疑是变相的抢夺行为。

[2] 该委员会并未进一步说明正常状态的内容，但由于当时的政策方向，人们大致可以猜出政府重返金本位制度的意图。

[3] Howson（1975），第 11–22 页。

目标，只是由丘吉尔明白地说出口而已。[1] 政策的结果一如预期，汇率果然于 1926 年升至预定的 4.86 美元的水准。在这期间，物价初期下跌得严重些，但在 1924—1926 年间也已经控制在 -2.0% 的范围之内，而失业率依旧维持在 8%~10% 之间。就这些数据而论，英国重返金本位制度的政策与过程可算是成功的。

表15.2.1　1922—1929年间英国与美国的利率与货币量

年	利率	货币供给	失业率	物价增长率	汇率
1922	2.64	638	10.8	−19.4	4.43
1923	2.72	614	8.9	− 4.5	4.57
1924	3.46	610	7.9	− 0.8	4.42
1925	4.14	610	8.6	0.7	4.83
1926	4.48	597	9.6	−1.6	4.86

注：失业率指失业人数占总劳动力的百分比，物价增长率指国民收入平均指数的增长率，货币供给指强势货币的发行量（单位为百万英镑）；利率指短期利率，采用三个月期债券；汇率为英镑对美金之兑换率；以上资料取自 Friedman and Schwartz（1982），表4.8—4.9。失业率为总失业人口占总就业人口的百分比，取自 Feinstein（1972），表58。

凯恩斯并不满意这结果，因为失业率高居不下。他认为把英镑推高到 4.86 美元的水准至少高估了 12%，而后来的经济史学家则估计是高过 20%。如果英国政府在重返金本位制度之后不干预外汇市场，英镑对美元的汇率不可能超过 4.00 美元的水准。换言之，英镑重返金本位时应该采取贬值而非升值的政策。错误地高估汇率，将让英国商品在国际市场中逐渐丧失其竞争能力。

通常在大战时期消费品的生产会大幅减少，民间将因物资缺乏而出现被迫式的高储蓄率，买入大量的政府公债。战争结束后，累积起来的公债数量相当可观。只要物价不变，战后个人对一般商品与休闲的消费都会提升，也会减少工作时数。[2] 如果投资未增加，供给将跟不上需求的增加，物价必随之上涨。政府此时也正开始筹钱偿还战争公债。当时政府可选择的政策有：扩大货币发行、变卖公有地或国营事业、提高税率、减少政府支出等。若选择扩张政策，物价上升的速度势必加快；若选择融资政策，政府必须拥有足够的土地或企业。因此乔治五世政府选择了紧缩政策，也如他们的预

---

[1]　其实，当 1924 年保守党赢得大选时，汇率便曾一度上升到 4.79 美元。次年初，财政部的估算是：国内物价只要再下降 6%，英镑便能升到 4.86 美元。另外，根据凯恩斯（Keynes，1925）的说法，丘吉尔的顾问在比较英美两国自 1914 年以来的物价指数之后，曾告诉他：只要让英国的物价再下跌 3%，汇率便能稳定在 4.86 美元的水准。Pollard（1970）认为英格兰银行要提升英镑币值的态度也影响了丘吉尔的态度。当时的英格兰银行正受控于一批伦敦金融巨头，由于他们大都与海外金融、船运、保险等行业有金钱往来，自然希望把英镑币值提升到战前水准，同时达到恢复伦敦昔日的金融地位和私人利益的双重目的。

[2]　Dowie（1975）认为在这期间，英国工人每周工作时数减少了 13%。

期，物价跟着下跌。如表 15.2.2 所示：消费物价下降的幅度大过 GDP 平减指数（代表一般商品）的下降，也远大于进口物价。由于名目工资和 GDP 平减指数的变化很接近，实质工资率并未减少，但人们却已感受到消费品价格的上升。不过，进口商品的价格则低于国产品与消费品的价格。

表15.2.2　1920—1924年间的英国物价与工资指数（1920=100）

年	消费物价	名目工资	GDP 平减指数	进口物价
1920	100.0	**100.0**	100.0	100.0
1921	91.4	**99.6**	89.4	66.7
1922	78.5	**77.0**	75.1	53.4
1923	73.9	**68.5**	69.1	52.4
1924	73.3	**69.3**	68.1	54.5

注：消费物价与进口物价分别指消费性商品与服务及进口商品与服务之物价指数。消费物价、进口物价、GDP 平减指数算自 Feinstein（1972）表 61。名目工资指平均每周名目工资率指数，取自 Feinstein（1972），表 65。

进口商品价格相对于国产品下跌，反应的是英国工业的生产能力已开始落后。如表 15.2.3 所示，英国在 1925 年之前的出口增长一直都落后在进口之后，在 1925 年之后，这落后差距更加拉大。

表15.2.3　1911—1930年英国进出口指数　（1922=100)

年	1923	1925	1927	1929
出口指数	109.8	112.6	116.2	120.9
进口指数	107.2	120.8	127.9	130.0

注：进口指数与出口指数包括商品与服务交易，以 1922 年为基期，数据取自 Feinstein(1972)，表 7。

除了出口恶化之外，出口相关部门的工人薪酬也相对恶化。[1] 表 15.2.4 显示，出口相关的煤矿业、钢铁业、棉业的工人工资下降的幅度，大过铁路和全体产业的平均数，其中以煤矿业下降最多。

---

[1]　其实，这点凯恩斯曾警告过。

表15.2.4　1920—1925年间英国的工资指数（1920=100）

年	平均工资	煤矿业	钢铁业	棉业	铁路
1920	100.0	100.0	100.0	100.0	100.0
1925	70.4	52.7	48.9	61.7	78.8
1929	66.0	46.5	45.2	60.8	75.3

注：物价栏指消费者物价指数，平均栏指平均每周工资率，两者分别取自 Feinstein（1972），表 61—65。其余各行业工人的工资指数则取自 Mitchell and Deane（1962），第 351 页。

1925 年，当汇率上升导致煤的出口产生危机时，煤矿场主计划减少工人的薪酬并延长工作时间，煤矿工人则求救于总工会。在工会总委员会的主导下，煤矿工人获得运输工人与铁路工人的支持，全面停止煤的出口作业，要求政府将煤矿业国有化。保守党政府一方面在谈判中答应补偿煤矿工人被减少的工资（但只到 1926 年 5 月 1 日为止），一方面则成立一个由自由党员负责的特别调查委员会。该调查委员会在 1926 年的报告中指出：为了提升煤矿业的生产效率，煤矿场不仅应维持私有制，政府更不应对煤矿业工人给予薪酬补助。不久，保守党政府便退出谈判。1926 年 5 月，总工会在各工会的一致支持下，展开为期九天的全国总罢工。

凯恩斯政策

1936 年，凯恩斯出版《就业、利息与货币的一般理论》（简称《一般理论》），主张政府应以调整全局变量的方式，去控制经济形势和实现就业目标。凯恩斯的经济管理政策缓和了保守党和工党的政策对立。工党方面同意，只要能维持充分就业政策，他们可以接受私有财产权。保守党方面也同意，只要私有财产权和自由市场受到尊重，他们也欢迎充分就业政策。凯恩斯的就业政策让两党找到了停止争议的台阶。从此之后，就业就成了英国政府必须承担的新职责。[1]

根据经济管理政策，当景气萧条、失业严重时，政府应采取扩张性财政政策，也就是扩大政府的消费和投资支出，并以政府借款或发行政府公债来筹措经费。凯恩斯并不希望政府的财政政策破坏市场机制所依赖的相对价格。他建议政府以改变宏观经济变量去影响经济，因为宏观经济变量是所有产业、厂商、消费者共同面对的经济变量，其变动对相对价格的影响最小。其实，英国政府传统上就常以扩大公共投资去对

---

[1]　1944 年，暂时联合政府发布《就业政策白皮书》，宣布以"高就业率"作为施政目标。1948 年，保守党也接受工党长期以来在《工业宪章》中所主张的充分就业之目标。换言之，充分就业也就成为英国两党的主要经济政策目标。1951 年保守党上台承袭工党政策 13 年。

付景气萧条，但凯恩斯认为政府应该避免正常预算之外的公共建设工程，因为那会和现有的民营建设公司竞标工程而改变工程价格。他主张政府可以雇用两组失业人员，让一组人员负责在荒地上努力挖洞，而让另一组努力将挖好的洞填土回去。这样，失业者有了工作，市场的价格机制也不会受到太大的破坏。相对地，当景气繁荣、失业率降低时，政府就应采取紧缩性财政政策，用省下来的预算去偿还景气萧条时期的贷款或买回公债。

降低税率是新古典学派对付景气萧条的政策，也属于扩张性财政政策。降低税率也就降低了政府职能的力道。凯恩斯不赞同减税政策，因为他认为减税所能诱发的民间消费和民间投资都相当有限，还不如让政府把预算留下来直接支用。

第一次世界大战前的英国除了维持低失业率外，也长期维持政府预算平衡和低的物价上涨率。在对抗高失业率时，政府若发行货币，物价会上涨；若发行公债，则政府赤字会增加。这两项政策都会冲击英国的传统政治理念。因此，布坎南与华格纳(1987)便曾问道：凯恩斯如何说服保守的英国社会和政治人物接受赤字财政的政府预算概念？

在朕即国家的君主时代，国王常会询问财政大臣："府库还有多少银两？"传统的预算平衡概念要求政府预算支出不能超过预算收入，因为预算收入主要来自人民每年的税赋，而这些税赋必须经过当届国会同意。民主政治也不是每年在更换政府，何不以"政府任期内之预算平衡"替代"年度预算平衡"？也就是允许每届政府必须保持其任内总的预算平衡，而不必局限于每年的预算平衡。这样，每届政府就可以在任期内灵活运用预算，比如在萧条年借钱而在繁荣年还钱。用这个新概念，政府依旧遵守传统的预算平衡制度，但更有效率。

凯恩斯论述所要求的预算平衡周期是景气循环周期，而不是政府任期。政府任期不一定会和景气循环周期相同。再者，英国国会和首相的任期也和景气循环周期一样不稳定。[1]这类跨期不一致的问题，在英国是借着世袭的英皇制度、贵族上议院、下议院的党鞭制度，以政党间的跨期清算去解决。因此，在制度上，政府预算从年度平衡变更为任期内平衡或景气循环周期内平衡是可行的。只不过，历史经验却显示，政府会在景气萧条年大量借钱，却很少在景气繁荣年还钱。于是，政府赤字与公债年年增高。

这种政治失灵(Political Failure)出自于存在却故意被忽视的人性因素，那就是人性利己。布坎南与华格纳认为：在景气繁荣而有预算盈余时，利己的政治人物谁不想

---

[1] 英国是内阁制国家而首相也有权解散国会，国会一旦重选就产出新的内阁。

将预算盈余用于公共建设或以福利支出去笼络选民？他们为何要用本届预算盈余去偿付被他们指责为前任政府施政失败所出现的政府赤字？即使迫于政治压力，他们也只会偿付部分借款，而让赤字继续累积。因此，凯恩斯政策必然造成不断累积的赤字财政。它不会保证任何一种的多年期预算平衡。

表15.2.5　1957年—1961年英国一般经济指标

年	1957	1959	1961	1963	1965	1967
失业率（%）	1.0	**1.7**	1.3	**2.2**	1.3	2.2
物价增长率（%）	**3.7**	0.6	**3.5**	2.0	**4.9**	2.5
外贸净额（百万英镑）	−29	−117	−152	−80	−237	−557

注：失业率指总失业人数占总就业人数的百分比；物价增长率指零售物价的增长率；外贸净额单位为百万英镑。资料来源：*Economic Trends*, H.M.S.O. London。

二次大战后，英国采用凯恩斯的经济管理政策，通货膨胀率与失业率都还控制在可接受的水准。如表 15.2.5 所示，1957 年的物价上涨率高达 3.7%，英国政府采取紧缩政策，把物价压低到 1959 年的 0.6%，却导致失业率提升到 1.7%。为了将失业率压低到 1.3%，1961 年的物价上涨率提升到 3.5%。接着，又为了将物价上涨率压低到 2.0%，1963 年的失业率又上升到 2.2%。重复地，1965 年将失业率降至 1.3% 的代价是物价上涨率提高到 4.9%，而 1967 年将物价上涨率压低到 2.5% 代价是失业率又提高到 2.2%。

事实上，要有效地控制物价与失业率并不难，即使再加上收入平均分配的第三目标仍不是难事，比如计划经济就有办法做到。在计划经济下，中央计划局分配给每一个成年人相同的薪酬，限制商品标价不能波动。不过，40 年的共产社会实验否决了这种方式，因为它会降低人们的生产意愿并扭曲资源配置。凯恩斯政策也同样会扭曲工作、交易、储蓄、投资等经济行为，也会影响长期的生产力与经济增长率。生产力下降让英国产品丧失了国际竞争力，导致外贸赤字一再增高。1957 年英国的外贸净额只有少许赤字，但 1959 年之后开始恶化，到 1967 年便突破 5.57 亿英镑的贸易赤字。贸易赤字理当导致英镑币值下跌，有利于拉平贸易赤字和改善失业。但英国政府不会放弃稳定英镑币值和稳定就业两项目标。事实上，当时的英镑币值已是高估。

在经济管理时代，英国经济政策陷入如下的循环：失业增加时，政府以赤字财政改善失业，结果英镑受贬值威胁，政府立即提高利率或紧缩通货，这又让失业再度提高。在恶性循环下，政府赤字持续累积。这情况经过 1972 年和 1975 年的两度石油危机和煤矿工人大罢工更加恶化。在 1973 年，英国的失业人口为 60 万人，政府借款占 GDP 的比例为 11%；但到了 1977 年，这两个数字恶化到 160 万人和 50%。1976 年，詹姆斯·卡拉汉（James Callaghan）首相便说道：英国已经没有刺激需要的政策工具。于是，英国不得不抛弃凯恩斯经济政策。

日本的失落年代

第二次世界大战后，西欧国家遭战火摧毁又面对重建，黄金大量流出，不足以支持当时金本位制度的货币发行。再加以各国反省战前的保护主义是导致战争的主因，44 个国家的代表于 1944 年 7 月在美国布雷顿森林举行会议，达成重建自由经济体系的协议。协议内容主要是：美元与黄金维持固定比例（1 盎司黄金之价格为 35 美元），各国货币与美元也维持固定汇率，各国货币不准随意贬值，但可经由协商调整。会议还决议设立以解决经济危机为任务的国际货币基金（International Monetary Fund，简称 IMF），和帮助低收入国家发展经济的世界银行（World Bank）。这个全球的贸易与货币体系称为布雷顿森林体系（Bretton Woods System）。

在布雷顿森林体系下，美元成了各国货币的发行准备。只要美国坚守金本位制度，并保持与黄金的固定汇率，各国的经济危机是可以经由国际货币基金的救济和会员国以汇率协商去解决。事实上，该体系在美国国际收支存在盈余时还算运作顺利，直到欧洲和日本经济复苏、美国国际收支出现赤字和黄金大量外流后才出现困难。1971 年 8 月，美国尼克松总统单边宣布美元贬值并停止美元兑现黄金，布雷顿森林体系正式崩溃。同年 12 月，美国与几个主要国家达成了史斯密索尼安协议（Smithsonian Agreement），正式宣布美元贬值，将 1 盎司黄金之价格从 35 美元调整到 38 美元。但到 1973 年 2 月，美元再次贬值，各国纷纷退出固定汇率制。

虽然固定汇率制瓦解，浮动汇率制取而代之，美元依旧是各国货币的主要发行准备或外汇存底，同时也是国际间资本清算的货币。这些机制意味着：美国可以利用发行美元去支付该国的贸易赤字，其代价最多只是美元贬值。由于美元贬值不利于大量持有美元的贸易盈余国家，这些国家只好购买美国国债（Treasury Bonds），让美元回流美国，以稳定美元汇率。这个体制纵容美国以发行美元去消费外国生产的商品与劳务，然后再发行美国国债回收美元。这是当代全球经济危机的根本源头，而其导火线则是 1985 年 9 月的广场协议。

战后日本经济的快速增长，始于 1954 年的神武景气，直到 1973 年爆发的全球石油危机才缓和下来，并于 1974 年出现战后第一次的经济负增长。日本的经济以制造业为核心，其工业在经济快速增长期间的平均年增长率高达 11%，很快就成为世界的第二大经济体。日本强盛的生产和出口能力（出口以钢铁、汽车、电器为主）使日圆逐渐强势。1977—1978 年秋天，美元兑日圆的汇率由战后的 1:290 贬至 1:170，约贬值 40%。1979—1980 年发生第二次石油危机，美国通货膨胀率达到二位数，并出现 −12% 的负实质利率，见图 15.2.1。为了避免美元外流和持续贬值，美国联邦准备理事会主席保罗·沃尔克（Paul Volcker）将利率提高到二位数。1979—1985 年间，美元回流，汇率开始回涨，兑日圆的汇率回升至 1:250。

随着美元汇率回升，美国贸易赤字加大，于 1984 年破千亿美元，其中对日本的贸易逆差约占半数。1985 年 9 月，美国邀请日本、德国、英国和法国等国财长及中央银行行长，在美国纽约市广场饭店举行会议，协议让美元（相对其他四国货币）逐年贬值，此称为广场协议（Plaza Accord）。[1] 之后三年，美元对日币的汇率贬至 1:86，美元对马克、法郎和英镑也各贬值了 70.5%、50.8% 和 37.2%。

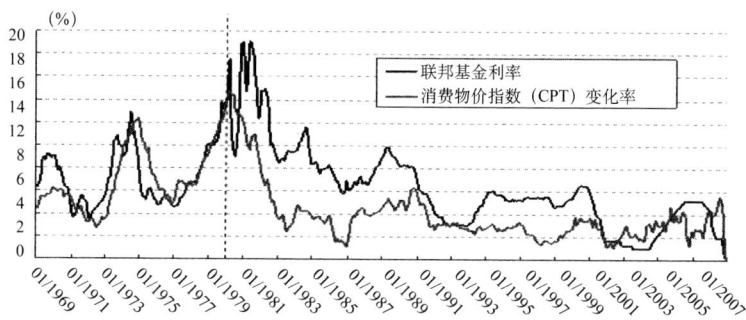

图15.2.1　美国联邦基金利率与消费物价指数走势图

1982 年，美国的通货膨胀趋于稳定，联邦准备理事会开始大幅调降利率。1986 年底，利率降至 6%。除了 1989—1991 年一度止跌反升外，1991—1993 年间的利率约在 3%。美国厂商因利率和汇率的双率大幅下降，获利能力大为提升，经济景气好转。纳斯达克综合指数（NASDAQ）开始从 1987 年底的 330 点谷底复苏，1991 年升至 500 点，1995 年 1000 点，1998 年 2000 点，2000 年 3 月创造 5048 点的历史记录。1990—2000 年这期间被称为美国的新经济时代（New Economy）。在这段时期，美国的 GDP 总共增长了近 70%，平均年增长率接近 6%，物价上涨率维持在 3% 上下，利率在 1993 年之后维持在 5% 左右，而失业率也从 1994 年的 6% 降至 2000 年的 4%。这是美国近代

---

[1]　Callahan and Garrison〔2003, QJAE〕。

经济史上的黄金时代。[1]

在这期间，大部分经济学家们充满着自负，自认完全掌握宏观经济的运作原理，不再担心萧条或景气循环的来临。然而，当图 15.2.2 中的住宅价格上涨率在 1994 年超过消费者物价的增长率，并在 1998 年超过利率时，这一波利用宽松货币吹起的繁荣开始令人不安。同时，在东亚、苏联、巴西等国，也陆续出现经济危机。

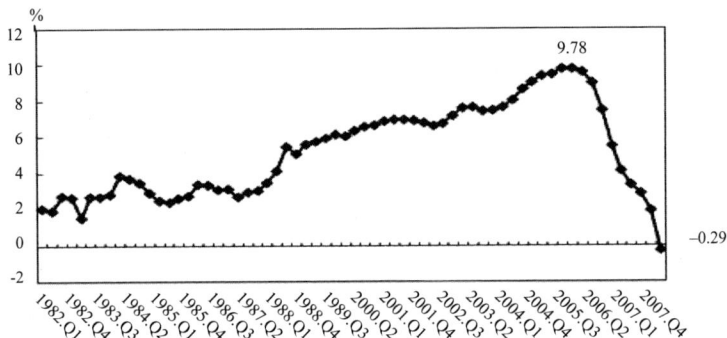

图15.2.2　美国住宅价格变化走势图 1992—2007

相对于美国的经济复兴，广场协议带给日本的却是战后的最大经济噩梦。在接受广场协议后，日本调升了汇率。为了缓和汇率提升对产业的冲击，日本从 1986 年初开始五度调降利率，将利率从 5% 降至当时日本史上最低的 2.5%。1987 年底，全球景气回温，美国与德国纷纷提高利率，但日本应美国的要求并未立即提高利率，直到 1989 年才升息。

日圆兑美元的汇率虽然大幅上升，但英镑、马克、法郎兑美元的汇率也接近同幅上升，因此，日本对美国的贸易顺差趋势并未改变太多。不断累积的贸易顺差和低利率政策，使得日本在这期间释放出大量的货币供给。从 1980—1990 年，日本的基础货币增加了 1.6 倍。过量的货币供给导致股市和房地产价格狂飙。如表 15.2.6，日本的外汇存底从 1985 年的 300 亿美元增至 1990 年的 560 亿美元，日经股市从 1984 年的 10000 点上升至 1990 年的 37000 点，而房地产指数亦从 1987 年的 40 点增加到 1990 年

---

[1]　网景公司（Netscape）是这段时期的代表性传奇。它于 1995 年 8 月首次公开募股（IPO）。在募股的前一个月，摩根士丹利公司（Morgan Stanley）预估网景公司的股价范围约在 12~14 美元。随后，摩根士丹利公司发现市场普遍看好网景公司，便以 28 美元将其股票推出上市。挂牌当日，盘终价格涨至 58 美元，公司总市值估算为 22 亿美元。这类的疯狂于 1999—2000 年间达到顶点。底下几组数字的跨年比较足以说明当时的狂飙形势：（一）旧金山湾的首次公开募股（IPO）数量，从 1986—1990 年间的 90 家增至 1996—2000 年间的 390 家，增加了三倍多；（二）当地程序设计师的薪酬从 1995 年的 45000 美元增至 2000 年的 100000 美元，增加了两倍多；（三）当地商办大楼租金（每平方英尺租金）从 1995 年的 2.10 美元增至 2000 年的 6.75 美元，增加了三倍多，而公寓租金从 1995 年的 920 美元增至 2000 年的 2080 美元，增加了两倍多；（四）消费性杠杆（以 10% 的自备款购屋之比例为指标）从 1989 年的 7% 增至 1999 年的 50%，增加了六倍；（五）当地的个人储蓄率却从 1992 年的 8.7% 降至 2000 年的 -0.12%。

的 111 点。难以置信的是，若以当时的汇率折算，东京市土地在 1990 年初的总市值竟等于全美土地总市值。

1990 年 3 月，日本大藏省已经无法忍受这巨大的金融泡沫，开始打压房地产市场。房地产市场指数立即由 1990 年的 111 跌到 1995 年的 40，跌掉了近六成，回到 1987 年的水准。房地产的剧跌导致信用体系崩溃，并波及股市。日经指数也从 1990 年初的 37000 点跌到 1992 年底的 15000 点，也跌掉六成。

表 15.2.6 日本的外汇存底、股市指数、房市指数

年	1984	1985	1986	1987	1989	1990
外汇存底（亿美元）	—	300	420	560	640	560
股市指数	10000	15000	20000	—		37000
房市指数	—	—	—	40	—	111

在日本陷入经济危机时，美国刚好帮墨西哥度过了 1994 年的经济危机。因此，在所谓的逆向广场协议（Reverse Plaza Accord）下，美国提出以单边提升利率为条件，作为要求日本和德国扩大购买美国国债的交换条件。美国单边提升利率可以降低日本厂商的经营成本。至于美国要求日德两国购买美国国债，则因为美国长期以发行新货币去支付贸易赤字。美国增加发行国债，使债券市场供给增加、债券价格下跌，利率上升。由于利率上升，海外美元大量回流，进入股市。这是 1995 年开始纳斯达克综合指数狂升的主要原因。

当海外美元回流美国时，正逢网络产业兴起，充裕的资金加速了网络创业潮，也带来新的景气。人们预期网络科技将全面地掀起生活方式的变化，以熊彼德之创造性解构的架势引爆第三次产业革命。企业家们警觉到新产业的来临，于是群雄并起，逐鹿中原。[1]1990—2000 年的网络创业潮是最近的例子，每家新创公司都相信自己能在这场大变局中最后胜出。他们竭尽所能地去招兵买马，不断烧钱，为了赢得最后的王冠。这是一场群雄格斗的市场竞争，必会经过血流成河的过程，直到千家灭亡而留下几位胜利者，才会进入稳定的增长期。若将网络产业在崛起时期的争夺疆域过程看成是一场网络（Dot–Com）泡沫，那是对市场竞争过程的错误认识。

---

[1] 美国经济史上曾出现过几次这类时代。19 世纪末的铁路建设改变了全美的运输系统，也造就了一批被称为强盗贵族（Robber Barons）的铁路大亨和钢铁大亨。1920 年代的汽车产业和电器产业，以及第二次世界大战后的电子产业，也都因新科技的突破带来创造性解构。

第三节　当代经济危机

1980 年代发生的停滞性通货膨胀让凯恩斯政策暂时失去市场，取而代之的是里根——撒切尔的新保守主义和经济自由主义。在这期间，美国虽然获得了政治胜利与经济繁荣，但国内的财富分配与收入分配却是日益恶化。同样的现象也发生在欧洲。针对这个形势，美国政府趁着网络兴起的新经济时代，重新提倡美国梦，想尽办法要为低收入者打造幸福家园。而在欧洲，各国政府则是利用参与欧盟的机会，力图改善国内的福利措施。很遗憾，这些福利政策超出了国家的财政能力，以致接连出现了美国的次贷风暴和欧洲的主权债务危机。

美国次贷风暴

美国于 2007 年发生次贷风暴的导火线，不是 2000 年的网络泡沫，而是 2001 年发生的"9·11"恐怖攻击。这条导火线连接到的火药库早已装满了美国政府为帮助低收入者实现美国梦（American Dream）而宽松贷款投放的信用（货币）。从建国开始，美国梦一直是吸引美国新移民的诱因，然后逐渐成为美国自由主义传统的一部分。每个人都想拥有一栋自己的小木屋，前院种花，后院种菜和捡柴，过着政治独立和经济稳定的中产阶级生活。美国梦的具体指标就是拥有稳定的工作和自己的房屋。

网络创业潮带来的景气提供许多新的工作机会，也大幅提高薪酬。人们相信这波景气是来自于新产业的出现，便敢于规划较长期的购屋计划。他们谨慎地估算自己的偿还能力，却在评估中被扭曲的利率信息严重地误导。911 恐怖攻击后，联邦准备理事会担心人们的恐慌会导致通货紧缩。同时，他们因接受物价指数的通货膨胀定义，认定当时没有通货膨胀的威胁，就将联邦基金利率降至 1%。利率愈低，投资的预期报酬率愈高，个人预估自己的偿还能力也愈高。低利率让更多人有勇气去实现美国梦。

如果可贷资金的供给予需要之变动无法预期，未来利率的变动也就无法预期。如果利率不能预期，偿还能力就无法准确估算，投资的风险也会提高。反之，如果可贷资金之供给予需要的变动都可预期，利率的变动也就能预期，投资风险就会降低。风险愈大，潜在危机就愈大。引爆危机的不是利率的变动，而是利率变动的无法预测。再往上推，就是可贷资金之供给予需要之变动的无法预测。

当政府发行新货币时，新货币会经由银行体系而创造出更多的货币，这些新货币也会进入借贷市场，影响借贷利率。货币创造乘数愈大，货币发行对利率的影响愈大；货币创造乘数愈不稳定，货币发行对利率的影响就愈不稳定。乘数效果，也就是我们在金融危机中常听到的杠杆效果。杠杆效果在金融体制中非常普遍，从银行体系的货币发行到金融体系的资产证券化。金融机构的杠杆作业最容易引起难以预测的利率变动和金融危机。要避免危机，就得降低杠杆效果。

早在 1930 年代的大萧条时期，美国总统弗兰克林·罗斯福（Franklin D. Roosevelt, 1882—1945）为了帮助弱势家庭顺利购屋，先后成立房地美（Freddie Mac）和房利美（Fannie Mae）两家由政府支持的房屋贷款机构（简称二房）。民主党的克林顿总统和共和党的布什总统都明确表示，以人民拥有住宅比例为施政目标。二房也就降低人们购屋贷款的审核标准。在 1994—2003 年间，这两家机构贷款给次级信用者的总数约增加 10 倍。[1] 他们之所以会冒这风险，一方面是配合政府政策，另一方面则是相信政府会遵守大到不能倒（Too Big To Fail）的政治潜规则。[2]2004 年，美国的五大投资银行连手，成功地要求政府把 1:12 的投资杠杆比例提升为 1:40，让他们有更大的空间去作业财务杠杆。这些投资银行买入二房的次级房贷的债权，包装成金融商品，进行杠杆作业，创造出数十倍的信用资产。在上述的政策扭曲下，不仅人们买的房子愈来愈大，即使没钱没工作的人都能贷款买屋。对房屋的强大需要推涨了美国房屋价格，从 2003 年 6% 的上涨率拉升至 2007 年的 10%，如图 15.2.2 所示。

好景不长，美国一家经营房产贷款的新世纪金融公司（New Century Finance Corp），在 2007 年 3 月因为过度从事次级抵押贷款，被债权人检举违约贷款，股价大跌，接着就宣告破产。[3] 新世纪金融公司的破产突显了过度作业金融杠杆的风险，顿时让包装债权的金融商品失去市场，创造出来的信用资产也跟着泡沫破裂。2008 年 3 月，有 85 年历史并为美国第五大投资银行的贝尔斯登（Bear Stearns）陷入困境，由摩根大通（J. P. Morgan）收购。2008 年 9 月第四大投资银行雷曼兄弟（Lehman Brothers Holdings Inc）宣布破产，接着美林证券（Merrill Lynch）也出售给美国银行。美国五大投资银行倒下三家，剩下的高盛（Goldman Sachs）与摩根士丹利（Morgan Stanley）转为一般银行。最后，二房以及美国最大的保险金融集团 AIG（American International Group）也都陷入困境，接受美国政府的巨资救援。

简单地说，美国次贷危机肇因于政府想以低利率政策帮助弱势群体购买房屋，而

---

[1] 关于美国次贷危机的相关数据，本文引用 http://zh.wikipedia.org/wiki/ 次贷危机。

[2] 1980 年末美国发生储蓄与贷款危机（Savings and Loan Crisis）时，美国政府对这些储蓄和贷款银行（S &L，又译为互助储蓄银行）大方的纾困方案，多少鼓励业者进行大胆的借贷。"大到不能倒"造成的道德风险（Moral Hazard），不仅存在于金融界，也存在于三大汽车公司。

[3] 如图 15.2.2 所示，在 21 世纪金融公司破产时，美国房屋市场的价格便立即下跌。

承担贷款的金融机构以创新的金融工具包装这些风险大的贷款。在杠杆作业下，金融机构获得更多资金，然后再贷款给更弱势的群体。最后，终因杠杆比例过高而泡沫破裂。在回顾次贷危机时，人们常以鄙视语气指责纽约华尔街以创新的金融工具追求贪婪，也指责美国政府错误地解除金融管制。解除金融管制是值得讨论的，但问题并不在于过度杠杆化在理论上存在着巨大的金融风险，也不在于美国政府无视这些风险的存在，而是（美国）金融产业的发展已经脱离了自由经济所要求的市场规则。

制度的本质是其运作的规则，一旦脱离规则，就等于脱离了制度。在美国次贷风暴中，金融产业公然地违背至少两项市场规则。第一项是金融市场以其政治影响力去改变自己应该遵守的游戏规则。任何的体制运作都包括两层次，第一层次是规则的制订或选择，第二层次才是规则下的运作。金融产业是在 1:12 的投资杠杆比例之规则下兴起的，当其发展遇到瓶颈而需要改变时，社会要如何避免新的规则成为该产业的利益设计而已？在文化演化理论下，这过程应该是个体厂商游走的规则边缘以及政府负责部门由主动纠察转为被动的发展，然后再让厂商的跟随者与其对立的利益集团将此议题公开化。更严重的是第二项，也就是政府直接破坏了市场以追求利润为目的之规则。自由市场是以经营利润作为筛选存留者的竞争规则，其目的就是要负利润的经营者退出市场，才能把空间让给新进入者。然而，（美国）政府执意执行大到不能倒的说辞，不仅让道德危机在金融产业被普遍内化，更直接否定市场的竞争规则。"不能倒"之信念是计划经济下的产物，因为每一根螺丝钉都是大机械运作所必需的，也因此信念而形成各种的软预算弊端。遗憾地，大到不能倒的说辞一方面以计划经济的信念去替代市场机制的竞争规则，一方面让退出市场的厂商成为新的垄断厂商。

至于一般评论者对金融创新方面的批评则是错误的，因为创新本就是企业的灵魂，这包括金融创新。金融创新跟投资一样，未必会循着正确的方向发展。我们必须检讨：是否过度宽松的货币政策把华尔街的创新能力导向病态创新（Mal-innovation）的道路？病态创新在未被扭曲的市场是不会出现的。华尔街的金融家是贪婪的，制度本就是为了将贪婪导入正途。任何金融创新只要不受到特权庇护，都必须经过市场的检验。除非市场已沦为垄断或相互勾结，否则就如米塞斯问的，是什么力量大到能诱导独立的企业家会犯上相同的判断错误？追查次贷危机的根源时，我们发现创新金融的切入点是为了实现弱势群体的美国梦，可惜并没有成功。只要市场中还存在尚未实现的梦想，只要其潜在市场规模够大，都会吸引企业家的关注。企业家会评价计划的可能性并设法去实现，但也担心其评价所依据的（价格与利率）变量遭受扭曲。

欧洲主权债务危机

在各国推出史无前例的货币宽松政策后，2008 年全球金融海啸对世界经济的冲击未如预期般严重。经济危机可以被往后推延，但会扩大为社会危机。比如美国政府以各种理由救助华尔街和大公司的结果，恶化了其国内的收入差距。2011 年 9 月，近千名年轻示威者进入美国纽约市华尔街集会，掀起占领华尔街运动（Occupy Wall Street）。该运动以反抗大公司的贪婪和社会的不公为诉求，质疑美国政府以大到不能倒救助大公司，却无视 9% 的失业率。

在欧洲，各国政府对金融机构的纾困和振兴经济的各种措施，造成财政赤字和公债的急遽攀升。2009 年底，三大信用评价等级机构同时调降希腊信用评价等级。2010 年初，希腊出现债务危机，国际货币基金和欧盟出手救援，条件是希腊必须降低政府赤字占 GDP 的比例，由 2009 年的 13.6% 降至 2014 年的 2.6%。

表 15.3.1　欧洲国家政府预算盈余及政府债务占GDP比例（2001—2003）

国家	德国	法国	英国	意大利	希腊	爱尔兰	西班牙	葡萄牙
	政府预算盈余占 GDP 比例（%）SGP 要求 ≥ −3.0%							
2001 年	**−2.8**	−1.5	0.5	−0.8	**−3.7**	4.8	−1.0	−2.9
2002 年	**−3.7**	−3.1	−2.1	**−3.1**	**−4.5**	0.9	−0.6	**−4.3**
2003 年	−4.0	−4.1	−3.4	−2.9	**−4.8**	−0.3	−0.5	−2.8
	政府债务盈余占 GDP 比例（%）SGP 要求 ≤ 60.0							
2001 年	58.8	56.9	37.7	**108.8**	**103.7**	35.6	55.5	52.9
2002 年	60.4	58.8	37.5	**105.7**	**101.7**	32.2	52.5	55.6
2003 年	63.9	62.9	39.0	**104.4**	**97.4**	31.0	48.7	56.9

资料来源：European Commission, Eurostat, http://epp.eurostat.ec.europa.eu/portal/ page/portal/ eurostat/home/.

1999 年欧元区成立，要求会员国必须遵守稳定与增长公约（SGP，The Stability and Growth Pact），限制各国政府赤字占 GDP 的比例必须低于 3%，而政府负债占 GDP 的比例必须低于 60%。希腊于 2001 年加入欧元区，当时就问题不少。若不计希腊，表 15.3.1 显示，2001 年欧元区各国在政府赤字方面都符合公约要求，在政府负债方面也只有意大利未达到要求。到了 2002 年，德国、法国、意大利、葡萄牙在政府赤字方面都超出公约的上限。这时，这些欧盟的主要国家竟然召开欧盟理事会，修改公约的规定，允许政府赤字以五年平均值计算，并且排除教育、国防和对外援助等预算支出。这样，除希腊和意大利外，各国在 2003 年超过原始的公约限制，并未超过修正后的公约限制。公约限制也就形成另一类型的软预算。

这是极为严重的问题。稳定与增长公约是欧元区成立时的契约，不论是否成为事后的成文宪法，只要其精神继续有效，就是其不成文宪法的一部分。因此，当该公约内容可以轻易地经由协商而变更时，以后就没有任何的公约或契约内容不能在妥协下加以变更了。政治的方向是在寻找权宜之计，但宪法的精神则在于防止权宜之际破坏了立宪原则。毫不惊讶，如表 15.3.2 所示，各国（除希腊和意大利外），在 2008 年还能遵守修改后的公约限制。但当 2009 年经济危机来到时，除了德国因为出口竞争力强外，各国政府赤字均超过了修改后的公约限制，如法国的 –7.5%、英国 –11.4%、爱尔兰的 –14.4%、西班牙的 –11.1% 等，连原已超过限制的希腊也恶化到 –15.4%。同样的情况，也见之于各国的政府债务。

表 15.3.2　欧洲国家政府预算盈余及政府债务占GDP比例（2008—2009）

国家	德国	法国	英国	意大利	希腊	爱尔兰	西班牙	葡萄牙
	政府预算盈余占 GDP 比例（%）SGP 要求 ≥ –3.0%							
2008 年	0.1	–3.3	–5.0	–2.7	–9.4	–7.3	–4.2	–2.9
2009 年	–3.0	–7.5	–11.4	–5.3	–15.4	–14.4	–11.1	–9.3
	政府债务盈余占 GDP 比例（%）SGP 要求 ≤ 60.0							
2008 年	66.3	67.5	52.1	106.3	110.3	44.3	39.8	65.3
2009 年	73.4	78.1	68.2	116.0	126.8	65.5	53.2	76.1

资料来源：European Commission, Eurostat, http://epp.eurostat.ec.europa.eu/portal/ page/portal/ eurostat/ home/。

由于欧元区是单一货币地区，各国政府无法自行印钞票去偿还债务，只能直接借款或发行公债借款。当政府无法自行印钞时，不论公债的持有人是否为国人，这债务在本质上与外债无异，政府只能从节省预算支出或以债养债方式去偿还。

从表 15.3.2 可知，除希腊的债务问题已经相当严重外，西班牙、意大利、葡萄牙等南欧国家也出现债务危机。这些国家或其部分地区的生产力相对于其他欧元区较差，在欧洲境内的交易处于不利地位，呈现出口逆差和失业率增加的现象。在欧元区内，这些国家的政府无法操控汇率和利率，于是只能以财政赤字方式去补助失业、提升生产力、刺激繁荣。这些假性繁荣不容易吸引外资投资于产业。外资多流向房地产，炒高房市，也提升物价。然而，失业率依然无法改善，人民怨声四起。比如西班牙政府以紧缩政策去压制物价，结果使失业率更加恶化。[1] 希腊政府以提升薪酬和增加雇员的方式去缓和民怨，也使政府赤字更加恶化。[2]

---

[1]　以西班牙为例，失业率达 25%，25 岁以下的失业率达 50%。

[2]　当然，希腊和西班牙可以开拓欧洲之外的贸易。由于生产力较为强大的欧元区国家（如德国和法国）因享有境内的大量盈余和过多的货币供给，反而期待欧元升值，使得弱势国家雪上加霜。

第十六章　两岸的经济发展

当凯恩斯说我们（经济）在长期时都已死了时，他并不认为政府有能力掌控经济的长期发展。就像一个生病的人，医生未必有能力掌控他未来的健康，但好的医生绝对有信心医治目前的病情。经济管理就像疾病诊疗，医生总设法以最优化的医疗手术和医药将病情扭转到正常人应有的健康状态。但是，建议人们未来健康发展的是营养师，而他们的建议大都是消极面的，如指出个人不宜缺乏的营养和运动，或规劝个人减少不正常的生活习惯或不健康的饮食习惯。然而，当代政府在经济方面的作为，却是远多于凯恩斯的经济管理，不仅动则干预经济活动，还长期规划经济的发展路径。上一章讨论短期的经济波动，本章将讨论长期的经济发展。

干预学派的逻辑是，既然经济落后已是陈疴，就清楚表示社会已经无法自发增长，因此，政府必须介入。自由主义者的反驳是，长期的专制是社会陷入经济落后的主要原因，只有要求政府退出市场，经济才会出现生机。回顾人类历史，的确，落后的经济社会都不是政治民主的社会。但是，政治民主的社会也只是自由的消极保证，比如常被提出的印度，其政治民主并未能有效地改善其经济发展。

本章将不论述经济发展的一般性理论，而仅讨论两岸政治经济发展的过去与现在。第一节是台湾部分，本节回顾台湾的经济发展，并指出其尚未解决的两大问题：恶化的收入分配与错误的消费形态。第二节将回顾大陆的转型过程。本节将先讨论体制转型的一般问题，然后再讨论个案以及引发的争议，如先前的后发劣势或后发优势，以及最近被提出的中国模式。同时，本节也将简单论述比较优势战略。由于蒋硕杰对台湾走上自由经济的贡献卓越，本章附录将简述他对自由经济的最后坚持。

第一节 台湾地区的经济发展历程

在 1960—1990 年期间，台湾地区很骄傲地向世人宣告一项经验：自由经济体制的经济增长是可以为民众分享的。当然，台湾在这期间还处于威权时期，也在开展经济计划，但经济自由的程度仍在逐年改善。

土地改革是台湾地区经济发展的起点。土地改革的第一项是 1962 年的三七五减租，规定 1962 年之后所有佃农交给地主的租金是 1962 年土地产出的 37.5%。这是马歇尔提到过的固定租金。在 37.5% 的固定租金下，以后各年所增加的产出都属于佃农。这个诱因让佃农愿意提高边际投入，土地产出也就能快速增加。第二项是公地放领，就地区是把日本人退出台湾后所留下的公有土地卖给佃农。放领土地的价格是土地当时年收获量的 2.5 倍。1960 年代台湾"中央银行"的重贴现率约为 11%，若银行放款利率以 4% 之利差计算，在 V=R/i 的公式下，因地租（R）为 0.375 而利率（i）为 0.15，刚好土地现值（V）为 2.5。换言之，公地放领的价格就是以当时利率计算之地租的现值。第三项是耕者有其田，规定地主最多只能持有水田 3 公顷和旱田 6 公顷，其余的土地都得由政府以公地放领的价格收购，再放领卖给农民。

公地放领将公有农耕地私有化，而三七五减租与耕者有其田虽只是私有产权的移转，但由于当局并不是用钱去收购地主土地，而是给 70% 的食物债券跟 30% 的公营事业股票，把公营事业私有化。当地主拿着股票之后，有些人因挥霍而倾家荡产，有些人因不懂投资而赔光；但也有一批会做生意的地主，收购股权，掌控这些原公营事业的所有权和经营权，变身为台湾第一批民间企业家。这样的发展竟然吻合科斯原理的期待，也就是顺利地把公营事业的所有权和经营权移交给最有能力经营的人，也创造了最大的经济效率。然而，这只是幸运，并不是当时政策所能预期到的结果。

这时期也是台湾金融改革的起点。金融改革的第一项是汇率改革。在这之前，台币与美元的兑换率为 24:1。当时出口主要是米和糖，因为日本把台湾岛规划为日本的农业生产基地。当时的贸易呈现逆差，蒋硕杰认为人多地少的台湾理论上不应该出口米和糖。当时的贸易赤字便表示汇率必须改变。只要新汇率能反映台湾的比较优势，米糖之外的新产业会随新汇率而出现。当汇率调降到 38:1 后，企业家找到了新的出口产业。第一批出口产业为如香菇、芦笋等农产品。现在回顾，这是可以理解的，比如香菇是以一层一层地叠起来的竹架生产，不需要很大的土地，但需要很多的劳动力。这刚好反映了当时生产要素的比较优势。其后，随着薪酬率的提高、资本的累积、企业经营能力的提升等，台湾的产业就一期一期地在转型。

利率也配合汇率一起进行改革。先是废除复杂的官方利率，采用单一利率。改革之前，民间向银行贷款的利率高达 20%，而公营事业贷款的利率只有 12%。1962 年，全部的贷款利率都调成一样的 16%。单一利率让资金在民间企业与公营企业的配置中达到最大的效率，同时也减少了官员的裁夺和贪污腐败的机会。

经济起飞

在土地改革和金融改革之后，台湾开始工业化。第一批企业家接手原公营事业，但不久，也出现了许多自己开工厂的小地主和开贸易商的小商人。他们大多出身于学徒或贸易公司的职员，在跟老板工作一段时间之后出去创业。他们在创业时面对的最大问题，就是创业资金要从哪儿来？由于农民拥有农耕地的财产权，他们就拿农耕地跟银行抵押贷款。在那段期间，台湾满街都是小企业家和小老板，收入自然也就平均化。

随着民营企业的增长，公营企业占台湾地区生产总值的比重也就越来越小。在1979—1985 年间，台湾的产业政策从进口替代走向出口扩张。1975 年，台湾当局设立了类似自由贸易区的加工出口区，以国际的市场价格购买中间产品和原材料，也以国际的市场价格出口制成品，生产力与产出都快速增长。经过外汇改革，台币贬至应有的一美元兑换 40 元台币的低价位，快速的出口增长便累积出巨额外汇。

如表 16.1.1 所示，到了 1983 年，台湾地区的贸易盈余已经高达 GDP 的 8.8%，但是，台湾当局继续以低汇率津贴出口，并未让汇率进一步经济自由化。在 1981—1987 年间，台湾地区的储蓄率年年超过投资率。贸易盈余是以人民的辛苦产出去换取的外汇，而不是进口生产资料或其他商品。货币是为了未来的消费或投资，外汇累积也应是为了未来的消费或投资。累积的外汇存底已超过了未来的消费或投资的需要。这种以累积外汇为标的的新重商主义，埋下了台湾地区 1990 年后经济增长的衰退和收入分配恶化的祸根。

表 16.1.1 台湾地区的储蓄、投资、贸易盈余占台湾地区生产总值的比例（%）

年	1979	1981	1983	1985
贸易盈余	1.1	2.0	8.8	14.0
岛内储蓄	33.4	31.3	31.5	32.6
岛内投资	32.9	**30.0**	22.6	17.3

资料来源：台湾行政主管部门网站。

汇率与利率自由化之后，公营银行民营化应该是下一步，台湾当局当时并未继续推动三家公营银行的民营化。于是，利率也就无法继续反应当时社会的资金状态。孙震（2003）在回顾台湾自由化的过程时说道："台湾当局只重视赚取外汇，甚至以出口扩张去弥补国内投资减缓现象。……1984年台湾行政主管部门宣布自由化、国际化、制度化，却依旧迟疑。"[1]

在另一方面，台湾地区在经济发展初期也受到苏联计划经济初期成就的鼓舞，从1953年开始推动四年经济计划。为了与苏联共产主义的计划有所区别，计划经济被改称为经济计划，而五年也被调整为四年。[2]

第二次经济计划是从1957—1961年，一方面继续推动进口替代政策，另一方面取消不必要的经济管制。从1961年开始的第三期经济计划，其目标在于降低对美国援助的依赖。1963年，台湾的外贸收支首次出现顺差，而工业产值也超过农业。接着，1963—1972年为出口扩张时期，台湾当局在几个城市设置加工出口区。1973年全球发生石油危机，台湾当局开始进行第二次进口替代，并于1974年推动十大建设，包括钢铁、石化、造船工业、交通和电力等基础工程。1978年又展开十二项基础建设，并将机械、电子、电机和运输工具列为策略性工业。1980年成立新竹科学园区，1984年展开十四项建设。然而，1995年提出的六年"建设计划"、亚太营运中心计划，以及1997年提出的跨世纪建议计划均无法落实。[3]

对于台湾地区经济计划的评价，可以从日本的作为来对比。根据青木昌彦等（2002）的陈述，日本最早的经济计划是1949年的经济复兴计划，其目的是要从占领当局的经济统治转轨到市场经济，同时也选择以机械工业和重化工业作为国家未来的发展方向。以机械工业为例，当时日本机械的出口成本甚高，原因是日本缺乏钢铁、煤和运输船。因此复兴计划就提出一个三年建设的明确目标，要求三年后将钢铁、煤和船运的价格同时压低到国际水准，并要求政府对相关产业给予低利融资、降低税率、甚至补贴等。1955年，日本以同样的方式继续推动新的经济自立五年计划。青木昌彦等指出：日本的经济计划以经济预测为主要内容。政府提出计划产业的愿景、规划内容和实践步骤，让企业能在愿景中看到未来利基和自己在市场中的份额，形成极为笼统却是产业聚焦的共识和氛围、并在明确的实践步骤中达成相互的协调。

---

[1] 孙震（2003）。

[2] 在郝柏村当政时期，台湾当局推出新的经济计划，同样避开五年的期限，名之为"六年建设计划"。

[3] 十大建设的内容包括了：南北高速公路（1971—1978）、铁路电气化、北回铁路、中正国际机场（1979）、台中港、苏澳港（1983）、大造船厂（1975）、大炼钢厂、石油化学工业、核能发电厂（1977）。十二大建设内容共有：修建南回线铁路以及拓宽台东线、新建新的东西横贯公路东三条、改善高雄屏东一带公路交通、进行中钢公司第一期第二阶段工程、修建核能发电二厂与三厂、完成台中港第一阶段、开发新市镇、修建台湾西岸海堤工程及全岛重要河堤工程、将屏东至鹅銮鼻道路拓宽为四线高级公路、促进农业全面机械化、建立每一县市文化中心。十四大建设包括了：中钢三期扩建、电力扩建（核四厂）、石油能源重要计划（开发油气能源）、电信现代化、铁路扩展计划、公路扩展计划、台北市铁路地下化、建设台北地区大众捷运系统、防洪排水计划、水资源开发计划、自然生态保育与国民旅游计划。都市垃圾计划、医疗保健计划、基层建设计划。

回顾这接二连三的经济计划，我们看不到任何类似日本经济计划那种产业远景—规划内容—实践步骤的严谨程度，也没听过企业能从中看到自己的未来利基和市场份额，更感受不到彼此的聚焦和共识。诚如李国鼎在其回忆录中说的："十大建设是好大喜功、浮夸的公共建设，完全是蒋经国一人下决策，事后官员再配合筹措财源。"[1] 由于十大建设的成功和对台湾经济结构的改变，此后，大型建设计划就成了历任台湾地区领导人施政计划的一种模式，然后再重申蒋经国当时留下的名言："今天不做，明天会后悔"。于是，孙运璿时推出十二大建设、俞国华提出十四大建设、郝柏村提出"六年建设"，即使民进党上台，游锡堃亦提出新十大建设。

的确，十大建设是成功的，但是它的成功不是计划成功。如果回到当时，我们会记得在高速公路修建之前，省道公路已经拥挤得动弹不得。同样，电力、港口运输、机场和钢铁等也都因为台湾连续的 10 年经济发展而呈现超载。十大建设中没有一项是高瞻远瞩的计划，每一项都是市场已经期待很久的需要。比如 1978 年完成了南北高速公路，修建好不久就接近饱和，1987 年立即修建北部第二高速公路。因为市场需要早已期待很久，这些建设自然不会错误。由于成功的理由被误解，才导致后来继任的台湾地区领导人各以大型经济建设计划强调其魄力。更糟的是，这些经济计划也同时开启了台湾财政的赤字大门。

财富分配恶化

台湾地区在 20 世纪 70 年代开始出现贸易盈余，又因银行维持的长期低价汇率政策，贸易盈余不断扩大，也累积了巨额的外汇存底。如表 16.1.2 所示，台湾地区在 1985 年的外汇存底较 1980 年增加 10 倍，其规模已接近日本和法国等经贸大国。不惊讶地，1985 年的广场协议也间接迫使台币对美元升值。即使在广场协议之后，台湾地区的外汇存底依旧继续累积，在 1990 年竟超过法国一倍，而与美国接近。

表 16.1.2　外汇存底（10亿美元）

年份	中国台湾地区	日本	法国	美国	中国（除港澳台湾）
1980	2.2	24.6	27.3	15.6	2.5
1985	**22.6**	**26.7**	**26.6**	32.1	12.7
1990	**72.4**	78.5	36.8	72.3	29.6

资料来源：台湾行政主管部门统计网站。

[1] 康绿岛（1993）。

表 16.1.3 为台币对美元的汇率变化和银行的重贴现率。台币对美元的汇率从 1986 年的 37.820 升到 1989 年的 26.400，在四年间上升 30%。在 1982 年，台湾地区有关部门已将通膨时代的高利率（重贴现率）由 14.400% 调降至 7.750%。但为了减轻台币升值对出口厂商的不利影响，利率在 1986—1989 年间进一步被调降到 4.500%。

巨额的外汇存底加上低利率必然带来巨额的货币供给，比如货币（M1B）的增长率在 1987 就高达 40%，可以预期的，台北市的房价和股市在 1986—1989 年间高涨。以股市为例，股市指数在 1986 年为 1000 点，但到了 1988 年 6 月则高涨至 5000 点，1992 年 2 月达到最高的 12682 点。当时台湾的总户数约为 510 万，但 1990 年全台股市开户数则高达 460 万，几乎是全民都参与股市投资。房市也一样疯狂。台北市房市指数在 1986 年为 98，1989 年升至 220，也同样于 1992 年升至最高的 230。正常股票的平均本益比约为 20，但在 1992 年时，台湾股票的平均本益比超过 100，呈现严重的泡沫化。当 1989 年台湾"中央银行"大幅提高重贴现率和存款准备率后，台湾股市便开始下跌，到 1990 年底跌掉 80%，指数降至 2485 点。台湾房市也相应下跌，房市指数由 1992 年的 230 跌到 1995 年的 190。

表 16.1.3　台币对美元之汇率及台湾"中国银行"重贴现率

年度	1960	1973	1978	1979	1981	1982	1985	1986
汇率	40.000	38.000	37.042	36.020	36.840	39.110	39.850	37.820
重贴现率	14.400*	10.750	8.250	11.000	11.750	7.750	5.250	**4.500**
年度	1987	1988	1989	1990	1996	1997	1998	2000
汇率	31.770	28.590	26.400	26.890	27.458	28.662	33.445	31.225
重贴现率	**4.500**	**4.500**	7.750	7.750	5.000	5.250	4.750	4.625

注：汇率为 1 美元可以兑换台币的金额。本表仅记录汇率主要变动年度。1960 年的重贴现率为 1961 年的资料。资料来源：台湾"中央银行"。

长期和大量的货币供给增加制造了这次股市和房市的泡沫化。货币供给的增加乃是政府不顾持续的贸易顺差，继续维持过低的固定汇率又压低利率。当股市接近万点时，房价已高涨到多数人购屋困难。他们成立了无住屋者团结组织，抗议飙涨的房地产价格，催生出无壳蜗牛运动，并于 1989 年 8 月发起万人夜宿台北市忠孝东路。这股民间的反弹，使台湾当局深切感受到金融泡沫化的威胁，也启动了这次经济波动的反转力量。1989 年，货币增长率由 1987 年的 40 % 突然降至 5%，接着次年又降至 –5%，泡沫随之破裂。

从 1980 年开始，台湾出现了社会运动，带来 1984 年的"劳工立法"和 1986 年实施的"劳动基准法"。对于这些"立法"，很多人会鼓掌，可是蒋硕杰非常沮丧地指出：台湾在经济增长最快时完全没有"劳工法"，因为市场在制衡老板，不需要靠当局。法律若用以提高劳工的收入，而不是去改善劳工素质，那是揠苗助长。他认为，我们要做的是提升劳工素质，如果劳工素质不提升，产业就会外移，工作机会就会流失。那时候，尤其在广场协议导致台币升值之后，台湾产业已经开始外移，主要是跑到东南亚。

不久，保罗·克鲁格曼（Paul Krugman, 1994）就质疑台湾地区凭什么进行岛外投资？台湾的技术水准还没领先，当然应该在台湾内部继续提升产业水准的投资。[1] 但是，台湾没有提升自己的技术，却热衷于海外投资，这是错误的。每个企业家都可能犯错，但是当全体企业家都犯了同样错误时，那是被错误政策引导的结果。这全都是当时盲目的外汇累积造成的错误，其代价就是经济增长的缓慢。如表 16.1.4 所示，台湾地区的经济增长率在 1964—1986 年间平均在 10.0% 以上，但 1986 年之后便开始逐年下降，到 1998 年已降至 3.5%。相对应的，基尼系数（Gini Coefficient）从 1964 年的 0.32 逐渐降至 1980 年的 0.28，然后又开始上升到 1998 年的 0.32。广场协议对台湾的影响是从 1986 年开始，但在这之前，台湾当局已是以低利率和宽松货币政策去刺激投资和持续累积外汇。宽松政策带来的错误投资和错误消费，也带来恶性贫富差距。

表 16.1.4 台湾地区的经济增长率及基尼系数 1964—1998（%）

年	1964	1968	1972	1976	1980	1984	1986	1988	1992	1996	1998
增长率	**12.3**	**9.1**	**13.4**	**13.7**	**7.1**	**11.6**	**12.6**	**7.8**	**7.6**	**5.5**	**3.5**
基尼系数	0.32	0.36	0.29	0.28	0.28	0.29	0.30	0.30	0.31	0.32	0.32

市场经济让个人发挥其生产潜力。当个人的条件不同，其产出也会不同。经由市场机制，个人（可资利用于生产的）条件的差异会被放大。个人条件有三项：先天禀赋、政经环境之外的后天环境、政府提供的特殊权利。先天禀赋指个人未经训练的聪明、机智、美貌、体魄、与人相处之潜能等。政经环境之外的后天环境指个人所受的教育与训练、来自亲朋好友的馈赠与遗产、家族的人脉与人际网络等。政府提供的特殊权利包括政府授予的特权、特殊立法的保障与保护等。市场的竞争机制会放大个人由于先天禀赋的不同而产生的成就差异，但政府政策造成的个人成就差异则未必与个

---

[1] 克鲁格曼指出：亚洲经济增长主要来自要素投入的增加，而不是技术创新。当要素收益呈现边际递减后，经济增长速度就会慢下来。（此文被认为是准确预测三年后爆发的亚洲经济危机。）克鲁格曼针对那段期间写过《东亚奇迹的神话》，那段时间有人跟他讲亚洲"四小龙"经济增长表现都好，他说是在胡扯，这几个地方全部都在做血汗生意。当时李光耀跟他辩论了一个晚上，最后李光耀承认他错了。克鲁格曼的意思是生产力没有增加，经济增长是来自于工人增加工作时间，男工出来工作，女孩子也被拉出来工作，所以台湾地区女性的就业率很高。

人先天禀赋有关。

上一章讨论过，在低利率下，最先从金融机构获得贷款者能抢得商业先机并赚取垄断利润，最后一波的贷款者只能在完全竞争下收到蝇头之利。有能力获得优先贷款者多是政商关系良好的个人与企业，蒋硕杰认为这是造成财富不平均的主要原因。他称之五鬼搬运，因为这些企业的获利能力多超过它们的实际生产力，他们巧妙利用政府政策从他人身上榨取财富。这个现象也发生在其他国家，比如金融危机发生前的韩国。假设当时韩国的市场利率为10%，一般平民开设的便利商店只要有15%的利润毛率，便可有5%的净利润率。当韩国政府为了培养大财阀而让他们享有5%的贷款利率时，但其利润毛率只要有12%，净利润率便是7%。于是大财阀纷纷开设便利商店，以较高之净利润率击败平民便利商店。这是反淘汰现象，亦即利润毛率为12%的大财阀击垮了利润毛率为15%的小企业。这不仅伤及经济增长，也不利于收入分配。

因宽松货币而释出的货币是否能找到投资的机会？是否有助于企业家开创新的产业？如果只是像金融危机发生前的韩国，释出的货币无法为社会开创新的产业，只是在进行反淘汰而已。当货币供给率高过企业家开创新产业的能力时，金钱会流向股市和房地产市场。孙震（2003）认为：在开放社会，货币发行过多未必会使消费者物价指数上涨，因为国内价格一涨，国外的食物、衣物都会进口进来。同时，也会有人将钱放到股票市场。这些经济活动都让消费者物价指数涨不上去。换句话说，在开放社会下，国际的物价会抑制国内物价的上涨，会涨的是国内的股价与大都市的房价。比如在1985年，同样以新台币1000万元可以在台北市购得1套3室的房屋，或在桃园县的小镇上购得3套3室的房屋。20年后，台北市的房价上涨了三倍，而小镇的房价却闻风不动。大都市房价的狂飙，拉大了个人和城乡的财富差距。

大都市因人口数量与人口集中而存在规模经济，这些规模经济得利于政府的公共建设。比如台北的捷运系统，从城市中心区放射出去，每延伸一段或新建一条，新通车地区的房价就跟着上涨。同时，捷运也为城市中心区带来更多的人潮和便利，进一步推涨其房价和生活成本。这也是台北市城市中心区房价不断上涨的原因之一。

大都市的就业和累积财富的机会都较其他市县乡镇为高，这也是人们选择向大都市迁徙的经济理由。房价狂飙后，大都市的居住成本提高，低收入者将被迫离开。当低收入者被迫迁居郊区后，如果他们还依恋着大都市的就业和生活环境，便得较过去付出更高的生产与生活成本。如果他们放弃原来的大都市，也等同放弃大都市的就业和累积财富的机会。

低利率也改变资本与劳动力的相对价格，提高使用劳动力的相对价格，降低厂商对非技术工人的需要。于是，就业人数和薪酬率都朝下调整。当生产朝向资本密集而资本又容易集中，虽然产出总额在劳动力与资本配额比率变化不大，但以个人计算的财富分配却会很快恶化。

错误的消费形态

突然降临的财富会改变一个人的消费习惯，甚至是其生活方式。当一个社会的收入增长过于快速时，人们的消费习惯和生活方式也会改变。在历史上，除了韩战带动了日本的经济增长与中国的改革开放外，一个社会能出现快速收入增长的例子不多。较多的是政府在宽松货币政策下带给社会的初期效果。

生产得仰赖生产知识。当生产者缺欠生产知识时，就无法提供计划生产的商品。消费也同样仰赖消费知识。当消费者缺欠消费知识时，就不会去购买自己不具有消费知识的商品。交易顺利完成的条件之一是，生产者拥有该商品的生产知识，而消费者拥有该商品的消费知识。如同生产者会不断提升他们的生产知识以生产新商品，消费者也会不断累积新的消费知识去消费新的商品。随着供需双方的知识累积，市场交易的商品内容也在不断提升。知识累积也就意味着交易商品内容的提升。

图16.1.2的最内圈代表个人最初拥有之消费知识，然后沿着虚线持续扩大其半径，一圈圈地往外累积。假设个人获取新消费知识所需的费用可以略去不算，仅考量个人将新知识融入原有知识体系所需要的时间。第三章曾提到，个人必须经过不断的练习，才会对获得的新知识产生信心。随着生产知识的累积，生产者才有能力生产知识量较多的商品。图中不同椭圆圈代表不同的知识量。假设这些知识量可以作为其对应之产出商品的标示，如 K_0、K_1、……、K_4。

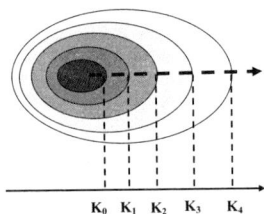

图16.1.2　消费知识的累积

注：图中不同椭圆圈代表不同的知识量。

假设某甲在某期的收入为 Y_1，其消费知识为 K_1，则他会去购买有效消费该商品所需之知识（以下简称内含知识量）低于 K_1 的商品，如图 16.1.3 中的轴线上位于 K_a 到

K_1 范围内的商品。这是假设他不会购买内含知识量高过他拥有之消费知识量的商品，但也不会购买内含知识量太低的商品。在这知识量范围内，假设他的消费分布接近于正态分布，或以图中的 C $(K|Y_1,K_1)$。假设他的收入突然提升到 Y_2，于是，他的消费分布就成为 C $(K|Y_2,K_1)$，消费分布的商品范围从 K_c 到 K_1，其中 K_c 略较 K_a 提升。这是因为暂时收入的增加太过突然，他的消费知识量还没来得及提升。如果他增加的是恒常收入（而不是暂时收入），那么他就有足够的时间去累积消费知识，比如在收入提升时的消费知识量也提升到 K_2，则其消费分布为 C $(K|Y_2,K_2)$，消费分布的商品范围从 K_b 到 K_2。

若比较消费分布从 C$(K|Y_1,K_1)$ 移到 C$(K|Y_2,K_1)$ 和移到 C$(K|Y_2,K_2)$ 的消费差异，我们发现收入上升太快，他将减少消费知识量从 K_1 到 K_2 范围之商品，而增加消费知识量从 K_c 到 K_b 范围之商品。由于前者所含的知识量较高，因此收入上升太快的结果导致他无法消费知识量较高的商品。我们称这种选择遭受扭曲的消费结构为错误消费（Mal-Consumption）。

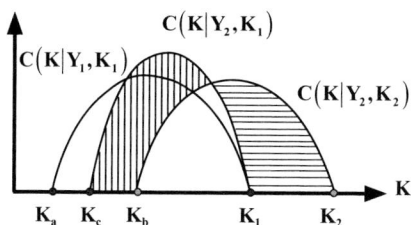

图 16.1.3　错误消费

注：收入上升太快，个人将减少消费知识量在 K_1 到 K_2 范围之商品，而增加消费知识量在 K_c 到 K_b 范围之商品。

错误消费时常发生在个人身上，最常见的例子就是在短期内致富的暴发户与卖掉祖产获得巨款的田乔仔。由于他们的消费知识量无法随收入快速累积，以致其消费行为常遭受舆论的冷嘲热讽。又如媒体喜欢报道乐透中奖者凄惨下场的故事，其中不乏沉迷于嗑药、赌博等消费，也是因为消费知识量无法跟上收入的快速提升。[1] 相对地，托斯丹·凡勃伦（Thorstein Veblen，1857—1929）在其名著《有闲阶级理论》中便描写富裕阶级如何以艺术修养、赛车、赛马的技艺去炫耀其稳定而家传的富裕。[2] 当这些贵族家庭没落后，其后代所传承的家庭教养往往表现在消费知识上，但此时个人拥有的

---

[1]　资料来源：http://news.hkheadline.com/instantnews/news_content/200909/04/ 20090904b000010.html?cat=b。

[2]　Veblen, Thoestein（1994）.

财富已无法支付这些花费,他们的拮据处境常是 19 世纪的文学题材。

一个社会可能因长期经济增长而变得富裕,也可能因发现北海油田而致富。社会有一项不同于个人的现象,就是台湾当局可利用政策去扩大当前的台湾当局支出能力,让未来的台湾当局去承担财政困难和经济危机。当然,这大都发生在经济萧条时期。台湾财政主管部门在萧条时期常发行公债卖给台湾"中央银行",中央银行买入的公债以满足货币发行的法定要求。在这方式下,台湾财政主管部门有钱可推动公共建设,货币流向民间。货币供给增加,利率跟着下降,股市和房市同步拉抬。繁荣市场时,人们感受到的是暂时收入的增加。以台湾的经验言,在汇率大调整的 1980—1989 年间,台湾 GDP 的年平均增长率为 12.7%,年平均薪酬增长率约为 10%,并不容易突显汇率在 5 年间调整所反映出来的财富效果。即使如此,我们还是可以间接地看到一些变化。当我们放下数据,实际出去走走,我们会在城市里看到新兴的百货公司、品味餐厅和诚品书店,同时,也看到路边的小吃、夜市同样在增加。或许令我们侧目的是色情场所与小区小神坛,也在等比例增加。

第二节　大陆的发展策略 [1]

第十一章在讨论计划经济时,仅简单地陈述大陆在"大跃进"运动时的情况,因为 1978 年展开的改革开放已脱离了计划经济。这节将讨论大陆如何展开其经济转型,又如何以"中国模式"自诩。最后,我们讨论林毅夫试图解释中国模式建立理论的比较优势战略。[2]

改革开放

1979 年,大陆允许农民在国家计划指导下因地制宜,发挥生产积极性。1980 年,肯定了包产到户的社会主义性质。1984 年,确认社会主义经济是"公有制基础上的有计划的商品经济"。[3] 承认家庭承包制和商品经济都是大陆在不愿直接承认市场体制下,对商品交换关系的承认。这承认鼓舞了中国经济学界进一步探索非农村部门的制

---

[1] 本节内容摘自方壮志、黄春兴(2004)。

[2] 最近,林毅夫推出"新结构发展经济学"一词,并含括比较优势战略。不过,本书认为原名称仍较为贴切。

[3] 《关于进一步加强和完善农业生产责任制的几个问题》。改革开放是在"一个中心,两个基本点"的原则下推动,也就是在以经济建设为中心和坚持改革开放的同时,仍必须坚持四项基本原则。这四项基本原则依然是:坚持社会主义道路、坚持无产阶级专政、坚持共产党的领导、坚持马列主义和毛泽东思想。

度变革。[1]

许多新的制度是在那段期间寻找到的。不论是包产到户、"苏南模式"、"温州模式"等，都是基层人民趁着"文化大革命"正狂热进行而中央政府未能注意到他们时，悄悄地发展。他们抱持着"天高皇帝远"的侥幸心理，谨慎地摸着石头过河。踏出的第一步是小规模的经营蓝图，若成功，就能继续踏出下一步。来自基层的创造力推动了整个社会的改变。这发展模式可如此描述：在行动，在有限度的市场竞争中发展新的经济模式。[2]

部分地区和部分人的成功成为众人的楷模，进一步吸引更多的地区和人参与。成功者连续提供的经验也会降低人民试误的主观成本，进一步吸引更多的人参与。当成功成为普遍现象后，政府就得认真而正面地看待这些成就。[3]1987年，中共十三大的报告不再提计划经济，改为强调"国家调控市场，市场引导企业"，承认市场也是一个独立于计划外的资源配置机制。此时，价格不灵敏、市场不完善、市场失灵、贫富差距等都继续成为政府干预市场的理由。[4]

改革的本质就是摸着石头过河，只不过摸着石头过河的主导者是企业家，并不是政府官员或CPB。大陆近三十年的经济改革，很完整地陈述了这样的经验：在允许试误的市场里寻找适宜的发展方向，改革才能成功。

在计划经济时期，体制的初衷是要满足人民的普遍生活需要。在计划经济下，人们没有机会发挥创业家精神，久而久之，创业家精神也就废退（或隐而不显）。[5]当人们习惯了日复一日的计划生活，也就习惯了按上级指令行动的心态，这要如何唤醒已废退了的创业家精神？若不唤醒创业家精神，新的经济体制就无从发生。如果整个社会的创业家精神都已消散无踪，又如何能转型？

针对这些棘手的问题，邓小平的策略极其简单："让一部分地区、一部分人可以先

---

[1] 新制度经济学（New Institutional Economics）在这过程中受到其他国家经济学者难以置信的欢迎，因为它提供大陆学者一套能分析从公共所有制走向集体所有制的工具。同时，从社会主义到市场经济的转型过程，也提供了制度经济学者"肥沃的研究素材"。许多改革开放后出国留学的经济学家，也纷纷加入制度改革的研究。然而，随着温州模式逐渐取代苏南模式，也随着私营企业的快速增长，经济学者逐渐了解私有产权制度毕竟优于各种集体所有制。他们对新制度经济学的热情开始冷却，转为重视市场机制和私有财产权的理论。

[2] 徐勇（2003）引述了邓小平的一段话："农村搞家庭联产承包，这个发明权是农民的。农村改革中的好多东西，都是基层创造出来的，我们把它拿来加工提高作为全国的指导。"另外，胡宏伟与吴晓波（2002）在研究温州模式时的一些观察可能是更贴切的说明："在谈及他的改革实验遭遇到的阻力时，他脱口说道：'无所谓的，从一开始我就知道，改革，有时是从"违法"开始的。'……只是在实践中获得成功之后，才逐渐获得一种社会认同并广为效仿，进而得到官方的迟到的承认。"

[3] 当时，大陆的宣传部门和教育部门仍坚守着传统的思考模式，但实际负责经济运行的体制改革部门和经贸部门已开始根据西方的经济观点分析市场机制。

[4] 刘诗白（1994）说道："社会主义市场经济中，市场缺陷主要表现为以下四个方面：（1）市场机制不能完全满足自身运行所需的条件。……（4）市场机制运行的结果与社会主义经济目标之间并非是完全一致的缺陷。"（第244—246页）

[5] 已有不少研究指出：俄罗斯商人相对于中国商人更缺欠创业家精神。

富起来。"[1] 这设想是要打破人们长期在计划经济下养成的吃大锅饭和平均主义的习性。先富起来的人作为酵母,可帮助其他人也发酵起来。[2] 萨克瑟尼安提到:硅谷(Silicon Valley)常自豪其创业家精神的旺盛远非其他高新科技园区所能想象,因为该地区从 19 世纪以来,不断有人因寻获金矿脉或发明新科技瞬间成为超级巨富。淘金梦远较美国梦诱人。[3] 当人们发现一起工作的伙伴突然变成超级富翁,再回想他们和自己差不多的出身条件,类似刘邦式的"吾将取而代之"的豪情便涌上心头。

就整个社会论,经济转型在于训练人们重新获得与创业家精神相关的知识。旧知识是如何在计划经济内发现满足自己需要和提升效用的财货,及以何种方式去获取这些财货。新知识则是,如何在市场机制下发现可以满足自己需要和提升效用的财货,及以何种方式去获取这些财货的知识。经济转型就是要让人们把脑中在计划经济内累积的旧知识,转换成在市场经济下可利用的新知识。[4]

个人知识的转换是件非常困难的工作。当过去一再重复的思维形成了习惯,个人的认知就会被锁在旧思维内,而不愿意再接受新事物。[5] 人们往往不愿放弃现有的见解,习惯以过往经验去诠释新环境。[6]CPB 在抛弃货币和价格结构后,由于缺乏对个人主观需要的衡量,也缺乏以利润去评估管理绩效,传统社会的身份和关系开始成为配置资源的标准。人们积极学习取得身份和关系的技巧,并利用身份和关系去争取他需要的财货,其结果造就出贿赂与贪污盛行的社会。这是苏联、东欧、中国在第二次转型初期所遭遇的普遍弊端。

在改革之初,社会上普遍仍是以旧知识去获取个人财富。这时,媒体对成功企业家"如何赚得第一桶金"的一连串报道,能潜移默化地教育人们如何获致财富的新游戏规则。不断出现的企业家和他们的成功故事,从改革城市放射出去,不断调整各地的个人知识结构,让新知识取代旧知识。

思想的转型在民间不容易,在政府更为困难,因为官员们已经习惯 CPB 下的庞大预算与权力。他们能放手让民间自由地发挥创业家精神已经不易,要求他们放下手中的利益与权力几乎是天方夜谭。改革之初,民间在摸着石头过河之际,仍旧害怕集权

---

[1] 1985 年,邓小平在会见美国企业代表团时说:"一部分地区、一部分人可以先富起来,带动和帮助其他地区、其他的人,逐步达到共同富裕"之后,他又在多种场合多次提到让一部分人先富起来的观点。

[2] 这令我们想到《史记》中一段关于秦始皇出巡时的叙述:"项羽好生羡幕,手指着秦皇:'吾将取而代之'。刘邦感慨万端:'大丈夫当如此也'。秦始皇出巡时阵仗的华丽和气派,诱发了项羽和刘邦内心对于权势的追求。类似的现象也发生在当代:巨富的庞大庄园和奢华生活能诱发人们兴起"大丈夫当如此也"的抱负。

[3] Saxenian(1994)。

[4] 奥地利学派把转型视为知识的改变,请参阅 Colombatto(1992)和余赴礼(2008)。

[5] De Bono(1992)。

[6] Allen and Haas(2001)。

政府的压制。1981 年中共中央将大运动式的政策推动态度改为政策试点，并配合这个改变将中央权力结构改为集体领导制。

政府政策需要先行试点是出于两项历史原因：（一）马克思思想缺欠实践理论而苏联的计划经济也宣告失败，（二）"大跃进"运动的惨痛代价不容许再发生。缺欠实践理论的指导，试误过程就必须遵守谨慎原则。[1] 谨慎原则的意义是：既然还不清楚如何将纯粹理论展开到实践过程，实践中的各种策略都只是试误手段，必须保持虚心和谨慎，不能幻想自己是全知全能的上帝，更不能误以为自己有能力计划全国的经济运作。谨慎原则包括两项内容：调查研究是依据理论展开与实践，政策试点则允许理论之外的试误。试误可以根据理论，也可以在理论尚未完整之前先实践。这项制度性突破允许人们在还不知道猫是否能抓到老鼠之前，就先放猫去找老鼠。[2]

政策试点必须建立在思想解放的基础上。1987 年，邓小平大胆地说："证券、股市，这些东西究竟好不好，有没有危险，是不是资本主义独有的东西，社会主义能不能用？允许看，但要坚决地试。看对了，搞一两年对了，开放；错了，纠正，关了就是了。怕什么，坚持这种态度就不要紧，就不会犯大错误。"[3] 邓小平适时松绑意识形态的决心，稳住了老百姓对改革开放的信心。

摸着石头过河是民间摸索新制度的试误过程，政策试点是政府寻找新制度的试误过程。当时的环境是人民还习惯于计划经济下的生活方式和知识，这两个过程虽然不完全符合市场机制的一些条件和要求，却能让民间与官方的创业家精神得以部分发挥。政府政策不可能完全摆脱强制性，但因中国疆域广大，被强制作为试点的城市只是少数的样本。经过试验期之后，若失败就停止。如果试验成功，这政策将备受其他城市欢迎和复制。试点不是市场体制，但相对于大运动式的政策和计划，却是更接近企业家的创新过程。

体制转型[4]

在讨论中国的政经转型后，我们也回顾一下其他政经体系的转型。转型并不限于从计划经济到市场经济，凡是从一种政经体系转换到另一种政经体系的过程都是转型，包

---

[1]　方壮志、黄春兴（2004）指出：谨慎原则是人类社会在不确定环境下产生的行为法则，个人依循这法则行事的态度与个人的经济理性行为假设一致。

[2]　邓小平到 1993 年才正式提出猫论。不过，他是推动 1981 年《关于建国以来党的若干历史问题的决议》的主角。

[3]　邓小平，《建设有中国特色的社会主义》。另，1992 年邓小平在"南方谈话"中又提到："社会主义要赢得与资本主义相比较的优势，就必须大胆吸收和借鉴人类社会创造的一切文明成果，吸收和借鉴当今世界各国包括资本主义发达国家的一切反映现代社会化生产规律的先进经营方式、管理方法。"

[4]　这段内容主要来自：赵唯辰（2012）。

括日本的明治维新等。

体制是一套社会运作的各种制度，包括政治制度、经济制度、社会制度、教育制度等，而每种制度也都是一套协调众人在该领域内顺利合作的规则。由于这些制度彼此牵连，体制转型很难单一进行，其核心意义在于推动各种制度的同步转型。文献上将转型分为三类：休克疗法、渐进主义与文化演化。下面，我们仅就这三类体制转型下的经济制度转型略加讨论。

休克疗法（Shock Therapy），指政府在短期内改变制度运作的规则。用杰弗里·萨克斯（Jeffrey D. Sachs）的话来说，休克疗法就是"逐次小规模变革，不如一次大规模变革"。[1] 第一波休克疗法发生在 20 世纪 80 年代初期的拉丁美洲。当时，拉美国家发生外债危机，智利与阿根廷寻求国际金融机构，包含国际货币基金与世界银行的援助。从 1985 年起，这些机构联合美国政府，要求拉美国家接受华盛顿共识（Washington Consensus），强化财政纪律、减低预算赤字、降低政府支出和补贴、进行税改改革、推动贸易、利率与汇率自由化、开放外资直接投资于国内市场、国营事业民营化、松绑管制、保障私有财产等。他们有效地控制了通货膨胀，但无法解决贫穷问题。到了 20 世纪 90 年代末期，拉美国家的贫富差距更加恶化。第二波的休克疗法发生在中东欧。20 世纪 80 年代末期，波兰在脱离"苏联阵营"后，邀请杰弗里担任顾问，进行经济转型。展开国营企业私有化、改革国家财务制度、改革银行体制、开辟资金市场、建立劳动力市场、贸易自由化等。[2] 由于波兰经济转型相当成功，吸引其他国家跟进，如 1991 年的捷克斯洛伐克和保加利亚，1992 年的俄罗斯、阿尔巴尼亚和爱沙尼亚，1993 年的拉脱维亚。然而，并非所有国家都能转型成功。大致而言，波兰、捷克、斯洛伐克和匈牙利（还有拉美大陆的玻利维亚）转型成绩都不错，也迅速融入国际市场；但如俄罗斯、罗马尼亚、保加利亚和乌克兰的转型并不理想。杰弗里解释是，政治不稳定、贪腐情形严重、没有外来资金援助或地理环境不利融入周边经济体的国家，很难在一夕之间调正。[3]

渐进主义（Gradualism）不同于休克疗法，主张阶段性的开放政策。它没有转型步骤的理论，用邓小平的话说就是摸着石头过河。不过，它和休克疗法一样是由国家主导，只是由上而下地决定逐步开放的内容和日程，而其步骤也都只是见机行事的设想。中国的渐近主义其转型过程充分表现在改革开放之后政治与经济发展历程。

---

[1] Marangos（2003）引用 Sachs and Lipton（1990）"一步跳跃至市场经济"。

[2] Sachs（2007）。中文译本，铁人雍译，《终结贫穷：如何在有生之年做到》，第六章。

[3] Sachs（2007）。

由于休克疗法以全面性变革为原则，内容涵盖财政、金融、经济、政治、社会等各个层面，故其变革的交易成本是巨大的，很难在短时间内为社会所接受与吸纳。相对地，渐进主义以小规模分批进行，并在每一步变革之后才进行下一步变革，故可降低转型过程的交易成本。由于每一步变革都不大，因此也就不可能完全改变当前政治权力与财富的分配。既然政治权力的变革不大，既有权力阶层在变革中所分配到的新财富必然相对地高。而这现象将转而成为既有权力阶层对于政治制度进一步转型的抗拒。[1]

当制度变革方向明确时，政府带领的休克疗法的生产效率会高过渐进主义。但其经验是，百姓无法在思维上立即调整，也无法在日常生活上适应新制度的规则，以致在混乱之际常出现怀念旧制度的抱怨情绪。[2]渐进主义因给人民较多的时间去调整思想和适应新的规则，较容易遗忘旧制度。

不同于休克疗法与渐进主义由上而下的强制性变革，文化演化将转型工作交由全民展开，先让民间发展出新的规则，再由下而上地去影响政府。不同的推动方向展现不同的结果。若推动力由上而下，权力阶层在推动变革时会选择自己费力较少而获利较大的内容。当他们付出的成本愈来愈大且获益愈来愈少时，就会停止变革。若推动力由下而上，推动变革的是非权力阶层，而他们只能凭借新的思想成为权力，其变革内容势必遍及各种制度。简单地说，文化演化仰赖企业家选择他可以突破的制度，展开不同于当前的论述与行动，以实际的成果与改变后的新貌吸引新的跟随者，最后终因量变而质变，改变了人们的行为与生活方式。第九章提到，任何一项制度的演化都需要企业家的接踵而至与前仆后继。体制的演化转型更需要企图变革制度的企业家同步朝向各种制度变革。体制转型只能在各制度都到位后才能成功。

中国模式

苏联解体后，俄罗斯接受杰弗里等人的建议采纳华盛顿共识，抛弃中央计划，快

---

[1]　杰弗里归咎一些东欧国家转型失败的理由是贪腐严重。他责怪这些国家因担心巨大的交易成本，而限缩休克疗法的变革范围，未触及财经以外的其他制度的转型。Sachs（2007）很讽刺地，渐进主义最后也是仅触及财经范围，未触及财经以外的制度。

[2]　"对俄罗斯来说，这等同要求人民放弃他们一贯'信以为真'的共产主义，而改用资本主义方式办事。这方法在人民的思维中引起极大的休克。俄罗斯人一觉醒来，发现他们沿用的排队购买粮食的方法已不再有效。他们的共享知识库再不能诠释新事物及解决日常问题。换言之，他们丧失了共同的预期，结果经济协调失效，生产及经济活动进入混乱。这说明为什么当年前苏共及东欧集团的经济转型，平均产量下跌了40%。人民收入大幅下滑，大量裁员及厂房空置。"余赴礼（2009）

速开放市场，紧缩政府财政规模，以剧烈改革去重建经济。[1] 他们认为第一次经济转型把价格结构拉离了市场机制，第二次经济转型就要再拉回来，而且愈快愈好。在第一次转型时，俄罗斯只有模糊的远景——共产社会。他们边走边铺轨道，蛮撞地走向高度不确定的未来。到了第二次转型，他们有明确的目标——市场体制，以华盛顿共识为指导去铺设轨道。不过，这两次经济转型都是由一群专断的官员与自负的学者在主宰，他们明白体制转型的调整成本会随时间拖延而增大，却忽略了一般百姓无法在短时间内调整知识结构。结果导致俄罗斯陷入国有资产严重流失、寡头政治、经济罪犯猖獗、经济衰退、贫富差距扩大等困境。[2]

不同于俄罗斯的休克疗法，中国采取渐进主义，如前述的摸着石头过河、让部分人先富起来、政策试点等策略，表现了年平均经济增长率连续 30 年接近 10% 的成果，并超越日本成为世界第二大经济体。凭这张亮丽成绩，中国一些学者称其政策内容为北京共识（The Beijing Consensus），对比于引导俄罗斯转型的华盛顿共识。[3] 由于北京共识只发生在中国，该语词引起不少争议，因为：（一）中国 30 年来的经济发展和亚洲"四小龙"的发展轨迹近似，其成果都是来自市场开放所释放出来的民间活力；（二）这词语只不过是利用李光耀的亚洲价值论；（三）中国耀眼的 GDP 数字背后还有污染代价、国企垄断、官员贪污腐败、人民贫富悬殊、社会风气败坏等问题。另外，也有学者以"强权力，弱市场、无社会结合"三个基本特征去概括中国模式。[4]

主观论经济学认为经济增长的主要驱动力是创业家精神，只要这个本能不被压制，个人就可以克服缺乏资源的环境，驱动长期的经济增长。然而，长期生活在计划经济下的人们，其创业家精神早已饱受政治力量的外在打压和恐惧心理的内在压抑。由于恐惧，个人主动放弃了追寻幸福与避开不幸的行动。由于打压，他的行动无法自由展开。中国在改革开放时，邓小平试图从政治上和心理上扫除压制创业家精神的力量，也更积极地借一部分人先富起来的策略去重建。

企业家在计算利润时，会思考行动的方式和预期效果。投资的方向若没有任何限

---

[1] 1989 年，南美国家陷于债务危机，美国国际经济研究所邀请国际货币基金、世界银行、美洲开发银行、美国财政部和南美国家代表在华盛顿召开研讨会，研讨南美国家的经济改革政策。该所的经济学家约翰·威廉姆森（John Williamson）提出以新自由主义为原则的一系列经济改革主张，包括产权私有化、利率自由化、贸易自由化、资本自由化、放松政府管制、加强财政纪律、降低边际税率等，并在会议中取得共识。因会议在华盛顿召开，故称为华盛顿共识。

[2] 这几年，俄罗斯在政治逐渐稳定和石油开始输出后，这些情况已大为改善。

[3] 2004 年，拉莫（Joshua Cooper Ramo）发表"北京共识"一文指出，中国的经济改革成就是建立在几个特征上：坚决改革路线、政策试验、政府持有大量外汇准备、坚持稳定政策。拉莫曾任美国《时代》周刊编辑，长期在中国生活，这使该名词容易在中国传散开来。

[4] "强权力，弱市场、无社会结合"首见于北京清华大学社会学系社会发展课题组的报告《重建权力，还是重建社会》。朱嘉明（2011）提这说法，并具体地说明其特征：（一）中央政府的可支配财力（也就是中央财政收入和国有企业之未分配盈余）接近 GDP 的30%；（二）地方政府公司化兼具发展型政府和掠夺型政府的双重特征；（三）国有企业高度垄断生产要素，主导国家资本发展进程；（四）政府没有建立权力制衡的意愿，依旧行集体主义；（五）公民社会发育缓慢，社会还未具有自主性的自治和自律组织。

制，他们的投资对象是自由的。如果政府限制投资方向或扭曲不同的投资成本，他们就只能在受限的范围内选择。政府限制投资方向必然是想控制产业的发展，因此，除了画出限制线外，也会奖励支持其政策的企业家。所以，政府限制投资方向未必就会减少企业家的投资利润。企业家往往会获得一些特权而享有更高的利润率。对于没有投资限制的产业，企业家的投资方式是自由的。但如果投资过程存在各种限制，而且裁判权掌握在（地方）政府手中，企业家就会以寻租方式争取投资许可。他们在寻租中支付不少费用，但他们也获得政府官员限制其他参与者进入竞争的保障。如果利润受到影响，企业家就不会投资。扭曲的产业政策伤害的是产业的结构，而不是企业家的投资和特定产业的发展。[1]

在脱离计划经济初期，百废待兴，基础建设的投资报酬率都是很高的。早期的深圳、珠海、厦门、汕头等经济特区都有耀眼的表现。苏南的乡镇企业虽早在"文革"时期已经开始，但真正发展期是与经济特区同步。乡镇企业的产权属于公有而非国有，大都是一般商品制造业，因改革开放获得较大的经营自主权。在这时期，两岸学界掀起探讨最优产权模式的风潮，企图在公有产权和私有产权外，寻找某种适合中国国情的混合产权制度。不少学者甚至鼓励界定不清楚的产权制度。到了20世纪90年代，乡镇企业模式的幻想被"温州模式"打破。"温州模式"类似于台湾的经济增长经验，以私有产权为基础，由小商人从小商铺、小工厂开始生产粗陋、简单、侵权的小商品，在赚得第一桶金之后扩大生产规模。"温州模式"催促了大陆各地本土企业家的出现，也发展成外资企业、港台企业、国营企业、日韩企业之外的第五股产业群。

在另一方面，经济特区的成功带来了两大效应：其一是吸引各国资本的流入，其二是各省市纷纷设置高新科技园区（以下简称工业区）。在这两个效应交互作用下，各国资本不断流入各省市，而各省市工业区的竞争吸引了更多资本的流入。[2]竞争是市场的驱动力，以不断淘汰落后者的方式推动整体的进步。我们提过：追求利润是市场法则，不论厂商愿不愿意或动机为何。同样，不论各省市设立的动机或贪腐情况为何，工业区的竞争带动了中国产业的进步。

只要工资与地价相对低廉，设立工业区就可以收到经济租。高额的经济租诱发地

---

[1]　中国采用市场社会主义体系，把石油、钢铁、电信、运输等特定产业划入国有企业，排除民营企业的进入，享受垄断利润。新古典经济学相信，这些产业因而获取规模报酬递增的好处。电信与运输不同于石油与钢铁，可视为政府在基础建设的公共投资，即使过度投资或经营亏损，也很少受到责难。

[2]　在台湾电子电机公会每年发布的大陆各高新科技园区之优势评比中，它们的相对名次每年都因激烈竞争而有很大的变动。

方政府的领导设立工业区。[1] 不过，张五常（2009）认为地方政府开发工业区的诱因是大陆于 20 世纪 90 年代实行的分税制，而同时也是这 2000 多县的竞争带来大陆的经济增长。他提出的理论证据是，"从 20 世纪 90 年代中期开始，大陆的经济遇到很困难的情况，先有通胀跟着又通缩，房地产跌了 75%，又有肃贪，又有宏观调控，破产、跳楼的人无数，在这种情况下长三角的经济突然起飞了，在 8 年之间超越了比它起步早了 10 年的珠三角。"[2] 在分税制下，县的主要收入来自全国统一的 17% 税率的增值税（即生产欲服务之附加价值税），并分得其中的 1/4。这个数值虽然很大，也有诱因让各县市政府去招商，但还不是促成经济快速增长的主要理由。如果进驻厂商能有效率地使用土地，在经济带动下，附近的地价也跟着上涨，那么土地交易的增值税就会增加。因此，如何让进驻厂商有效率地使用土地，才是经济增长的驱动力，而不是招来厂商而已。

根据经济理论，分成收益（Sharing）租约（如经营利润的 17%）的效率远不如固定租约（如每年 2000 元），因为在分成租约下，进驻厂商的边际报酬只有边际投入的部分。相对地，在固定租约下，进驻厂商边际投入会等于边际报酬。张五常提到，马歇尔在《经济学原理》一书的脚注中提到：如果地主可以自由地调整资本的投入，分成租约的效果就会和固定租约一样。马歇尔讨论的是地主和佃农的土地租约，而佃农以其劳动力耕作土地。在分成租约下，地主分享佃农投入的报酬，佃农自然会减少劳动力投入。但是，如果地主改为是佃农的合伙者，他出资本配合佃农的劳动力，两人各分配资本的边际产出和劳动力的边际产出，佃农就不会减少劳动力投入了。

那么，在进驻厂商投入资本和劳动力的分成租约下，地方政府要以什么作为与进驻厂商合作生产的投入？张五常发现，地方政府的投入是免收进驻工业厂商的各期土地租金。换言之，在经济租逐渐下降和中央规定的分成税制下，县市地方政府利用无偿提供土地的方式与厂商合作生产，促进经济增长，分配地方繁荣而增收的增值税的比例分配额。他的推论是正确的，但是这不等于他在高兴之余说的：私有产权制度没有比较好。私有产权实行的是固定租约，如马歇尔说的，进驻厂商在可以在边际投入

---

[1] 在当前的农耕地产权制度下，农耕地的公有权和使用权只在农耕地用于农业生产时才为农民所有。于是，地方政府便借着开发工业区去获得农耕地的公有权和使用权。比如一亩地以 10000 人民币征收（其中一半给使用的农民，一半给村集体），地方政府开发成工业区后，再以 30000 人民币的价格批给投资厂商。在扣除开发和招商成本后，可以据为己有的空间还是很大。如果农民满意所获得的补偿，整个工业区开发过程就符合帕累托效率增进原则；否则，就出现群体抗议事件。不过，随着招商竞争激烈化、农民维权意识增长、薪酬率上升，设立工业区的经济租逐渐下降。

[2] 张五常，"中国经济奇迹的最大秘密"，《网易财经》，http://money.163.com/10/0427/17/659U551800254CHD.html，浏览日期：2010-04-27。

成本等于边际报酬的效率条件下生产。

后发劣势

体制是各种制度的总称，而每种制度都是一套规则和组织的集合。比如，经济制度就是一套规范经济运作之规则和相关的经济组织所构成，政治制度也是由一套规范政治运作之规则和相关的政治组织所构成。经济组织和政治组织可以相互独立，但是规范经济活动的规则和规范政治活动的规则却无法完全分离。因此，我们不难见到有人为了实现经济目标而从事政治活动，也有人为了实现政治目标而从事经济活动。目标与行动在个人身上是一体的，也因此，规范经济行动的规则往往也会成为规范政治行动的规则，反之亦然。比如，不欺骗消费者与不欺骗选民，就是同一规则在不同制度上的呈现。另外，当政治制度未能实现民主时，人民处理政治事务就必须遵循一些潜规则，比如钱权交易。这时，如果经济制度已走向竞争，人民处理经济事务是遵守商业的竞争规则。然而，商业竞争规则是与一些政治潜规则相抵触的。规则是行动的依据。个人如果在不同制度的行为表现不一致，就不容易获得他人的信任与合作。如果大部分的人在不同的制度下必须遵守不一致规则，每个人都将因为难于预期他人的行动而无法顺利地实现自己的目标。这时，社会将失去秩序。

因此，体制转型的成功必须以各制度的同步转型为前提。若单一制度能转型成功，意味着该制度运作的新规则已经深入人心。同时，这些规则将自然地投射到其他也需要相近规则的制度，从而推动该制度的自然演化。各制度的同步转型应该是自然发生的，除非这些制度的演化受到外力的阻扰。邓小平提出改革开放时，同时包括经济开放和政治改革两者。经济改革关怀经济产出及其相关的产业结构、技术发展、收入增长等问题。政治改革涉及政治权力的分配、中央与地方的关系、贫富差距、教育问题、农民工的权利问题等。这两者息息相关，比如都市发展需要从乡村引进农民工，却又无法给农民工和都市居民相同的居民权利。

在 20 世纪 70 年代，经济学曾区分为经济发展与经济增长的研究领域，前者探讨经济落后的社会困于贫穷陷阱的制度因素，后者讨论经济发达社会之资本累积过程。经济增长的前提是私有财产权、自由市场、发达的金融制度，而这些却是经济发展的研究议题。在 20 世纪 90 年代，新古典经济学以内生经济增长理论和新制度经济学合力打破经济发展与经济增长的分界。不过，这两个学派所使用的分析工具差异甚大，而大部分的经济学者仅选择其一为专业。有机会参与政府政策的经济学者选择了只谈经济建设而避谈政治与制度改革；相对地，另一些经济学者只能在国外的期刊、报刊和网络上呼吁中国制度改革的必要性。

当时，杨小凯（2001）曾引述曼瑟·奥尔森（M. Olson，1982）的观点，提出后发劣势的论述：（一）就发达国家而言，其经济的生产与创新机制无法与政治制度分割，故其经济的每一步发展都是依赖政治制度的创新；（二）后进国家的政治领导阶层常是经济利益的控制者，为了保住自己的政治地位和经济利益，只会引进经济生产机制，而不愿意引进新制度；（三）后进国家在短期内可以借着购买与模仿技术，使经济快速增长，但迟早会遇到制度瓶颈而停滞增长；（四）后进国家终将以更大的代价去进行制度改革，否则，便只好进行新的极权统治。早期张五常在探讨贪污问题时，也承认贪污在专制下有利于资源的流动与利用。但他认为这种新古典经济学的静态经济效率的效果不会太长久，因为贪污腐败久了就会形成贪污腐败权利的产权界定化。到那时，经济将无法再继续发展。

比较优势战略

不同于杨小凯和张五常在早期的忧虑，林毅夫（2002）提出用后发优势来论述的转型理论，或称比较优势战略。他指出：经济生产机制和政治制度是互动的，但后者可以存在着一段时间落差。那么，何不妨先发展经济生产机制，先小步快跑一段时日？他在讨论尼日利亚转型时，就仅分析产业的转型，连教育制度、社会制度、法律制度等的转型都不提。他之所以关注于硬件基础设施和产业的转型，主要是他相信后进者在这方面具有迎头赶上的优势。

由于长期的经济封闭，大陆在启动改革开放之初，其产业的比较优势偏向贸易条件较差的劳动密集型产业。如图 16.2.1，假设生产可能性边界曲线为标示 PPF 的曲线，表示比较优势偏向农业。E 点为自给自足下的生产组合和消费组合，此时的福利水准值 I。对外开放后，若国际间工业产出与农业产出之交易条件为经过 F 点的虚线 PP，经由国际贸易后，中国大陆会生产 F 点而消费 S 点，获得较高的福利水准值 II。图 16.2.1 中经过 F 点的交易条件，其斜率愈平坦，交易条件愈不利于农业产品。就此图言，F 点是以农业产出为主。在交易条件不利于农业产品下，开放政策也只能提升到 S 点，其福利效果不会太大。现今世界所有低收入国家都不是工业化国家，开放政策对提升低收入国家的福利效果相当有限。

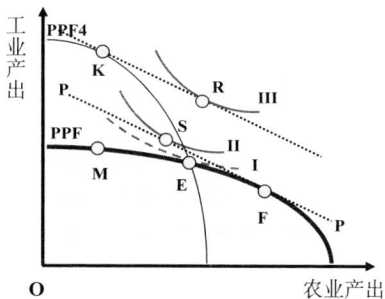

图16.2.1　开放经济

注：生产锋线为 PPF，表示比较优势偏向农业。E 点为自给自足下的生产和消费组合。交易条件为 PP 时，生产 F 点而消费 S 点，福利可以提升。

　　经由贸易可以提升福利水准，但在 F 点下的工业生产却低于未贸易前的 E 点，这是发展经济学者无法接受的。他们相信人力资本在生产过程中存在着工作中学习的效果，可强化专业化，带来报酬递增效果，进而推动产业的升值。如果不考量这些效果，F 点的确是反映当时之资源禀赋，但这种仅考量已给定之条件的比较优势是静态比较优势。相对地，动态比较优势应该把人力资本和生产资料的量和质的内在改进也考量进去。换言之，静态比较优势战略会让经济体停滞在 F 点，而动态比较优势战略就是要让经济体能从 F 点逐渐移动到 K 点，也就是让生产可能性边界曲线由 PPF 曲线转移成 PPF4 曲线。面对这劣势，林毅夫主张政府应该以政策去改变产业的比较优势，将生产可能性边界曲线改变成竖立状 PPF4 曲线后，便能在 K 点生产而在 R 点消费，大幅提升福利。

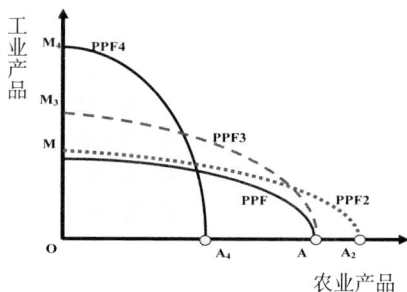

图16.2.2　动态比较优势

注：经过 A 点的 PPF 是当期的生产可能性边界曲线。利用农业与工业剩余投资，PPF 可扩大为 PPF2、PPF3、甚至为 PPF4。

有一点需要说明。大陆于 1958 年推动的"大跃进"运动（和全民大炼钢）并不是比较优势的改变，而是在同一条 PPF 曲线上选择较多工业产品的生产组合，如图 16.2.1 的 M 点。M 点的福利水准远低于自给自足下的 E 点。如果生产技术没提升，PPF 曲线就不会改变。PPF 曲线不变，就只是不同生产组合的选择，而不是比较优势的提升。林毅夫的政策建议是要提升产业技术水准和提高研究发展层次，并保护境内生产技术层次较高的产业和厂商。其实，这也是大部分低收入国家想实现的经济发展目标。

提升生产技术需要投入较多的资金。资金来源有三方面：第一，将当期农业与工业生产的剩余转作工业的发展资金；第二，将预留为农业资本折旧的资金转用到工业；第三，来自海外的投资资金。现仅就前两项资金来源讨论，因为对于来自海外的投资资金，政府在引进时就可以限制其用途。假设图 16.2.2 中的 PPF 曲线和 PPF4 曲线和图 16.2.1 相同，而 PPF 曲线是当期的生产可能性边界曲线。在正常状态下，农业与工业每期都会有些剩余资金可投资，让下期的生产可能性边界曲线扩大成经过 A_2 点和 M 点的 PPF2 曲线。由于经济体一旦专业于农业生产，就会继续投资在农业。为了改变静态的比较优势，政府应该将这些剩余资金由农业部门转出，去投资工业部门，让下期的生产可能性边界曲线扩大成经过 A 点和 M_3 点的 PPF3 曲线。[1]但往往在求功心切下，CPB 不仅会将生产剩余的资金转去投资工业，连本来预留作为替代农业部门折旧的资金都会被转移到工业，以便快速将生产可能性边界曲线转为经过 A_4 点和 M_4 点的 PPF4 曲线。

对于比较优势战略有三点值得注意。第一，林毅夫认为经济体的禀赋内容除了在古典经济学提到的土地、劳动力与资本之外，增加了基础设施，"基础设施包括硬件基础设施和软件基础设施。硬件基础设施的例子包括高速公路、港口、机场、电信系统、电网和其他公共设施等。软件基础设施包括制度、条约、社会资本、价值体系，以及其他社会和经济安排等。"[2]凯恩斯把政府支出加入经济体的总需要，成为政府借以操控总需要的政策工具。他效仿凯恩斯，把基础设施视为经济体的禀赋内容，成为政府借以操控经济体禀赋的政策工具。这背后的理由有二。其一是，当大陆以引进外资推动经济转型时，政府对于外资投资方向的控制总是有限的。其二是，改变劳动力主要靠教育和高技术的就业机会，而前者无法在短时间奏效，后者必须以产业已经转型为前提。第二，他和古典经济学一样遗漏了创业家精神，这等于是完全抹去民间企业家带动经济转型的可能性。这点安·克鲁格（Anne Krueger）就评说："生产和出口非熟

---

[1] 来自海外的工业投资亦与此锋线相同。
[2] 林毅夫（2012），第 17 页。

练劳动密集型商品的企业，通常都了解国际市场中的机会，并累积了经验之后选择进行升级。这种学习过程对韩国和其他地区的企业来说，似乎不是一个大问题。"[1] 第三，现实作业的"工业"是指政府甄别的战略产业，这意味着政府必须在硬件和软件的基础设施都必须配合该产业的发展需要，这势必衍生出难以估算的寻租活动。

改变比较优势几乎是所有发展中国家和地区的企图，台湾地区在发展过程中也不例外。在实际运作上，改变比较优势通常需要寻找新的地区去开发新的工业区或科技园区，同时有意或无意地压制现行工业区的进一步发展。一个地区的开发往往是以压制另一地区的发展为代价，这代价将表现在区域间的不平衡发展上。如果这两地区属于同一生活圈，如香港地区或新加坡等国家，居民的工作地点、居住地点、消费地点都在同一生活圈内进行时，区域不平衡发展所造成的社会问题不会太严重。但在幅员广阔的，如果选定沿海省份为新开发地区，由于内陆省份和沿海省份并不属于同一生活圈，必然带来许多严重的社会问题，比如农民工的城市生活、夫妻长期分居、跨代教养、春节返乡的大运输等问题。台湾的幅员介于香港与大陆之间，依然存在东西与南北的区域不平衡发展，但因为台北与高雄间中型城市的平均发展而使区域不平衡发展不至于太过严重。

附录：[2]

20世纪50年代后期，台湾地区幸运地出现几位提倡自由经济的学者，蒋硕杰是较具代表性的人物。他反对台湾当局的金融和物价管制，主张台湾地区应走自由经济路线。然而，在盛行计划经济的年代，蒋硕杰对自由经济也是有所保留，其主张接近于市场社会主义，只是坚持人民应有一定程度的自由和民主。随着20世纪80年代展开的十大建设，他开始忧虑经济计划将带来危害。当时，邢慕寰也感叹台湾的自由经济政策已开始后退。到1990年代，台湾的企业家打开了全球市场，蒋硕杰更积极主张自由经济政策，好让企业家能在自由市场中发挥创造力。

1948年，蒋硕杰提到："我们应该探讨的途径，是如何使社会主义兼而有理想中的自由主义的优点。……社会主义的经济，尽可采用一种分权的经济制度，而使之兼有

---

[1] 林毅夫（2012），第41页。

[2] 本节摘自：黄春兴、干学平（1999）。

完全竞争的自由主义之长处。"[1] 这段话是标准的市场社会主义的基调，一方面相信市场机制本质上是失灵的，另一方面也承认集体式社会主义运作上缺欠效率。他虽然反对集权式社会主义，却保留很大的空间允许政府介入经济事务。他称这是"自由竞争的社会主义的中间路线"。[2]

1952 年，他介绍尹仲容阅读詹姆斯·米德（James E. Meade, 1907—1995）所著的《计划与价格机制》。该书旨在于推动社会主义的中间路线。当蒋硕杰推介该书给尹仲容和负责经济计划官员时，也将社会主义的中间路线引进了台湾地区。

米德表明该书是为了对"是否应该实行经济计划"这个当代大议题表示意见。米德所称的"大议题"就是"社会主义者之计算的大辩论"。米德对分配正义的观点略不同于兰格，但也是主张以分权式经济计划作为集体社会主义的修正路线。[3] 蒋硕杰这时也同样接受了这些理论。

经济学家都明白经济发展的必要条件在于有限资源的使用效率，也了解人力资源是其中最重要的一项，却对人力资源的利用方式持不同的主张。比如市场社会主义就认为科学研究人员以外的人员，包括经济计划局的官员和工厂的管理者并不拥有创造能力，因此人力资源也就如其他资源一样也存在资质（包括天资、能力、技术与学问等）的差异，也必须妥善安排与计划。安排的原则是把资质较佳的人才安置于政府机关，因为政府政策的影响层面远较生产事业为广。然后由上而下，按资质的不同逐层安置。在未完全抛弃社会主义之前，蒋硕杰也持此态度。比如他在 1977 年的"如何维持台湾经济快速增长的问题"一文中，便说道："……于抗战期间，工业人才大多荟萃于'经济部及资源委员会'；迁台初期，亦复大致如是，故迁台初期一切民营企业之投资计划，需先经台湾当局官员的审核，或颇有理由。"

蒋硕杰对"自由竞争的社会主义"的信心维持到 1978 年。当年他与邢慕寰等五院士共同发表"经济计划与资源之有效利用"一文，还对经济计划怀抱远景，并计划将台湾地区可用于投资之资源都加以规划。[4] 这些规划包括了调整关税与商品税、允许厂商对其投资自由折旧、发展资本市场、筹建大汽车厂、扩大经济建设委员会之权责等

---

[1] 蒋硕杰（1995b），第 212 页。这段话显示出蒋硕杰虽然也接纳民主社会主义，但较台湾早期的其他自由主义者，如殷海光、夏道平等学者，约早了 10 年认识到"经济平等"背后隐藏的政府集权。（张忠栋，1998）

[2] 根据他的说法，自由竞争的社会主义"容许自由竞争的私人企业与遵照完全竞争的生产原则的国营企业并存的经济制度"蒋硕杰（1995b），第 214 页。他说道："我们不能有了社会主义的经济制度就放弃民主的政治制度。相反，我们如果采取了社会主义之后，将更需要有个可靠的民主政体。因为在社会主义的经济制度（尤其集体计划式的）之下，政府对人民之统治权利深入到人民生活之各方面。"（出处同上）

[3] 当时学界普遍认为：分权式的社会主义不仅能达成自由经济体系的生产效率，亦能实现社会主义的分配正义。

[4] 蒋硕杰（1978）提到："经济计划之要义，在于规划可用于投资之资源，如何加以分配利用，以达成最高度之人民福利，或最速之经济增长。"（第 77 页）

建议。由于他并不信仰集体社会主义，因此该文的结论强烈地呼吁市场机能："若政府不明顺应之道，强加干涉，则如治丝愈棼，欲益反损。故凡市场机能灵活运行之社会，其经济发展阶段皆超前；凡是市场机能滞碍不畅之社会，其经济发展阶段类皆落后。史实昭然，无待列举。即以台湾而论，倘非 20 世纪 40 年代末期以至 50 年代初期台湾当局毅然取消一连串的管制措施，并将复式汇率改为单一汇率，则经济发展决不可能到达现今的阶段。"[1]

像这样既强烈主张计划经济又极力呼吁市场机能的文章，除了令人怀疑 5 位院士对经济制度的观点南辕北辙外，另外可能的解释便是"自由竞争的社会主义"是政治上容易被接受的折中主张。

该文允许台湾当局可以在不干预市场机能前提下行指导性的经济计划。为了保持台湾经济发展已有的成果，该文支持六年"建设"计划，主张重建一个拥有实权的"经济建设委员会"，让其专责于模拟市场的运作机能、寻找产业发展方向、利用机制设计引导产业走上规划的发展方向。这是不折不扣的市场社会主义，相信只要台湾当局拥有充分的信息和无私的官员，便能正确地规划出其经济结构和长远发展方向。他们相信台湾当局在远景、信息、计划、甚至道德方面都优于个人。

然而，到了 20 世纪 90 年代，蒋硕杰在主持台湾"中华经济研究院"时期，对台湾当局计划与指导的能力就不再具有如此信心。他说："台湾当局帮忙找寻新的比较利益工业是对的，像新竹的工业科技研究院做得很好。但是，光靠台湾当局是不够的，应该改善台湾的投资环境，招募私人企业来参加，让他们自由竞争、发展。而且完全由台湾当局工业政策领导也不好，因为台湾当局可能有错，而把台湾的资源用到错的方向去，不是个好现象。"[2] 这段话说得很委婉，但他的转变已很清楚。毫不惊讶，他在《访问记录》中坦白道：我的中文著作中有一篇"经济计划与资源之有效利用"，与现在的六年"建设"计划有关。这篇是我与邢慕寰、顾应昌、费景汉、邹至庄等院士合写，于 1978 年提出来的。那时候眼光所及并不见得比现在深，不过对通货膨胀的危险比较重视。现在我觉得六年计划中，台湾当局要支配这么大比例的资源，不太好！因为政府眼光看得到的不一定都是对的，还是把它分散一点，由许多的私人企业家共同分摊责任比较好。[3]

在 1978—1990 年间，蒋硕杰对台湾当局的能力和经济计划的态度已完全不同于

---

[1] 蒋硕杰（1995b），第 98 页。
[2] 同上，第 275—276 页。
[3] 陈慈玉，莫寄屏（1992），第 119 页。

20 世纪 50 年代。他的转变是如何开始的呢？我们认为他在 60 年代初期可能就已经开始怀疑自由竞争的社会主义的正确性，但由于未能找到另一套令他信服的替代理论而未完全抛弃。至于引导他开始怀疑社会主义的是，他在 60 年代初期对瓦尔拉斯氏法则（Walras' Law）的研究。最后让他完全抛弃社会主义的是，他在 90 年代初期对台湾经济发展的研究。

瓦尔拉斯氏法则是新古典经济学分析均衡的核心工具，也被凯恩斯学派采用。蒋硕杰是从芝加哥大学教授帕廷金（Don Partinkin）的一篇文章警觉到瓦尔拉斯氏法则被普遍误用的现象。[1] 他假设一个仅包括一个（总合）商品与一个债券的货币经济，而各经济单位在各期期末的预算限制式加总起来可写成：$M_d + B = M_0 + B_s + (C_s - C_d)$，其中 C_s 和 C_d 表示各经济单位在这期间内对商品的总供给予总需要，M_0 和 B_s 表示期初的货币供给和债券的供给，而 M_d 和 B_d 表示各单位在期末对货币和债券的总持有量。假设期末时债券市场与商品市场同时达到均衡，这两市场的均衡式可写成 $C_s = C_d$ 和 $B_d = B_s$，带入预算限制的加总式之后，可导出 $M_d = M_0$。

蒋硕杰问道：这是否为货币市场的均衡式？若是，当商品市场与债券市场同时达成均衡时，货币市场便会自动达到均衡。这等于是将瓦尔拉斯氏法则的应用范围由纯粹的商品交易经济推广到货币经济。[2] 若接受该法则，在分析均衡状态时，我们便可丢弃其中任一个市场。这个"被丢弃的市场"可以是商品市场，或债券市场，或货币市场。蒋硕杰指出：利用预算限制式加总出来的 M_d，是各单位在期末时所持有的货币总量，最多只能称作货币被作为价值储存（到下一期）的需要，并不包括各单位在这期间内为完成商品交易而（预先）持有的数量，亦即货币作为交易媒介的需要。因此，在货币经济里使用瓦尔拉斯氏法则，不论是丢弃货币市场或是债券市场，都同样误解了货币的功能。其结果将高估货币作为价值储存的影响，并忽略货币作为交易媒介的影响。只要交易或投资计划必须使用货币，采用瓦尔拉斯氏法则分析便会带来错误的结果。

那么，交易与投资计划是否必须使用货币？这是"社会主义者之计算的大辩论"的主题。米塞斯认为货币不仅决定商品的货币价格，也解决各种计算问题，如消费者对效用的计算和生产者对利润的计算等。经济社会若无货币，则一切的经济计算都会无法进行。但计划经济者辩称：当代数理理论和计算技术的发展已经解决了大型方程

---

[1]　Patinkin（1958）。

[2]　蒋硕杰认为："用 Walras' Law 看，loanable funds 与 liquidity preference 两种看法都是一样的，两个各自去掉一个 equation 没有什么不同。这真是误用了 Walras' Law。"（陈慈玉和莫寄屏，1992，第 101 页）蒋硕杰认为这是对瓦尔拉斯氏法则之"误用"，因为 Walras 从未将这个法则用在他的货币理论。（Tsiang，1989，第 9 页）

式组的解值问题，因此经济计算并不需要再借用货币和货币价格。计划经济者又辩称：统计学和抽样技术的发展，也已经解决了商品的需要函数和生产函数的估测问题。他们便是以瓦尔拉斯氏的一般均衡模型作为仿真市场机能的工具，并以商品的相对价格去回应米塞斯所提出的货币价格。然而，没有货币就无法进行经济计算，自然无法进行交易和投资计划。交易的本质是货币，以物易物的经济只存在于想象的社会。蒋硕杰并不否认瓦尔拉斯氏法则使用于以物易物经济的正确性，但那只是理论分析的起点。一旦考量真实世界，交易和投资计划都必须仰赖货币来进行，而此时瓦尔拉斯氏法则是不能使用的。兰格放弃了集权式的计划经济，把中央计划局重新定位为瓦尔拉斯氏理论中的拍卖者，并让试误过程去决定各种商品的价格。[1]

我们大致可以了解：当米塞斯所强调的价格计算和哈耶克所提的知识利用被忽视后，市场机能所扮演的资源配置都能由中央计划局顺利接手。除非重新正视价格计算和知识利用的问题，否则我们难以看出市场社会主义的错误。故当蒋硕杰在批评瓦尔拉斯氏法则的误用时能不含糊地将其罪源追溯到兰格身上，也感觉到隐藏在瓦尔拉斯氏法则背后的社会主义的危害。[2]

1983 年蒋硕杰发表《台湾经济发展的启示》一文时，他完全掌握了自由经济的精髓，改变了与五位院士联合建言时对台湾经济发展的解释。他不再将台湾的成功归因于台湾当局的计划与指导，而归功于台湾当局放宽外汇管制和台湾的企业家。松绑管制之后，商品价格与汇率会回归市场，而这些不被扭曲的价格结构提供给了企业家做正确的利润计算的机会，投资于具有比较利益的产品和生产方式。毫不惊讶地，这时的蒋硕杰以非常清楚的自由经济去定义被误解的出口导向策略。他说："真正意义是以自由贸易、自由竞争方式找出本国在国际间最有优势的生产事业，并提供自由扩充的竞争环境，使之至海外市场尽可能也去发展，然后以其所赚得之外汇购进国内无生产优势而有劣势之产品。……这是我们在经济增长起步之时，首先极力提倡以开发对外贸易易为推进经济起飞的动力的主因。此中道理，往往不为一般人所了解，而被扭曲为'出口至上'、'一切为出口'的政策了。"

在深入了解自由经济的意义后，蒋硕杰提出民主风潮会伤害自由经济的警语。1987 年，他说道："令人担忧的是，尤其在民主化社会中，揠苗助长性的经济政策更具有令人难以抗拒的政治压力。"1988 年，他又说道："贸易自由化过程中最大的阻碍是，

---

[1]　兰格在修正瓦尔拉斯氏的一般均衡模型后，提出他的解决办法：生产工具可在中央计划局的指导下交由国家工厂制造，但一般消费性商品则交由私人制造，并允许市场进行交易；在计划之初，中央计划局先估算一组各种商品的初设价格，私人根据这组价格决定供给与需要，中央计划局再根据市场出现的超额供给或超额需求去调整各种商品的价格。

[2]　Tsiang（1989）说道："奥斯卡·朗其是第一位给瓦尔拉斯氏法则命名的人。"（第 173 页）

处于新进的民主化社会中，台湾基于政治上的考量，……使得台湾当局推动进口自由化的工作难以进行。"他这时对于民主的态度已经完全异于他接纳自由竞争的社会主义的时期。转变之前，他为了保护民主而主张持有部分的私人企业；转变之后，他为了保护自由而担忧民主势力的过度膨胀。

结　语

在浏览过自由经济和不同的政治经济体后，我们已能理解经济分析与政治经济学的差异。这差异并不完全表现在议题内容，而在于议题存在的上层条件。对斯密而言，经济议题的分析必须要顾及文明的发展，也就是，预设的文明是经济分析的前提。或许这意义不易理解，布坎南的说法就白话些。他说，经济分析是宪政下的决策，而其上是宪政选择。宪政选择的目标就是预设文明，而其落实就是政经体制。不同的政经体制划定了经济分析能选择的政策范围。类似地，改用哈耶克的话，经济分析必须要在遵循原则下进行，而不能实行权宜政策。否则，如最后两章所指出的，忽视或凌越宪政制约的政治行为是导致各国陷入经济危机的元凶。

在这层认识下，我简单地陈述世界其他国家或地区在当前必须解决的政治经济议题，以作为本书的结语。

中国

中国摆脱计划经济的尝试，可上推到"文革"时期，在江苏南部趁着"文革"的混乱发展出来的乡镇企业。那是民间长成出来的新产权制度。随着经济发展，中国各界逐渐了解市场的发展机制，也开始明白市场的发展程度决定于私有财产权的定义范围。中国的改革开放是从允许私有财产权和发展民营企业开始。之后，经济体制并未进一步变革，国营企业仍控制主要的资源和基本设备市场，金融产业也几乎全都国营。虽然一般性商品市场还算自由，但劳动力的移动并不自由。私有财产权在都市受到较高的尊重，但农民对其居住和耕作的农村土地却还未拥有私有财产权。当前中国的混合产权体制虽有利于市场经济的破蛹，却是进一步发展的障碍。如何从混合产权体制走向更宽广的私有财产权体制，则是中国今后体制变革的焦点。

可以预期，继续走下去的体制变革将比第一次体制变革更为艰辛，因为支撑专制政体的人本主义，也就是传统文化的圣王、明君、善治、仁政等思想，早已经由章回小说、稗官野史、影视戏剧等渗入百姓的政治思维。改革开放之前的全面公有财产制导致极度贫困，也导致人们对体制变革的要求。对于改革开放前的极度贫穷还有记忆的中老年人，对已经壮大还在增长的经济体制，即使不满意也还仍可接受。由于参考点较低，他们只要求个人收入的继续增长，并不反对在分享大国崛起的荣光下接受集权。但是，年轻人已经没有上述的记忆，他们的参考点是西方大国下的个人生活水平和权利。新一代已经清楚知道，国家富强不一定要牺牲个人的权利。中国与西方大国同样都可以达到富强，那么，牺牲个人的权利的体制必定不是较佳的，也一定还存在可以继续改进的空间。只要改革的理想普遍存在，百姓与政府就必须同心协力去实现共同的目标。然而，一旦百姓与政府的生活与认知被截断成两个群体，这两群体就无法同心协力，只能经由政治交易与政治契约去成就共同的目标。

世界其他国家或地区

自苏联解体后，经济自由和政治民主已发展成普世价值，开放政策也成时代潮流。同时，科技的快速发展大幅降低了商品的生产成本和流通成本，使得各地的产品、生产要素、人才、技术、资金能够迅速地流动。原本被切割成块状的全球经济，已紧密结合成一个大市场。在此全球市场里，各国企业激烈地竞争着。然而，政治疆界并未因经济全球化而改变，各国政府的政治权力和经济政策依旧主宰着境内的经济形势。在各国之上，也没有一个世界政府。于是，各国的政策很容易发生冲突，如美国对智慧产权的严厉保护、欧洲各国对农业和农民的慷慨补助、中国对外汇与金融的管制等。面对这些冲突，我们自然地问道：在全球化时代，是否需要一套新的交易规则？新规则要如何形成？既然不存在世界政府，世界贸易组织或其他的类似组织是否可能带头展出新的规则？还是让各地区先形成区域合作模式，再等待进一步的扩大？或者，就让市场在摸索和调适中长出新的全球交易规则？

世界市场已经形成，新商品和新产业很快就进入边际利润为零的完全竞争状态。为了不断获取新的独占利润，各国政府和各厂商都积极于创新活动，寻找知识上的突破。创新活动多了，熊彼德所称的创造性解构现象也跟着增加。创造性破坏带来的变革是不连续的。每一次的变革的发生，消费者和厂商都需要一段时期去调适。当创造性解构接连出现之后，每个调适期都会被压缩到很短，形成个人在生活上的巨大风险和压力。这些风险与压力透过民主化的作业会转变成选票，迫使政府扩大支出和提升对市场的管理与干预。

比如 2007 年美国次贷风暴，就起因于美国政府以非预算方式干预房屋市场，让高风险的低收入户也能轻松地从贷款到市场中购买房屋。这些不良的贷款经由纽约华尔街投资银行以创新金融商品方式包装，营销给各国金融机构。当市场利率上升后，先是直接引爆房贷危机，接着经由金融商品引发华尔街金融危机，再传递到各国，形成 2008 年的全球金融海啸。由于金融杠杆作业的规模超过各国政府稳定经济的正常能力，在束手无策下，他们一方面实施金融"戒严令"，限制各种金融商品和金融市场的运作，并将许多金融机构收归国有，另一方面大量发行货币和压低利率以期刺激市场。过多的货币发行导致通货膨胀，泛滥的资金开始炒作都市土地房屋、石油、黄金与贵金属、谷物期货、棉花橡胶等现货，并开始囤积粮食。由于早期的布雷顿森林协议以美元替代黄金成为各国的货币发行准备，美国发行的巨量美元可以直接从世界各国购买商品与物资，又能压低美国汇率以利其商品出口。此利己政策利用廉价美元收刮各国商品与物资，增加了中等国家的贫穷人口，也导致低收入国家的粮食危机。

另外，全球化带来快速的经济增长和财富的累积，但也快速地消耗自然资源和自然环境。由于科学进展落后于经济发展，日益剧烈的环境变化使各国难以适应。捍卫地球环境的全球运动澎湃，其理念和政策要求开始冲击自由市场的原则。面对这一波又一波的反自由市场的浪潮，政治经济学是否需要偏向政府干预的方向去调整理论？还是寻找新的论述以捍卫自由市场？

参 考 文 献

Ackerman,Bruce and Anne Alstott. 1999.*The Stakeholder Society.*Yale Puniversity Press.

Aldcroft, D. H. 1968. *The Development of British Industry and Foreign Competition 1875–1914*. London: Heorge Allen & Unwin Ltd.

Arrow, Kenneth J. 1951. *Social Choice and Individual Values.*

Arrow, Kenneth J. 1994. "Methodological Individualism and Social Knowledge".*AEA Papers and Proleedings.* 84（2）: 1–9.

Arrow, Kenneth J. and Gerard Debreu. 1954. "Existence of an Equilibrium for a Competitive Economy". *Econometrica* 22（3）: 265–290.

Aumann, Robert J. 1997. "Rationality and Bounded Rationality." *Games and Economic Behavior* 21: 2–14.

Axerlord, Robert. 1984. *The Evolution of Cooperation*. New York: Basic Books.

Balogh, Thomas 1963, *Planning for Progress*：A Strategy for Labeur. London：Fabian Society.

Becker, Gary S. 1962. "Irrational Behavior and Economic Theory". *Journal of Political Economy* 70: 1–13.

Becker, Gary S. 1965. "A Theory of the *Allocation of Time*." *The Economic Journal* 75（299）: 493–517.

Becker, Gary S. 1976. *The Economic Approach to Human Behavior*, Chicago: University of Chicago Press.

Becker, Gary S. 1983. "A theory of competition among pressure groups for political influence". *Quarterly Journal of Economics* 98: 371–400.

Bergson, A. 1961. *The Real National Income of Soviet Russia since 1928*. Boston: Harvard University Press.

Berle, A. A., Jr. and G. C. Means. 1968[1932]. *The Modern Corporation and Private Property*. New York: MacMillan.

Boaz, David. 1997. *Libertarianism: A Primer*, Free Press.

Buchanan, James M. 1969. *Cost and Choice*: An Inquiry in Economic Theory. Chicago: University of Chicago press.

Buchanan, James M. 1975. *The Limit of Liberty: Between Anarchy and Leviathan*. Chicago: University of Chicago press.

Buchanan, James M. 1986. "The Related but Distinct 'Sciences' of Economics and Political Economy". *Liberty, Market, and State: Political Economy in the 1980s*. New York: New York University Press. 28–39.

Buchanan, James M. 1987. "Towards the Simple Economics of Natural Liberty: An Exploratory Analysis". *Kyklos* 40: 3–20.

Buchanan, James M. 1993. *Property as a Guarantor of Liberty*. Brookfield: Edward Elgar Publishing Company.

Buchanan, James M. and Gorden Tullock. 1961. *The Calculus of Consent. Ann Arbor*: Michigan University. of Michigan Press. Chapter 6.

Buchanan, James M. and Viktor J. Vanberg. 1991. "The Market as a Creative process" .*Economics and Philosophy* 7:167–186.

Buchanan, James M. and Yong J. Yoon. 1999. "Rationality as Prudence: Another Reason for Rules" . *Constitutional Political Economy* 10: 211–218.

Canovan, Margaret. 1999. "Trust the People! Populism and the Two Faces of Democracy" .*Political Studies* XLVII: 2–66.

Cheung, Steven N.S. 1987. "Economic Organization and Transaction Costs" .In John Eatwell, Murray Milgate and Peter Newman ed., The New Palgrave：*A Dictionary of Economics*. London: Mocillian Press.

Coase, Ronald H. 1937. "The Nature of the Firm" . *Economica*: 386–405.

Coase, Ronald H. 1960. " The Problem of Social Cost" . *Journal of Law and Economics* （3）:1–44.

Coase, Ronald H. 1974. "The Lighthouse in Economics" . *Journal of Law and Economics* 17 （2）: 357–376.

Coase, Ronald H. 1977. "The Wealth of Nations" . *Economic Inquiry*: 309–325.

Cole, G. D. H. 1948. *A History of the Labour Party from 1914*. London: Routledge & Kegan Paul.

Cosma's Home Page. 2003. "Otto Neurath, 1882–1945" . In http://www.cscs.umich.edu/ ~crshalizi/ notebooks/neurath.html.

Dowie, J. R. 1975. "1919–20 is in need of attentionx" . *Economic History Review* 2nd ser.: 429–50.

Dunn, John M. 2003. *Locke*: *A Very Short Introduction*. Oxford: Oxford University Press.

Feinstein, C. H. 1972. *National Income, Expenditure and Output of the United Kingdom 1855–1965*. Cambridge: Cambridge University Press.

Feinstein, Charles.1990. "What Really Happened to Real Wages? Trends in Wages, Prices, and Productivity in the United Kingdom, 1880–1913X" . *Economic History Review* 2nd ser., XLIII （3）: 329–355.

Friedman, M. and A. J. Schwartz. 1982. *Monetary Trend*. Chicago: University of Chicago Press.

Garrison, Roger W. 2001. *Time and Money——The Macroeconomics of Capital Structure*. London and New York: Rutledge.

Gough, I. 1987. "Welfare State" .*In John Eatwell, Murray Milgate and Peter Newman ed.*, The New Palgrave: A Dictionary of Economic.

Grove, Andrew S. 1996. *Only the Paranoid Survive: How to Exploit the Crisis Points That Challenge Every Company.* Random House. （中译本：王平原译，《十倍速时代》，台北：大块文化）

Gualerzi, Davide. 1998. "Economic Change, Choice and Innovation in Consumption." In Marina Bianchi ed. *The Active Consumer: Novelty and Surprise in Consumer Choice*. London and New York: Routledge.

Giddens Anthony. 1998.*The third way*: *The Renewal of Socicl Democracy*. （中译本：郑武国，1999,《第三条路：社会民主的更新》，台北：联经出版公司）

Hall, Peter A. 1986. *Covering the Economy: The Politics of State Intervention in Britain and France*. London: Oxford University Press, Chapter 6–7.

Hayek, Friedrich A. 1948. *Individualism and Economic Order*. Chicago: Chicago University Press.

Hayek, Friedrich A. 1952. *Sensory Order*. Chicago: University of Chicago Press.

Hayek, Friedrich A. 1960. *The Constitution of Liberty*. Chicago:University of Chicago Press.（中译本：周伟德，1973，《自由的宪章》，台北：台湾银行）

Hayek, Friedrich A. 1968. "Competition as Discovery Procedure". *New Studies in Philosophy, Politics, Economics and the History of Ideas*. Chicago: The University of Chicago Press.

Hayek, Friedrich A. 1976. *Law, Legislation and Liberty, vol. 2: The Mirage of Social Justice*. Chicago: The University of Chicago Press.

Hayek, Friedrich A. 1982. *Law, Legislation and Liberty*. London: Routledge & Kegan Paul.

Hayek, Friedrich A. 1988. *The Fatal Conceit: The Errors of Socialism*. Chicago: University of Chicago Press.

Hewett, E.A. 1988. *Reforming the Soviet Economy*. Washington, D.C The Brookings Institute.

Hobsbawm, Eric. 1994. *Age of Extermes: The Short Twentieth Century* 1914–1991. （中译本：郑明萱，1996，《极端的年代——1914—1991》，台北：麦田出版社）

Houmanidis, Lazaros T. and Auke R. Leen. 2001. *Austrian economic thought: its evolution and its contribution to consumer behavior*. Wageningen: Cereales Fundation.

Howson, S. 1975. *Domestic Monetary Management in Britain 1919–38*. Cambridge: Cambridge University Press.

Huntington, Samuel P. 1991. *The Third Wave: Democratization in the Late Twentieth Century*. Norman: University of Oklahoma Press. （中译本：刘军宁，《第三波二十世纪末的民主化潮流》，台北：五南图书）

Janis, Irving L. 1982. *Groupthink: Psychological Studies of Policy Decisions and Fiascoes*. Boston: Houghton Mifflin.

Jolls, C., C. R. Sunstein and R. H. Thaler. 2000. *A Behavior Approach to Law and Economics*. London: Cambridge University Press.

Kaisla, Jukka. 2003. "Choice Behaviour: Looking for Remedy to Some Central Logical Problems in Rational Action". *Kyklos* 56: 245–262.

Keynes, J. M. 1925. *The Economic Consequences of Mr. Churchill*.

Kirzner, Israel M. 1973. *Competition and Entrepreneurship*. Chicago: University of Chicago Press.

Knight, F. H. 1921. *Risk, Uncertainty and Profit*. Boston: Houghton and Mifflin.

Kornai, J. 1986. "The Soft Budget Constraint." *Kyklos* 39（1）: 3–30.

Krugman, Paul. 2007. *The Conscience of a Liberal*. （中译本：吴国卿，2008，《下一个荣景》，台北：时报出版社）

Lachmann, L. M. 1978 [1956]. *Capital and Its Structure*. Kansas City: Sheed Andrews and McMeel.

Langlois, Richard N. 1999. "*Scale, Scope, and the Reuse of Knowledge*".In Sheila C. Dow and Peter E. Earl （eds.） *Economic Organization and Economic Knowledge: Essays in Honour of Brian J. Loasby: Vol 1*. Aldershot: Edward Elgar.

Langlois, Richard N. 2001. "Knowledge, Consumption, and Endogenous Growth".*Journal of Evolutionary Economics* 11: 77–93.

Lindbeck, Assar. 1997. "The Swedish Experiment". *Journal of Economic Literature* 35:1273–1319.

Linz, Juan J. and Alfred Stepan. 1996. *Problem of Democratic Transition and Consolidation: Southern Europe, South America, and Post–Communist Europe*. Baltimore: Johns Hopkins University Press.

Locke, John. 1988 [1690]. *Two Treatises of Government*. Cambridge: Cambridge University Press.（部分中译本：叶启芳、瞿菊农，1986，《政府论次讲》，台北：唐山出版社）

Mainwaring, Scott. 1992. "Transitions to Democracy and Democratic Consolidation: Theoretical and Comparative Issues".In Scott Mainwaring, Guillermo O'Donnell and J. Samuel Valenzuela ed., *Issues in Democratic Consolidation*. Indiana: University of Notre Dame Press.

Mauss, Marcel. 1990 [1950]. *The Gift: The Form and Reason for Exchange in Archaic Societies.*（中译本：牟斯著，《礼物：旧社会中交换的形式与功能》，汪珍宜、何翠萍译）

May, Kenneth O. 1952. "A Set of Independent Necessary and Sufficient Conditions for Simple Majority Decisions".*Econometrica* 20（4）：680–684.

McFadden, D. 1999. "Rationality for Economists?" *Journal of Risk and Uncertainty* 19: 75–105.

McKechnie, W. S. 1917. "Magna Carta 1215–1915". *Magna Carta Commemoration Essays*. Royal Historical Society.

Meade, James E. 1949. *Planning and the Price Mechanism: The Liberal–Socialist Solution*. London: Puckering & Chatto Limited.,

Meadows, Donella, H. Dennis L. Meadows, Jøgen Randers and William W. Behrens. 1972. *The Limits to Growth*. New York: University Books.

Menger, Carl. 1892. "On the Origins of Money".*Economic Journal*: 239–255.

Meyer, Thomas.1991. *Demokratischer Sozialismus–Soziale Demokratie: eine Eine Einfuhrung.*（中译本：殷叙彝，1996，《社会民主主义导论》，北京：中央编译出版社）

Miller, John. 1983. *The Glorious Revolution*. London: Logman.

Milner Henry. 1989. *Sweden: Social Democracy in Practice.*London: Oxford University Press.（中译本：陈美伶，1996，《社会民主的实践》，台北：五南图书公司）

Mises, Ludwig von. 1966 [1949]. *Human Action: a Treatise on Economics*. New Port: Yale University Press.（中译本：夏道平，《人的行为》，1991，台北：远源出版社）

Mitchell, B. R. and P. Deane. 1962. *Abstract of British Historical Statistics*. Cambridge: Cambridge University Press.

Monshipouri, Mahmood. 1995. *Democratization, Liberalization and Human Rights in the third World*. London: Lynne Reiner Publishers.

North, D. C. and B. R. Weingast. 1989. "Constitutions and Commitment: The Evolution of Institutions Governing Public Choice in Seventeenth–Century England" *Journal of Economic History*: 803–832.

Nuti, D. M. 1986. "Hidden and Repressed Inflation in Soviet –Type Economies: Definitions, Measurements and Stabilization".*Contributions to Political Economy* 5: 37–82.

O'Donnell, Guillermo and Philippe C. Schmitter. 1986. *Transitions from Authoritarian Rule: Tentative Conclusions about Uncertain Democracies*. Baltimore: The Johns Hopkins University Press.

O' Driscoll, G. P. Jr. and M. J. Rizzo. 1985. *The Economics of Time and Ignorance*. Oxford: Basil Blackwell.

Olson, Mancur. 1993. "Dictatorship, Democracy, and Development". *American Political Review* 87 (3): 567–576.

Patinkin, D. 1958. "Liquidity Preference and Loanable Funds: Stock and Flow Analysis".*Economica*. 300–318.

Pauli, Gunter. 2009. *The Blue Economy–A Report to the Club of Rome*. In www.blueeconomy.de.

Pelling, Henry. 1993. *A Short History of the Labour Party*. 10th ed., New York: St. martin' s Press.

Polanyi, Michael. 1958. *Personal Knowledge: Towards a Post–Critical Philosophy*. Chicago:University of Chicago Press.

Popper, Karl R. 1950. "Indeterminism in Quantum Physics and in Classical Physics".*British Journal for the Philosophy of Science* 1 (2):117–133.

Przeworski, Adam. 1991. *Democracy and the Market: Political and Economic Reform in Eastern Europe and Latin America*. Cambridge: Cambridge University Press.

Reisman, D. 1998. "Adam Smith on Market and State". *Journal of Institutional and Theoretical Economics*. 357–383.

Roemer, J. E. 1994. *A Future for Socialism*. London: Verso.

Rousseau, Jean–Jacques. *Discourse on the origin of inequality*. （中译本：李常山，1986，《论人类不平等的起源和基础》，台北：唐山出版社）

Rousseau, Jean–Jacques. *The social contract*. （中译本：何兆武，1987，《社会契约论》，台北：唐山出版社）

Rowe, Nicholas. 1989. *Rules and Institutions*. Ann Arbor: University of Michigan Press.

Schelling, Thomas C. 1980[1960]. *The Strategy of Conflict*. Cambridge: Harvard University Press.

Schumpeter J. A. 1934. *The Theory of Economic Development*. Cambridge: Harvard University Press.

Schumpeter, Joseph A. 1975 [1942]. *Capitalism, Socialism and Democracy*. New York: Harper & Row.

Shefrin, Hersh and Meir Statman. 2000. "Behavioral Portfolio Theory" *Journal of Financial and Quantitative Analysis* 35: 127–151.

Shiller, Robert J. 2003. "From Efficient Market Theory to Behavioral Finance".*Journal of Economic Perspective* 17: 83–104.

Stigler, George, and Gary S. Becker. 1977. "De Gustibus Non Est Disputandum".*American Economic Review* 67: 76–90.

Tiebout, C. 1956. "A Pure Theory of Local Expenditures." *Journal of Political Economy* 64 (5): 416–424.

Tien, Hung–Mao. 1995. "Prospects for Democratic Consolidation in Taiwan".*An International Conference on Consolidating the Third Wave Democracies*: *Trend and Challenges*. Taipei.

Tocqueville, Alexis, de. 1840. *Democracy in America*. Web site: http://xroads.virginia.edu/~HYPER/DETOC/ toc_indx.html. （2006）

Tsiang, S. C. 1989. "Introduction".in Tsiang.

Tsiang, S. C. 1989. *Finance Constraints and the Theory of Money: selected papers*. Meir Kohn, eds. Boston: Academic Press.

Tullock, Gordon. 1967. "The General Irrelevance of the General Impossibility Theorem".*Quarterly Journal of*

Economics 81: 256–70.

Uhr, C. G. 1987. " Johan Gustav Knut Wicksell".in John Eatwell, Murray Milgate and Peter Newman, ed., *The New Palgrave: A Dictionary of Economics*.

Vanberg, Viktor. 1994. "Rules and Choice in Economics and Sociology".in Vanberg, V. ed., *Rules and Choice in Economics*. London: Routledge, 146–167.

Veblen, Thorstein. 1994. *The theory of the leisure class*. Oxford University Press.

Yu, Tony Fu–Lai and Paul L. Robertson.1999. "Consumer Demand and Firm Strategy". *in Sheila C. Dow and Peter E. Earl eds. Economic Organization and Economic Knowledge: Essays in Honour of Brian J. Loasby: Vol 1*. Aldershot.

Zweig, Stefan. 1942. *Die Welt von Gestern*。（中译本：舒昌善等，2004，《昨日的世界：一个欧洲人的回忆》，广西师范大学出版社）

Zywicki , Todd J. 2004. "Reconciling Group Selection and Methodological Individualism". *Advances in Austrian Economic* 7: 267–277.

陈慈玉、莫寄屏，1992，《蒋硕杰先生访问记录》，台北："中央研究院"近代史研究所。

董辅礽，1997，"中国经济学的发展和中国经济学家的责任"，于光远、董辅礽编《中国经济学向何处去》，北京：经济科学出版社。

方介，1993，"韩愈的圣人观"，《"国立"编译馆馆刊》，第二十二卷第一期，103–128。

方壮志、黄春兴，2004，"非理性行为与市场效率的新诠释"，《南京大学商学评论》。

干学平、黄春兴，2007，《经济学原理》，台北：麦格尔·希尔公司。

干学平、黄春兴、易宪荣，1998，《现代经济学入门》，北京：经济科学出版社。

顾忠华，2011，"企业社会责任的思潮与趋势"，《企业伦理与社会责任论丛》，台中：逢甲大学出版社。

胡宏伟、吴晓波，2002，《温州悬念》，杭州：浙江人民出版社。

黄春兴、干学平，1995，"由民本思想的落实与发展论政府组织的分工原则"，收于钱永祥、戴华主编之《哲学与公共规范》。台北："中央研究院"中山人文社会科学研究所。

黄春兴、干学平，1999，"蒋硕杰的自由经济思想与奥地利学派的关联"，《经济思想史与方法论研讨会论文集》，台中：逢甲大学。

蒋硕杰，1948，"经济制度之选择"，收于《蒋硕杰先生建言集》。

蒋硕杰，1977，"如何维持台湾经济快速增长的问题"，收于《蒋硕杰先生建言集》。

蒋硕杰，1978，"经济计划与资源之有效利用"，收于《蒋硕杰先生建言集》。

蒋硕杰，1983，"台湾经济发展的启示"，收于《蒋硕杰先生学术论文集》。

蒋硕杰，1984a，"亚洲四条龙的经济起飞"，收于《蒋硕杰先生学术论文集》。

蒋硕杰，1984b，"现代货币理论中的'存量分析'和'流量分析'之比较"，收于《蒋硕杰先生学术论文集》，台北：远流出版公司。

蒋硕杰，1985，"自序"，《台湾经济发展的启示——稳定中的增长》，台北：经济与生活出版公司。

蒋硕杰，1987，"'揠苗助长'的经济政策"，收于《蒋硕杰先生时论集》。

蒋硕杰，1988，"贸易失衡的症结与解决"，收于《蒋硕杰先生时论集》。

蒋硕杰，1990，"当前台湾经济问题及政策方向"，收于《蒋硕杰先生建言集》。

蒋硕杰，1991，"台湾'出口导向'发展策略的再检讨"，收于《蒋硕杰先生建言集》。

蒋硕杰，1995a，《蒋硕杰先生学术论文集》，台北：远流出版公司。

蒋硕杰，1995b，《蒋硕杰先生建言录》，台北：远流出版公司。

兰格，1981，《社会主义经济理论》，北京：中国社会科学出版社。

李筱峰，1988，《台湾民主运动四十年》，台北：自立晚报。

林毅夫，2002，"后发优势与后发劣势——与杨小凯教授商榷"，北京大学中国经济研究中心。

林毅夫，2012，《新结构经济学》，北京：北京大学出版社。

洛克，1689，《政府论第二讲》。

罗中峰，2004，《关于小区总体营造运动的若干省思——兼论文化产业政策的经济思维》。jack/
jackwebsite/file/PIP.pdf。

莫志宏、黄春兴，2009，"损害具有相互性本质吗？——论科斯思想中潜藏的计划观点"，《制度经济学
研究》，第十卷第 24 期，180–193。

石元康，1995，"洛克的产权理论"，收于钱永祥、戴华主编：《哲学与公共规范》。
台北："中央研究院"中山人文社会科学研究所。

孙震，2003 年，《台湾经济自由化的历程》，台北：三民书局出版。

王文亮，1993，《中国圣人论》。北京：中国社会科学院。

吴惠林，1995，《蒋硕杰先生悼念录》，台北：远流出版公司。

夏常朴，1994，"尧舜其犹病诸"，《台大中文学报》，第六期，59–78。

萧璠，1993，"皇帝的圣人化及其意义试论"，《"中央研究院"历史语言研究所集刊》，第二十六本第一
分，1–37。

萧公权，1934，"中国政治思想中之政原论"，《清华学报》，535–548。

徐勇，2003，"内核——边层：可控的放权式改革——对中国改革的政治学解读"，《世纪中国》。

姚中秋，2009，"作为一种制度变迁模式的'转型'"。《中国转型的理论分析——奥地利学派的视角》，
罗卫东、姚中秋主编，浙江大学出版社。

于光远，1996，《政治经济学社会主义部分探索（三）》，北京：北京人民出版社。

于光远，1996，《政治经济学社会主义部分探索（三）》，北京：北京人民出版社。网络节录版：http://
www.yuguangyuan.net/。

张佑宗，2009，"搜寻台湾民粹式民主的群众基础"，《台湾社会研究季刊》，第七十五期，85–113。

张忠栋，1998，《自由主义人物》，台北：允晨出版社。

中国共产党中央委员会，1981，《关于建国以来党的若干历史问题的决议》，中国共产党第十一届中央委
员会第六次全体会议。

朱嘉明，2011，"哈耶克经济思想的现实意义——21 世纪以来的市场经济和民主制度危机及其出路"，《儒
家思想、自由主义与知识分子的实践——周德伟教授传记出版暨研讨会》，台北：紫藤庐文化协会。

赵唯辰，2012 年，《文化演进论观点谈教育改革》，台湾"清华大学"经济学学系硕士论文。

图书在版编目（CIP）数据

当代政治经济学 / 黄春兴著. —杭州：浙江大学
出版社，2015.3
（启真·大学馆）
ISBN 978-7-308-13855-0

Ⅰ.①当… Ⅱ.①黄… Ⅲ.①政治经济学－教材
Ⅳ.①F0

中国版本图书馆 CIP 数据核字（2014）第216690号

当代政治经济学

黄春兴　著

责任编辑	叶　敏	
营销编辑	李录遥	
装帧设计	姜艳艳	
出版发行	浙江大学出版社	
	（杭州天目山路148号　邮政编码310007）	
	（网址：http://www.zjupress.com）	
制　　作	北京大观世纪文化传媒有限公司	
印　　刷	北京中科印刷有限公司	
开　　本	710mm×1000mm　1/16	
印　　张	21.25	
字　　数	390千	
版 印 次	2015年3月第1版　2015年3月第1次印刷	
书　　号	ISBN 978-7-308-13855-0	
定　　价	52.00元	
